ENQUÊTE SUR L'EXISTENCE D'ÊTRES CÉLESTES ET COSMIQUES

Gildas Bourdais

ENQUÊTE SUR L'EXISTENCE D'ÊTRES CÉLESTES ET COSMIQUES

filipacchi

NOTE DE L'ÉDITEUR

Les titres originaux des œuvres citées sont en italique. Néanmoins, nous nous sommes permis de présenter une traduction littérale dans le cas où il n'existe pas, à ce jour, de version française, et qui figure entre parenthèses et entre guillemets dans le corps du texte.

63, avenue des Champs-Elysées - 75008 Paris

INTRODUCTION

La longue histoire des visions d'êtres célestes

Des multitudes célestes à l'Être Suprême

De tout temps, les hommes ont cru à l'existence de nombreux êtres peuplant les cieux, qu'ils ont appelés des dieux, des anges, des démons et autres entités. Ces êtres étaient-ils de pures inventions de l'esprit humain, comme le conçoivent les rationalistes ? Étaient-ils au contraire des entités « surnaturelles », auxquelles on croit encore aujourd'hui ? Ou encore étaient-ils *réels,* d'une autre façon ? La multiplication actuelle des apparitions d'êtres étranges, à bord d' « objets volants non identifiés », ou ovnis, rend assez pertinente cette troisième question, dans la mesure, évidemment, où ces ovnis sont eux-mêmes réels de quelque façon. Ce sont ces interrogations, réalité et similitude des apparitions anciennes et nouvelles, qui vont être abordées dans ce livre, ainsi que les théories de plus en plus foisonnantes qui tentent de les expliquer. Mais d'abord, comment se présentaient les anciens êtres célestes ?

Un point commun à tous ces êtres était leur faculté supposée d'apparaître et de disparaître à leur guise aux yeux des humains, allant et venant d'autres mondes. La question de leur matérialité était donc posée, et diverses hypothèses ont été discutées au cours des temps, notamment au sujet de la nature des anges. On pensait bien qu'ils étaient des êtres appartenant à l'au-delà, mais en admettant qu'ils pouvaient aussi se matérialiser, jusqu'à un certain point, dans notre monde, et il en était de même pour les démons. Dans la Bible, certaines apparitions d'anges ont même bon appétit, comme les trois visiteurs d'Abraham à Mambré !

La vision céleste la plus spectaculaire, sans doute, de l'histoire religieuse est celle dont fut gratifié Moïse sur le mont Sinaï. Dieu apparaît lui-même, au milieu des éclairs et du tonnerre. En fait, selon le texte biblique, l'apparition visible, y compris pour le peuple hébreu demeuré au pied de la montagne, fut une lumière éclatante, une « flamme dévorante » appelée la « gloire de Yahvé » et entourée d'une nuée (Ex, 24, *16* et *17*). C'est encore une lumière dans une nuée qui guide l'exode des Hébreux, et qui visitera plus tard le temple de Salomon.

La croyance en un grand Dieu céleste est très ancienne. On était convaincu au XIXe siècle qu'elle était toujours précédée par le polythéisme et l'animisme, jusqu'à ce que des ethnologues retrouvent, chez des peuplades parmi les plus primitives, la foi en un Dieu unique, qu'ils appelèrent « monothéisme primordial ». Il est vrai, cependant, que la règle était, avant la naissance du monothéisme biblique, l'adoration d'une multitude de dieux : pas moins de 2 000 à Babylone ! De même, Yahvé n'était pas seul : à l'instar du grand dieu El des Cananéens, il était entouré d'une nombreuse « cour céleste », qu'on suppose être à l'origine du nom pluriel *Elohim.* Ainsi, le ciel du monothéisme sera-t-il longtemps très peuplé.

Dans le monde oriental, les idées les plus anciennes, philosophiques et religieuses, celles de l'Inde védique, reflètent des débats analogues sur l'existence d'un Dieu unique, mais elles frappent surtout l'imagination par leur richesse en innombrables dieux, demi-dieux et autres entités, bienveillants ou hostiles aux humains, qui semblent aller et venir entre plusieurs niveaux de réalité ! Croyances qui sont restées très vivaces jusqu'à aujourd'hui. En revanche, dans le monde occidental, les multitudes célestes se sont peu à peu effacées, si l'on met à part la persistance des croyances fondamentalistes. Il faut faire une autre exception, pour les croyances de type ésotérique, en marge des religions proprement dites, qui paraissent prospérer de nouveau, comme en témoignent le mouvement du « Nouvel Âge » et l'intérêt considérable suscité par les expériences « proches de la mort », avec leurs apparitions angéliques... Il n'en est pas moins vrai que, pour le commun des mortels, le champ des visions d'êtres célestes s'est considérablement rétréci, le point le plus bas ayant peut-être été atteint dans l'art rococo du XVIIIe siècle, avec ses angelots et ses diablotins ! Dieu lui-même, si présent et terrifiant pour le peuple hébreu, s'est éloigné, et a cédé la place à un « Être suprême » abstrait, lointain créateur du monde infini.

Les êtres célestes d'aujourd'hui

Le ciel s'est vidé de ses êtres surnaturels, mais dans l'esprit des hommes, qui ont horreur du vide, il s'est repeuplé d'une autre façon, avec l'idée, apparue progressivement, que nous ne sommes peut-être pas seuls dans cet Univers immense, dont les limites n'ont cessé de reculer depuis la fin du Moyen Âge.

La notion de pluralité des mondes, qui remonte aux philosophes ioniens de l'Antiquité grecque, fut transmise par les Romains et refit surface à la Renaissance, de façon dramatique puisqu'elle mena le malheureux Giordano Bruno, moine dissident de l'Église catholique, au bûcher. Pourtant, elle fut rapidement populaire, avec le succès énorme du livre de Fontenelle, *Entretiens sur la pluralité des mondes,* (1686), moins d'un siècle après la condamnation de Bruno. Elle l'est restée jusqu'à la fin du XIXe siècle, mais c'est alors, curieusement, qu'elle a commencé à subir un certain recul, dont nous chercherons les causes. Après une période de scepticisme, elle est maintenant redevenue un sujet convenable d'étude scientifique, nous verrons pourquoi également.

Si nous excluons les croyances religieuses traditionnelles, pour les hommes d'aujourd'hui la question des « êtres célestes » est considérée comme une affaire scientifique : celle de l'existence supposée d' « extraterrestres » vivant sur des planètes situées autour d'autres étoiles, avec lesquels on aimerait bien communiquer malgré les distances colossales et l'espoir très mince de les contacter. Depuis les années 50, les arguments scientifiques se sont régulièrement renforcés en faveur de la présence de civilisations extraterrestres : formation des systèmes planétaires, qui est vraisemblablement un processus très répandu ; « espace habitable » autour d'une étoile comme le Soleil, sans doute plus large qu'on ne l'a cru ; apparition de la vie et évolution, que beaucoup de biologistes jugent maintenant très probables, même si elles recèlent encore beaucoup de mystères. À tel point que la question se pose, dans les débats scientifiques, en terme d'*absence :* pourquoi diable ne sont-ils pas encore venus nous visiter ? Toutes sortes de raisons ont été avancées, dont nous ferons un inventaire, qui ne manque pas de sel. Or, quelle certitude avons-nous qu'ils ne nous ont jamais approchés ? Se pourrait-il qu'il y ait là un a priori sans valeur scientifique ?

Il y a, bien sûr, le volumineux dossier des soucoupes volantes, ou « ovnis », que beaucoup d'hommes, le plus souvent dignes de foi, affirment avoir vus. S'il s'agissait d'affaires criminelles, il y aurait assez de témoins pour faire condamner des milliers de suspects, mais pour prouver une hypothèse aussi extraordinaire, ils ne suffisent pas. Du moins selon la majorité des scientifiques, et des gens « sérieux ». Pour eux, ce sont des produits de notre imagination, nostalgiques que nous sommes des mystérieux êtres célestes qui peuplaient le monde enchanté de jadis. Ce ne serait alors qu'un nouveau mythe, en cours de formation sous nos yeux. Mais cette explication de type psychologique, d'apparence très raisonnable, correspond-elle bien à la réalité ? Et si, tout bien considéré, une fois écartées les multiples erreurs d'interprétation (on voit de plus en plus de choses dans le ciel) et quelques mystifications, il y avait d'authentiques observations d'étranges machines volantes, parfois même aperçues au sol, avec leurs occupants ? D'autres motifs de scepticisme ont été avancés, et seront présentés : le trop grand nombre d'observations (on en compte des dizaines de milliers), des performances « impossibles », telles que des accélérations foudroyantes et des virages à angle droit, des histoires absurdes et ridicules, ressemblant à des contes de fées. Or, malgré le scepticisme compréhensible face à ces surprenantes apparitions, la question a été relancée ces dernières années à la suite de témoignages nouveaux et sérieusement examinés. On a beaucoup parlé en France, par exemple, des marques laissées au sol par un ovni à Trans-en-Provence, ayant fait l'objet d'une étude scientifique approfondie. Les ovnis belges, bien que silencieux, ont fait aussi beaucoup de bruit. Cependant, il faut surtout retenir, semble-t-il, des développements récents et très spectaculaires aux États-Unis, qui reposent notamment la question du secret.

Depuis la fin des années 70, plusieurs équipes d'enquêteurs indépendants ont retrouvé progressivement de nombreux témoins, directs ou indirects, selon lesquels l'armée américaine aurait récupéré dans la plus grande clandestinité, en 1947, les restes d'une soucoupe volante accidentée, avec les cadavres de ses occupants ! Parmi les témoins figurent d'anciens officiers de l'armée de l'air, dont l'un affirme avoir ramassé lui-même des débris sur le terrain. Une histoire extraordinaire, dont il faudra attendre longtemps, sans doute, une éventuelle confirmation. Mais quoi qu'il en soit, les témoignages sont déjà très impressionnants, comme nous le constaterons.

Un autre aspect important de ce renouvellement du débat sur les ovnis a été la multiplication, toujours aux États-Unis principalement, d'histoires très étranges de victimes d'enlèvements. Celles-ci sont souvent révélées sous hypnose, car le témoin ne se rappelait presque rien : par exemple l'apparition d'un ovni dans le ciel alors qu'il roulait la nuit, puis un trou d'une heure ou deux dans son horaire. Par la suite, souffrant de troubles divers, les témoins sont amenés à se faire soigner, et c'est alors que leur aventure remonte à la surface. Là aussi, des psychologues et des psychiatres se sont efforcés de trouver des explications. Mais certains d'entre eux, d'égale compétence, ont reconnu, après études de cas, la réalité de ces enlèvements, c'est-à-dire, à tout le moins, l'existence de phénomènes d'origine *extérieure* à l'esprit des témoins, quelle qu'en soit la nature. Ainsi, la notion d'une nouvelle mythologie, comparable à celles du passé, et en cours de formation, pourrait-elle être un peu courte. Elle a cependant le mérite de nous inviter à réfléchir à une mise en perspective historique.

La perspective historique

À présent, des scientifiques qualifiés, notamment des astronomes, admettent la réalité des ovnis. À partir de là, de nombreuses questions viennent à l'esprit, dont celle-ci : se peut-il, non seulement que nous soyons visités par de lointains extraterrestres aujourd'hui, mais que cela se soit déjà produit par le passé ? Des chercheurs indépendants et amateurs ont cru déceler des traces de telles visites, mais il n'y avait rien de vraiment décisif dans leurs trouvailles. Pas de vestiges, donc pas de visites ? En quelques expéditions lunaires ou même simplement sur le mont Everest, les hommes ont déjà laissé de très visibles marques de leur passage. Mais cette objection n'est-elle pas trop simple ? Une hypothèse plus élaborée existe, celle d'expéditions très bien organisées, avec des buts précis : par exemple apporter des rudiments d'éducation à la très jeune humanité, et avec discrétion pour ne pas la perturber ! Se pourrait-il que des extraterrestres aient été fondateurs de religions ?

Cette idée n'est pas nouvelle. Elle a déjà été proposée par de nombreux auteurs, ceux-là mêmes qui cherchaient des traces de visites, à partir des années 50. Cependant, malgré un très large succès public, dont témoignent par exemple les tirages énormes des livres du Suisse Erich von Däniken, chercheur indépendant, dans le monde entier, elle n'a pas été prise au sérieux dans le monde scientifique, étant le fait d'amateurs en histoire et en archéologie. Mais, depuis ces premiers débats, un bon quart de siècle s'est écoulé et le rebondissement actuel de la question des ovnis conduit inéluctablement à réexaminer ce genre de spéculations. Disons clairement que c'est à elles que nous allons nous intéresser principalement dans ce livre, mais en gardant autant que possible l'esprit ouvert et critique, sur ce terrain si controversé.

Il y a non seulement une polémique scientifique sur la question des ovnis, mais en outre, dès que l'on s'attaque à une mise en perspective historique, à l'hypothèse de visiteurs anciens qui seraient intervenus dans les affaires humaines, par exemple comme fondateurs de religions, on se heurte à un second débat. Les historiens des religions ont rejeté un tel postulat avec indignation. Le fait, d'ailleurs, que celui-ci ait été souvent présenté de manière naïve et maladroite n'a pas contribué à arranger les choses. Exécrable « évhémérisme », ont dit les historiens et les théologiens, se référant à l'historien grec qui, le premier, osa attribuer des origines purement historiques aux mythes religieux de la Grèce antique, au ve siècle av. J.-C. : selon lui, les dieux étaient d'anciens rois divinisés par la légende...

Sans doute, en effet, les mystères du monde sont-ils beaucoup plus vastes, et nous nous garderons de tomber dans une interprétation

« réductionniste » des croyances religieuses et des conceptions philosophiques. La science contemporaine ne cesse d'ailleurs de s'éloigner, de nombreux livres en témoignent, de la trop étroite vision « mécaniste » et strictement déterministe de la physique du siècle dernier. Le discours des physiciens prend une allure métaphysique, ou du moins soulignent-ils tous l'étrangeté de l'Univers et de la matière. Cependant, on ne voit pas pourquoi une approche métaphysique de l'Univers, ou « sacrée » si l'on préfère, devrait nous interdire de réfléchir à l'existence d'autres mondes et d'explorer l'idée que des visiteurs cosmiques auraient bien pu intervenir dans les affaires humaines. En fait, toute l'histoire des visions célestes, d'hier et d'aujourd'hui, nous y invite.

Il y a au XXe siècle une apparition célèbre qui nous met sur cette voie : la mystérieuse « danse du Soleil » à Fatima, le 13 octobre 1917, devant une foule considérable, estimée à 70 000 personnes, parmi lesquelles ont été recueillis de nombreux témoignages dignes de foi. La raison de la présence de cette foule était que la Vierge Marie était apparue depuis plusieurs mois à trois petits bergers ; mais ils étaient les seuls à la voir, et ils lui avaient demandé un miracle que tout le monde puisse admirer. La Vierge avait promis le miracle pour ce jour-là, sans préciser sa nature, si bien que la foule s'attendait sans doute à découvrir à son tour cette apparition lumineuse de la Vierge. Manifestation il y eut, mais ce fut un superbe disque brillant, dont les évolutions ont été décrites avec précision par un témoin scientifique et rationaliste, le professeur de médecine Almeida Garrett : un disque lumineux mais pas éblouissant, se trouvant *au-dessous* de la couche de nuages (ce n'était donc pas le Soleil !), aux bords nets et semblant tourner sur lui-même à grande vitesse, dégageant de la chaleur (il sécha les vêtements des témoins trempés par la pluie), changeant de couleur et descendant vers la foule au point de l'effrayer. Ce disque (perçu comme une sphère à distance), ressemble point pour point à ce qu'on appellerait aujourd'hui… un ovni, objet volant non identifié. Il était présent physiquement mais, d'un autre côté, il était apparu et il disparut d'un seul coup, comme par enchantement.

Face à cette mystérieuse vision, deux attitudes se sont vivement opposées : d'une part, les croyants qui en ont fait un haut lieu de la foi la plus traditionnelle ; d'autre part les rationalistes (y compris même dans le monde religieux !) qui y ont vu une hallucination collective, voire une histoire inventée de toute pièce. Et s'il s'agissait de tout autre chose ? Certes, il y a les messages, très traditionalistes, écrits plus tard par la petite bergère. Mais cet ovni de Fatima (et d'autres lieux, comme nous l'aborderons), ne représente-t-il pas lui-même un autre message, à déchiffrer pour ouvrir les portes d'une autre vision ? Ne nous invite-t-il pas à ce réexamen de toute l'histoire des manifestations d'êtres célestes, et à nous poser la question de leur nature réelle ? Ces êtres mystérieux, surgissant aujourd'hui avec leurs ovnis, sont-ils en rapport avec les apparitions d'autrefois ?

L'essence même de ces hypothétiques « visiteurs » actuels suscite toutes sortes de spéculations. Pour certains chercheurs, qui sont croyants, ce sont des anges, ou des démons ! Pour d'autres, ce sont des entités désincarnées qui se matérialisent partiellement en venant d'une « autre dimension », de nature inconnue, à moins qu'il ne s'agisse encore d'esprits issus de l'au-delà, dans la meilleure tradition ésotérique... Comment s'y retrouver ? On ne peut comprendre ces théories, de plus en plus foisonnantes actuellement, si l'on ignore, non seulement l'histoire des idées religieuses, mais aussi les conceptions dites ésotériques, en marge des religions. En outre, il faudra tenter d'approcher les hypothèses actuelles en physique, au moins pour prendre conscience du bouillonnement des idées et des révolutions en gestation, qui risquent de rendre quelque peu dépassée la distinction classique entre naturel et « surnaturel », de même que celle entre l'âme et le corps : la Nature garde encore, sans nul doute, de profonds mystères !

Nous n'aurons pas la prétention de dévoiler ici la véritable nature des étranges êtres célestes qui semblent hanter toute l'histoire de l'humanité. En revanche, nous allons essayer de faire sérieusement un tour d'horizon des deux aspects principaux de ce sujet : d'une part, la question contemporaine des civilisations extraterrestres et celle de l'existence des ovnis ; d'autre part, la description très troublante, comme on va le découvrir, des visions, mythes et croyances relatifs aux « êtres célestes » du passé. Nous pourrons alors répertorier les hypothèses et les spéculations reliant les visions anciennes aux actuelles. Commençons par le terrain le plus solide, le plus scientifique, le problème de l'existence de civilisations extraterrestres qui, après une période de scepticisme assez prédominant au cours du XXe siècle dans le monde scientifique, est redevenu légitime aujourd'hui. Ce premier thème nous amènera ensuite, tout naturellement, à celui, beaucoup plus controversé, de la présence des ovnis.

1

Pluralité des mondes : mort et renaissance de l'idée

Sommes-nous seuls dans l'Univers, ou existe-t-il d'autres êtres intelligents, sur des planètes lointaines ? L'hypothèse selon laquelle il y aurait d'autres mondes habités et civilisés est très ancienne puisqu'elle apparaissait déjà, à l'époque de la Grèce antique, dans le cadre de la doctrine atomiste des philosophes ioniens et de leur vision de l'Univers illimité. Restée longtemps une idée marginale, elle a connu un grand succès à partir du XVIIe siècle. Or, paradoxe dont on n'a pas toujours bien conscience, elle s'est heurtée à un pessimisme croissant au cours du XXe siècle, pour retrouver finalement un regain d'intérêt aujourd'hui, même si le Congrès américain vient de mettre fin à un ambitieux programme d'écoute radio des étoiles ! Isaac Asimov, l'un des meilleurs écrivains scientifiques de notre époque, a souligné ce défaitisme, dans son livre *Civilisations extraterrestres :* « La science a tout fait pour miner les bases sur lesquelles reposaient les croyances primitives relatives à l'existence d'intelligences extraterrestres. La science a institué une nouvelle vision du monde selon laquelle l'Humanité est seule de son espèce, et ce en désaccord avec les références anciennes. »[1]

Asimov écrivait cela à la fin des années 70. Au milieu des années 90, la situation a déjà évolué. Il n'y a pas unanimité, on va le constater, mais beaucoup de scientifiques croient maintenant, de nouveau, que la vie est répandue dans l'Univers. Commençons par rappeler, très brièvement, l'intéressante histoire de cette idée fascinante de pluralité des mondes habités.

I. La recherche des extraterrestres

L'histoire de l'idée de pluralité des mondes

Les philosophes de la Grèce antique savaient que la Terre était une sphère, mais elle restait, dans leur esprit, au centre de l'Univers. Pourtant, une petite minorité de savants, les « atomistes » ioniens, osa imaginer le monde infini. La théorie des atomistes, selon laquelle la matière était faite d'atomes en nombre infini, séparés par le vide, impliquait un monde en mouvement et ouvrait la porte à l'idée d'autres Univers. D'une pluralité, voire d'une infinité de mondes, une notion encore très abstraite, vingt siècles avant la lunette qui allait permettre à Galilée de découvrir que la « Voie lactée » est un immense champ d'étoiles ! Pourtant, cette conception révolutionnaire de l'existence d'autres « cosmos », qui pourraient bien être eux aussi habités, fit son chemin dans l'Antiquité gréco-romaine. On la retrouve ainsi chez Épicure, parfaitement formulée au IVe siècle av. J.-C : « Il existe des mondes infinis semblables et différents du nôtre. Car les atomes, étant en nombre infini, comme il a été précédemment prouvé, sont emportés loin dans l'espace. Or ces atomes, qui sont de nature à pouvoir créer ou fabriquer un monde, n'ont pas été épuisés par la création d'un seul monde, ou d'un nombre limité de mondes... Il s'ensuit qu'il n'existe aucun obstacle à l'existence d'un nombre infini de mondes. »[2]

Cette idée sera soutenue plus tard, à Rome, par Lucrèce (au 1er siècle av. J.-C.), et redécouverte à la fin du Moyen Âge, en Italie, par Nicolas de Cues, cardinal romain, puis Giordano Bruno. Ces mondes pouvaient-ils être eux aussi peuplés ? Épicure le pensait car il ne voyait aucune raison qu'il n'en fût pas ainsi, et Lucrèce était du même avis. Tous pensaient, bien entendu, en premier lieu au corps céleste le plus proche, la Lune, que Philolaos, pythagoricien influent, croyait habitée. Déjà, on fabulait beaucoup : « La Lune est semblable à la Terre, et habitée comme elle. Elle contient des animaux de plus grande taille et des plantes d'une beauté plus rare que sur notre globe. Dans leur vertu et leur énergie, les animaux sont quinze fois supérieurs aux nôtres, ne produisent aucun excrément, et les jours sont quinze fois plus longs. »[3]

L'idée de pluralité des mondes fut examinée même au Moyen Âge, avec un débat qui « fit rage » aux XIIIe et XIVe siècles, alors qu'on discutait ferme sur la philosophie d'Aristote, notamment son livre *Du Ciel,* traduit au XIIe siècle. Une question qui préoccupait les théologiens comme saint Thomas d'Aquin était celle de la puissance créatrice de Dieu : « Plusieurs mondes ne seraient-ils pas plus compatibles qu'un seul avec la notion d'un Dieu omnipotent ? »[4] Mais Thomas d'Aquin écarte la conjecture pour des raisons d'unité, d'ordre et de perfection. Cependant, la controverse se poursuit, avec une opinion contraire de l'évêque de Paris, Étienne Tempier, en 1277. Il y a alors un revirement en faveur de la théorie, qui sera développée par Jean Buridan, et plus encore par Guillaume d'Ockham, tous deux éminents théologiens. Une autre question connexe étudiée alors était : Dieu peut-il améliorer le monde, peut-il créer de meilleurs mondes que le nôtre ?... Un jugement plus radical encore est exprimé au XIIIe siècle par Nicolas Oresme, maître parisien et futur évêque de Lisieux, qui affirme la possibilité qu'existe une succession de mondes dans le temps, ainsi que l'avait déjà supposé Origène, l'un des Pères de l'Église, au IIIe siècle. Cependant, Oresme n'osa pas, malgré son audace, soutenir la thèse de la vie sur d'autres mondes, sujet redoutable pour la théologie chrétienne. Il se contenta d'une position prudente : Dieu est capable de créer d'autres univers, mais il ne l'a sûrement pas fait ! Il était nécessaire de revenir à la Bible ; or, la Genèse, et Moïse, parlaient de la création d'un monde unique.

Pour bien mesurer le bouleversement des schémas de pensée que provoquait alors (et encore aujourd'hui !) cette notion de vie extraterrestre, mentionnons un point de théologie qui fut débattu : le Fils de Dieu, en mourant sur cette Terre, avait-il aussi racheté les habitants d'autres mondes ? Voici comment la traita Guillaume de Vorilong, théologien : « Quant à la question de savoir si le Christ, en mourant sur cette Terre, pourrait racheter les habitants d'un autre monde, je dirais qu'il en est capable, même s'il ne serait pas convenable qu'Il se rendît sur un autre monde pour y périr une fois de plus. »[5]

Le sujet de la pluralité des mondes va resurgir plus tard, au milieu du XVe siècle, grâce à Nicolas de Cues, qui n'est pas inquiété pour ce concept audacieux, mais il est vrai qu'il était cardinal à Rome. C'est contre les idées hérétiques de Giordano Bruno, en revanche, que l'Église réagit avec violence, car elle se sent alors menacée. Sa condamnation en 1600 n'est pas causée seulement par l'hypothèse d'un nombre infini de mondes, mais par d'autres idées jugées elles aussi hérétiques, comme le refus de la divinité du Christ.

Dans cette histoire de l'idée d'univers peuplés entre en scène maintenant un autre personnage de premier plan, l'astronome Johannes Kepler, lui aussi adepte passionné (ce qui est peu connu) de la vie sur les autres mondes. Son idée maîtresse, au fond très compatible avec la religion, était que l'Univers obéissait à un dessein : les vastes espaces ne pouvaient être dépourvus de vie. Kepler s'acharne à conforter la théorie par l'investigation, à commencer par l'observation de la Lune, comme on le voit dans son livre, le *Somnium,* publié après sa mort (il était prudent lui aussi, surtout après la mort de Bruno). La découverte des satellites de Jupiter va particulièrement renforcer sa conviction sur la pluralité des univers habités, car ces satellites évoquent un monde comme le nôtre, et Dieu ne crée rien d'inutile ! Kepler est si féru de son postulat que, pour la Lune, il imagine même deux races d'habitants, les « Subvolvains » pour sa face visible et les « Primolvains » pour sa face cachée[6].

Ces idées de Kepler vont faire très vite école, en dépit de la condamnation de Bruno : elles sont exploitées par des poètes et des artistes comme l'Anglais Ben Johnson dans une pièce de théâtre jouée en 1620 *(News from a New World Discovered in the Moon),* ou par un illuminé comme Campanella, l'auteur de *La Cité du Soleil,* qui écrivit en 1611 à Galilée pour soutenir l'existence des habitants lunaires et planétaires de Kepler. Cependant, il serait vain de cacher que ces doctrines provoquent aussi des réactions très hostiles, et même une « haine profonde », dans le cas d'un professeur de philosophie romain, Caesar La Galla, qui en vint à nier en bloc les observations de Galilée, en 1611[7]. Haine qui s'explique par le fait que l'idée de pluralité des mondes semble, pour certains, réduire l'homme, dans cette nouvelle hiérarchie de l'Univers. Et c'est pourquoi ce genre de réactions se manifeste encore aujourd'hui ! Au XVIIe siècle, en France, Gassendi, philosophe et savant, est totalement opposé à la thèse d'infinité de mondes, qu'il faut renverser, selon lui, pour rester fidèle aux principes de la sainte foi et de la religion. Cependant, l'idée chemine peu à peu, et l'embarras est évident, comme chez le père Mersenne pour qui il devenait difficile de maintenir la théorie d'un Univers unique. Quant à Galilée, il soutient, dans son livre *Dialogue sur les deux grands systèmes du monde,* paru en 1632 (qui lui vaudra sa célèbre condamnation l'année suivante), que la vie dans l'Univers pouvait être « extrêmement variée et surpassant de loin notre imagination », mais il s'efforce d'être prudent dans la formulation pour éviter le rejet du système copernicien. C'est aussi l'opinion d'un évêque anglican, John Wilkins, dans son livre *Discovery of a World in the Moon* (1638), ainsi sous-titré : *Pour prouver qu'il est possible qu'il y ait un autre monde sur cette planète.* La Lune, astre le plus proche, était naturellement l'objet de tous les espoirs, comme en témoigne encore le livre de Cyrano de Bergerac, *Histoire comique des États et Empires de la Lune,* édité à titre posthume en 1657. Mais ces spéculations n'étaient pas que littéraires. Le philosophe René Descartes se demanda lui aussi, jusqu'à la fin de sa vie, « s'il existait, peut-être ailleurs, d'innombrables créatures de plus grande qualité que nous »[8].

Enfin arrive l'énorme succès du livre de Fontenelle, paru en 1686, *Entretiens sur la pluralité des mondes,* traduit dans toute l'Europe. Son ton irrévérencieux mais aimable fit merveille, et il ne l'empêcha même pas de devenir, en 1697 et pour un demi-siècle, le secrétaire permanent de l'Académie des sciences ! Il faut souligner qu'au cours du siècle l'état des esprits s'était profondément transformé. On s'était mis à croire au progrès. L'idée de rencontrer un jour d'autres êtres intelligents ne fait pas peur, n'est pas perçue comme un risque d'être attaqués par d'horribles monstres, une angoisse typique du XXe siècle ! Un autre traité important eut beaucoup de succès, le *Cosmotheoros* (1698) du célèbre savant hollandais Huygens, à la fois astronome et physicien. Voilà encore un grand savant, notons-le, qui se passionna pour l'existence extraterrestre, et passa les cinq dernières années de sa vie à travailler sur la question...

Cette noble cause est encore très présente au XVIIIe siècle dans les spéculations des savants et des philosophes. L'univers de Kant est « animé par des mondes innombrables et sans fin » et, bien entendu, il est peuplé, car cela est conforme à la vision qu'il a, comme Leibniz, de la perfection et de l'harmonie de l'Univers. Cet Univers immense et ordonné par la sagesse de Dieu ne peut être inhabité !

Vers le scepticisme du XXᵉ siècle

Au début du XIXᵉ siècle, les meilleurs esprits du temps, Kant, Laplace (astronome, mathématicien et physicien), Herschel (astronome), croient au moins à la possibilité de la vie sur les autres planètes. Hypothèse logique dès lors que l'existence est considérée comme un phénomène naturel. Cette idée va prédominer tout au long du siècle, promue notamment pas l'astronome et auteur populaire Camille Flammarion (*La Pluralité des mondes habités,* 1862) et par d'autres auteurs, tels que Brewster et Proctor. Il y a encore quelques réfractaires, comme le théologien anglais William Whewell qui ne veut bien admettre que des formes de vie très inférieures, sur Jupiter et sur Saturne par exemple, des « monstres cartilagineux » incapables de mettre en difficulté notre supériorité selon la Bible[9] ! Mais pour la grande majorité des savants, surtout après la théorie de l'évolution de Darwin qui a fait de la vie un phénomène naturel, l'existence sur d'autres planètes paraît très probable.

Les premiers doutes surgissent en ce qui concerne la Lune, dont l'absence d'atmosphère est démontrée à partir des années 1860. La croyance en une vie lunaire est tenace cependant, et elle va être encore défendue jusqu'à la fin du siècle, notamment par ce grand optimiste et visionnaire qu'est Flammarion, qui l'imagine sur sa face cachée. Le romancier H. G. Wells accrédite encore cette théorie dans son roman *Les Premiers Hommes dans la Lune* (1901), mais l'idée de la Lune habitée est bel et bien morte, scientifiquement.

Plus sérieuse était l'hypothèse de la vie sur Mars, qui allait enflammer les imaginations jusqu'au début du XXᵉ siècle, et causer encore des ravages aux États-Unis en 1938, avec l'émission de radio d'Orson Welles d'après le célèbre roman de H. G. Wells, *La Guerre des mondes.* À partir des années 1860, les progrès des lunettes astronomiques avaient aiguisé l'intérêt pour l'étude des planètes, Mars en particulier. De plus, il y eut une période d'observation très favorable en 1877. C'est alors que commença la fameuse affaire des

« canaux », que l'astronome italien Schiaparelli crut déceler sur Mars. On avait déjà découvert auparavant les calottes glaciaires, et des zones sombres qui suggéraient des étendues d'eau ou des régions de végétation. Les lignes remarquées n'étaient-elles pas des canaux d'irrigation prouvant la présence d'une vie civilisée sur Mars ? Cette éventualité fut confortée par d'autres astronomes : Pickering, Flammarion, et surtout Percival Lowell qui ouvrit en 1894 son propre observatoire et publia la même année un premier livre enthousiaste : *Mars*. La pression continua à monter avec le roman de Wells, *La Guerre des mondes* (1898), une grande innovation car jusqu'alors on avait toujours imaginé les visiteurs de l'espace comme des êtres pacifiques. *La Guerre des mondes* fut un ouvrage extrêmement populaire et suscita de nombreuses imitations. Si bien que pendant les cinquante années suivantes, la plupart des gens furent absolument persuadés que si les extraterrestres débarquaient sur Terre, ils extermineraient complètement l'espèce humaine[10]. Cependant, la thèse des canaux martiens fut anéantie à partir de 1909, grâce à des moyens d'observation plus puissants, après une véritable bataille entre partisans et adversaires.

Le cas de Vénus résista plus longtemps au scepticisme, ne serait-ce que par son atmosphère opaque. Les optimistes l'imaginèrent longtemps comme une jungle tropicale, et il fallut attendre les années 60 pour que les sondes spatiales annihilent tout espoir en révélant une température au sol très élevée. Les autres planètes du système solaire furent soumises à des études qui conduisirent à des déceptions analogues. Alors que nous nous approchons de la fin du XXe siècle, il subsiste encore quelque espérance de détecter des formes de vie primitives ou exotiques (ou encore des fossiles sur Mars), mais c'est tout. Et il faut bien comprendre que cela a été un désappointement considérable, car l'idée de pluralité des mondes habités avait été entretenue et avait nourri de nombreux rêves depuis le XVIIe siècle.

Cette déconvenue, cependant, ne concernait-elle pas uniquement les planètes du système solaire ? Ne pouvait-il y avoir des planètes peuplées autour d'autres étoiles ? Sans doute, mais celles-ci étaient si loin que la question se posait en tant que pure spéculation philosophique. Et même cette hypothèse s'est à son tour effritée car il se trouve qu'à la même époque on en est venu à croire à la grande rareté des systèmes planétaires. Voici pourquoi.

Au XIXe siècle, la création des planètes était expliquée par la théorie de la « nébuleuse », formulée par Laplace en 1796 : les planètes résultaient, comme le Soleil lui-même, de la condensation d'une grande nébuleuse initiale. Or, cette hypothèse fut contredite à la fin du XIXe siècle par la remarque que, selon la loi de conservation des moments angulaires, le Soleil, après s'être condensé, devrait tourner sur lui-même beaucoup plus vite qu'il ne le fait réellement (en 25 jours), de même qu'un patineur qui tourne sur lui-même accélère sa rotation en ramenant ses bras vers lui. On s'orienta alors, réflexe classique, vers une théorie « catastrophiste » (due à l'astronome Jeans) : une autre étoile avait dû passer à proximité du Soleil et lui arracher la matière des planètes. On se rendit compte, cependant, que cette théorie ne collait pas bien non plus, de sorte que l'on demeura alors dans une impasse. Certains évoquaient même une intervention divine directe [11] ! C'est finalement le phénomène du « vent solaire » qui a offert la solution dès les années 70. Le Soleil, dès le début de son existence, avait émis de la matière et lui avait transmis, par l'effet de son champ électromagnétique, une partie de sa quantité de mouvement. Il n'en reste pas moins que, pendant longtemps, on crut à l'extrême rareté des planètes dans l'Univers, car un accident comme la rencontre de deux étoiles est statistiquement peu probable. Notons ici une intéressante leçon de philosophie des sciences, que nous allons d'ailleurs retrouver pour le problème de la vie. C'est ce que Thomas Kuhn, philosophe des sciences, appelle « l'antériorité du paradigme », situation qui consiste à conserver une théorie, même si l'on devine qu'elle est fausse ou insuffisante, car on n'en possède pas d'autre pour la remplacer. Ainsi avait-on admis pendant plus de cinquante ans la grande rareté des planètes, et donc de la vie, dans l'Univers. Un autre raisonnement aurait pu être : le système solaire existe. Nous ne comprenons pas bien son mécanisme de formation, mais rien ne nous autorise à penser que nous sommes dans une situation exceptionnelle, donc il y a sans doute d'autres systèmes planétaires... Mais peut-être était-il plus agréable, pour certains, de croire à notre caractère exceptionnel !

Comme on va le voir maintenant, une discussion semblable peut être abordée en ce qui concerne l'origine de la vie. La cellule vivante, même la plus « simple », est d'une complexité inouïe, ne serait-ce qu'avec le fameux ADN, support de l'hérédité. Constatation qui n'a semblé laisser le choix, là aussi, qu'à deux hypothèses : l'extrême rareté, opinion exposée par le biochimiste Jacques Monod et longtemps dominante ; ou l'intervention divine, doctrine des « créationnistes » s'en tenant à l'enseignement biblique. Mais peut-être y a-t-il seulement insuffisance de nos connaissances ? Nous ne sommes qu'à l'aube de la science, nous dit le grand physicien Ilya Prigogine.

La vie, sur la Terre et dans l'Univers

Nous ne connaissons que la vie de la planète Terre, et la question est encore chaudement débattue de savoir si elle est un phénomène improbable ou, au contraire, naturel et même « inéluctable », dès lors que les conditions étaient réunies pour son apparition. La littérature est aussi vaste que les polémiques. Elle porte non seulement sur les origines de la vie, mais également sur la théorie de l'évolution, dont le moins qu'on puisse avancer est qu'elle n'a jamais vraiment fait l'unanimité, comme le souligne avec une certaine férocité le biologiste Michael Denton, dans un livre qui a créé quelques remous : *Évolution. Une théorie en crise.* Essayons d'étudier, d'abord la vie en elle-même, et ensuite la vie extraterrestre.

a) La vie : inéluctable, ou fruit d'un hasard extrême ?

La discussion sur la probabilité d'apparition de la vie, sur la Terre ou ailleurs dans l'Univers, n'est pas close. La vision pessimiste, comme celle de Jacques Monod qui voyait dans l'apparition de la vie un phénomène hautement improbable, avait pris corps avec les débuts de la biologie moléculaire vers la fin des années 50, en particulier avec la découverte de la structure de l'ADN. Comment une telle molécule avait-elle pu apparaître au hasard ? Pour Jacques Monod, ce n'était pas un problème, mais une véritable énigme, et le biochimiste Francis Crick, qui avait découvert cette structure, a même parlé de « miracle ». Il a d'ailleurs imaginé une « solution » : la vie importée de l'espace, par... des extraterrestres ! Mais c'est évidemment reporter le problème ailleurs, comme l'a souligné le généticien Albert Jacquard[12].

Alors, la vie est-elle un phénomène rarissime, ou au contraire, comme le pensent de plus en plus de scientifiques, un phénomène naturel, voire inéluctable dès lors que les conditions favorables sont réunies ? Tentons de résumer ce débat très complexe...

Mentionnons, selon l'usage, l'expérience historique du chimiste Stanley Miller, en 1953 : en recréant dans un bocal ce qu'on croyait être l'atmosphère primitive, « prébiotique », de la Terre, avec de l'eau chauffée et des décharges électriques, Miller obtint en quelques jours une variété d'acides aminés, constituants de base de la matière vivante : ce sont, avec quelques autres molécules simples (sucres, acides gras, bases nucléiques), les « briques » avec lesquelles sont assemblées les « macromolécules » de la vie (protéines, acides nucléiques). C'était donc un début très encourageant !

De nouveaux progrès furent réalisés sur la voie ouverte par Miller, avec la synthèse de nombreux composés organiques, pour en arriver aux grosses molécules (polymères) à la fin des années 70. Mais on s'est heurté alors à un obstacle considérable : la synthèse des molécules géantes de la vie, les protéines et les acides nucléiques (ADN et ARN). Voici le problème : dans la matière vivante, les protéines sont synthétisées par l'ADN ; or, la synthèse de l'ADN nécessite la présence de certaines protéines (les enzymes) ! On tourne en rond : c'est l'histoire de l'œuf et de la poule. Malgré de longues recherches, on n'a jamais réussi à synthétiser des protéines capables de s'assembler et de se répliquer sans l'aide d'acides nucléiques (comme l'ADN). En 1980, heureusement, une découverte importante (des biochimistes Thomas Cech et Sidney Altman) a relancé la recherche : certaines molécules d'ARN peuvent se couper et se recoller de façon autonome, agissant ainsi comme leurs propres enzymes. En 1986, Walter Gilbert, biochimiste également, a alors proposé la théorie du « monde de l'ARN » : les premiers organismes auraient été des molécules d'ARN (apparues dans la soupe primitive) qui auraient graduellement « appris » à synthétiser des protéines facilitant leur réplication, et qui se seraient entourées de lipides pour former une membrane cellulaire. Puis les organismes à base d'ARN auraient peu à peu évolué en organismes à base d'ADN, chimiquement beaucoup plus stable que l'ARN. Les biologistes ont expérimentalement reconstitué certaines étapes de ce processus. Cependant, cette théorie du « monde de l'ARN » soulève beaucoup d'interrogations, la première étant : comment est apparu l'ARN original ? La probabilité d'apparition spontanée dans la soupe primitive prébiotique a dû être très faible, si bien qu'on cherche d'autres molécules plus simples qui auraient pu être à la base de la vie. On est donc encore loin d'avoir élucidé les étapes chimiques d'apparition de la matière vivante, même la plus élémentaire, et dans les conditions de la Terre primitive, que l'on suppose d'ailleurs, maintenant, moins favorable que dans l'expérience de Miller (mais celui-ci reste un fervent défenseur de cette hypothèse).

Alors, la vie est-elle très improbable, très rare ? Les « optimistes » soulignent la rapidité, si l'on ose dire, de son apparition sur Terre : la découverte récente d'algues bleues très primitives, dont les fossiles sont imprimés dans des roches vieilles d'au moins 3 500 millions d'années, réduit à quelques centaines de millions d'années le temps disponible pour la formation de la première cellule vivante dans la soupe prébiotique. Mais d'autres ne partagent pas cet optimisme, car non seulement on ne comprend pas encore la manifestation des premières molécules géantes de la vie, mais il y a un long chemin à expliquer jusqu'à l'apparition des premières cellules organisées, après quoi se profile le problème épineux de l'évolution des êtres vivants, du « simple » au complexe. Le biologiste Michael Denton critique vivement la théorie actuelle de ce processus, ainsi que l'approche évolutive qu'on vient d'évoquer, pour l'apparition de la vie. Son livre *Évolution. Une théorie en crise* suggère en fait un *dépassement* du cadre théorique actuel, peut-être comme a dû déjà le faire la physique au XXe siècle.

Denton nous offre une description de la complexité de la vie qui, effectivement, laisse rêveur. Une cellule vivante compte dans les dix mille milliards d'atomes. Si on pouvait l'agrandir jusqu'à une taille de 20 km de diamètre (les atomes auraient la taille d'une boule de billard), « on découvrirait alors un objet d'une complexité et d'une finalité adaptative sans pareil ». À sa surface, on verrait des millions d'accès s'ouvrant et se fermant pour laisser passer un flux continu de matériaux entrant et sortant. À l'intérieur, on contemplerait un monde d'une complexité ahurissante : réseau de couloirs et de canaux allant dans toutes les directions, « certains conduisant à la banque de mémoire centrale du noyau, d'autres aux unités de traitement et d'assemblage. Le noyau lui-même serait une vaste chambre sphérique de plus d'un kilomètre de diamètre, semblable à un dôme géodésique ; à l'intérieur, on discernerait des kilomètres de chaînes torsadées de molécules d'ADN bien empilées en rangées ordonnées ». Denton développe ainsi une vision de ces « étranges machines moléculaires » qui impose avec force l'idée qu'elles n'ont pu se manifester *par hasard,* comme le voudrait la théorie classique de l'évolution, appliquée à l'apparition de la vie. L'idée de hasard extrême, soutenue par Jacques Monod, est selon Denton notoirement insuffisante pour justifier cela. Faut-il donc revenir à la conception religieuse de la création divine, le « créationnisme », ce dont on a d'ailleurs accusé cet auteur ? En fait, il semble suggérer une autre piste : « Les systèmes vivants pourraient posséder une propriété, une caractéristique nouvelle, encore inconnue, qui pourrait avoir joué un rôle dans l'évolution. Qui aurait cru, il y a quelques années, que les oiseaux sont sensibles au champ magnétique terrestre ? »[13]

Denton cite d'autres domaines inexpliqués de la biochimie, comme l'embryologie, la morphogénèse (ou croissance des formes), le fonctionnement du cerveau, la nature de la conscience... Et il y a, bien sûr, sujet principal de son livre, la théorie de l'évolution, à laquelle il paraît indispensable de consacrer au moins un court développement.

Pour comprendre comment Michael Denton peut qualifier la théorie de l'évolution de « théorie en crise », rappelons très brièvement en quoi elle consiste. Ses principes ont été proposés, on le sait, par Charles Darwin en 1859, dans son célèbre livre *L'Origine des espèces,* qui remporta tout de suite un succès considérable dans l'Angleterre victorienne, férue de compétition : la première édition fut épuisée le jour même ! Ses conceptions peuvent être résumées ainsi : « la variabilité des individus au sein d'une espèce et la sélection naturelle des plus aptes à vivre et à se reproduire »[14]. Il s'agit donc d'un processus d'évolution graduelle, à petits pas. On a précisé le mécanisme au XXe siècle par les mutations génétiques, qui se produisent au hasard, et surtout par la recombinaison des gènes lors de la reproduction. Dans la théorie ainsi complétée, « néo-darwinienne », l'évolution est donc hasardeuse et progressive. Elle est illustrée par de nombreux exemples, et personne ne met en doute sa réalité. Mais il y a quand même un gros écueil : si cette thèse rend bien compte de la « micro-évolution » au sein d'une espèce ou entre deux espèces voisines, en revanche, la « macro-évolution » semble procéder par sauts rapides, en contradiction complète avec la théorie. En fait, Darwin était lui-même très conscient du problème : « L'imagination doit combler de très grands vides ». L'étude des fossiles confirme cet achoppement : il y a une cruelle pénurie de formes transitoires (à part quelques exceptions) entre les principaux groupes d'organismes vivants, comme si le monde vivant était discontinu. Depuis Darwin, les paléontologistes n'ont cessé de chercher les « chaînons manquants ». Or, souligne Michael Denton, si « les roches n'ont cessé de livrer des formes de vie nouvelles, fascinantes, voire bizarres », en revanche « jamais elles n'ont rapporté aucune des myriades de formes de transition invoquées par Darwin »[15]. Cette constatation fort embarrassante était devenue « le secret professionnel de la paléontologie », selon le mot du paléontologue Stephen Jay Gould. Justement, celui-ci a proposé, avec son collègue Eldredge en 1973, une nouvelle conception, dite des « équilibres ponctués », ou saltationnisme, selon laquelle les nouveaux types d'organismes surgissent soudainement, par larges sauts évolutifs.

Cette théorie, qui a la faveur de beaucoup de spécialistes, ne paraît pas suffisante, cependant, pour Michael Denton : si les intervalles mineurs, du type chien/renard ou rat/souris sont ainsi explicables, il n'en est rien des passages d'une grande branche à une autre, ni de l'apparition d'organes hautement complexes, comme l'œil ou l'aile de l'oiseau par exemple, sans transition, prêts à l'emploi, si l'on ose s'exprimer ainsi. La thèse classique fondée sur les mutations au hasard, même révisée, est ainsi insuffisante, selon lui, pour prouver l'évolution. Denton ne se prive pas de rappeler, d'ailleurs, qu'il y a toujours eu une minorité de dissidents, comme le professeur Pierre-Paul Grassé, ou le généticien allemand Richard Goldschmidt.

Faut-il donc revenir à l'intervention de forces « surnaturelles » ? C'est l'opinion d'un grand neurologue, Sir John C. Eccles, spécialiste du cerveau et prix Nobel de médecine, qui accepte bien la théorie de l'évolution, mais jusqu'à un certain point seulement. Il en trouve les limites dans l'émergence de la conscience, autre énigme, qu'il présente en ces termes dans son livre *Évolution du cerveau et création de la conscience* : « Je me concentrerai sur l'événement le plus extraordinaire dans le champ de notre expérience, à savoir l'avènement de chacun de nous en tant qu'être autoconscient unique. C'est un miracle à tout jamais au-delà des possibilités d'explication de la science »[16]. Eccles est un croyant au sens le plus classique du terme, et il a le mérite de l'affirmer clairement : « Puisque les solutions matérialistes sont incapables d'expliquer notre expérience d'unicité, je me sens contraint d'attribuer l'unicité du moi (ou de l'âme) à une création spirituelle d'ordre surnaturel. Pour m'exprimer en termes théologiques : chaque âme est une création divine nouvelle implantée dans le fœtus à un moment compris entre la conception et la naissance »[17].

Il est bien évident que ce genre de position théologique échappe radicalement à la discussion scientifique : c'est une affaire de foi. En revanche, si l'on veut rester dans le cadre d'une réflexion scientifique, ne faut-il pas dire, simplement : nous ne savons pas (ou pas encore) ? Selon Eccles, l'explication du tout, c'est la théorie classique de l'évolution, mais elle ne suffit pas, il faut y ajouter le surnaturel.

Est-il pertinent de mélanger ainsi science et religion ? Les expériences passées ne nous conseillent-elles pas de l'éviter ? Cela n'exclut en rien une appréhension religieuse et métaphysique de la vie et de l'Univers, mais il s'agit surtout d'éviter d'invoquer le « doigt de Dieu » chaque fois qu'on ne comprend pas. Il faudrait d'ailleurs beaucoup d'interventions : à l'origine de la vie, à chaque étape de l'évolution, à la naissance de l'homme, à la naissance de chaque homme !

Une conclusion semble se dégager aujourd'hui, pour la majorité des biologistes : il faut écarter tout autant l'idée de hasard extrême que celle d'intervention surnaturelle à répétition, comme étant des conceptions non scientifiques. Pour Martin Olomucki, professeur au Collège de France, le passage de la chimie à la biologie est un « processus inéluctable »[18]. L'histoire de la vie sur la Terre nous permet de l'affirmer, même si l'on ne sait pas encore tout expliquer. À cet égard, il serait dommage de ne pas évoquer les nouvelles évaluations qui vont peut-être changer du tout au tout les sciences de la vie, à la suite des révolutions en physique. Ainsi, pour le physicien Bernard d'Espagnat, les découvertes de la physique quantique — théorie fondamentale de la physique actuelle, établissant la dualité entre les ondes et les particules — ne sont pas limitées aux particules élémentaires : « Les conclusions de la physique quantique microscopique doivent s'imposer aussi à tous les niveaux macroscopiques. »[19] Cette idée ne suggère-t-elle pas de futurs bouleversements en biologie ? Des biologistes semblent ouvrir des pistes vers ces nouvelles explorations, et qui nous conduisent loin, en tout cas, de la biologie classique, déterministe et mécaniste. Certains, comme Jean Dorst et Marco Schutzenberger, reviennent à des notions de finalité et de programme pour expliquer la vie. Pour Brian Goodwin et Rupert Sheldrake, il faut créer une théorie entièrement neuve et, il faut bien l'admettre, d'allure passablement ésotérique, dite « théorie des champs morphogénétiques », pour expliquer comment se forme un corps vivant, et comment il maintient cette forme pendant toute son existence. Une conception qui rejoint, nous dit-on, certains travaux mathématiques, et les postulats de la physique quantique[20]...

b) Les chances de la vie extraterrestre

Le long développement qui précède, sur la vie terrestre, était un préalable indispensable avant d'évoquer les spéculations sur la vie extraterrestre. Peut-on en conclure que la vie extraterrestre est probable ? Beaucoup pensent que oui, mais le débat n'est pas clos, et nous allons maintenant l'aborder. Les chances paraissent bonnes si l'on songe aux dimensions de l'Univers. Notre galaxie contient, selon les estimations, de cent à trois cents milliards d'étoiles, et il existe des milliards de galaxies. Il nous suffira largement, pour la suite, de rester dans la nôtre !

Y a-t-il d'autres systèmes planétaires, autour d'autres étoiles ? Le fait que nous ne soyons pas encore capables de les repérer (mais cela va bientôt changer grâce à de nouveaux instruments) ne nous autorise à aucun scepticisme a priori. L'origine de notre propre système solaire étant maintenant comprise, et ne présentant pas le caractère d'un événement exceptionnel, tout porte à croire, au contraire, que les systèmes planétaires sont répandus, ce qui doit en faire beaucoup ! En réalité, on a déjà remarqué, avec les instruments actuels, des disques de poussières indiquant des planètes en formation, autour de deux étoiles : Bêta Pictoris (en 1984) et Ophiuchi (en 1993). En avril 1994, a été confirmée l'existence de planètes autour d'un pulsar (étoile très dense qui émet des radiations intenses et d'une extrême régularité), à 1600 années-lumière du système solaire, en mesurant de petites variations dans la fréquence de ses émissions radio.

À partir de là, les astrophysiciens se sont demandé : combien de planètes habitables ? L'interrogation était également délicate, et les hypothèses, aléatoires, car il faut aussi que l'étoile soit favorable à la vie. Et sous quelle forme ? Pourrait-il y avoir des types de vie très différents du nôtre ? Et combien de mondes vivants ont-ils pu évoluer jusqu'à la vie consciente et « civilisée » ? Et combien de temps peut se perpétuer une civilisation ? Cette dernière question, à elle seule, n'est pas négligeable : si la durée moyenne est trop brève, nous n'avons peut-être aucune chance d'en rencontrer une autre ! L'analyse de tous ces sujets a été présentée depuis des années dans de nombreux ouvrages, avec des pronostics variables, mais cependant assez convergeants vers un optimisme plutôt à la hausse actuellement, après, il est vrai, une vague de pessimisme. Il est hors de propos de recommencer un exposé complet, mais tentons quand même de le résumer, très brièvement.

Le thème de l'existence éventuelle de formes de vie distinctes de la nôtre, a été fort débattu, pour finalement dégager l'idée que seule la chimie du carbone permet vraiment le développement d'organismes vivants. Il en découle évidemment qu'une planète propice à la vie doit être semblable à la Terre, et que nous laissons ici les « monstres de l'espace » au rayon des inventions de la science-fiction. Cette hypothèse de départ est conforme à un principe général, que souligne l'astrophysicien Evry Schatzman, dans un livre particulièrement révélateur, *Les Enfants d'Uranie.* C'est le principe d'universalité des lois de la Nature : « L'unité du monde physique sur toute son étendue observable a quelque chose d'impressionnant : il n'y a pas, dans tout l'Univers observé, de particule, de force, d'atome différents de ceux que nous observons, mesurons sur Terre. »[21]

Mais quelles sont les « conditions d'habitabilité » des planètes, selon les astrophysiciens ? Elles tiennent d'abord à la nature de l'étoile. Il faut ainsi éliminer les étoiles à durée de vie trop courte, les étoiles trop jeunes (comme par exemple les Pléiades), ou trop vieilles, de première génération (pas d'éléments lourds), les étoiles instables, les étoiles doubles trop rapprochées (risque d'énormes variations de température) ; enfin, les étoiles de la région centrale de la galaxie, trop denses (possibilités de collision, d'explosion de supernova, etc.). Il y a encore bien d'autres facteurs qui jouent, notamment la masse de l'étoile et celle de la planète, la pesanteur ne devant être ni trop forte, ni trop faible. Il y a ensuite le problème de la « bonne » distance de la planète à l'étoile, illustrée par le cas du système solaire : Vénus, trop près du Soleil, est trop chaude (effet de serre) ; Mars, à l'inverse trop éloignée est trop froide (et en plus, trop petite pour retenir longtemps une atmosphère suffisante). Il y a ensuite toute une série d'éléments relatifs au modèle d'atmosphère planétaire. On en arrive à définir l'espace habitable, ou « écosphère » autour d'une étoile, et à la calculer, en théorie, à partir de tous ces facteurs.

Le premier calcul de l'espace habitable a été proposé, dans le cas du Soleil, en 1978 par l'Américain Michael Hart de la NASA, et le résultat était très sévère. Selon lui, la Terre ne pouvait être habitable que si le rayon de son orbite était compris entre 96 % et 101 % de son orbite réelle. La marge était donc très faible, et nous nous retrouvions, une fois de plus, dans le rôle avantageux de « petits veinards » du cosmos ! Nous verrons plus loin que ce résultat n'était pas du tout innocent : Hart était hostile à l'hypothèse extraterrestre ! Pour comble, un nouveau facteur restrictif fut ajouté, par l'astronome Papagiannis en 1981, l'effet d'excentricité de l'orbite : si celle-ci est trop forte on augmente le risque d'emballement thermique ou glaciaire. Sur ces bases, Schatzman supposa qu'il n'y avait pas plus d'une étoile sur dix mille ayant un « bon » système planétaire dans notre galaxie. Heureusement, une nouvelle estimation de l'écosphère, plus sophistiquée, a été réalisée depuis par des spécialistes de la NASA (du *Ames Research Center,* en Californie), qui a « balayé » le pessimisme de la première évaluation. En tenant compte d'effets stabilisateurs, tels que le pouvoir réflecteur d'une forte couche nuageuse, susceptible d'affaiblir l'effet de serre, la zone favorable s'est largement étendue, allant presque de Vénus à Mars pour une planète comme la Terre[22]. En conséquence, le calcul de la NASA donne ceci : si 10 % des étoiles de la galaxie sont comparables au Soleil (qui est, rappelons-le, une étoile ordinaire), et s'il y a des planètes dans l'écosphère ainsi élargie autour de la moitié d'entre elles, cela fait la bagatelle de cinq milliards de planètes habitables pour la galaxie, en lui accordant cent milliards d'étoiles (hypothèse basse)[23].

Ainsi, il y a probablement beaucoup de planètes habitables. Mais, sont-elles peuplées ? D'un point de vue philosophique, ce serait un Univers vraiment très étrange si la petite et banale planète Terre était la seule de toutes les planètes habitables à arborer la vie, ou même si celle-ci était très rare. Quelque chose nous dit qu'il n'en est pas ainsi ! Mais pour revenir sur un terrain plus scientifique, il faut reprendre la discussion précédente sur la vie et l'évolution. Lorsqu'on étudie les opinions des scientifiques qui se sont exprimés sur ce sujet, on s'aperçoit que, d'un côté, les astrophysiciens et spécialistes de l' « exobiologie » (ou biologie extraterrestre) se montrent généralement optimistes, alors que les biologistes seraient plus pessimistes. Carl Sagan, par exemple, scientifique réputé dans le domaine des planètes, a très tôt affiché un point de vue optimiste, comme dans son livre *Cosmic Connection* (1973) : « Après des siècles de conjectures boiteuses, de spéculation débridée, de conservatisme pesant et de désintérêt à courte vue, la notion de vie extraterrestre arrive enfin à maturité. »[24]

Une fois admise la probabilité de la vie, ailleurs dans l'Univers, se pose la question suivante : les autres formes de vie ne risquent-elles pas d'être très différentes de la nôtre ? Et quelle est la probabilité que l'évolution ait abouti, ailleurs également, à l'apparition d'êtres intelligents ? Rappelons d'abord le principe d'universalité de la Nature, observé par les astrophysiciens. Mais il y a une autre observation, faite sur la vie terrestre, qui est très encourageante : le phénomène de la « convergence » des formes vivantes. Il est courant de constater « que des solutions techniques favorisant la survie sont " trouvées " à partir des branches plus ou moins indépendantes de l'arbre évolutif »[25]. On voit ainsi apparaître l'œil (organe suprêmement complexe) de nombreuses fois de manière indépendante sur l'arbre de l'évolution, de même que les organes de vol, l'adaptation à la nage rapide (dauphins et requins), etc. Un cas tout à fait remarquable est celui de la famille des marsupiaux, spécialité australienne. On y trouve par exemple un loup, le loup de Tasmanie, qui ressemble à s'y méprendre au loup et au chien placentaires. Ainsi, comme le suggèrent plaisamment les astronomes Jean-Claude Ribes et Guy Monnet dans leur livre *La Vie extraterrestre,* il existe peut-être des extraterrestres marsupiaux qui nous ressemblent fort, à part que les dames n'ont pas de poitrine[26] ! On a aussi spéculé sur l'idée que, si les dinosaures n'avaient pas disparu il y a 65 millions d'années (sans doute à cause de la chute d'une comète), peut-être auraient-ils produit un... « lézard » intelligent, comme dans le film *V* ! Toutes ces hypothèses sont évidemment de nature à stimuler notre modestie naturelle, ce à quoi s'emploie Stephen Jay Gould dans son ouvrage *La Vie est belle,* où il souligne « l'énorme contingence historique » qui a présidé à l'apparition de l'homme : « Des milliers et des milliers de fois, il s'en est fallu *aussi peu que cela* (mettez votre pouce à environ un millimètre de votre index) que nous soyons purement et simplement effacés du film de la vie, à la suite d'un changement de cap de l'histoire, qui aurait alors pris un autre cours tout aussi sensé. »[27] Justement, ce cours tout aussi sensé a peut-être été pris ailleurs, mais pour converger vers des niveaux toujours plus élevés de complexité, vers la vie intelligente, ce que suggère Evry Schatzman : « Le principe de convergence, qui n'est après tout qu'une formulation particulière de ce principe d'universalité, autorise une extrapolation plus audacieuse, l'affirmation que l'apparition de l'intelligence est inéluctable. »[28]

Cette opinion est largement majoritaire aujourd'hui, mais elle se heurte à des adversaires acharnés, par exemple le mathématicien Frank Tipler, qui déclare : « Je suis profondément convaincu que nous sommes la seule espèce douée d'intelligence dans toute la galaxie, et, en outre, que nous sommes la seule espèce douée d'intelligence qui ait jamais existé dans cette galaxie à travers toute son histoire. »[29] Son argument principal est assez étonnant, mais on ne peut le passer sous silence car il oblige à réfléchir sous un angle tout à fait nouveau : « Fondamentalement, si d'autres êtres intelligents que nous avaient existé dans notre galaxie, ils auraient déjà découvert l'exploration de l'espace, ils se seraient déplacés vers notre système solaire et s'y trouveraient en grand nombre. De plus, s'il s'agissait d'êtres intelligents semblables à nous, ils auraient souhaité prendre contact avec nous, ce qui leur aurait été extrêmement facile. »[30] Nous discuterons plus loin si, effectivement il n'y a jamais eu aucun contact, comme l'affirme Tipler. Une objection classique à un raisonnement de ce type est la difficulté, sans doute énorme, des voyages interstellaires, mais Tipler a une réponse non moins surprenante sur ce point, qui est la possibilité (déjà démontrée) de parcourir l'espace avec des engins *automatiques*. Si, en outre ils sont capables de s'autoreproduire, il n'y a pas de limite à leur expansion ! Intéressante démonstration : les ET devraient être là, ils ne sont pas là, donc ils n'existent pas, et nous sommes seuls dans l'Univers (CQFD). Tipler est d'autre part l'un des principaux promoteurs, avec le physicien John Barrow, du « principe anthropique fort », selon lequel l'Univers aurait été créé pour nous. Et pour nous seuls, par conséquent ! Nous allons défendre une tout autre idée, celle que nous sommes effectivement visités, depuis longtemps sans doute, mais d'une manière occulte. À moitié seulement, d'ailleurs, sinon nous n'aurions pas motif d'en parler, et c'est là que l'on touche à ce mystère des ovnis, que nous allons explorer. Mais n'anticipons pas et parcourons d'abord le cheminement scientifique classique.

c) *Pronostics sur les civilisations extraterrestres*

Après un demi-siècle de scepticisme sur la vie extraterrestre, l'idée a commencé à renaître, faisant presque figure de conception nouvelle, vers la fin des années 50. Existaient quelques facteurs favorables : la compréhension de la formation du système solaire, qui n'était plus exceptionnelle, s'esquissait, et l'on revenait aussi à la thèse de la vie comme phénomène naturel. Plus généralement, la théorie prenait corps d'une vaste évolution de l'Univers, depuis le big-bang jusqu'aux êtres vivants, intelligents. Ainsi, l'Univers n'est plus dénué de sens ; il « a une histoire », comme le dit Hubert Reeves, et l'astrophysicien Jean Heidmann évoque même la « grandiose fresque de l'Univers », dans un livre consacré justement à la vie extraterrestre[31] ! Heidmann fait partie, d'ailleurs, de la confrérie des radioastronomes qui tentent, depuis les années 60, de capter des émissions extraterrestres. Les essais réalisés à ce jour ont été infructueux, mais les difficultés de l'entreprise sont considérables. Elles n'ont pourtant pas découragé ces pionniers, comme nous allons le voir plus loin. En attendant de détecter les premiers bips-bips extraterrestres, l'interrogation qui a fait l'objet de nombreuses spéculations était : combien pourrait-il y avoir, actuellement, dans la galaxie, de civilisations extraterrestres ? La première expérience d'écoute du ciel, Ozma en 1960, avait pour auteur un jeune astronome, Frank Drake, dont le nom est resté également attaché à l'équation qu'il formula à la même époque pour tenter d'estimer le nombre d'éventuelles civilisations extraterrestres dans la galaxie. Cette fameuse équation de Drake est devenue le point de passage obligé pour toute étude sur la vie extraterrestre. C'est le produit de tous les facteurs qu'il s'agit d'évaluer, dont plusieurs ont déjà été évoqués : étoiles, planètes habitables, chances d'apparition de la vie, manifestation de la vie intelligente. À cela, il faut encore ajouter des hypothèses sur la quantité de civilisations capables, et *désireuses,* de communiquer (si l'on veut, en plus, apprécier avec combien d'entre elles on a des chances d'entrer en contact), et enfin un dernier facteur, peut-être le plus délicat de tous, la durée de vie moyenne d'une telle civilisation (ou, même remarque, le temps qu'elle passera à tenter de communiquer). On voit combien un tel « calcul » est aléatoire et dépend autant des options philosophiques que scientifiques de l'auteur. C'est bien, d'ailleurs, ce que l'on vérifie en regardant les évaluations successives proposées depuis trente ans. Mais c'est justement, pour cette raison, intéressant à observer, comme l'a souligné Frank Drake lui-même, dans le livre *First Contact* (1990).

Selon Frank Drake : « Il y a vingt-huit ans, le nombre typique de civilisations technologiques donné par l'équation pour la Voie Lactée était de 10 000 environ. Cela venait d'estimations fondées sur les observations et la théorie, selon lesquelles la multiplication de tous les facteurs sauf le dernier (L, longévité) était à peu près égale à 1, et nous supposions que L était de l'ordre de 10 000. Les observations fournissant de véritables valeurs aux facteurs de l'équation se sont beaucoup améliorées au cours des années, mais le résultat final n'a pas changé de manière significative. »[32] En fait, reconnaît Drake, le facteur L de longévité moyenne est à lui seul « une zone de presque totale ignorance ». C'est un facteur particulièrement volatil, comme on va le constater, influencé notamment par les craintes, naguère encore très vivaces, de guerre nucléaire, et maintenant de catastrophe écologique. Un autre élément très incertain, selon quelques auteurs, serait la capacité de communiquer : non seulement la capacité technique, mais la possibilité même de communiquer, donc d'avoir des concepts communs. Ce point est développé par John Casti dans *Paradigmes perdus. La Science en question* (1991). Il cite le philosophe Nicholas Rescher, pour qui il est peu vraisemblable qu'une science extraterrestre serait de même nature que la nôtre. On nous permettra de juger l'idée bizarre, la chute des pommes étant sans doute la même dans toute la galaxie, et même dans les autres ! Mais il y a plus, la conception assez radicale d'incommunicabilité entre des êtres radicalement différents : « ... il peut très bien exister des civilisations extraterrestres, mais il est hautement improbable que nous rencontrions jamais une ETI (Intelligence extraterrestre) qui pratique “ notre type de science ”. C'est dans l'ordre de la communication que je découvre une limite infranchissable et je n'ai d'autre recours que de prendre parti pour N = 1 ». Autrement dit, nous sommes condamnés à la solitude cosmique, avance ainsi John Casti. En réalité, il va plus loin : après avoir discuté d'autres aspects de la situation de l'homme, il arrive à une solution qui rejoint celle, déjà citée, de Frank Tipler : « À mon avis, la conclusion générale qui se dégage est que l'*Homo sapiens* est une créature très singulière, du moins ici sur la Terre, et peut-être dans tout l'Univers. »[33] On ne sera pas surpris que ce soit aussi l'opinion de Sir John Eccles : en tout cas, c'est une conclusion qui cadre bien avec l'enseignement biblique ! On voit combien l'estimation de l'équation de Drake, malgré sa rigueur scientifique, ne peut éliminer le poids des doctrines et des croyances. Voici, brièvement, la petite histoire de ces évaluations.

À partir de l'hypothèse initiale, qu'on peut juger optimiste si l'on veut, de 10 000 civilisations susceptibles de communiquer dans la galaxie, faite au début des années 60, une première vague d'optimisme, animée notamment par Carl Sagan, porta cette estimation à un million, dans un livre très remarqué, écrit en 1966 avec l'astrophysicien russe Chlovsky. En fait, tous les facteurs étaient déjà révisés en baisse sauf la longévité moyenne, portée à 100 millions d'années...

Ceci compensait largement cela ! En 1973, dans *Cosmic Connection,* Sagan remaniait un peu ses chiffres : le produit des facteurs de probabilité était remultiplié par 10, mais la longévité moyenne était réduite à 10 millions d'années, de sorte que le résultat restait le même, un million de civilisations. Comme le raconte le physicien David Brin *(First Contact),* c'était en somme l'état de l'art à ce moment, favorable d'ailleurs à la poursuite des écoutes radio dont Sagan était l'un des ardents promoteurs. Cependant, une plus grande incertitude se manifeste vers la fin des années 70. C'est l'époque où Hart (1978) calcule une « écosphère » très étroite d'espace habitable autour d'une étoile, qui refroidit quelque peu les enthousiasmes. On introduit une fourchette très large dans les estimations. Ainsi, Isaac Asimov, dans *Civilisations extraterrestres* (1979), propose bien une évaluation « raisonnable » d'un demi-million de civilisations (530 000 pour être précis), mais avec une fourchette allant de deux civilisations à 390 millions ! Même son de cloche chez Carl Sagan : de 1 à des millions (*Cosmos,* 1980). De même, d'autres scientifiques américains, Robert Rood et James Trefil, proposent un million comme estimation raisonnable, mais avec une fourchette de 4 à 200 millions (*L'Univers : sommes-nous seuls ?* 1981). En 1986, le Français Evry Schatzman présente une fourchette prudente de 5 à 50 000 *(Les Enfants d'Uranie).*

En fait, un « parti des pessimistes » s'était formé à partir de 1975, date à laquelle Michael Hart, l'auteur de l'estimation sévère de l'écosphère, publie un article concluant à l'absence probable d'autres civilisations avancées dans la galaxie. Le titre de son article résume sa thèse : *Une explication pour l'absence d'extraterrestres sur Terre.* S'ils existaient, ils seraient là depuis longtemps, donc il n'y en a pas ! C'est le même schéma, en fait, qui est repris, en 1980, par Frank Tipler dans un article intitulé *Les Êtres extraterrestres intelligents n'existent pas.* Il développe la théorie des robots explorateurs, ou sondes de von Neumann (le mathématicien qui a créé la théorie des robots autoreproducteurs, en plus d'être l'un des fondateurs de l'informatique) : de telles sondes auraient dû atteindre la Terre depuis longtemps, la visiter et laisser au moins des traces. Pas de traces, pas de visites, donc pas d'extraterrestres. Pour la petite histoire, Carl Sagan s'opposa, en vain, à la parution de cet article (en tant que conseiller de revues scientifiques). Il fut pourtant édité et causa beaucoup de tort aux programmes d'écoutes radio, dont les crédits furent à deux doigts d'être supprimés, à l'instigation du sénateur Proxmire. Nous allons voir que ces écoutes radio ont été relancées à grande échelle en 1992, mais pour être arrêtées dès l'année suivante par le Congrès américain. Il faudra évoquer, d'autre part ce thème, qui a fait couler beaucoup d'encre, d'éventuelles traces de passage sur Terre de visiteurs extraterrestres. Les apparitions d'ovnis feront l'objet, elles, du prochain chapitre...

II. L'énigme de l'absence

L'échec (provisoire ?) de l'écoute du ciel

Comme on a pu le constater, les écoutes radio du ciel avaient commencé dans une ambiance plutôt positive. En 1975, Carl Sagan et Frank Drake proposèrent le gigantesque projet *Cyclope,* bien enterré à présent, qui consistait à installer côte à côte pas moins de 1 500 antennes géantes de 100 m de diamètre chacune, selon la description rapportée très sérieusement dans la revue *Scientific American* (mai 1975). Coût prévu : 10 milliards de dollars, estimation modeste qui aurait été largement dépassée. Le point intéressant est que cette installation aurait permis de capter des émissions de radio et de télévision normales, *non dirigées* intentionnellement vers nous, et ce jusqu'à plusieurs centaines d'années-lumière. Or Sagan et Drake avaient évalué à un million le nombre probable de civilisations avancées dans la galaxie, soit une distance moyenne entre elles de 300 années-lumière. C'était ainsi le premier projet qui semblait nous donner une réelle chance de contact. Cependant, il n'avait aucune chance d'être adopté car, outre son coût exhorbitant, il dut affronter la nouvelle vague de pessimisme qui a été déjà évoquée. Ce fut alors, selon les mots du physicien David Brin, « la fin d'une courte période d'innocence »[34]. Pourquoi ce changement d'attitude ? Parce que l'absence de signes d'existence des extraterrestres, qu'il s'agisse du décevant silence radio ou de l'absence apparente de traces de visites sur la Terre, était ressentie comme une véritable énigme. À condition, bien sûr, d'oublier les ovnis ! Toutes sortes d'explications furent alors avancées sur cette étrange « absence » des extraterrestres, et nous allons les recenser, ce qui ne manquera pas de sel. David Brin raconte *(First Contact)*, comment s'est opérée dans les années suivantes ce qu'il appelle la retraite des « optimistes du contact ». Lors d'une réunion de l'Union astronomique internationale, à Boston en 1984, on a pu constater ce recul, au profit des « opposants », partisans de l'idée que nous sommes seuls : « On les a vus alors affluer avec excitation à ces conférences, discutant des perspectives de voyages interstellaires et de colonisation galactique... »[35]

Avant que de répertorier ces fameuses justifications plaidant en la faveur de l'absence des extraterrestres, résumons la suite des écoutes radio qui, après une période de doute, ont été relancées à plus vaste échelle. Jusque dans les années 80, les programmes d'écoutes étaient de courte durée, et ils n'avaient, en fait, aucune chance de réussir. Pour comprendre leur difficulté, il est nécessaire de savoir que, non seulement les étoiles à viser sont en très grand nombre, que pour capter un signal avec les moyens disponibles, il est impératif qu'il soit dirigé précisément, et donc intentionnellement vers nous (s'ils nous ont, peut-être, repérés !), mais en plus il faut tomber sur la bonne fréquence. Or, une émission de bonne qualité à grande distance suppose qu'elle soit émise sur une bande passante étroite, et un balayage très rapide d'une multitude de fréquences s'impose. Et il reste enfin à repérer un signal artificiel sur le bruit de fond, ce qui suppose un traitement informatisé des données. Mais, les extraterrestres communiquent-ils par radio ? Peut-être possèdent-ils des moyens beaucoup plus avancés? Cette idée a été suggérée notamment par Hubert Reeves, qui recommande de « se méfier des conclusions hâtives et prématurées » : « L'ingénieur contemporain ignore la possibilité de communications autres que celle de l'onde électromagnétique. Remettons la situation dans sa juste perspective en rappelant que la découverte de cette onde a, tout juste, une centaine d'années. Des civilisations techniques plus avancées peuvent très bien l'avoir abandonnée pour d'autres modes. Qui s'étonne aujourd'hui de l'absence de signaux de fumée dans le ciel de l'Arizona ? »[36]

Ces embûches et ces doutes n'ont pas découragé les enthousiastes des écoutes radio, qui ont mis au point un nouveau programme, beaucoup plus ambitieux, de recherche. Ce programme Mega SETI, lancé avec faste en 1992, s'attaquait au balayage simultané d'une partie des fréquences radio potentiellement utiles, par tranches d'un dixième de hertz : huit millions de canaux sur un total de cent milliards possibles. On était ainsi en mesure de penser que les choses sérieuses allaient commencer. Les ambitions restaient encore limitées cependant, malgré la puissante informatique mise en œuvre, quant aux types de signaux pouvant être repérés au milieu du bruit de fond galactique : un son continu ou un simple « bip-bip »... Quoi qu'il en soit, nous ne saurons pas si ce programme, qui n'avait pas désarmé les sceptiques, avait des chances de succès car, bien que décidé initialement pour dix ans d'écoute, il a été interrompu au bout d'un an, début 1994, par le Congrès américain !

Cela dit, une fois encore, cette démarche laisse de côté la recherche sur les ovnis, mais continuons pour le moment à jouer le jeu, en supposant que ceux-ci n'existent pas. Quoi qu'il en soit, il y a bien, cependant, un problème qui est l'absence de traces archéologiques d'éventuelles visites par le passé. Sur ce point, nous allons volontiers admettre que le dossier actuel est bien mince, et que les sceptiques ont de solides arguments. Considérons dès à présent cet aspect des choses, après quoi nous nous amuserons un peu à abonder dans le sens des partisans de l'inexistence des extraterrestres, c'est-à-dire à discuter des nombreuses hypothèses qui ont été avancées pour justifier cette étrange absence de traces.

L'absence de traces de visites

La recherche de marques éventuelles de visites d'extraterrestres, peut-être à des époques très anciennes, a fait couler beaucoup d'encre, a provoqué, et provoque encore de vives polémiques. Or, force est de reconnaître qu'on n'a rien produit de sérieux, ne serait-ce qu'un seul objet matériel, ou document, d'origine extraterrestre indubitable. Beaucoup d'idées intéressantes ont été avancées sur un éventuel rôle éducateur et civilisateur de visiteurs du ciel, ce que nous verrons plus loin, mais sur la question de preuves matérielles pures et dures, il n'y a rien de solide, quoi qu'en dise Erich von Däniken, dans ses ouvrages au succès colossal, et bien d'autres. Il faut être d'autant plus clair sur ce point que l'engouement pour ce genre de récits a été considérable. En quelques années, le premier livre de von Däniken, paru en 1968, avait atteint des ventes de 12 millions d'exemplaires aux États-Unis, et de 34 millions dans le monde. On peut ainsi comprendre l'irritation du monde scientifique face à une telle réussite d'un travail peu scientifique. Cela rappelle l'exaspération des astronomes au début du siècle, concernant les histoires de civilisation martienne, lancées par les livres de Percival Lowell, qui n'avaient pas peu contribué à la montée du scepticisme. C'est ainsi que l'on peut lire couramment des jugements à l'emporte-pièce, comme celui de Michael Denton dans son ouvrage sur l'évolution : « À ce jour — une fois écartés ovnis et autres voyageurs intersidéraux à la von Däniken — on ne dispose pas du moindre atome de preuve en faveur d'une vie extraterrestre. »[37] Ou encore John Casti *(Paradigmes perdus)*, qui parle de la « marmelade de pseudo-science concoctée par Erich von Däniken et ses émules, les visionnaires en ovnis »[38].

Pour résumer les choses, à la manière d'Emmanuel Davoust dans *Silence au point d'eau,* il y a trois catégories d'arguments généralement émis pour prouver les visites extraterrestres. Le premier est que de nombreux monuments du passé n'ont pu être réalisés par les hommes seuls. L'évocation classique des pyramides égyptiennes a été en fait bien expliquée par l'utilisation de systèmes de moyens de levage et de transport de l'époque (et beaucoup de main-d'œuvre !). Il existe d'ailleurs deux exemples d'anciennes pyramides « ratées ». On voit les restes d'une pyramide effondrée à Meidum (2630 av. J.-C.) car les pentes étaient trop raides. Et les Égyptiens durent corriger la pente de celle de Dahshur, érigée à la même époque, qui risquait de crouler à son tour : des œuvres très humaines[39] ! Une deuxième approche, variante de la première, est tout aussi précaire. Elle consiste à dire que certaines connaissances, notamment astronomiques, n'ont pu être trouvées par les hommes seuls : Égyptiens, Mayas, Sumériens. Il paraît bien difficile de « prouver » quoi que ce soit, également, sur ce terrain, bien que les études de Maurice Chatelain sur les Mayas et les Babyloniens soient impressionnantes. Il y a aussi ces fameux dessins du plateau de la Nazca, pour lesquels on a bien donné des explications (l'invocation des dieux), mais demeure quand même un parfum de mystère. La troisième approche est l'étude des textes anciens, dont on ne peut nier qu'ils contiennent des passages fort troublants, comme nous l'envisagerons dans la partie consacrée à l'histoire des visions célestes. Mais, en termes scientifiques, ce ne sont pas non plus des preuves !

Pourquoi l'absence ? Un catalogue d'hypothèses

Que l'on admette ou non l'existence des ovnis, il y a bien une énigme du silence, de l'absence de traces visibles et indubitables de visites extraterrestres. Mais alors, « où sont-ils ? », se demandait déjà après la guerre, le grand physicien Enrico Fermi, père de la première pile atomique en 1942. Dans les années 70, s'était imposée l'idée qu'ils auraient dû être là, ou avoir au moins laissé des empreintes de leurs visites. Deux camps se sont alors opposés : les partisans de la solitude de l'humanité, comme Hart et Tipler, et les fidèles de l' « hypothèse extraterrestre », ou « HET », qui ont cherché les raisons de ce silence. Voici une énumération de toutes ces opinions, qui ont été avancées par de nombreux auteurs.

Trois principales familles se dégagent :

— Nous sommes seuls, au moins dans notre galaxie.

— Les extraterrestres (appelons-les les ET pour abréger) existent, mais les communications sont très difficiles voire même impossibles.

— Les ET existent, les voyages ont lieu, mais nous n'avons pas été contactés pour certaines raisons.

Notons enfin une quatrième famille, mais qui n'a pas encore le droit de cité dans les jardins de la science bien établie : les ET existent, ils nous connaissent bien (au moins certains d'entre eux !), des contacts sont établis depuis longtemps, mais de manière voilée. Une hypothèse qui sera sérieusement examinée dans ce livre. Mais envisageons d'abords les trois premiers cas de figures en soulignant que tous ces arguments, hormis le dernier, se contentent de nier en fait les ovnis.

1 — Nous sommes seuls

Rappelons pour mémoire les arguments déjà cités et critiqués plus haut : rareté de la vie, rareté des planètes habitables. On a aussi évoqué les dangers astronomiques menaçant la vie sur les planètes, tels que la chute de gros météores. On suppose maintenant que c'est ainsi qu'ont été éliminés les dinosaures, mais les mammifères n'ont pas tardé à prendre leur place !

Une autre thèse est la rareté de la vie intelligente : mais pourquoi l'évolution devrait-elle s'arrêter ailleurs, alors qu'elle a très bien fonctionné chez nous ? Plus sérieuse pourrait sembler l'idée que les civilisations durent peu de temps, pour cause d'autodestruction ou de décadence. On songe, bien entendu, à la menace de guerre nucléaire. Carl Sagan a participé à l'élaboration du fameux scénario de l' « hiver nucléaire », description apocalyptique des ravages occasionnés par une guerre atomique, qui ne laisseraient pas un être vivant debout. Selon Jean-François Revel, la validité de ce scénario a été contestée[40]. De plus, on peut penser que, mis au pied du mur pour déclencher un tel holocauste, les êtres intelligents tiennent à la vie. L'argument paraît ainsi très mince, dans ce jeu qui consiste à imaginer une cause d'élimination totale de toutes les civilisations !

2 — Les ET existent, mais les communications sont très difficiles, voire même impossibles

Voici, pour mémoire, ce qui a déjà été exposé : les distances entre les étoiles sont immenses, mais il semble réalisable d'explorer l'espace avec des engins automatiques, des « robots » autoreproductibles. Selon le physicien Eric Jones, de Los Alamos, l'exploration de la galaxie tout entière serait envisageable ainsi en 60 millions d'années. Cette seule idée détruit l'hypothèse des voyages impossibles, même dans le cadre de la physique contemporaine. Nous découvrirons plus loin un autre scénario bien connu de la science-fiction, celui des voyages de très longue durée à bord de « villes de l'espace », où les habitants survivent pendant plusieurs générations, en état d'éventuelle hibernation. Ces réponses se bornent aux connaissances de la physique actuelle ; or il convient d'ajouter que nous n'avons pas idée de ce que pourrait réaliser une civilisation plus avancée !

3 — Les ET existent, les voyages ont lieu, mais nous n'avons pas été contactés pour certaines raisons

Rappelons l'argument, déjà cité, de l'incommunicabilité qui semble bien fragile. Un argument plus intéressant est que, peut-être, pour des civilisations de très haut niveau, les voyages d'exploration spatiale sont sans intérêt, ramenés à des jouets d'enfants. Cette idée est à rapprocher d'une question posée par l'astrophysicien Evry Schatzman *(Les Enfants d'Uranie)* : « À quoi peuvent donc s'occuper les individus appartenant à une civilisation technologiquement avancée et très ancienne ? »[41] On peut, selon lui, chercher des réponses dans les utopies et les mythes. Les hautes civilisations seraient aptes à se consacrer entièrement à la méditation et, proposition d'un autre astronome, Papagiannis, à la communication avec le Créateur ! Mais est-il possible de vraiment supposer qu'il en soit toujours ainsi ? Ce serait faire bien peu de cas de l'esprit de découverte, de l'esprit scientifique, de la simple curiosité, sans oublier le désir de répandre la civilisation !

Carl Sagan, jamais à court d'argument, a supposé que la Terre est vraiment trop arriérée et banale pour mériter une visite, nous comparant aux îles Andaman, dans l'océan Indien, où réside une peuplade très primitive : « Tous les ethnologues de la planète Terre ne se ruent pas sur les îles Andaman sous prétexte que l'on vient d'y inventer le filet de pêche. »[42] À cela on peut rétorquer qu'il n'est pas nécessaire, en effet, que tous les ethnologues s'y précipitent, mais que quelques-uns sont susceptibles de s'y intéresser. C'est bien ainsi que les choses se passent chez nous. En l'occurrence, les ethnologues sont tombés sur une chose d'importance aux îles Andaman : Andrew Lang y découvrit, à la fin du XIXe siècle, la croyance très primitive en un grand Dieu unique, d'où naquit la théorie nouvelle du « monothéisme primordial », contraire à la doctrine admise du polythéisme devant précéder le monothéisme. Que de découvertes, même aux îles Andaman ! Sur Terre, chaque peuple, aussi humble soit-il, est passionnant à connaître. Il a toujours une richesse artistique et culturelle, qu'on pourrait dire éternelle. Sans doute en est-il de même dans l'espace ?

Ainsi, nous sommes ramenés encore une fois au problème de l'absence apparente de contact. Nous sommes conduits maintenant à une hypothèse beaucoup plus passionnante que toutes les précédentes : le *refus* de contact. Cette éventualité non négligeable est avancée par tous les auteurs, l'argument partant de la simple interrogation : sommes-nous assez grands ? On peut en déduire toute une série de potentialités, plus ou moins flatteuses pour nous :

- Nous sommes des primates dangereux, agressifs, racistes, et il est hors de question de nous accueillir dans la confédération des civilisations de ce coin de galaxie. Du moins jusqu'à nouvel ordre. C'est l'hypothèse dite de la « quarantaine ».
- Une autre conception peu reluisante est celle du « zoo ». Nous sommes une jeune espèce en croissance, sous discrète surveillance. C'est là que les ovnis pourraient intervenir, eux « qui seraient des gardes de la réserve qui se manifestent à nous par accident »[43]. Sans déflorer le sujet des ovnis, traité plus loin, signalons que l'une des objections majeures contre leur existence est... leur trop grand nombre ! C'est l'argument favori de Carl Sagan qui sera présenté plus en détail, mais il amène déjà une variante possible, selon laquelle ces fameuses apparitions d'ovnis ne sont pas accidentelles du tout ! Cette thèse du zoo, formulée par John Ball en 1973, a aussi amené une réfutation, recoupant peut-être le point précédent : « il n'y a pas de réserve de chasse sans braconnier. Il est difficile de croire que toutes les civilisations extraterrestres se soient mises d'accord pour nous mettre en observation zoologique »[44]. Schatzman critique ainsi cette remarque, émise pour démontrer par l'absurde la non-existence des extraterrestres : s'ils existaient, et même si nous étions une « espèce protégée », il y aurait des braconniers, c'est-à-dire des ET qui viendraient nous taquiner. Or, tout le monde sait qu'il n'y en a pas ! Le comique, dans cette discussion, c'est qu'on peut la retourner en faveur de l'existence des ovnis. Le *Livre d'Énoch* ne raconte-t-il pas comment une escouade d'anges extraterrestres décida de venir en fraude lutiner les filles des hommes, ce qui en fit des « anges déchus » !

Arrêtons-là cette énumération qui plaide en faveur de l'apparente absence des extraterrestres. On a envie de noter, comme Hubert Reeves à propos des hypothèses scientifiques, que lorsqu'il y en a beaucoup, c'est peut-être qu'aucune n'est vraiment la bonne. Nous avons pu d'ailleurs avancer, sans trop de mal, quelques arguments en sens contraire. Mais surtout, comment oser affirmer aujourd'hui qu'il n'y a eu aucun contact avec d'autres êtres venus d'ailleurs ? Et surtout, comment peut-on ignorer à ce point l'énorme dossier de témoignages d'apparitions d'ovnis et de leurs mystérieux « occupants » ? Avant d'aborder le cœur du sujet, accordons-nous auparavant de rêver un peu à notre propre « conquête » de l'espace : après tout, nos spationautes ne sont-ils pas, eux aussi, des êtres célestes, des « extraterrestres » ? Jetons un coup d'œil sur nos propres fantasmes d'hommes de l'espace, et découvrons aussi comment on a imaginé les « extraterrestres », scientifiquement et dans la science-fiction.

III. Visions de conquête de l'espace

Les hommes, futurs extraterrestres ?

Depuis l'exploration lunaire, menée en fanfare il y a déjà un quart de siècle, il faut bien reconnaître que l'enthousiasme initial pour les vols habités a fortement décru. Les nouveaux projets sont remis en question, dans un contexte de crise économique et de soucis plus pressants pour l'humanité. Des esprits raisonnables, comme Albert Jacquard *(Voici le temps du monde fini)*, annoncent même la fin des chimères d'expansion spatiale. Cependant, d'autres rêvent encore, comme notre paléontologue national, Yves Coppens, prenant courtoisement le contre-pied de Jacquard, en faveur de l'envol vers les espaces infinis ! De même, Carl Sagan évoque en toute occasion l'appel mythique des planètes « qui nous font signe », car les hommes ont toujours été des explorateurs[45].

Il n'est pas sans intérêt d'évoquer, très brièvement, quelques projets concrets d'exploration et d'exploitation de l'espace. C'est la poursuite de l'étude des planètes et de leurs satellites, comme Titan où l'on espère apprendre beaucoup sur les origines de la vie. Ce satellite de Saturne devrait être visité par la sonde Cassini en 2002. On mesure quand même le recul par rapport aux rêves d'il y a un quart de siècle seulement : dans le film *2001, Odyssée de l'Espace* de Stanley

Kubrick, c'était une expédition humaine qui allait visiter Jupiter. Mentionnons les projets d'exploitation de la Lune : on espère par exemple y récolter sur son sol un million de tonnes d'hélium 3 qui pourra servir de combustible dans les futures centrales nucléaires de la Terre[46]. Pour Mars, et même Vénus, les astrophysiciens mijotent des projets grandioses de « terraforming », consistant à y créer une atmosphère de type terrestre, mais on ne sait pas encore s'il faudra cent ans ou cent mille ans. Il existe d'autres projets étonnants, comme la construction de vastes cités spatiales qui deviendraient progressivement l'habitat permanent d'une nouvelle espèce humaine : les hommes extraterrestres !

Le concept de cité spatiale a été introduit dès 1975 par le physicien américain Gerard O'Neill, professeur à l'Université de Princeton. Son projet initial avait la forme d'un cylindre de 200 m de diamètre et d'un kilomètre de long, tournant sur lui-même pour créer une gravité artificielle, et pouvant loger 10000 personnes. Sa masse, d'environ 500000 tonnes, serait constituée principalement de matériaux lunaires, catapultés économiquement par des sortes de rampes magnétiques, à même le sol, et récoltés dans l'espace aux « points de Lagrange », zones où la gravité Terre-Lune s'équilibre[47]. Cette ébauche figure dans un rapport américain très officiel, le rapport Paine de la NASA (1986) sur les perspectives spatiales à cinquante ans, qui envisage même des sphères abritant 140000 personnes. Là-dessus, deux astronomes français, Jean-Claude Ribes et Guy Monnet, se sont amusés à imaginer une évolution très hardie et futuriste de ce genre d'esquisses, au cours du troisième millénaire, aboutissant à d'immenses villes où vit une nouvelle humanité, de plus en plus autonome, colonisant la ceinture des astéroïdes (entre Mars et Jupiter) qui recèlent des ressources considérables. Au bout de cette évolution, elles seront mûres pour le grand saut : le long voyage vers d'autres systèmes solaires[48] !

Jean-Claude Ribes et Guy Monnet imaginent alors, vers l'an 3000, « l'envoi d'une flottille d'arches spatiales à destination d'un nouveau monde », qui serait une étoile située à quinze années-lumière. C'est le scénario classique des « vaisseaux lents », bien connu des amateurs de science-fiction : un vaisseau à seulement 3 % de la vitesse de la lumière mettra 340 ans pour atteindre une étoile située à dix années-lumière. Des sondes automatiques auront pu ainsi repérer une étoile propice, en l'occurrence, un système solaire doté d'une planète habitée par... des humanoïdes vivant au niveau de notre paléolithique inférieur, il y a 400 000 ans ! Nos voyageurs interstellaires s'installent tranquillement là où ils ont l'habitude de vivre, dans la ceinture d'astéroïdes du nouveau système, et ils commencent alors à approcher discrètement les humanoïdes locaux. Il s'avère que les véhicules les plus adéquates pour cette entreprise, les plus discrets (silencieux) et rapides au demeurant, seraient des aéronefs à propulsion magnétohydrodynamique (MHD), dont les principes furent déjà esquissés au XXe siècle par un certain Jean-Pierre Petit, physicien français... Cet intéressant moyen de locomotion, de forme discoïdale, peut faire du vol stationnaire, ou filer à grande vitesse, sans échauffement dangereux et sans provoquer de bang supersonique. Pour réaliser ces miracles, il faudra quand même lui concevoir un moteur équivalent, dit Jean-Pierre Petit, à une centrale atomique de bonne puissance, le tout tenant dans ce petit engin, dans cette soucoupe volante[49] !

Les hommes souhaiteront épargner un choc culturel périlleux aux populations locales, qui pourrait se produire s'ils se révélaient trop brutalement à eux. Ils éviteront donc des contacts trop visibles avec les « Néoliens », qui ne seront ainsi affectés que par des rumeurs d'apparition de disques célestes. Quelques millénaires plus tard, la civilisation néolienne ayant progressé à pas de géant, et se préparant à l'exploration spatiale, il faudra bien que les humains leur fassent comprendre, délicatement, leur présence, en intensifiant leurs manifestations en vol et leurs atterrissages...

On ne sera pas surpris que Jean-Claude Ribes et Guy Monnet consacrent le chapitre suivant de leur livre, *La Vie extraterrestre,* à la question des ovnis, et admettent leur existence. Le scénario qui précède apparaît alors, évidemment, comme une tentative d'expliquer cette réalité, avec le souci de rester dans le cadre de la science actuelle. Mais que serait la science d'extraterrestres plus anciens que nous de millions d'années ?

Les extraterrestres, vus par la science et par la science-fiction

On avance que le film *ET* a été le plus grand succès de l'histoire du cinéma. Il ne semble donc pas exagéré de dire que la question de l'existence éventuelle d'autres êtres intelligents, et des rapports que nous pourrions entretenir avec eux, ne nous est pas totalement indifférente, pas plus aujourd'hui qu'hier, où à toutes les époques de l'humanité, sauf peut-être la première moitié de ce siècle (et un peu plus pour certains milieux intellectuels) puisque, comme nous l'aborderons plus avant, les hommes ont toujours imaginé beaucoup de choses dans les cieux.

À quoi pourraient bien ressembler des extraterrestres ? Si nous laissons provisoirement de côté les récits d'ovnis, nous avons deux sortes de visions, celles de la science et celles de la science-fiction (en excluant les anges et les démons). Dans l'un et l'autre domaine, on peut envisager, en gros, trois grands types d'extraterrestres, au point de vue morphologique : des extraterrestres, ou ET pour abréger, très distincts de nous, soit des « monstres » ; des ET qui nous ressembleraient beaucoup ; des ET différents mais ayant la forme « humanoïde », c'est-à-dire avec au moins une tête, un tronc et des membres. Du côté scientifique, c'est celle-ci qui est généralement admise comme la plus probable, mais il y a quelques avis contraires. Dans la science-fiction, le monstre a été longtemps triomphant, avec une petite minorité d'ET très proches de la forme humaine. Souvent ils se distinguent alors par un trait dissemblant : large front, oreilles pointues comme M. Spock ! L'apparence humanoïde est pourtant celle de ET (dans le fameux film) : peut-être a-t-elle été perçue inconsciemment comme une hypothèse assez plausible, ce qui pouvait contribuer à sa renommée cinématographique ? Il lui reste quand même un côté assez bestial, donc inférieur (et tranquillisant) : il est très laid, il est nu (curieux pour un spationaute), il fourrage comme un chien domestique dans le réfrigérateur (ou comme un enfant). En réalité, c'est le modèle « nounours », jouet pour enfants. Aurions-nous finalement apprivoisé l'idée d'extraterrestre ? Pas vraiment, car le modèle du personnage terrifiant fait toujours recette. En témoigne la série *Alien,* dont le héros diabolique, un record du genre, est inspiré d'un roman de Van Vogt qui remonte à 1950 : *La Faune de l'espace,* galerie de monstres effrayants. L'un d'eux, Ixtl, doit pondre ses œufs dans un corps vivant ! Mais revenons un peu en arrière pour retracer l'évolution de l'idée d'extraterrestre.

On a vu qu'au XVIIIe siècle, grande époque philosophique, les extraterrestres ne sont pas imaginés autrement que comme des êtres humains, par Fontenelle ou Voltaire dans son *Micromégas.* Il est vrai que Micromégas, habitant de l'étoile Sirius, est un géant haut de huit lieues, mais c'est un être pensant et raisonnable qui vient philosopher avec les humains. C'est au XIXe siècle que les monstres réapparaissent, mais l'imaginaire médiéval prend alors une tournure scientifique. Le grand retour du héros terrifiant date du célèbre livre de Wells, *La Guerre des mondes,* en 1898, avec ses Martiens à grosse tête portée par des tentacules. Cependant, la tradition philosophique persiste, comme chez Flammarion qui nomme les extraterrestres des « hommes ».

L'historien Lucian Boia décrit, dans *L'Exploration imaginaire de l'espace,* l'incroyable avalanche de monstres qui va déferler sur la science-fiction tout au long du XXe siècle. Nombre d'entre eux sont directement issus de ceux du Moyen Âge : nains et géants, avec changements de proportions, aspects d'animaux, et même hommes volants (avec ailes de chauves-souris, bien entendu). Edgar Rice Burroughs, père fondateur de la science-fiction américaine et créateur de Tarzan, lance dès 1912 son héros John Carter dans des aventures martiennes, où il rencontre des Martiens rouges, jaunes, noirs, et même verts ! Les Martiens verts de Burroughs ont trois paires de membres, leurs yeux protubérants peuvent voir par-derrière, ils possèdent des antennes en guise d'oreilles, une fente leur sert de nez, ils ont les yeux rouges et de grandes canines. Ce Martien va devenir un archétype mondial : l'image des petits hommes verts sera ressortie régulièrement par la presse, à chaque vague d'observations d'ovnis, accompagnées d'apparitions d'humanoïdes. Or ceux-ci ne sont presque jamais verts ! C'est aussi le prototype d'une nombreuse lignée de monstres aux yeux saillants dans la science-fiction, les *Bug-eyed monsters.*

Il faut souligner d'autres caractéristiques de cet imaginaire moderne : le pessimisme qui gagne du terrain dès la fin du XIXe siècle, et le succès des « anti-utopies », comme *Le Meilleur des mondes* de Huxley. La science-fiction révèle aussi la crainte des robots, des mutants et des manipulations génétiques. Inquiétudes déjà anciennes puisque le premier roman du genre, *Frankenstein* de Mary Shelley, date de 1817. Un siècle plus tard, en 1920, apparaît le thème des robots, mot créé par l'écrivain tchèque Karel Capek. Dans sa pièce *R.U.R.*, ces produits de la science et de l'industrie humaine, se révoltent contre l'homme et le détruisent.

Pourtant, à partir des années 20 surgit, au moins dans la science-fiction américaine, un vent d'optimisme : « C'est alors l'apogée de la science-fiction classique qui dura jusqu'en 1945 : l'*Homo triomphans,* servi par les machines amies et la science fidèle, allait conquérir l'Univers. »[50] Cette tendance optimiste, cependant, ne va pas dominer longtemps. Dès les années 30 la peur recommence à filtrer et elle subsistera, bien sûr, jusqu'à la guerre froide. Mais revenons à nos extraterrestres. Un corollaire de l'angoisse et de l'étrange est le thème, assez courant dans la science-fiction, de l'incommunicabilité. Les ET sont, soit hostiles (là, on comprend le message), soit impénétrables. Souvent, ce sont alors des formes de vie particulièrement bizarres, comme cet océan vivant dans *Solaris* de Stanislas Lem. Autre exemple, imaginé par Hal Clement (qui est aussi astronome) : dans *Question de poids,* les ET sont des insectes vivant sur une planète dont la pesanteur est extrême. Les humains finissent par établir le contact grâce à « un équipage d'aventuriers dirigés par une sorte de Marco Polo à mille pattes »[51]. Signalons cependant une autre vision des extraterrestres, complètement différente, celle d'écrivains soviétiques, qui les représentent semblables à nous mais en mieux, et communistes, bien entendu[52]. On ne pouvait illustrer plus clairement l'influence des convictions idéologiques !

Vers les années 60 naît une nouvelle génération d'écrivains, surtout aux États-Unis, époque de libération des mœurs, de relative détente et du mouvement beatnik. Les thèmes se font plus complexes, plus humains et psychologiques. L'image des extraterrestres évolue : ils deviennent plus proches des humains, plus compréhensibles, et l'on sort enfin du schéma primitif « attaque ou défense ». Le roman symbole de cet esprit tout neuf est dû, en réalité, à un vieux routier de la SF, Robert Heinlein : *En Terre étrangère* (1961) : « Valentin

Michael Smith, homme adopté par les Martiens, pape d'une nouvelle culture pacifiste, communautaire et spiritualiste, est devenu, par Heinlein interposé, le modèle et l'idole de toute une fraction de la jeunesse américaine. »[53]

Cela dit, il reste quand même cette sorte de « peur biologique » qui continue à parcourir la littérature d'anticipation, la crainte des extraterrestres qui menacent notre vision anthropocentriste. C'est aussi cette terreur, sans doute, qui est la cause de réactions violentes contre les histoires d'apparitions d'ovnis, dont la simple évocation semble insupportable à certains.

Comment les scientifiques voient-ils les extraterrestres, et tout d'abord la vie en général ? Hubert Reeves en dit ceci : « Dès que, sur une planète, les températures moyennes permettent à l'eau de rester liquide, vraisemblablement, la vie va se développer. Peut-être pas sous la forme précise que nous connaissons. Il existe probablement d'autres faunes, d'autres flores, mais sans doute pas très différentes. »[54] L'hypothèse de l'existence d'extraterrestres pas tellement distincts de nous se trouve ainsi posée. Les raisons en sont, finalement, assez claires. Elles tiennent d'abord au principe d'universalité de la Nature, déjà évoqué : la matière est la même partout dans l'Univers et, les mêmes causes produisant les mêmes effets, on a tout lieu de supposer, de ce point de vue, qu'une vie comparable s'est développée ailleurs. Il y a cependant une théorie opposée à propos de la naissance de la vie et l'évolution. Elle repose sur la thèse selon laquelle ces phénomènes sont gouvernés par le hasard aveugle (les mutations aléatoires), la sélection se chargeant du reste. Il en découle, selon certains, que des extraterrestres, s'ils existent, doivent être très différents de nous. Croire le contraire, affirme Carl Sagan dans *Cosmic Connection* (1973), c'est faire preuve de chauvinisme : « La conviction que la vie ailleurs doit être comme la vie ici, voilà ce que j'appelle chauvinisme. »[55]

Sagan raconte comment il a eu l'occasion de concrétiser cette certitude que la vie extraterrestre devait être distincte de la nôtre, lorsqu'il a conseillé Arthur Clarke et Stanley Kubrick pour le film *2001, l'Odyssée de l'Espace,* alors que ceux-ci, en cours de tournage, n'avaient pas encore rédigé la fin du scénario : « L'équipe du vaisseau spatial, ou une partie d'entre elle, devait prendre contact avec des extraterrestres. Mais à quoi allaient ressembler ces créatures extraterrestres ? Kubrick voyait d'un œil favorable des extraterrestres point trop différents des êtres humains. Ses goûts avaient un avantage évident, d'ordre économique : il pouvait appeler la régie et demander vingt extraterrestres. Un bon maquillage résolvait son problème. La solution alternative, quelle qu'elle fût, serait nécessairement très coûteuse. »[56] Sagan conseilla alors de les suggérer plutôt que de les représenter, et c'est ainsi que l'on procéda. Mais on peut se demander si à cette époque, dans les années 60, le premier souci de Sagan n'était pas d'ouvrir le plus possible l'éventail des éventualités de vie extraterrestre, lui qui militait et cherchait des fonds pour des programmes ambitieux d'écoutes radioastronomique : c'était la période ou il fallait gonfler les estimations de l'équation de Drake ! Une telle approche semble persister encore chez les radioastronomes. Ainsi Frank Drake, dans un livre paru à l'occasion du lancement du nouveau programme d'écoutes radio de la NASA, supposait que les ET pourraient bien avoir quatre bras, car ce serait bien plus pratique[57]. Pourquoi pas, dès lors que la Nature s'autoriserait toutes les libertés ? Or cette idée est contredite par une observation fondamentale : le phénomène de « convergence » des formes vivantes vers les formes les plus efficaces, qui nous incline vers un tout autre type de raisonnement. La question se pose alors ainsi : quel est le modèle biologique le plus favorable pour une vie intelligente et active ? Il faut écarter d'emblée toute existence marine ou aérienne, interdisant une industrie développée. Premier point, donc, les extraterrestres vivent sur le sol et respirent une atmosphère qui peut fort bien différer de la nôtre. Pas trop, cependant, pour permettre la chimie organique. Ensuite, on comprend qu'il est préférable, par exemple, de libérer les pattes de devant pour les transformer en bras ! Chez nous, c'est la fameuse étape de l'*Homo erectus,* l'homme debout. Et ailleurs ? Et si la vie avait suivi les mêmes cheminements ? L'astronome Fred Hoyle avait déjà expliqué toute la fonctionnalité de la tête, dans un texte de 1969 *(Hommes et Galaxies) :* « Remarquons ensuite que le cerveau est un fragile instrument qui doit se trouver encastré dans une sorte d'armure protectrice — des os, pourquoi pas ? Remarquons aussi que l'œil occupe le meilleur emplacement à une hauteur maximale au-dessus du sol, ce qui lui procure le champ de vision le plus étendu. Remarquons que cet œil doit être situé près du cerveau pour que les informations optiques y arrivent dans le minimum de temps. Qu'est-ce que cela donne ? Une tête, nécessairement ! »[58] C'est à la suite de ce genre de considérations qu'est née l'idée que la forme « humanoïde » — une tête en haut d'un tronc, des jambes pour marcher, des bras et des mains pour la chasse, le travail et quelques autres occupations — est un modèle somme toute assez pratique et que, sans doute, nous n'en sommes pas les seuls heureux bénéficiaires ! Quant au modèle à quatre bras imaginé par Frank Drake, ne poserait-il pas de sérieux problèmes de coordination dans le cerveau ? Si la vie intelligente est répandue dans l'Univers, il est honnête de supposer qu'elle s'est orientée majoritairement vers les solutions les plus « économiques ».

Cela dit, pourrait-il y avoir des formes de vie radicalement dissemblables ? Fred Hoyle a imaginé un pareil type exotique, un immense nuage dans l'espace. Gageons que, si une telle vie existe, ce n'est sans doute pas la plus répandue ! On s'est aussi figuré des êtres ultra-comprimés sur une étoile à neutrons, dont la durée d'existence dilatée par la relativité ne dépasserait pas à nos yeux une infime fraction de seconde. En tout cas, ceux-là ne sont pas près de nous rendre visite, et réciproquement. John Casti, dans *Paradigmes perdus,* illustre sa thèse de la probable incommunicabilité par des exemples non moins extrêmes, tirés de la science-fiction, estimant pour sa part le type de raisonnement précédent, anthropomorphique, « totalement dénué d'imagination et passablement ennuyeux ». Il cite les Cygniens créés par Donald Moffitt dans *The Jupiter Theft* « ... six membres pouvant servir de bras ou de jambes, une longue queue à trois pétales qui se replient pour cacher les organes sexuels. Le corps étroit, tubulaire, s'appuie sur un squelette cartilagineux ; le cerveau est logé entre les membres supérieurs, en haut de la moelle épinière. Les trois yeux pédonculés dessinent un triangle équilatéral autour de la bouche, large et flexible, laquelle est munie de plaques rugueuses pour râper et broyer ; la langue est cylindrique et épineuse... »[59] Saluons l'humour de ce « modèle », et son extravagance dénuée du moindre bon sens !

Tout cela nous ramène — de manière convergente ! — à l'hypothèse centrale de l'existence d'autres êtres évolués, finalement *assez semblables* à nous. Ce qui ne signifie pas du tout, en revanche, une proximité génétique. Même si l'on peut supposer, selon certains, que la molécule d'ADN est universelle et existe peut-être sur d'autres mondes[60], cela n'implique pas qu'il pourrait y avoir, vieux rêve de la science-fiction, des croisements génétiques. Comme l'a souligné Carl Sagan dans *Cosmic Connection* : « De tels croisements sont à peu près aussi raisonnables que celui d'un homme et d'un pétunia. »[61] Sagan visait, incidemment, les histoires d'ovnis relatant des actes sexuels entre un être humain et un extraterrestre : condamné par la science ! En fait, l'interrogation pourrait bien être (encore une) plus compliquée que prévu, sans forcément déroger à ce principe. Cela sera évoqué plus loin, car les ovnis sont trop mystérieux, trop nombreux, trop bizarres aussi pour qu'on les réduise à de simples méprises ou à des canulars de mauvais plaisants.

2

La controverse des ovnis

Quelques raisons d'être sceptique

Depuis bientôt un demi-siècle qu'on parle des soucoupes volantes, ou objets volants non identifiés, ou ovnis, tout semble avoir été dit. Depuis 1947, date de la première observation largement médiatisée, faite par l'homme d'affaires Kenneth Arnold, aux États-Unis, les vagues de manifestations, non seulement de « soucoupes volantes », mais de phénomènes étranges d'aspects très divers, se sont succédé un peu partout sur Terre, y compris dans le monde communiste (ou ex-communiste), aussi bien dans les régions du tiers monde que dans les pays développés, avec plus ou moins d'intensité suivant les années, mais pour arriver finalement à un nombre considérable d'observations. Or, on se trouve confronté à un problème analogue à celui d'éventuelles traces ou preuves historiques de visites d'extraterrestres dans le passé, évoqué dans le chapitre précédent : les gouvernements et les autorités scientifiques nous déclarent qu'il n'y a aucun témoignage irréfutable, aucune certitude tangible de l'existence de véhicules d'origine non humaine. Des dizaines de milliers de témoins, selon les statistiques, mais pas de preuves certaines ? Il ne s'agirait donc de rien d'autre que d'un nouvel avatar de la très longue histoire des visions célestes, avec un habillage scientifique, ou plutôt pseudo-scientifique.

Notons cependant qu'une minorité de scientifiques, de compétence reconnue, et dont le nombre semble s'étoffer ces derniers temps, n'est pas du tout de cet avis. Il y a donc un débat qui continue, et qui est d'ailleurs de plus en plus difficile car, on va le voir, tout le dossier n'a cessé de se compliquer au fil des années. Nous allons donc tenter de présenter un dossier « persuasif », même pour des sceptiques assez endurcis, en faveur de la réalité des ovnis. Dans ce but, ce dossier ne sera pas à sens unique (une pratique malheureusement assez répandue) : il proposera et discutera les arguments des sceptiques.

a) Le débat classique

Rappelons pour mémoire l'objection a priori, déjà discutée dans le précédent chapitre : l'hypothèse selon laquelle les ovnis sont des manifestations de civilisations extraterrestres est souvent réfutée (encore aujourd'hui, mais de moins en moins dans le monde scientifique) pour le motif que nous sommes les seuls êtres intelligents de la galaxie. On a vu qu'il y a eu un renversement de tendance à partir des années 60 en faveur de l'idée que, probablement, nous ne sommes pas seuls, à tel point que pour beaucoup la question est devenue : pourquoi l'absence des extraterrestres ? Laissons donc de côté ce type d'opinion pour ébaucher maintenant la discussion sur les ovnis, plus précisément.

L'analyse classique des observations consiste en premier lieu à viser une explication « naturelle » : dès qu'une cause *possible* est trouvée, le cas est classé en vertu du principe d'économie (inutile d'aller chercher midi à 14 heures). On élimine ainsi un pourcentage considérable de témoignages, et l'on peut supposer alors que l'explication du résidu n'est pas loin, comme le disait encore récemment l'éminent astrophysicien Evry Schatzman, de l'Académie des sciences, en 1992 : « Ce que j'affirme ici, c'est que, toutes les fois qu'une enquête a pu être menée à bien jusqu'au bout, l'hypothèse ovni s'est effondrée. »[1] Cette conclusion a aussi été, on le verra, celle d'enquêtes officielles, principalement aux États-Unis. Dans ce pays qui a été (et est plus que jamais) le théâtre principal du débat sur les ovnis, les sceptiques les plus actifs pour « expliquer » les observations ont été (mis à part les enquêtes officielles) l'astronome Donald Menzel, très réputé, et quelques investigateurs dont le plus connu est Philip Klass, ingénieur et journaliste en aéronautique. Mais on verra aussi la doctrine opposée d'autres scientifiques et enquêteurs, tout aussi compétents : aux États-Unis, l'astronome Allen Hynek, longtemps conseiller scientifique pour les recherches officielles devenu ensuite partisan très convaincu de l'existence des ovnis (sans préjuger de leur nature véritable) ; le professeur James McDonald, spécialiste éminent de physique atmosphérique, une discipline fort utile pour analyser des observations aériennes. En France, on compte au rang des sceptiques Evry Schatzman, déjà nommé, Jean-Claude Pecker et d'autres astronomes comme Emmanuel Davoust et Pierre Kohler (dont la conception semble avoir évolué récemment). Hubert Reeves se tient sur une réserve plus prudente : « Certains cas bien sûr restent inexpliqués, mystérieux et troublants, et il convient d'y prêter la plus grande attention. »[2] On rencontre aussi dans les rangs des sceptiques d'anciens « croyants » défroqués, si l'on ose dire, transformés en critiques virulents : Michel Monnerie, Gérard Barthel et Jacques Brucker, dont les prises de position, publiées par les Éditions rationalistes, sont citées par Schatzman. Mais l'hypothèse de la réalité des ovnis a ses partisans dans la communauté scientifique, avec des astrophysiciens comme Pierre Guérin et, plus récemment, Jean-Claude Ribes et Guy Monnet. L'attitude positive de ces derniers est à souligner, s'agissant de directeurs d'observatoire (Marseille, Lyon, Hawaï). On pourrait énumérer ainsi bien d'autres noms, en France et dans d'autres pays, car ce sujet a mobilisé, c'est le moins qu'on puisse dire, beaucoup de passion et d'énergie !

Quelles sont les explications le plus souvent avancées pour écarter les manifestations d'ovnis ? Donald Menzel a donné une liste, non exhaustive, de plus d'une centaine de causes, depuis les objets matériels tels que météores ou satellites rentrant dans l'atmosphère ; tous les objets aériens tels que ballons, avions, oiseaux (ou même cerfs-volants et toiles d'araignées !) ; les phénomènes atmosphériques comme les réflexions de lumières, mirages, halos, parhélie (un phénomène rare de halo solaire), feux Saint-Elme (étincelles dues à l'électricité atmosphérique, foudre en boule, etc. ; confusion avec des corps célestes : étoiles et planètes (voire même la Lune et le Soleil !) ; causes physiologiques liées au fonctionnement de l'œil (persistence d'image lumineuse, éblouissements en tout genre, défauts de vision) ; psychologiques (hallucinations) ; anomalies photographiques et radar ; et enfin... les fameux canulars[3] !

Cela dit, il faut noter qu'un seul cas irréfutable suffirait à légitimer la réouverture complète du dossier. Or, des astronomes et autres experts en citent quelques-uns qui semblent bien s'en approcher, tel l'exemple célèbre de Trans-en-Provence, en 1981 : atterrissage avec traces au sol, prélèvements par les gendarmes, puis analyses par un laboratoire compétent de l'INRA, qui s'est avoué incapable de justifier les effets constatés sur la végétation. Nous reviendrons bien entendu sur ce cas, mais soulignons dès maintenant l'opinion d'un responsable officiel, Jean-Jacques Velasco, chargé au Centre National d'Études Spatiales (CNES) du service d'études des phénomènes de rentrée dans l'atmosphère (SEPRA), une appellation d'apparence banale qui recouvre en fait l'étude des fameux ovnis, qu'on avait mise en sourdine ces dernières années. Dans un entretien publié par la revue *Science et Avenir* (septembre 1992), il semblait vouloir sortir du silence et du scepticisme officiellement affiché depuis un certain temps. À propos de Trans-en-Provence, il avouait : « On a mis le doigt sur quelque chose d'exceptionnel ! » L'année suivante, il récidivait en écrivant un livre avec le journaliste Jean-Claude Bourret, qui, sous une allure très prudente, se prononçait de nouveau en faveur de la réalité des ovnis. Toujours sur l'affaire de Trans, il concluait : « Il existe dans notre espace des objets qui échappent à tout contrôle de la part des autorités civiles et militaires et qui utilisent des technologies dépassant les nôtres. »[4] Jean-Jacques Velasco remarque bien qu'il s'agit là d'une conception personnelle, mais il a reconnu ensuite, dans un entretien (*Ovni-Présence,* décembre 1993), qu'il a eu pour cet ouvrage l'aval de sa direction. Il est donc permis d'affirmer, à présent, que le monde de la science et de la technologie « officielles », au moins en France, adopte une attitude positive sur la réalité des ovnis, et cela semble vrai aussi pour d'autres pays, même si le discours reste très prudent.

Cela dit, le dossier des ovnis serait encore assez simple si le débat en restait à ce stade-là. La question serait d'un académisme de bon aloi : sommes-nous, oui ou non, visités par de discrets spationautes qui viennent de temps à autre collecter quelques plantes (de la lavande, par exemple, comme à Valensole), et même, parfois, faire un brin de conversation télépathique avec un brave agriculteur du coin ? L'affaire est plus compliquée, et il y a d'autres contestations, bien plus ennuyeuses que le simple manque de preuves tangibles et indubitables.

b) Le trop grand nombre d'observations

Une objection importante, formulée notamment par Carl Sagan, tient au nombre très élevé de témoignages, complètement aberrant compte tenu de la difficulté supposée des voyages interstellaires. La situation ne s'est pas arrangée depuis, les différentes attestations n'ayant cessé d'augmenter ! On pourrait avancer que les ET ont peut-être des moyens de locomotion spatiale plus commodes que ceux que nous pouvons actuellement concevoir. Qui pouvait imaginer il y a cent ans les flots aériens d'aujourd'hui ? Mais voyons cependant l'argument de Sagan, qui est assez drôle, c'est l' « hypothèse du Père Noël », exposée avec le plus grand sérieux au symposium tenu en 1969 par l'*American Association for the Advancement of Science* (AAAS), sous l'impulsion justement de l'astrophysicien Carl Sagan et d'un collègue éminent, Thornton Page. (les textes de ce symposium furent publiés en 1972 sous le titre *UFO's. A Scientific Debate).* Dans sa communication, Sagan compare la multitude des ovnis au problème du Père Noël qui doit visiter, pour les seuls États-Unis, cinquante millions de foyers en une seule nuit de huit heures : si on lui accorde une seconde par foyer, il lui faudrait trois ans, « juste pour remplir les bas », et sans parler du temps de trajet ! Appliquant alors ce genre de raisonnement aux ovnis, Sagan part d'une hypothèse qu'il existe de multiples civilisations extraterrestres, selon les estimations de l'époque (1969) à partir de l'équation de Drake, soit un million, pourquoi pas, de civilisations. C'est ici qu'il faut faire très attention à sa démarche. Il suppose maintenant que chacune d'entre elles lance chaque année un vaisseau d'exploration interstellaire vers un objectif d'exploration, et ce pendant de très nombreuses années. Il y a donc, chaque année, un million de lieux visités. Mais, poursuit Sagan, il y a bien dix milliards d'endroits intéressants à visiter dans la galaxie (qui compte plusieurs centaines de milliards d'étoiles) : il n'y a donc, a priori, sur une planète donnée, qu'une seule visite tous les dix mille ans (dix milliards divisés par un million). Inversement, si nous admettons seulement l'hypothèse d'une visite d'ovni par an, il faut donc que chaque civilisation lance dix mille vaisseaux chaque année[5] ! Cherchez l'erreur ! Sagan reconnaît qu'il peut y avoir des critiques à ce raisonnement. Nous pourrions être l'objet d'une attention spéciale. Mais nous n'avons signalé notre présence que depuis quelques décades (par nos émissions radio). Et puis Sagan nous compare aux îles Andaman qui viennent d'inventer le filet de pêche, argument déjà avancé pour expliquer l' « absence » (voir chapitre 1) : nous sommes des primitifs sans intérêt. Thèse faible, on l'a vu. Sagan écarte aussi l'hypothèse du « vaisseau mère » porteur de nombreux ovnis-navettes, qui ne change le calcul, selon lui, que d'un facteur dix ou cent et ne résout pas le problème. Mais celui-ci, ainsi posé, n'est-il pas artificiel ? Et si nous constituions l'objet d'une attention très spéciale — et discrète — de la part de nos « voisins » ? Et s'ils étaient confortablement installés quelque part dans le système solaire ? Surtout, ont-ils peut-être des moyens de transport que nous ignorons.

Une belle démonstration peut en annuler une autre, et c'est le cas ici. Il est amusant de rappeler qu'une argumentation complètement opposée a été proposée par le mathématicien Frank Tipler : la technique des sondes automatiques aurait dû avoir pour conséquence de nombreuses visites de notre Terre, d'où il déduit que les extraterrestres n'existent pas ! Il faudrait se mettre d'accord, en premier lieu, sur l'existence des ovnis, et cesser ces jongleries a priori. La théorie des robots est justement une piste intéressante, au moins pour certains aspects de ce dossier. En revanche, pour des voyages d'êtres vivants, à durée de vie limitée (même longue) et utilisant des moyens de transport « classiques » (vaisseaux « lents »), la thèse du nombre trop important pose quand même un vrai problème. Certes, cette hypothèse a des partisans. Nous avons considéré (voir le chapitre 1) le scénario proposé par les astronomes Jean-Claude Ribes et Guy Monnet *(La Vie extraterrestre)*, mais justement celui-ci paraît bien fantastique, avec ses immenses villes de l'espace qui se déplacent pendant des siècles avec leurs habitants maintenus en hibernation. Cette supposition a le mérite de démontrer la possibilité théorique de voyages interstellaires à grande échelle en restant dans le cadre de la physique connue. Mais il est bien probable que nous allons vers de nouvelles découvertes et révolutions scientifiques, que des civilisations plus anciennes ont faites depuis longtemps. Christophe Colomb découvrit l'Amérique à la voile, mais il existe à présent des moyens de locomotion plus performants !

Tout compte fait, la multitude des observations, cause de scepticisme pour beaucoup, peut au contraire nous inciter à penser que la physique des ovnis, s'ils existent, doit être bien au-delà de la science actuelle des hommes, laquelle ne date, faut-il le rappeler, que de quatre siècles, depuis Copernic, une goutte d'eau face à l'immensité des temps astronomiques ! Que peut être la science d'êtres civilisés « en avance » sur nous de millions d'années ? Il est curieux que des scientifiques aussi ouverts que Carl Sagan semblent répugner à admettre cette idée, qui est parfaitement logique et qui devrait donc s'imposer.

L'astrophysicien Pierre Guérin a développé dès les années 70 cette conception que les ovnis, non seulement sont bien réels, mais qu'ils relèvent d'une « hyperphysique », avec des « courts-circuits » spatio-temporels. On était alors de plus en plus surpris par les performances impossibles, et les histoires de plus en plus étranges qui étaient rapportées par les enquêteurs, les « ufologues » comme on les nomme désormais (de ufologie, francisation du mot anglais *ufology,* recherche sur les *UFO's — Unidentified Flying Objeets* —, c'est-à-dire les ovnis). C'est aussi l'époque, on le verra, où d'autres chercheurs se sont orientés vers des hypothèses, soit de type purement psychologique, soit de type parapsychologique et ésotérique, provoquant d'ailleurs une véritable scission, qui dure encore, dans ce petit monde de l'ufologie.

c) L'absence de traces

Dans le chapitre précédent a été discutée l'énigme de l' « absence » des extraterrestres : comment se fait-il qu'ils ne soient pas là ? La question impliquait, évidemment, la négation des apparitions d'ovnis, sinon la réponse était : justement, ils sont là ! Nous retrouvons ici cet argument, remanié sous la forme suivante : si toutes ces apparitions innombrables étaient vraies, il devrait y avoir de nombreuses preuves matérielles de leur passage ; or il n'y en a pas, donc toutes ces manifestations ne sont qu'erreurs, mensonges et illusions. C'est ce que soutient par exemple Frank Tipler, s'appuyant d'ailleurs sur Philip

Klass : « S'il s'agissait d'engins spatiaux extraterrestres, rien n'empêcherait qu'il y ait des centaines de milliers de ces véhicules dans le ciel, tournant autour de nous depuis des centaines d'années, peut-être même des milliers d'années. S'il s'agissait d'engins spatiaux, pourquoi n'ont-ils jamais laissé, accidentellement, un *artefact* identifiable, quelque part sur la surface de la Terre ? »[6] Pour les enquêteurs sur le terrain, cette affirmation de l'absence de traces est fausse. Il y a bien des empreintes au sol, comme à Trans-en-Provence, il y a bien des photographies jugées authentiques, et puis il y a les effets physiques sur les véhicules, sur les témoins. Cependant, face au nombre considérable d'attestations, la plupart dignes de foi (plusieurs dizaines de milliers de par le monde), ces éléments de preuves matérielles sont rares, ce qui pose un vrai problème.

Se cachent-ils, oui ou non ? Cette question a déjà suscité beaucoup de réflexions, où entrent en scène des hypothèses de secret et de « camouflage » à plusieurs niveaux. Il y a incontestablement une situation très bizarre, souvent rencontrée par les investigateurs : les ovnis semblent se montrer et se dissimuler en même temps, par exemple en offrant l'occasion d'une explication naturelle, ou d'un doute sur le témoignage. Il y a d'autre part la thèse du secret militaire, très humain, celui-là. Ainsi, nous verrons que, selon de multiples dépositions, dont celles d'anciens officiers, l'armée américaine aurait récupéré dès 1947 une soucoupe écrasée, et peut-être d'autres par la suite !

Dans le même ordre d'idées, on a souvent souligné l'absence supposée d'observations par radar. Plusieurs cas, présentés plus loin, contredisent cette assertion. Citons cependant une conception intéressante, soutenue par l'écrivain de science-fiction Arthur Clarke, très sceptique sur les ovnis. Selon lui, les grands réseaux de radars militaires auraient dû examiner les ovnis depuis longtemps, si ceux-ci venaient de l'espace (et on aurait dû aussi entendre leurs télécommunications). La théorie selon laquelle de telles observations auraient pu être dissimulées paraît invraisemblable à Clarke, car il y a au moins trois grands réseaux indépendants de radars : « Dans l'hypothèse improbable où les autorités américaines, soviétiques et chinoises auraient coopéré instantanément pour supprimer cette nouvelle, elles y seraient parvenues au maximum pour quarante-huit heures. Combien de temps pensez-vous qu'un tel secret pourrait être gardé ? Rappelez-vous avec quelle rapidité le Watergate fut dévoilé... »[7] Beaucoup ne partagent pas du tout cette opinion sur le secret. D'abord, le nombre et la qualité des témoignages (dont nous donnerons quelques exemples) contredisent les mutismes officiels. D'autre part, gardons à l'esprit la remarque de Hubert Reeves sur le silence des ondes radio, système de communication peut-être complètement obsolète pour des civilisations avancées. Peut-être en est-il de même pour les moyens de transport tels que nous les concevons ? Citons enfin une objection technique qui a été fournie au sujet des réseaux de radars militaires, lors du symposium scientifique organisé en 1969 par Sagan et Thornton Page : « ... apparemment, les inconnus ne se trouvant pas sur des trajectoires " intéressantes " (telles que les trajectoires ou ellipses orbitales de missiles balistiques intercontinentaux) ne sont pas signalés ou enregistrés par les systèmes informatiques »[8]. Une question donc pas si simple que cela.

d) Explications psychopathologiques

Sur un strict plan psychologique, un nombre considérable d'arguments a été avancé pour éclaircir les observations d'ovnis. On a d'abord été frappé par le phénomène des « vagues », si semblable à celui, fort classique de la rumeur qui enfle, gonflée par les médias. L'argument est exploité, notamment, par Gérard Barthel et Jacques Brucker dans *La Grande Peur martienne,* au sujet du déferlement de 1954. On se rappelle de la fameuse émission de radio d'Orson Welles sur l'invasion martienne, qui avait causé une belle panique aux États-Unis en 1938. Mais les ufologues peuvent citer des vagues passées inaperçues à l'époque dans la presse, et dont l'ampleur n'est apparue que plus tard. L'astrophysicien français Pierre Guérin cite par exemple celle d'Espagne, en 1954, tue par les journaux, ou celle de France, fin 1973, dont on a commencé à parler plusieurs mois seulement après qu'elle ait eu lieu[9]. L'explication par l' « hystérie collective » est donc tout à fait insuffisante.

Une approche beaucoup plus passionnante est celle de l'ethnologue français Bertrand Méheust, qui s'est livré à une comparaison savante entre l'imaginaire de la science-fiction, notamment du début du siècle ou de la fin du XIXe, et les visions contemporaines de soucoupes volantes, présentée dans deux livres, *Science-fiction et soucoupes volantes* (1978) et *Soucoupes volantes et folklore* (1985, réédité en 1992 sous le titre *En soucoupes volantes* pour mettre l'accent sur les histoires d'enlèvements). Méheust dit ceci : « À l'issue de cette mise en perspective, les récits des témoins contemporains apparaissaient comme constitués d'un " prêt-à-porter symbolique " élaboré par les écrivains et les illustrateurs de science-fiction un demi-siècle auparavant ; et leurs expériences devenaient autant d'échos vécus d'anciens mythes littéraires. En bref, et selon l'expression consacrée, " tout se passait comme si " la soucoupe avait " incubé " dans les univers imaginaires, littéraires ou graphiques, du merveilleux scientifique, avant de s'incarner dans le vécu ». Il s'agit donc, pour Bertrand Méheust, d'une « poussée mythologique » comme celles qui ont traversé l'Occident depuis le XVIe siècle, « qu'il s'agisse des diableries, des convulsionnaires jansénistes, du magnétisme animal, des apparitions mariales, du spiritisme, et enfin des extraterrestres »[10]. Un autre exemple du même type, très spectaculaire, a été remarqué en 1897 aux États-Unis : il y eut alors une « épidémie » de visions de vaisseaux aériens semblant sortir tout droit des romans de Jules Verne ! Hallucination collective ? Pas du tout, affirme Pierre Guérin, car il y eut des observations tantôt rapprochées, tantôt à grande distance par des témoins parfaitement calmes et sains d'esprit : il y aurait donc bien eu un phénomène étrange, analogue en effet aux modernes soucoupes volantes, et la question de leur nature réelle reste entièrement ouverte. Nous retrouvons là l'hypothèse d'un « camouflage », d'une mise en scène capable de s'adapter à l'esprit des témoins, hypothèse qui va venir au centre de la réflexion sur le mystère des ovnis. Nous développerons cette conception plus avant, et nous insisterons sur cette intéressante comparaison historique faite par Bertrand Méheust et bien d'autres auteurs.

Intéressons-nous brièvement à l'approche psychiatrique : les « visionnaires en ovnis » sont-ils dérangés mentalement ? Dès l'époque de la première grande « vague » d'observations d'ovnis en France, en 1954, un éminent professeur de psychiatrie, Georges Heuyer, fait une communication à l'Académie de médecine, approuvée à l'unanimité, et de même le lendemain dans la presse, sur le thème de la psychose collective des soucoupes volantes. Cela commence par un « délire double » (la « folie à deux »), puis ce sont les délires familiaux et les psychoses de quartier, favorisées par les débiles mentaux qui existent, en forte proportion, dans toute communauté : 400 000 dans la population adulte française, précise le professeur Heuyer[11]. De même, au symposium américain de 1969, les psychiatres Lester Grinspoon (professeur à Harvard) et Alan Persky, font un exposé très complet, mettant l'accent sur la « psychopathologie quotidienne des ovnis »[12], et sur les vestiges de pensée primitive qui dorment en nous : c'est dans la nature de l'homme de tenter d'abord d'expliquer le monde par des convictions magiques ou animistes, ensuite par des voies religieuses, puis enfin scientifiques. La croyance aux ovnis serait ainsi une rechute de notre esprit primitif, qui prendrait sa source dans l'anxiété de l'époque. Il ne faut pas négliger non plus les troubles mentaux, comme la schizophrénie ambulatoire, la « folie à deux », la personnalité « marginale » des témoins au bord de la névrose et de la psychose, et finalement les individus antisociaux et les psychopathes. Ils énumèrent ensuite toutes sortes d'« états altérés de conscience » tels que les états hypnagogiques (lorsqu'on s'endort) ou hypnopompiques (lorsqu'on s'éveille), transe, hypnose, etc., bref, un panorama impressionnant de la fragilité humaine (et encore, l'état d'ébriété n'est pas cité). Mais justement, un autre intervenant à ce symposium, le professeur de psychologie D. Price-Williams, rappelle cette critique du physicien McDonald, selon qui « l'insistance puriste sur l'équipement d'observation misérable dont est affligée l'espèce humaine me conduit à me demander comment ils osent traverser un croisement à grande circulation »[13]. L'ennui, avec ce genre d'analyses, c'est que nous savons bien qu'il y a des faibles d'esprit un peu partout, mais cela ne prouve en aucune manière la non-existence des ovnis.

Cette approche psychologique est très efficace pour écarter de nombreux témoignages, et il est normal de pratiquer le doute systématique. En revanche, des enquêteurs sceptiques n'ont pas eu peur de tronquer des attestations, comme dans le cas de l'ancien président américain Jimmy Carter. Celui-ci, en effet, avait établi un rapport écrit d'observation d'ovni, en 1969, alors qu'il était gouverneur de Géorgie. Ce rapport a été reproduit en France par le journaliste Jean-Claude Bourret *(Ovni, l'armée parle)*. Carter y décrit un objet lumineux *de taille apparente comparable à la Lune,* et aussi brillant (à la nuit tombante), changeant de couleur, semblant se rapprocher puis s'éloigner, le tout pendant une dizaine de minutes et devant plusieurs témoins [14]. Eh bien, cette vision a été « expliquée » : c'était la planète Vénus, selon un enquêteur américain, Robert Scheaffer (*The UFO Verdict,* 1981). L'astrophysicien français Evry Schatzman approuve et confirme : « La direction vers laquelle Carter regardait le ciel, l'heure de l'observation, permirent alors facilement de montrer que Carter avait tout simplement vu la planète Vénus [15]. » On frémit de penser que cet individu peu sûr est ensuite devenu président de la première puissance mondiale, et aussi en songeant qu'il avait appartenu à un corps d'élite de la marine, comme officier de sous-marins nucléaires ! Mesurons bien l'étrangeté de ce diagnostic : lorsque la planète Vénus deviendra aussi grosse que la Lune dans le ciel, les plus noires prophéties apocalyptiques seront près d'être réalisées ! Cet exemple a le mérite d'être simple, et assez typique des polémiques sur les manifestations d'ovnis. Carter avait rempli un formulaire précis et détaillé, mis au point par le principal organisme d'enquêtes privé de l'époque, le NICAP. L'interrogation sur la taille apparente de l'observation était formulée de manière à bien attirer l'attention sur l'importance de ce point : Question nº 20 — « Indiquer la dimension apparente de l'objet en le comparant à l'un des articles suivants, tenu à bout de bras :

a) tête d'épingle... b) petit pois... c) 10 cents... d) 20 cents... » etc., jusqu'à un pamplemousse, ou plus grand. Carter fit la réponse suivante : « Environ de la même dimension que la Lune, peut-être un peu plus petit » [16]. Voici maintenant comment Philip Klass présente l'affaire dans son livre *UFO's. The Public Deceived* (« Ovnis. Le Public trompé »), publié en 1983 : « Même un ingénieur entraîné à la navigation céleste à l'Académie navale américaine d'Annapolis, qui allait devenir plus tard président des États-Unis, peut confondre un astre céleste avec un ovni » [17]. Klass reprend le dossier qu'avait présenté Sheaffer *(The UFO Verdict)*, soulignant notamment qu'il avait eu du mal à faire son enquête car Jimmy Carter, qui avait rempli sa déclaration écrite trois ans après l'incident, s'était trompé sur la date exacte. Il cite aussi un témoin, Fred Hart, qui était avec Carter ce soir-là, et qui s'est déclaré peu impressionné par l'apparition, pensant que c'était peut-être un ballon-météo ou un autre « objet prosaïque ». Confondre un ballon-météo, ayant la même taille apparente que la Lune, avec la planète Vénus, ce n'est pas très fort non plus ! Mais venons-en au point essentiel de la déposition de Carter, la taille apparente *comparable à la Lune.* Qu'en dit Klass ? Rien du tout ! Il oublie ce détail. Voilà comment on bricole une explication « scientifique », reprise ensuite dans la presse et par les auteurs les plus sérieux. Qui trompe le public ?

Un comportement comme celui de Philip Klass, détracteur acharné des ovnis qui s'octroie la liberté de biaiser sur de simples faits, est néanmoins utile pour explorer sous toutes les faces cet extraordinaire dossier. Pour le moment, contentons-nous de noter qu'il y aurait aussi à dire sur la psychologie des sceptiques ! Il est normal qu'une question de cette importance, mettant en jeu notre position dans l'Univers, peut-être notre histoire, nos croyances et nos religions, et peut-être même notre sécurité, provoque de vives passions. Qu'est-ce qui pousse un Philip Klass, expert reconnu en aéronautique, à engloutir des années de travail pour réfuter les ovnis ? Il s'est confié là-dessus à un excellent journaliste, Ed Conroy, dans un livre dont nous reparlerons *(Report on Communion).* Dans un long entretien, il nous compare aux écureuils de son jardin, qu'il nourrit régulièrement mais qui ne viennent jamais lui manger dans la main : « Pourquoi ? Parce que la nature leur a appris — c'est instinctif, je dirais — qu'ils doivent toujours être méfiants et prudents. Et si les écureuils étaient beaucoup plus audacieux et confiants, ils disparaîtraient sans doute en tant qu'espèce. Ainsi, le scepticisme, si vous voulez, c'est la voie de la Nature pour protéger les espèces »[18]. C'est un aveu curieux, qui révèle au minimum un doute, une perplexité. Car, s'il n'y a vraiment rien, pourquoi se méfier ? Mais il y a une autre fable, celle des autruches qui se mettent la tête dans le sable pour ne pas voir le danger...

Abordons le « besoin de religion » : les ovnis sont l'expression contemporaine d'une soif de mythe et de spiritualité, que les religions traditionnelles ne peuvent plus satisfaire. Le thème est déjà esquissé, dès les années 50, par Roland Barthes dans un ouvrage de référence, *Mythologies,* qui parle de « recours mythique à un regard céleste », et de « mythologie petite-bourgeoise » pour qualifier la « croyance aux Martiens ». Cet argument du « besoin de religion » est cité très souvent, par les psychologues, les psychiatres, et même par des astrophysiciens comme Menzel et Sagan. À première vue, à condition de n'avoir qu'une connaissance peu approfondie du dossier (un stade que nous allons justement essayer de dépasser), cette explication psychologique peut paraître très convaincante. L'histoire des croyances religieuses, que nous allons parcourir plus loin, témoigne de cet affaiblissement progressif de la vision spirituelle du monde, aboutissant, en philosophie, à diverses expressions d'une conception pessimiste, voire nihiliste. Les « visionnaires en ovnis » seraient-ils donc des naïfs qui essaient de repeupler le Ciel à leur manière, en remplaçant les dieux et les anges par des extraterrestres ? Les récits des fameux « contactés », nombreux dans les années 50, où la peur de la guerre atomique était au plus aigu, semblent illustrer parfaitement cette thèse du besoin de religion, et de réconfort apporté par les « frères de l'espace ». Certains contactés ont d'ailleurs fondé des sectes religieuses. Ils fournissent, pour les sceptiques, une justification assez claire de l'engouement pour les ovnis et les extraterrestres, futurs sauveurs de l'humanité en péril. Pour les militants rationalistes, cette foi s'inscrit même dans un mouvement plus vaste de croyances irraisonnées en tout genre. En témoigne cet article dans la revue rationaliste *La Pensée,* intitulé *Irrationalisme pour l'élite et irrationalisme pour le peuple,* de Paul Laberenne (1977) qui épingle particulièrement les « techniciens et cadres moyens » (dédions-leur ce livre au passage) : « *Le Monde,* dans un de ses bons jours (4 janvier 1976), a publié une intéressante étude de J.-B. Renard sur *l'Année du Magicien,* où il parle de la diffusion d'une sorte de " subculture ". Cherchant, non pas à qui celle-ci profite, mais pourquoi elle a du succès, il pense qu'elle s'implante surtout chez les " techniciens et cadres moyens " qui ont un savoir de type scientifique, mais " limité ", dont les " connaissances et croyances religieuses et philosophiques sont quasi inexistantes " et qui trouvent là " une synthèse bon marché entre science et religiosité ". »[19] Notons que *Le Monde* a aussi sorti quelques articles (rares) favorables aux ovnis : dans ses mauvais jours, sans doute ! Citons une autre critique de gros calibre, dans *L'Humanité Dimanche* (21 juillet 1976), intitulée « Les Martiens votent à droite ! » Plus sérieusement, le phénomène religieux a été étudié par deux sociologues américains, Henry Riecken et Stanley Schachter, qui ont pu observer de l'intérieur l'échec d'une prophétie d'extraterrestres dans une secte *(When the Prophecy Fails) :* loin de se décourager, le groupe en était sorti renforcé ! N'est-ce pas encore une histoire qui nous invite à tenter certains rapprochements historiques ?

Ce domaine de réflexion nous amène à évoquer l'étude importante de Carl Jung, *(Un mythe moderne)* écrite en 1960, bien plus subtile et complexe que de nombreuses références qui y ont été faites. Jung donne bien, en effet, une interprétation de type psychanalytique de ce « mythe moderne » des ovnis, mais il lui affecte un sens tout à fait différent de la vulgate rationaliste. Comme pour tous les mythes, d'ailleurs, puisque ses conceptions sont souvent proches de l'ésotérisme. Son livre s'ouvre sur un très curieux avertissement de graves incidents à venir. Sa conscience de médecin lui impose, note-t-il, le devoir de « prévenir ceux qui voudront bien m'écouter et les préparer au fait que l'humanité doit s'attendre à des événements d'où sortira la fin d'un éon, la fin d'une ère, la fin d'une grande époque du monde ». Jung souligne qu'il affirme cela en risquant d'être impopulaire à l'extrême et très mal considéré ; en fait il a été surtout très mal compris ! Plus loin, il se reconnaît encore « profondément soucieux du sort de tous ceux qui seront surpris par les événements et qui, faute d'y être préparés, leur seront livrés, pieds et poings liés, et les subiront sans le recours d'aucune compréhension »[20]. Que voulait-il dire ? Il est certain, en tout cas, que Jung ne rejetait nullement une « dimension » physique des ovnis, mais il consacrait son étude, de son propre aveu, à la dimension psychique du phénomène. On sait d'ailleurs que Jung était conseiller du NICAP, le principal organisme américain d'enquêtes sur les ovnis à l'époque, et ami de son directeur, Donald Keyhoe, qu'il cite dans son ouvrage.

e) Des histoires absurdes et des performances impossibles

Dès les premiers témoignages d'apparitions d'ovnis, les gens avaient été vivement impressionnés par les performances alléguées : vitesses considérables, accélérations si fortes et virages si serrés que les pilotes auraient dû être écrasés ; luminosité impressionnante, changements de couleur, vols silencieux : l'astronome Zwicky déclarait impossible l'absence de bang supersonique. Sur ce point, rappelons la théorie du physicien français Jean-Pierre Petit sur la propulsion « magnétohydrodynamique » ou MHD, qui se passe très bien de bang supersonique !

Avec le temps, cependant, les attestations sont devenues de plus en plus étranges et incroyables, voire absurdes ou ridicules, donnant ainsi l'impression d'un phénomène insaisissable, posant toujours de nouvelles énigmes au moment où l'on croyait comprendre. C'est cette évolution irritante du « phénomène ovni », comme on l'a alors appelé, qui a provoqué une crise dans le petit monde des ufologues, vers les années 70, avec la naissance de nouvelles écoles d'interprétation ayant pour commun dénominateur de récuser l'hypothèse des astronautes extraterrestres (HET) venus à bord de vaisseaux « classiques » construits avec des écrous et des boulons *(nuts and bolts)* : manifestement, ça ne collait pas du tout ! On observait alors, en effet, des apparitions et disparitions sur place, des changements de forme, des effets sur les témoins relevant du domaine « paranormal », comme le cas du docteur « X », en 1968, étudié par le grand pionnier de l'ufologie Aimé Michel. À la suite d'une vision d'ovni très étrange, il est affecté à intervalles réguliers, ainsi que son fils, d'un symptôme somatique à la manière des stigmatisés, sauf qu'en l'occurrence il n'y a aucune signification religieuse : il s'agit d'un triangle rouge qui apparaît sur son ventre ! Bien que l'intéressé garde l'anonymat, l'authenticité de l'incident est certaine : il a même été filmé par le journaliste Jean-Yves Casgha qui l'a montré à la télévision, et décrit le sujet dans l'un de ses livres[21].

La bizarrerie de ce genre d'histoire n'a évidemment échappé à personne, si bien qu'une nouvelle génération d'ufologues s'est alors tournée, soit vers le paranormal et l'ésotérisme, peu ou prou, soit a rejoint le camp des sceptiques et s'est repliée sur des interprétations psychologiques ou psychanalytiques. Ces diverses tendances ont été encore renforcées par le phénomène plus récent des aventures d'enlèvements clandestins révélés sous hypnose, qui commençaient à ressembler à une véritable épidémie aux États-Unis, ces derniers temps. Mais ces récits ont aussi conforté les adeptes de la réalité des ovnis, même si celle-ci prenait alors un tour plutôt inquiétant ! Nous reviendrons sur cet aspect actuel, tout à fait insolite, de la saga interminable des ovnis, qui semble durcir les positions des uns et des autres, sceptiques ou convaincus.

L'autre aspect majeur dès ce premier tour d'horizon a déjà été évoqué plus haut : c'est l'hypothèse, fondée sur des enquêtes de plus en plus précises et concordantes, d'un très haut niveau de secret attaché à toute la question des ovnis. Cette conjecture a le mérite d'éclairer l'étonnant silence officiel, ou politique de dénégations systématiques, qui a prévalu depuis des décennies dans de nombreux pays, particulièrement aux États-Unis. Les services secrets détiennent-ils, notamment dans ce pays mais dans d'autres peut-être, des informations ultra-confidentielles sur les ovnis ? Les Américains ont-ils récupéré une soucoupe volante écrasée, avec ses occupants, dans la région de Roswell, Nouveau-Mexique, en 1947 ? Bien entendu la seule évocation de cette histoire soulève un nouveau vent de scepticisme, y compris dans les rangs des ufologues échaudés par bien des canulars et rumeurs douteuses, comme cette étrange affaire Ummo dont on reparle beaucoup ces temps-ci. Comment croire, d'ailleurs, que ces ovnis si performants puissent s'écraser dès leurs premières apparitions ?

Carl Sagan commente ce qu'il appelle la « paranoïa » du secret aux États-Unis, dans sa communication au symposium de l'AAAS, en 1969 *(UFO's A scientific Debate)*. Il est certain, pour ceux qui ont connu l'Amérique de cette époque, qu'une grande méfiance avait pris forme, dans le public américain, vis-à-vis du gouvernement et de toutes les institutions officielles. Celle-ci n'était pas étrangère, sans doute, au comportement du président Johnson, qui envoya 500 000 hommes au Viêt-nâm après avoir été élu sur un programme de paix, et il faut se rappeler aussi, bien évidemment, l'assassinat des frères John et Robert Kennedy, de Martin Luther King, Nixon et l'affaire du Watergate, etc. Il y avait de quoi être légèrement paranoïaque, après tout. Sagan en cite un exemple amusant. L'idée avait germé dans certains cercles que la NASA gardait secrètes des photos montrant que la Terre n'était pas ronde. Il y avait des macarons à Berkeley qui disaient : « Où sont les photos de la Terre entière ? » On peut aussi s'en référer alors aux *Black Panthers* qui mettaient en doute les vols lunaires, accusés d'être de la propagande raciste car il n'y avait pas d'astronautes noirs. Ou encore cette vieille dame, habitant le New Jersey, qui dénonçait ces mensonges : comment pouvait-on recevoir la télévision de la Lune alors qu'elle était incapable de capter celle de New York ? Umberto Eco a évoqué ce cas de vols lunaires pour illustrer le problème de la preuve en histoire. Il faut construire, avance-t-il, un faisceau de sources concordantes, et c'est leur recoupement qui emporte la conviction. En l'occurrence, la conviction peut venir du fait que les Soviétiques n'ont jamais contesté ces vols ! Pour en revenir aux ovnis, Sagan suggère que la classification du secret sur les rapports d'ovnis ne fait que refléter cet esprit du temps... Une « explication » de ce genre va-t-elle être suffisante ?

C'est en gardant en mémoire toute cette discussion préliminaire que nous pouvons revenir maintenant sur l'histoire des ovnis. Un mot encore sur le secret : le romancier de science-fiction Arthur Clarke a confié à ses lecteurs une information de première main. Un ami, ancien directeur adjoint de la CIA, posa la question à son personnel lors de sa prise de fonction : « Dites-moi tout, les gars. Quelle est la vérité sur cette affaire des ovnis ? » Et ils jurèrent tous qu'il n'y avait pas la moindre preuve que des extraterrestres soient jamais venus sur Terre[22]. Qu'on n'oublie pas le cas du président Carter qui avait promis, lors de sa campagne électorale, de faire publier tous les dossiers sur les ovnis. En réalité, il y eut bien un volume important de documents divulgués à cette époque, mais en application d'une loi nouvelle sur la liberté de l'information, et encore s'agissait-il de documents *déclassés* du secret : un vrai secret reste secret !

Retour sur l'histoire des ovnis

a) Les débuts aux États-Unis

Il ne s'agit pas ici de présenter un historique complet, même résumé : une histoire détaillée demanderait des centaines de pages, et elle serait encore très difficile à écrire, étant donné que de nombreux faits et témoignages ont été tenus confidentiels, et peut-être certains le sont-ils encore ! Essayons, justement, de cerner cette dimension secrète de l'histoire des ovnis, et aussi sa complexité.

Le point de départ est la première observation à avoir eu un gigantesque retentissement dans le monde entier, celle de l'homme d'affaires américain Kenneth Arnold, à bord de son avion privé, le 24 juin 1947, au voisinage du Mont Rainier, dans l'État de Washington (au nord de la Californie). Arnold aperçut « un cordon de neuf objets très brillants, en forme de disque, dont il estima la longueur entre 12 et 15 m... Chacun avait un mouvement sautillant, analogue, déclara Arnold, à celui d'une soucoupe avançant sur l'eau »[23]. À l'époque, cette manifestation fut classée dans la catégorie des « inconnus » mais elle fut ensuite mise en doute par l'astronome américain Donald Menzel. Les enquêteurs qui se sont ensuite intéressés à cette période ont mis au jour toute une série d'apparitions, entourant celle d'Arnold : non pas seulement après, comme simple effet médiatique, mais aussi avant elle. On a aussi fait le rapprochement avec de nombreuses observations bien antérieures, comme ces boules lumineuses escortant les avions pendant la Seconde Guerre mondiale, baptisées *Foo Fighters.*

Cette première vague comporte un incident curieux, qui fut vite oublié mais qui a resurgi ces dernières années. Le 8 juillet 1947, la base aérienne de Roswell, au Nouveau-Mexique, annonça par communiqué de presse la récupération... d'une soucoupe volante accidentée ! Mais le soir même, un second communiqué, signé par le général Ramey, commandant la région aérienne (à Fort Worth, au Texas), démentait la nouvelle : les aviateurs de Roswell n'avaient ramassé que les débris d'un ballon météorologique ! L'affaire est néanmoins curieuse, sachant que ces aviateurs appartenaient à une unité d'élite, le seul groupe de bombardiers atomiques de l'époque : comment avaient-ils pu commettre une erreur aussi grossière ? On peut admirer, en tout cas, la célérité du démenti. Quelques journalistes, convoqués dans le bureau du général Ramey, purent même voir les débris en question, apportés à la hâte par avion. L'affaire fut presque aussitôt oubliée.

Pendant tout l'été 1947, la presse continua à rapporter des observations étranges sur tout le territoire américain : plus de 800 selon un chercheur, Ted Bloecher, qui les a recensées plus tard[24]. Cela explique la nervosité qui s'empara alors des autorités, comme le raconte le capitaine Edward Ruppelt, qui sera lui-même responsable des enquêtes militaires à partir de 1952, dans son livre publié en 1956 : *The Report on Unidentified Flying Objects — Face aux soucoupes volantes* (livre qui est à l'origine du sigle UFO). Très vite, quelques semaines seulement après ce premier incident de soucoupes volantes, l'aviation crée un organisme d'enquêtes qui travailla au début dans un état « proche de la panique »[25]. Dès le mois de septembre, un premier rapport était établi pour le général commandant les forces aériennes, par le Centre des Renseignements Techniques de l'Aviation (*Air Technical Intelligence Center*, ATIC). Dans cette lettre, le directeur de l'ATIC confirmait que les « phénomènes » signalés étaient bien réels, et il proposait la création d'un bureau spécial, permanent, pour s'occuper de cette étude. Telle fut l'origine, explique Ruppelt, des programmes d'études qui se sont ensuite succédé, changeant plusieurs fois de nom et, on va le voir, de directives : *Project Sign, Project Grudge* (« rancœur »), *Project Blue Book.* On connaît maintenant le contenu exact de cette lettre, confidentielle à l'époque, car elle a été déclassifiée. Signée par un officier réputé, le général Twining, et intitulée *Opinion de l'AMC (Air Material Command) concernant les « disques volants »*, elle apportait des précisions sur les disques en question : vitesse d'ascension extrêmement rapide, manœuvrabilité, manœuvres d'échappement *(evasive)* qui « donnent à croire que certains de ces objets sont contrôlés, soit manuellement, soit automatiquement ou à distance »[26]. Le général Twining soulignait cependant l'absence de preuves matérielles, confirmant ainsi indirectement, semble-t-il, le démenti sur l'incident de Roswell. Mais nous verrons que ce n'est pas simple, car les chercheurs ayant enquêté sur ce sujet ont émis l'hypothèse d'un très haut niveau de secret, trop haut pour que des papiers circulent dans les bureaux militaires...

Quoi qu'il en soit, l'armée de l'air américaine est chargée le même mois de constituer une commission d'enquête permanente, baptisée *Project Sign,* sous la direction de l'ATIC à la base de Wright-Patterson, Ohio. Elle entre en fonctionnement en janvier 1948, et fait appel à Allen Hynek, alors jeune astronome, comme conseiller scientifique, poste qu'il assurera, presque sans intermittence, jusqu'en 1969, date à laquelle il sera mis fin à cette activité d'investigation. Soulignons ici tout de suite le rôle très important de Hynek dans l'étrange histoire des ovnis : alors que, pendant toutes ces années, comme il le racontera lui-même plus tard, le travail qu'on attendait de lui et qu'il accomplit avec diligence était de fournir une explication naturelle (le plus souvent puisée dans le répertoire astronomique), aux témoignages d'observations d'ovnis, il finira par se rebeller, après avoir été d'ailleurs tourné en ridicule par la presse lors de l'affaire du « gaz des marais » (dont nous allons reparler), et il écrira plusieurs livres à partir de 1972, pour soutenir la thèse de la « réalité » des ovnis, tout en soulignant l'aspect insolite des phénomènes observés.

La commission *Sign* avait à peine commencé à fonctionner que survient en janvier 1948 un accident tragique, la mort du capitaine Mantell, parti avec son avion de chasse à la poursuite d'un ovni qui lui avait été signalé : on le retrouva écrasé au sol. L'événement eut le retentissement qu'on peut imaginer : tout d'un coup ces soucoupes folkloriques devenaient menaçantes aux yeux du public. On justifia d'abord ce malheur en alléguant qu'il était monté beaucoup trop haut, jusqu'à 6000 m sans oxygène, et avait donc perdu connaissance. Tous les pilotes savaient pourtant qu'il ne faut jamais dépasser 4500 m, et Mantell avait la réputation d'être très prudent, selon Ruppelt qui reprit ensuite l'enquête. Que poursuivait-il donc ? Hynek suggéra alors une confusion avec la planète Vénus, mais reconnut par la suite, interrogé par Ruppelt, qu'elle ne brillait pas assez à ce moment-là pour être visible. On supposa plus tard qu'il y avait eu confusion avec un grand ballon d'un modèle secret à l'époque *(Skyhook)*. En attendant, le besoin devenait pressant de rassurer l'opinion.

Il est intéressant de noter ici l'opinion très élogieuse du capitaine Ruppelt, lui-même enquêteur honnête et rigoureux, sur l'astronome Hynek : « C'est un des savants qui m'ont produit la plus forte impression pendant mon affectation au *Project Blue Book*. Contrairement à la plupart de ses confrères, il s'abstenait soigneusement de deux choses : répondre à la question avant de l'avoir entendue, ou se mettre à raconter ses réussites dans le domaine de la science. »[27]

À la fin de 1947, raconte Ruppelt, les services de l'aviation avaient retrouvé leur sang-froid, et le *Project Sign* put travailler « calmement et méthodiquement ». La presse, de son côté, avait adopté dans sa majorité une attitude ouverte sur le sujet. Les responsables officiels affectaient l'indifférence, « mais chaque fois qu'un journaliste se précipitait interviewer une personne ayant vu un de ces objets, il constatait que des officiers de renseignements l'avaient précédé pour recueillir les témoignages, avec croquis à l'appui et qu'ils " conseillaient " aux gens de ne pas trop parler »[28]. L'année 1948 fut fertile en observations importantes. Avec l'affaire Mantell, deux autres cas constituent les « trois classiques » de l'époque, comme les appelle Ruppelt : la rencontre d'un DC 3 (piloté par Chiles et Whitted) avec un énorme cigare lumineux, de couleur bleu foncé avec une traînée orangée et « deux rangées de fenêtres d'où sortait une lumière brillante », qui obligea les pilotes à virer rapidement ; enfin l'aventure célèbre du pilote Gorman qui se livra à une véritable bataille avec... un ballon-sonde (encore un). Il y avait aussi des rapports spectaculaires en Allemagne et au Japon.

Ces événements conduisirent les spécialistes de l'ATIC, raconte Ruppelt, à faire un premier rapport, intitulé « État de la question » *(Estimate of the Situation)* : « Quelques jours après l'incident du DC 3, les spécialistes de l'ATIC jugèrent le moment venu de procéder à cette rédaction. Ils conclurent que les UFO's étaient des véhicules interplanétaires. C'était un document fort épais, sous une couverture noire, portant le cachet " très secret ". Il contenait le récit des incidents rapportés ci-dessus et de beaucoup d'autres analogues, ayant pour origine des savants, des pilotes, et d'autres témoins également dignes de foi, et dont aucun n'avait reçu d'explication admise. »[29] Ce texte, émis à l'automne de 1948, parvint jusqu'au chef d'état-major, le général Vandenberg, qui, selon Ruppelt, « le refoula avec brusquerie. Personnellement, il ne voulait pas entendre parler de véhicules interplanétaires et soulignait d'ailleurs que le rapport n'apportait aucune preuve dans ce sens. Une délégation de l'ATIC se rendit au Pentagone pour défendre son opinion. Vainement. L' " état " connut une mort rapide par incinération. Quelques copies seules subsistèrent, dont celle que je lus, comme témoignage de l'âge d'or des UFO »[30]. Que pense, au fait, Philip Klass de cette histoire étonnante ? Voici comment il la traite, avec sa manière bien à lui, dans son livre *UFO's. The Public Deceived* (« Ovnis. Le public trompé ») : L'ATIC « prépara un État de la question, classé " Secret ", qui suggérait que *quelques* UFO's *pourraient* être extraterrestres »[31]. Klass signale bien ensuite que le général Vandenberg rejeta le rapport, mais ne précise pas qu'il le fit détruire : peut-être pour qu'on ne se demande pas comment Klass lui-même, simple journaliste, pouvait être si au courant de ce dossier « très secret » selon le capitaine Ruppelt, et brûlé sur ordre du chef d'état-major ? En tout cas, Ruppelt raconte comment il a pu le consulter : par une indiscrétion d'un autre officier qui en avait gardé une copie dans son coffre-fort, et la lui montra en cachette, bien plus tard, quand Ruppelt devint responsable des enquêtes.

À la fin de 1948, à la suite de cette rebuffade en haut lieu, le moral avait fortement baissé à la commission *Sign,* selon Ruppelt. Or, de nouvelles manifestations se produisirent au début de 1949, des boules de feu et « autres faits mystérieux », « dans une région si secrète qu'il est même interdit de la nommer »[32]. L'armée chargée de la surveillance de cette zone proposa rapidement un plan d'observation de ces boules qui apparaissaient presque quotidiennement, mais celui-ci « fut étranglé, purement et simplement »... En réalité, constate Ruppelt, l'attitude des autorités avait « radicalement changé au cours des mois prédédents. Ces objets n'existaient pas, ils ne pouvaient pas exister ». Ruppelt ne s'explique pas ce revirement brutal de l'armée de l'air, alors que les avis étaient encore très partagés dans le public. Les partisans de l'existence des soucoupes volantes « comptaient même de hautes personnalités dans leurs rangs et des savants appuyaient leurs idées ». Le *Project Sign* fut rebaptisé, en février 1949, *Project Grudge.* Ce nom « Rancœur » ne fut jamais expliqué mais il devait être lourd de signification. Ce qui est clair, en revanche, c'est que l'armée de l'air américaine n'allait plus jamais s'écarter de cette attitude de négation systématique. C'est désormais « l'âge des ténèbres » : « Toutes ses études partirent du principe que les UFO ne pouvaient pas exister. Sa devise devint : quoi que vous voyiez ou entendiez, n'y croyez pas ! Le personnel fut renouvelé. Les plus éminents spécialistes du renseignement disparurent. »[33] Allen Hynek, l'astronome conseiller scientifique, a lui aussi évoqué cette période et son opinion est identique. Il reconnaît même, avec une franchise remarquable, qu'il adhérait pleinement à cette politique : « J'appliquais tous mes efforts à trouver des explications astronomiques pour le plus grand nombre possible de cas et, pour ceux où je n'y parvenais pas, je m'opiniâtrais à chercher une explication naturelle. »[34] Pourtant, malgré tous ces efforts, le rapport présenté par cette commission *Grudge* au bout de quelques mois, portant sur 237 dossiers, comportait encore 23 % de phénomènes non identifiés, classés « inconnus ». Il est vrai qu'on a fait mieux depuis, comme le souligne Hynek lui-même. Selon lui, une « analyse critique » de l'ensemble des cas répertoriés dans les archives de l'armée de l'air, 13134 au total, abaisse ce pourcentage d'inconnus à 5 %.

Toujours en 1949, une campagne de presse fut organisée par le Pentagone pour « dégonfler » l'affaire des ovnis dans l'opinion publique, avec la participation d'un journaliste, Sidney Shallet, dont deux articles dans le *Saturday Evening Post* eurent « un effet considérable ». Il fut suivi de beaucoup d'autres, et d'un communiqué de presse de l'aviation qui « démolissait » complètement les soucoupes volantes, mais la réaction du public fut tout le contraire de l'effet escompté. D'une part, le nombre de rapports ne fit qu'augmenter, et surtout le doute commença à s'installer dans beaucoup d'esprits : l'aviation disait-elle bien la vérité au sujet des ovnis ? Cette perplexité ne tarda pas à s'exprimer, sous la plume d'un ancien officier de marine, Donald Keyhoe, qui, ayant enquêté auprès de deux ex-camarades devenus amiraux, ne put obtenir aucune information, ce qui l'amena à penser que l'affaire devait être « d'une importance considérable »[35]. Il sortit une série d'articles dans le magazine *True,* qui firent l'effet d'une bombe, et relancèrent l'affaire. Son premier livre, *The Flying Saucers Are Real* (1950), eut aussi un grand succès populaire. À l'inverse, le rapport *Grudge,* publié à la fin de l'année, ne parut guère convaincant aux journalistes.

b) Les années du « Livre bleu »

Cette tentative d'enterrement ayant échoué, il fallut réactiver la commission d'enquête, rebaptisée *Blue Book* (Livre bleu) en 1952, et confiée au capitaine Ruppelt. Or, 1952 fut l'année d'une grande vague d'observations, culminant au mois de juillet avec la fameuse affaire du « carrousel » de Washington : pendant deux nuits, les 19 et 26 juillet, le ciel de la capitale fut traversé par un véritable ballet aérien d'ovnis, avec repérages multiples par radars et visuels, et par des avions civils. Des parties de cache-cache eurent lieu avec les chasseurs chargés de les intercepter, tel ce pilote qui aperçut bien une lumière et se dirigea vers elle, mais celle-ci disparut brusquement « comme lorsqu'on éteint une lampe ». Bien qu'en contact radar avec la cible, le pilote dut renoncer. Quelques minutes plus tard, les objectifs resurgirent sur les écrans radar au sol. Ce fut un beau tohu-bohu dans la presse, qui ne fut guère persuadée par les explications fournies. Au milieu de cette confusion, l'astronome Donald Menzel intervint et expliqua tout par des phénomènes d'inversion de température causant des aberrations radar. Mais Ruppelt rapporte dans son livre l'opinion d'un spécialiste : « Tous les opérateurs, me répondit-il, étaient convaincus qu'il s'agissait d'objets solides, métalliques. Les aberrations météorologiques étaient fréquentes dans la région de Washington, les contrôleurs les connaissaient bien et ne leur accordaient pas la moindre attention. »[36]

Bien qu'il ne le mentionne pas, Ruppelt, pourtant responsable officiel des investigations, eut beaucoup de mal à faire son travail sur place. C'est Hynek qui raconte : « Comme il devait enquêter aux quatre coins de la ville, il demanda alors qu'on lui alloue des frais de taxi, mais il se vit, là encore, opposer un refus — et conseiller d'effectuer ses déplacements en... autobus. L'on voit donc que *Blue Book* et son directeur comptaient pour peu de chose. Au moment même où tous les journaux consacraient leur manchette au survol du Capitole par les ovnis, le chef du programme que leur consacrait l'Air Force était prié d'aller enquêter sur place en autobus. »[37] Ruppelt n'était pas un imbécile. Jeune ingénieur, mobilisé car c'était alors la guerre de Corée, il ambitionnait de bien accomplir son travail. Aussi ne tarda-t-il pas à se poser des questions : « Servais-je de paravent à une vaste entreprise de camouflage ? Si quelqu'un, au-dessus de moi, avait la certitude que les UFO étaient bien des véhicules interplanétaires, je pouvais me couvrir de ridicule quand la vérité éclaterait. Aussi n'épargnai-je aucun effort pour essayer de mieux comprendre. »[38]

Dans cette ambiance, il n'est pas surprenant que le capitaine Ruppelt ait demandé une autre affectation dès la fin de 1952 ; il ne resta alors, au bureau de *Blue Book,* qu'un lieutenant et un soldat de première classe ! Ruppelt reviendra en poste, cependant, en 1953 et 1954. Il publiera son livre, dont nous avons découvert quelques extraits éloquents, deux ans plus tard. La vérité historique oblige cependant à ajouter qu'il écrivit en 1959 une nouvelle version de son ouvrage revenant sur sa première position et se déclarant sceptique sur les soucoupes volantes. On a avancé que l'armée l'avait obligé à se prononcer dans ce sens. Pour d'autres, c'est l'émergence du phénomène des « contactés » (que nous allons développer) qui l'avait rendu incrédule. Quoi qu'il en soit, il est mort l'année suivante[39].

Ce qui est certain, c'est que le doute sur les ovnis s'est imposé à partir de cette époque, et n'a jamais cessé depuis. Un livre donne bien le ton, celui d'un journaliste scientifique connu, Martin Gardner, *Fads and Fallacies in the Name of Science* (1952), qui proclame notamment ceci : « Il est possible, bien sûr, qu'il y ait quelque avion expérimental ressemblant à un disque et volant sans faire de bruit, qui serait encore top secret. Mais ceci semble très improbable. L'information maintenant disponible sur les ballons d'étude des rayons cosmiques, ainsi que les facteurs déjà mentionnés, sont suffisants pour rendre compte de tout ce qui a été observé. Les démentis officiels par les militaires et par le Président sont marqués du sceau de l'authenticité. »[40] Les facteurs en question étaient la batterie classique fournie par Menzel, Hynek et d'autres, et les ballons étaient les fameux *Skyhook,* grands ballons à haute altitude dont l'existence fut dévoilée en 1951.

Le seul auteur qui se prononce alors en faveur de l'existence des ovnis est le major Donald Keyhoe. Ses deux livres, parus en 1950 et 1953, ont, il est vrai, un succès populaire certain. Mais l'ambiance est au scepticisme. Or, ce sont pourtant plus de mille observations qui sont enregistrées officiellement, en 1952, dans ce pays ; en outre, on commence à se rendre compte que le phénomène apparaît dans le monde entier, notamment en Europe et en Amérique du Sud.

Restons cependant aux États-Unis où, malgré tous les efforts officiels, le débat public continue. Il est encore relancé, raconte Donald Keyhoe (dans un ouvrage ultérieur, *Les Étrangers de l'Espace*), en avril 1952, par le témoignage du Secrétaire à la marine Dun Kimball, qui a vu lui-même deux ovnis à bord de son avion de commandement, dans le Pacifique. Keyhoe rapporte le témoignage que lui confia personnellement Kimball : « Leur vitesse était surprenante. Mes pilotes l'ont estimée entre 2500 et 3000 km à l'heure. Ces vaisseaux aériens ont fait deux cercles autour de nous puis ont disparu vers l'est. »[41] Les ovnis ont ensuite procédé de même autour d'un autre appareil de la marine, avec un amiral à bord, qui suivait à 90 km derrière eux. Kimball, raconte Keyhoe, fait étudier un film des ovnis par le laboratoire de la marine, qui donne un avis positif, mais à la fin de 1952, Kimball est écarté de son poste, après l'élection du général Eisenhower à la présidence.

La vague de 1952 a fortement secoué le gouvernement comme l'opinion. La CIA est alors chargée, en secret, de constituer une commission scientifique de haut niveau pour examiner la question : c'est la commission Robertson, qui siégea les 14 et 17 janvier 1953 à Washington. Ruppelt, puis Hynek, ont rapporté comment la commission avait été fermement encadrée par la CIA et l'armée de l'air. Les cas étudiés, en petit nombre, avaient été soigneusement sélectionnés et arrangés pour être minimisés, raconte Hynek qui était bien placé pour le savoir[42]. Il ne fut pas difficile de convaincre les savants ainsi réunis de prononcer une conclusion négative. Plus précisément, il était dit que ces phénomènes ne présentaient pas un danger pour la sécurité des États-Unis. Mais il fallait quand même prendre des mesures de démenti systématique *(debunking)* pour éviter une grande tension dans l'opinion, et aussi que ces séries de témoignages ne saturent les réseaux de communication, un danger potentiel pour le maintien de l'ordre... Ces recommandations furent bien appliquées. C'est à cette époque que furent édictés des règlements militaires draconiens (AF-200-2 et JANAP 146) qui interdisaient aux pilotes de parler publiquement de toute observation « non identifiée ». Peines prévues : jusqu'à dix ans de prison et dix mille dollars d'amende !

Le rapport de la commission Robertson ne fut rendu public qu'en 1969, en annexe au fameux rapport Condon qui, on va le constater, voulut enterrer officiellement les ovnis. Et encore, le rôle de la CIA resta-t-il caché, ce qui contribua à alimenter par la suite les soupçons sur une politique de secret. Il y a un autre aspect curieux de l'épisode, qui est signalé par Allen Hynek, montrant combien cette commission avait été manipulée. L'armée de l'air avait commandé, à l'insu de celle-ci et à la même époque, une étude très poussée à un organisme de recherche réputé, le *Battelle Memorial Institute,* qui parvint à démontrer qu'il y avait des caractéristiques très différentes entre les cas « expliqués » et les cas « non expliqués ». Ces résultats n'ont été divulgués que beaucoup plus tard, en 1977 par Hynek lui-même dans son livre *The Hynek UFO Report,* qui est encore aujourd'hui l'un des ouvrages de référence sur cette histoire des ovnis.

c) Tout se complique

C'est aussi au début des années 50 que le dossier des ovnis commence à se compliquer. On voit apparaître les premiers témoignages « à haute étrangeté », et les « rencontres rapprochées », comme les appellera Hynek : par exemple les cas de Sonny Desvergers aux États-Unis, et d'Oskar Linke en Allemagne, tous deux en 1952. Nous reviendrons plus loin sur cette nouvelle « dimension » qui va prendre de l'ampleur en Europe et notamment en France lors de la vague de 1954. Il faut aussi mentionner un livre paru en 1950, du journaliste Frank Scully, *Behind the Flying Saucers*[43], dont le chapitre 12 apporte des informations fracassantes : selon un témoin anonyme, le « Docteur G. », les Américains auraient récupéré pas moins de trois soucoupes volantes écrasées, dont l'une avec seize cadavres d'extraterrestres à bord ! Mais l'ouvrage, parsemé de grossières erreurs scientifiques, ne communiquait aucun semblant de preuves. De plus, il fut totalement déconsidéré en 1952 par un autre journaliste, qui révéla que deux informateurs de Scully étaient des personnages malhonnêtes et des imposteurs. Le résultat pratique de cette histoire fut de faire sombrer dans le ridicule toutes les rumeurs sur des ovnis accidentés, et ce pour une bonne trentaine d'années. Mais ces histoires ont refait surface récemment.

Il faut ici mentionner l'apparition de ces fameux « contactés », des deux côtés de l'Atlantique, dont le plus connu reste sans conteste l'Américain George Adamski. Il prétendit, dans un livre rédigé en 1952 avec Desmond Leslie, un écrivain anglais versé dans l'ésotérisme, *Flying Saucers have landed (Les Soucoupes volantes ont atterri),* avoir rencontré un beau Vénusien dénommé Orthon, aux longs cheveux blonds. Cet ouvrage fut un succès immédiat, avec 100 000 exemplaires vendus. Il n'était pas seul sur cette voie séduisante. Parmi les contactés les plus célèbres figurent l'Italien Siragusa, le Français Pierre Monnet, le chauffeur de taxi anglais George King, mais c'est aux États-Unis qu'ils connurent la renommée la plus importante : Howard Menger et sa belle Vénusienne Marla, Orfeo Angelucci, très mystique (et étudié par Jung), Daniel Fry, qui communiqua avec un ovni posé sur le terrain d'essais de White Sands. Alors qu'il s'approchait de l'engin, une voix lui dit : « Ne touche pas la coque, mon gars, elle est encore chaude ! » *(« Better not touch the hull, pal, it's still hot ! »)*[44]. Selon un autre contacté fameux de l'époque, Truman Bethurum, il existerait une autre planète, invisible car toujours placée de l'autre côté du Soleil par rapport à la Terre, la planète Clarion, d'où venait la très belle Aura Rhanes qui lui rendit visite ! Notons que des astronomes ont pris la peine de démontrer, calculs à l'appui, l'impossibilité d'une telle planète.

La découverte que la température au sol de Vénus est de plus de 400° a fait fondre les belles Vénusiennes, mais d'autres relations plus lointaines se sont nouées alors. Ces gens étaient-ils des fabulateurs mythomanes ? Ce fut bien entendu l'opinion, aussi bien des ufologues sérieux que des sceptiques. Pour ces derniers, les histoires de contactés furent du pain bénit pour ridiculiser à plate couture les ovnis. La recette sert encore trente ans plus tard, comme le montre le film *Farewell Good Brothers* (1992) qui nous présente les vieux contactés, devenus souvent fondateurs de cultes folkloriques. En France, la chaîne Arte l'a diffusé en 1993 sous le titre *Bons baisers de la planète Mars,* avec des éloges dans la presse pour cet excellent dossier sur les ovnis[45]. On est pourtant frappé par la sincérité de la plupart de ces contactés. Bornons-nous pour le moment à poser la simple question : que leur est-il donc arrivé ? Retenons également que c'est dans ce contexte qu'apparaissent les premiers rapprochements entre le « phénomène ovni » et le monde des religions, et de l'ésotérisme, dus notamment à Desmond Leslie.

L'étape suivante de cette étrange histoire se passe en Europe, avec la grande vague de 1954, et particulièrement au cours de l'automne en France. Elle est étudiée par un chercheur indépendant, Aimé Michel, qui va publier son travail en 1958 : *Mystérieux objets célestes.* L'importance de ce livre, outre son impact dans le public, n'est pas dans sa thèse de l' « orthoténie », ou alignement des observations (il croyait avoir repéré des trajectoires rectilignes des ovnis), car elle a été invalidée mathématiquement par Donald Menzel et Jacques Vallée. Son importance, soulignée par Vallée, Guérin et Hynek (qui vint étudier ses dossiers), vient de ce que c'était la première étude d'ensemble du phénomène, faisant ressortir sa complexité, et en particulier l'aspect insolite de certains témoignages, au point que Aimé Michel parla d'un « festival d'absurdités ». Il y eut aussi les premiers atterrissages avec « occupants », comme dans le célèbre cas de Marius Dewilde, avec traces au sol : des marques sur des traverses de chemin de fer, dont la profondeur, dûment mesurée par des experts officiels, révéla qu'elles avaient été imprimées par une masse estimée à trente tonnes. On observa aussi que les pierres du ballast étaient friables à cet endroit, comme si elles avaient été calcinées. Or le témoin, Marius Dewilde, avait vu justement une « masse sombre » posée là, sur la voie ferrée. Il la vit aussi s'envoler après avoir rembarqué les deux êtres de petite taille qui venaient de passer devant sa maison : belle mise en scène, de la part d'un modeste ouvrier métallurgiste, menant une existence sans histoire avec sa famille dans la campagne de Quarouble, près de Valenciennes, et noté comme travailleur sérieux aux aciéries de Blanc-Misseron ! En revanche, c'était mal calculé au plan médiatique : l'estimation de trente tonnes ne fut révélée que deux ans plus tard, confidentiellement, à Aimé Michel par les ingénieurs qui l'avaient établie[46]. Cette première considération globale du phénomène ovni permit aussi d'enregistrer un témoignage important, à Vernon, sur les fameux « vaisseaux mères », en l'occurrence un grand engin en forme de cigare, d'où le témoin vit sortir plusieurs soucoupes...

Bien entendu, en France et en Europe comme aux États-Unis, l'ambiance générale reste au scepticisme, mais peut-être faut-il souligner une divergence qui se dessine, entre un intérêt populaire croissant et l'indifférence ou l'agacement des « élites ». C'est l'époque de prises de position comme celle du psychiatre Georges Heuyer et de l'écrivain Roland Barthes, déjà cités. Le livre de Carl Jung, paru en 1960, vient conforter ce scepticisme. Pourtant, des observations très sérieuses continuent à se produire ici et là. Nous reviendrons plus loin sur quelques cas spectaculaires tels que Lakenheath en Grande-

Bretagne (1956), Levelland au Texas (1957), et le vol d'un bombardier américain RB47 suivi pendant plus d'une heure par un ovni (1957). Mais, l'un après l'autre, ces cas sont réfutés par la commission *Blue Book,* avec l'aide du docile astronome Hynek (qui devient la « bête noire » des ufologues), et la haute caution scientifique de Donald Menzel, qui a d'ailleurs écrit un livre expliquant tout, en 1953[47]. La seule fausse note, côté « officiel », est celle de Ruppelt avec son ouvrage en 1956 *(Face aux soucoupes volantes) ;* en revanche, les enquêtes indépendantes se développent à travers le monde, et commencent d'ailleurs à récolter une moisson d'histoires de plus en plus insolites de rencontres rapprochées, avec une galerie de plus en plus bizarre d' « humanoïdes » de tout poil — de toutes couleurs (rarement verts au demeurant) et souvent de petite taille. C'est aussi la dimension absurde, voire ridicule, d'une multitude de récits, qui frappe et rend très perplexes les ufologues. Nous reviendrons aussi sur ces affaires, mais citons tout de suite l'une d'elles, dont l'authenticité est garantie, au moins au niveau des dépositions, car on enquêta dès le lendemain, avec interrogation séparée de sept témoins adultes. C'est le fameux incident de Kelly-Hopskinville, dans une ferme du Kentucky, en 1955. Au beau milieu de la nuit, toute une famille de paysans fit irruption au village, fuyant sa ferme après avoir été terrorisée par une bande de petits êtres à l'allure de gnomes sautillants, avec d'énormes yeux protubérants et de grandes oreilles pointues ! Selon Allen Hynek, qui rapporte cette enquête en détail *(Hynek UFO Report),* ce qui paniqua le plus les paysans fut que les coups de feu qu'ils ne manquèrent pas de diriger contre eux ne semblèrent pas faire beaucoup d'effet : « La créature atteinte par une balle flottait ou culbutait et filait se mettre à couvert... Les coups de feu tirés contre les objets (les créatures) résonnaient comme s'ils frappaient un seau. Les objets étaient silencieux... même en sautant, marchant ou tombant. Les broussailles bruissaient lorsque les objets y pénétraient... On n'entendait pas de bruits de pas. » Ces êtres se rapprochèrent de la maison, les bras levés dans la position « haut les mains ! »[48]. Un autre investigateur, Donald Hanlon, rapporte un détail qui pourrait bien nous offrir une piste dans cette ténébreuse affaire. Lors d'une accalmie, un paysan sortit prudemment sur le pas de la porte : l'un des êtres, caché sur le toit, tendit la main pour... lui gratter les cheveux ! Hanlon suppose que c'est parce qu'ils étaient intrigués, n'ayant pas eux-mêmes de cheveux[49]. Et si nous avions plutôt affaire à une énorme farce ? Un canular d'extraterrestres !

C'est ce genre d'histoires qui a conduit certains chercheurs passionnés à esquisser des rapprochements historiques, d'une part avec les mythes et les légendes « folkloriques », fées, lutins et autres farfadets déjà évoqués en première partie : ce fut la démarche de Jacques Vallée avec son livre très remarqué, *Chroniques des apparitions extraterrestres,* paru d'abord aux États-Unis sous le titre *Passport to Magonia* (1969). Le titre original faisait allusion au pays mythique de la Magonie où, croyait-on au Moyen Âge, vivaient des êtres célestes. D'autre part, plusieurs auteurs se livraient dès les années 50 à un rapprochement avec les religions. Outre Leslie, déjà cité (1953), ce furent aussi l'astronome américain Morris Jessup (*UFO's and the Bible,* 1956), l'Anglais Le Poer Trench (*The Sky People,* 1960), et le Français Paul Misraki (*Les Extraterrestres,* 1962). Bien entendu, les récits des contactés comme Adamski poussaient fortement dans cette voie de spéculation, d'autant plus que certains d'entre eux fondaient des sectes.

Au risque de provoquer prématurément l'hilarité de quelques lecteurs, il faut mentionner ici un aspect plus scabreux des récits qui apparaissent à cette époque, encore très rares il est vrai (mais qui vont se multiplier plus tard) : les histoires d'enlèvement à bord d'un ovni, avec rapport sexuel dans le cas maintenant célèbre du Brésilien Antonio Villas-Boas (en 1957, mais révélé en 1964), ou avec prélèvement de semence comme pour les époux Betty et Barney Hill (en 1961, cas révélé en 1966, mais cet aspect « choquant » ne fut connu que bien plus tard). En réalité, il n'y a aucune preuve tangible de toutes ces aventures de contacts et d'enlèvement. Tout repose sur des témoignages, et le plus souvent recueillis sous hypnose, d'où le scepticisme de beaucoup d'observateurs. Mais la lecture des ouvrages parus sur ce sujet donne vraiment à réfléchir, notamment ceux de Budd Hopkins, Raymond Fowler et David Jacobs, dont nous reparlerons. Philip Klass a aussi conçu un livre très critique, *UFO Abductions. A Dangerous Game.* (« Enlèvements à bord d'ovni. Un jeu dangereux. ») Est-il besoin de souligner combien toutes ces histoires de gnomes et de lutins, de contactés et de « coucheries à bord des soucoupes volantes », n'ont pas contribué à améliorer la crédibilité de l'ensemble du dossier ? Donald Menzel et, plus tard, le physicien Edward Condon, ne se sont pas privés d'ironiser sur ce folklore des ovnis.

Abandonnons, pour le moment, tous ces aspects étranges, absurdes ou ridicules, pour nous concentrer sur la question qui se pose au premier degré, celle de la *réalité* des phénomènes observés, ou que l'on croit observer. Nous reviendrons sur les interprétations de type mythologique ou paranormal mais, comme le souligne l'Anglais Hilary Evans qui a beaucoup étudié ces points très spéculatifs, il reste que nous comprenons très bien la question de savoir si ces phénomènes ont une base dans la *réalité*.

d) *Le tournant du « rapport Condon » aux États-Unis*

Après des années d'enquêtes et de réfutations de routine, la commission *Blue Book* dut faire face, dans les années 60, à des critiques de plus en plus vives. Jacques Vallée, jeune scientifique français émigré aux États-Unis, publie alors deux livres qui sont les premières études scientifiques indépendantes sur les ovnis : *Anatomy of a Phenomenon* et *Challenge to Science (Les Phénomènes insolites de l'espace)* en 1966 et 1967. Vallée entreprend une étude statistique sur certaines caractéristiques des observations (durée, heure de la journée et de la nuit), qui fait apparaître certaines constantes indépendantes du lieu, confortant l'hypothèse de la *réalité* des phénomènes examinés. On a vu que l'étude secrète de l'institut Battelle était déjà parvenue à de semblables conclusions ; ce type d'approche statistique sera poursuivi et renforcé plus tard par l'ingénieur Claude Poher en France. Mais il faut bien admettre que ce sont là des preuves très indirectes, insuffisantes pour convaincre les sceptiques. Vallée va cependant jouer un rôle influent, notamment auprès de Allen Hynek, avec qui il va avoir une longue collaboration, à une époque où celui-ci commence à changer d'avis, comme il l'a ensuite lui-même raconté : « Ce fut graduellement que je passai de l'attitude du sceptique à celle — non du croyant, en raison des connotations théologiques de ce terme — du scientifique estimant être sur la piste d'un phénomène intéressant, mais, vers la fin des années

1960, ma transformation était totale. Aujourd'hui (en 1977), je ne consacrerais pas un instant de plus à la question des ovnis si je ne pensais pas que le phénomène ovni est réel, que les efforts déployés pour étudier, comprendre et finir par résoudre le problème auront de profondes répercussions — constituant même peut-être le tremplin d'une révolution dans l'appréhension que l'homme a de lui-même et de sa place dans l'univers ».[50]

En 1966, le professeur James McDonald, spécialiste réputé de physique atmosphérique et doyen de l'Université de l'Arizona, se penche avec intérêt sur les dossiers de la commission *Blue Book* : il est alors atterré par la faiblesse des « explications » de la commission, et ne se gêne pas pour le dire au conseiller scientifique Hynek, lequel a lui-même rapporté l'entretien : « Il est venu me voir dans mon bureau et il a tapé sur la table en criant " Allen, comment avez-vous pu garder cette documentation sous le coude pendant dix-huit ans et ne jamais nous en parler ? " Je me suis défendu, j'ai dit : " Quoi ! enfin, bon Dieu ! quelle documentation ? La plupart de ces rapports ne sont qu'un ramassis d'imbécillités ! " Mais en même temps, j'éprouvais un immense soulagement. J'avais devant moi un autre savant, le premier que je rencontrais, qui était réputé dans son domaine et qui prenait vraiment au sérieux le problème des ovnis ».[51]

L'attention de McDonald avait été attirée sur les ovnis car on était alors en pleine vague d'observations, en 1965-1966, non seulement aux États-Unis, mais aussi en Europe et en Amérique du Sud. La commission *Blue Book* était alors quelque peu dépassée et de plus en plus critiquée, en particulier lors du fameux incident du « gaz des marais ». Le soir du 10 mars 1966, à Dexter, Michigan, un fermier alerté par l'aboiement de ses chiens repéra un objet lumineux descendant à 45° en direction d'un proche marécage boisé. Il s'y dirigea avec son fils et ils purent observer un objet en vol stationnaire, à quelques centaines de mètres. L'objet fut aperçu par d'autres témoins, dont les policiers qui avaient été alertés. Cette manifestation fit beaucoup de bruit dans la presse, et le professeur Hynek fut dépêché d'urgence avec instruction de trouver sur-le-champ une explication. Le malheureux suggéra la présence de feux follets provoqués par le gaz des marais. Le professeur McDonald, qui étudia l'affaire, la commenta ainsi : « Il est probable qu'aucune autre

“ explication ” d’UFO n’a valu à l’US Air Force plus de ridicule public que celle de ce prétendu gaz des marais ».[52] Cette citation figure dans une étude fracassante que McDonald publia l’année suivante, en 1967, partant en guerre contre les « explications » des détracteurs comme Donald Menzel et Philip Klass, dossier intitulé *Objets volants non identifiés. Le plus grand problème scientifique de notre temps ?* Nous citerons plus loin quelques exemples éloquents de ses réfutations et polémiques avec son collègue Menzel.

À la suite du « scandale du gaz des marais », et de l’effet médiatique de la vague de 1966 sur l’opinion américaine, deux membres du Congrès, dont le leader de la minorité (et futur président) Gerald Ford, obtinrent une audition au Congrès, qui conduisit à la décision de confier une étude scientifique sérieuse à une grande université. Le contrat échut à l’Université du Colorado, qui mit en place une commission dirigée par l’éminent professeur Condon. L’examen scientifique du problème allait-il enfin avoir lieu ? On sait maintenant que les conclusions de ce rapport furent posées d’avance, à l’instigation de l’armée de l’air et de la CIA. Un mémo confidentiel de l’administrateur Robert Low révélait l’intention de l’équipe de berner son monde en se donnant un air d’impartialité. On sait aussi qu’il y eut de violentes dissensions dans l’équipe, qui menèrent à la démission de l’adjoint d’Edward Condon, le Dr David Saunders, lequel donna ensuite son opinion dans un livre dont le titre se passe de commentaires : *UFO : Yes !* Le scandale du mémo de Low provoqua même une intervention d’un député pour protester à la Chambre des représentants, action que Philip Klass dénonça ensuite comme une manœuvre malveillante[53] !

Dans le rapport final, le Dr Condon résuma ainsi sa position : « Notre conclusion générale est que rien, dans l’étude des ovnis depuis vingt et un ans, n’a apporté quelque chose au savoir scientifique. La prise en considération sérieuse de la documentation disponible nous conduit à conclure que la poursuite d’une étude développée des ovnis ne peut probablement pas être justifiée par l’espoir de faire progresser la science. »[54] Bizarrement, le Dr Condon présentait dans cette conclusion une réflexion sur les perspectives d’existence de la vie intelligente dans l’Univers, et donc de visite de la Terre, très en retrait par rapport aux estimations déjà admises à l’époque par Carl Sagan et ses confrères : « Il est extrêmement peu probable que deux civilisations voisines (*nearby*) pourraient se trouver dans un état de haut développement à la même époque. » Le verdict sur les chances de visites tombait ensuite, raide : « Compte tenu de ce qui précède, nous pouvons supposer de manière sûre qu'aucune vie intelligente extraterrestre (*ILE*) en dehors du système solaire n'a de possibilité de visiter la Terre au cours des prochaines 10 000 années. » Ouf ! L'humanité a le temps de respirer (et de se préparer). D'où la non-existence des ovnis : « Nous concluons donc qu'il n'y a aucune relation entre les *ILE* d'autres systèmes solaires et le phénomène *UFO* tel qu'il est observé sur la Terre. »[55] En somme, c'est ce que Hynek a appelé le « principe directeur » de l'armée de l'air américaine : les ovnis n'existent pas parce qu'ils ne peuvent pas exister. Pourtant, malgré les conclusions négatives du Dr Condon, le contenu de ce gros rapport, rédigé par toute l'équipe d'enquête, était beaucoup moins catégorique ; certaines photographies, en particulier (McMinnville, Great Falls), furent même déclarées probablement authentiques. Si bien que c'est la lecture de ce rapport qui attira plus tard l'attention de certains scientifiques, comme l'ingénieur français Claude Poher. Cependant, l'effet public fut à l'époque de discréditer la recherche sur ce sujet, ce qui permit à l'armée de l'air américaine, qui n'attendait que cela, de se débarrasser de la commission *Blue Book,* qui fut dissoute en décembre 1969, l'année même de la parution du rapport. On envisagea même de détruire ses dossiers, mais ceux-ci furent sauvés à la demande pressante d'un groupe de scientifiques, dont l'astronome Carl Sagan.

En réalité, une partie de la communauté scientifique était assez insatisfaite de la manière dont le gouvernement avait traité le problème. C'est pourquoi fut organisé le symposium scientifique, déjà évoqué plus haut, en décembre 1969, le même mois que la dissolution de *Blue Book* ! Mis sur pied par Sagan et l'astronome Thornton Page (qui avait fait partie de la commission Robertson en 1952), il invita aussi bien des « convaincus » (McDonald, Hynek) que des sceptiques (Menzel, Drake, Morrisson), ces derniers formant néanmoins une large majorité. Leurs contributions furent publiées en 1972 dans un livre qui reste encore important sur le thème (*UFO's A Scientific Debate,* non traduit en français).

Malgré ce louable effort d'ouverture scientifique, l'étude des ovnis restait suspecte, pour ne pas dire plus, aux yeux du monde scientifique et cultivé. S'y intéresser ouvertement était même franchement mauvais pour une carrière universitaire, comme les phénomènes paranormaux, d'ailleurs. C'est pourquoi certains se regroupèrent alors dans ce qu'ils appelèrent un « collège invisible », expression que Jacques Vallée reprit pour titre d'un de ses livres en 1975. Mais, paradoxalement, c'est aussi à cette époque que Hynek se prononça publiquement, en 1972, en faveur de l'existence des ovnis, contribuant ainsi à ouvrir une nouvelle étape de l' « ufologie ». Avant de rappeler celle-ci, prenons du champ : que se passait-il, pendant tout ce temps, dans d'autres régions ? Eh bien, nous savons désormais, par exemple, qu'il y a une riche histoire d'observations d'ovnis en ex-URSS, en Chine et dans les pays de l'Est.

e) Les ovnis de l'Est

Dans les premières années d'après-guerre, le silence de l'URSS sur les ovnis avait préoccupé la CIA, comme l'ont révélé des documents divulgués depuis. Or, des nouvelles commencent à parvenir de l'URSS à l'époque de la commission Condon. Les informations qui suivent sont empruntées surtout à l'excellent livre du chercheur anglais Timothy Good *(Above Top Secret)* et aussi à Jacques Vallée (*UFO Chronicles of the Soviet Union*, 1992). En 1967, paraissait dans le magazine *Smena* un article du professeur Felix Zigel, docteur ès sciences, professeur de cosmologie à l'Institut d'aviation de Moscou, chargé de l'enseignement des cosmonautes. Cet article considérait que les ovnis méritaient une étude scientifique, citait les travaux de Hynek et Vallée aux États-Unis, et critiquait le livre de Menzel (traduit en russe en 1962). Il faisait un résumé des observations déjà constatées en URSS par des scientifiques, notamment celles du professeur Zaitsev, qui put voir un grand disque durant un vol entre Leningrad et Moscou en 1964[56]. C'était un changement considérable, car il n'y avait eu jusque-là que des démentis dans la presse soviétique. Selon Jacques Vallée, deux « périodes noires » se succédèrent dans l'ufologie soviétique : 1947-1956, amorcée par les premières études du chercheur Yuri Fomin (il y avait des observations en URSS dès 1946, sans aucune influence pernicieuse capitaliste !), mais un coup de frein fut donné par la Pravda en 1961, s'appuyant sur Menzel et traitant les ufologistes d' « irresponsables ». Fomin dut alors arrêter ses recherches. La deuxième période noire, 1961-1966, prit fin en 1967 avec un article pro-ovni publié dans *Trud* en 22 millions d'exemplaires, et signé par l'écrivain Kazantsev et Jacques Vallée, qui avait assisté à un congrès de mathématiques à Moscou en 1966 et noué des contacts à cette occasion. Il apprit alors que l'armée de l'air soviétique avait encore plus de rapports que la commission *Blue Book.* En 1967 toujours fut créé un comité d'apparence semi-officielle, présidé par le général Stolyarev, avec Zigel et Kazantsev, qui reçut le soutien enthousiaste de quatre cents scientifiques, cosmonautes et ingénieurs[57], mais ce comité eut une vie brève, et bizarre : à peine mis en place, il se serait vu refuser l'accès à des dossiers top secret[58]. Stolyarev et Zigel purent néanmoins passer à la télévision, le 10 novembre 1967, pour appeler le public à témoigner. En quelques jours, ils furent inondés de lettres, dont ils purent extraire deux cents bons rapports. Or, fin 1967, le comité fut dissous et son existence fut même niée par la suite. Le gouvernement soviétique avait sans doute réagi à des articles trop sensationnels du *New York Times,* comparant ce groupe au comité Condon, donc lui attribuant un statut officiel, ce qui n'était pas vraiment le cas.

Les arguments anti-ovnis de Menzel furent de nouveau publiés en URSS dès janvier 1968. Les Soviétiques étaient-ils déjà au courant des intentions secrètes de la commission Condon ? Il n'est pas absurde de le supposer, étant donné les relations particulières des services secrets, même entre pays « ennemis ». Ainsi, Timothy Good, ufologue anglais, et de surcroît violoniste renommé, dit avoir appris, de source CIA non confirmée, qu'en 1955 se seraient réunis à Genève des responsables des services secrets de l'URSS, des États-Unis, de la France et de la Grande-Bretagne, qui seraient tombés d'accord, à l'unanimité, pour maintenir une politique de silence vis-à-vis du public[59]. Nous n'avons pas encore toute l'histoire, conclut Vallée : l'Académie des Sciences de l'URSS a pu avoir des raisons importantes d'étouffer l'effort « naïf » de Stolyarev. En février 1968, un article de la *Pravda* dénonçait les ovnis comme « produits antisoviétiques des fauteurs de guerre capitalistes décadents ». Ironiquement, il y aurait eu un cas très impressionnant à Cuba, en juin 1968 (pendant que des étudiants des Beaux-Arts allaient peindre dans la fièvre un mural révolutionnaire à La Havane !), cas étudié de très près par les Soviétiques : un paysan de garde de nuit avait été retrouvé en état de choc, et il lui fallut plusieurs jours pour se remettre. Il raconta alors aux autorités qu'il avait observé un grand objet lumineux posé au sol. Supposant que c'était un appareil américain, il avait alors tiré des rafales de mitraillette, mais l'engin, de forme ronde avec un dôme et une série « d'antennes » sur le dessus, prit alors une couleur orange et émit un son sifflant : c'est tout ce dont il se rappelait. Or les enquêteurs retrouvèrent de nombreuses balles écrasées comme par un impact contre un objet très dur, des traces au sol avec un puits central d'un mètre de profondeur et trois marques latérales de 40 cm ; tout autour, le sol était calciné, couvert d'une cendre grise et l'analyse révéla que cette surface avait subi une haute température[60].

Quoi qu'il en soit, ce n'est qu'en 1979, onze ans plus tard, que le sujet des ovnis redevint respectable en Union Soviétique, avec la création d'un nouveau groupe de recherche. Elle eut lieu pour faire face au nombre toujours plus important d'observations. Des scientifiques (Migulin, Platov) devinrent plus conciliants dans la presse. De nombreuses manifestations sont alors enregistrées pendant toutes ces années, notamment des ovnis de dimensions apparemment considérables. Cependant, il faut attendre 1988 et les débuts de la *Glasnost* pour que prenne fin la troisième période sombre de l'ufologie soviétique. C'est justement à cette époque, en septembre 1989, que furent signalées des observations spectaculaires dans la région de Voronej ; celles-ci furent annoncées dans le monde entier, mais avec scepticisme, et même sur le ton de la rigolade. Ces informations décidèrent Jacques Vallée à se rendre en URSS, en janvier 1990, avec Martine Castello, journaliste scientifique au *Figaro,* voyage qu'il raconte dans son dernier livre *UFO Chronicles of the Soviet Union*, et où il affirme l'importance d'une nouvelle vague d'observations, avec toutes les dimensions maintenant habituelles de « haute étrangeté », dont nous allons reparler. Disons d'abord qu'il a pu se faire confirmer, de première main, le secret d'état soviétique sur les ovnis, par le professeur Azhazha, lors d'une réunion à l'agence *Novotsi.* Ce scientifique soviétique a révélé que, alors qu'il était parfaitement sceptique sur les ovnis, il fut chargé en 1976 de la direction scientifique d'un groupe d'études des... ovnis sous-marins ! Il s'agissait de déterminer la nature d'objets qui suivaient les sous-marins soviétiques, et qui semblaient même parfois anticiper leurs manœuvres. On crut d'abord que c'étaient des appareils américains, jusqu'au jour où l'un de ces engins fit surface de manière saisissante, sous le nez d'un navire brise-glace dans l'océan Arctique : « Un engin brillant et sphérique brisa soudain la glace et s'envola verticalement, aspergeant le bateau de fragments de glace. Tous les marins sur le pont et les officiers sur la passerelle le virent. » Sur une question de Vallée, il précisa que ce n'était pas un essai de missile (avis à Philip Klass) car : « On ne tire pas un missile comme cela. Il faut d'abord briser la glace. De plus, l'objet était une sphère brillante. Nous savions à quoi ressemblent des missiles. » Le professeur Azhazha a ensuite confirmé que tout cela était top secret : « En quelques rares occasions j'ai bien publié quelques informations sur les ovnis, mais j'ai payé pour cela sous Leonid Brejnev. La réaction officielle fut très dure, très négative. Ma carrière en souffrit en conséquence, et l'on me retira la direction d'un groupe scientifique. » Cependant, la situation s'est beaucoup améliorée, avec la création en 1988 d'une commission nationale présidée par le cosmonaute Pavel Popovitch[61].

En 1993, deux journalistes américains, Bryan Gresh et George Knapp, ont recueilli en Russie de nouveaux témoignages, notamment celui d'un ancien colonel, Boris Sokolov, selon lequel les forces armées ont eu instruction, pendant toutes les années 80, de rédiger des rapports sur leurs observations d'ovnis. Sokolov était le responsable du dépouillement de cette enquête, et il affirme avoir traité des milliers de cas, dont quarante venant de pilotes en vol. En 1983, un ovni aurait presque provoqué le lancement accidentel d'un ICBM (missile balistique) nucléaire...

En Chine, très peu d'observations ont filtré jusqu'à un premier article, en 1978, dans *Le Quotidien du Peuple,* suivi de plusieurs autres qui ont suscité un intérêt considérable. Des manifestations importantes ont fait surface, en particulier en 1967 devant des milliers de témoins, au cours des années 1976 à 1978, et une année record en 1980. Un point de vue officiel a été publié dans le *China Daily* en 1985, et il existe une association de recherche sur les ovnis qui compte dix mille adhérents, selon l'ufologue chinois Shi Bo. Celui-ci a créé une revue dont le tirage atteignait 350 000 exemplaires en 1992, qui représentent, rapportés à la population, un pourcentage de lecteurs bien plus massif que dans les pays occidentaux[62]. Jacques Vallée a rapporté *(The Edge of Reality)* que les touristes voyageant en Chine étaient questionnés par les Chinois qui désiraient savoir si les ovnis étaient un phénomène purement chinois : « Que sont ces choses que nous voyons dans le ciel ? Les voyez-vous aussi dans d'autres parties du monde, ou sommes-nous seuls à les voir ? »[63]

Mais revenons à la suite de la petite histoire des ovnis en Occident, après le rapport Condon qui était censé y avoir mis un point final.

Après Condon, à l'Ouest, du nouveau

L'éteignoir du rapport Condon semble avoir fait son effet, au moins dans la presse américaine, et le début de la décennie 70 ressemble fort à un enterrement final du dossier ovni. En 1971 survient la mort du professeur McDonald, qui se tue d'une balle dans la tête. La thèse du suicide ne fait pas de doute, bien que celui-ci paraisse étrange pour un scientifique renommé, père de six enfants, et qui avait annoncé son intention de poursuivre activement l'étude des ovnis... Un coup dur est également subi en Europe avec la révélation d'un cas bizarre, l'affaire « Ummo », dans laquelle s'étaient investis de nombreux chercheurs, d'abord en Espagne, d'où était partie l'histoire, puis en France et même en Amérique du Sud. Dès 1966, ces ufologues avaient commencé à recevoir d'étranges lettres révélant toutes sortes d'informations sur la science et la civilisation des Ummites, habitant la planète Ummo, tournant autour d'une étoile proche, Wolf 424. Les Ummites prétendaient avoir atterri en France en 1950, près de La Javie ; mais toute cette aventure commença à dériver en 1972 lorsque des photos de leur soucoupe furent dénoncées comme des trucages par le météorologue Oscar Rey Brea. Cela fut confirmé en 1977 par Claude Poher et William Spaulding, ufologue américain réputé[64], et provoqua une certaine perturbation dans les rangs des chercheurs. Curieusement, un groupe de fidèles a continué à fonctionner en Espagne, et le physicien français Jean-Pierre Petit a même soutenu, en 1991, l'authenticité de ces fameuses lettres, ranimant ainsi une vieille polémique *(Enquête sur des extraterrestres qui sont déjà parmi nous)*. Il y a peut-être encore une hypothèse à explorer, celle d'un canular d'extraterrestres !

En fait, 1972 est l'année d'une nouvelle vague dans le monde entier, qui culmine aux États-Unis en 1973. Deux cas spectaculaires attirent l'attention des médias, coup sur coup en octobre 1973 : d'abord l'incident survenu à un hélicoptère militaire, piloté par le capitaine Lawrence Coyne, apparemment « tracté » en plein vol par un ovni. Philip Klass s'est acharné à expliquer ce phénomène, en deux chapitres de son livre *UFO's. The Public Deceived,* mais la seule hypothèse qu'il a pu avancer paraît particulièrement tirée par les cheveux : il y aurait eu, dit-il, confusion avec une pluie de météorites (Orionides) ; une théorie réfutée à son tour par l'astronome Hynek, qui justement s'est prononcé publiquement à cette époque (en 1972) en faveur de l'existence des ovnis, tout en reconnaissant leur nature énigmatique, dans son livre *UFO's. A Scientific Inquiry (Les Objets volants non identifiés : mythe ou réalité ?)*. Ce livre est évidemment un tournant important dans l'histoire des ovnis. Puis c'est l'affaire de Pascagoula, petit port du Mississippi, où deux pêcheurs affirment avoir été enlevés à bord d'un ovni par deux entités étranges et terrifiantes, planant dans l'air ! Hynek enquête personnellement, se déclare favorablement sur l'authenticité de ces témoins, en état de choc, et son avis est rapporté dans la grande presse[65].

Désormais, Allen Hynek va s'investir de plus en plus dans l'étude des ovnis. En 1975, il écrit un livre de réflexion avec Jacques Vallée, et la participation d'un psychologue, le Dr Arthur Hastings : *The Edge of Reality,* dans lequel ils abordent la dimension étrange, et, pour tout dire, « paranormale » des ovnis. Il va ensuite faire le bilan de sa longue expérience à l'armée de l'air, dans *The Hynek UFO Report,* en 1977 (*Nouveau rapport sur les ovnis,* 1979), autre ouvrage important sur l'histoire des ovnis. Incidemment, c'est dans son premier livre, de 1972, que Hynek a posé sa classification des observations, dont le degré le plus « chaud » va devenir célèbre grâce au cinéaste Steven Spielberg : les *Rencontres du troisième type* (Hynek fait une apparition dans la scène finale du film). En 1973, Donald Keyhoe, directeur du NICAP, le plus important groupe de recherche privé de l'époque, publie un nouveau livre, *Aliens from Space. The*

Real Story of Unidentified Flying Objects, 1973 (*Les Étrangers de l'espace,* 1975), dans lequel il redouble ses attaques contre la politique de secret de l'armée de l'air et, chose nouvelle, de la CIA : il se trouve rapidement écarté de la direction de cet organisme, qui comptait justement dans son conseil d'administration pas mal d'anciens de l'armée et des services secrets ! Le NICAP n'y survivra pas et sera dissous peu après. Mais le flambeau est repris aussitôt par Hynek, qui crée la même année son propre organisme, le CUFOS, héritant des archives du NICAP.

En Europe, et particulièrement en France, la vague mondiale de 1972-1973 réveille l'opinion. Le journaliste Jean-Claude Bourret est convaincu par un cas spectaculaire, en novembre 1973, près de l'aéroport de Turin. Il présente à la radio une série d'émissions, et édite plusieurs livres qui vont avoir un retentissement considérable au cours des années 70. L'astrophysicien Pierre Guérin se prononce publiquement, à la télévision, en faisant découvrir au public français le livre d'Allen Hynek. Un morceau de bravoure de Bourret est son entretien avec le ministre de la Défense, Robert Galley, qui recommande un esprit ouvert sur le sujet : une attitude assez nouvelle après un quart de siècle, déjà, de démentis officiels américains, mais il ne fallait pas y voir plus que cela, a-t-il déclaré beaucoup plus tard, en 1992.

Ce renouveau d'intérêt pour les ovnis conduit le gouvernement à créer un organisme officiel d'enquêtes au sein du CNES (Centre National d'Études Spatiales), le GEPAN (Groupe d'Étude des Phénomènes Aérospatiaux Non identifiés), en 1977, confié à l'ingénieur Claude Poher. Celui-ci a déjà publié en 1976 des statistiques démontrant la *réalité* des phénomènes observés (c'est-à-dire indépendants du témoin[66]. Cependant, bizarrement, après ce démarrage en flèche, il va démissionner en 1978 et quitter complètement la recherche ufologique, laissant derrière lui un volumineux rapport qui, malgré l'approbation du conseil scientifique chargé de superviser les travaux, restera non publié. Selon le journaliste Robert Roussel, qui a suivi de près les tribulations de ce groupe d'étude, celui-ci a pu, malgré le départ de Poher, continuer à travailler, dans la discrétion, et il a même mené trois enquêtes concluant à la réalité des ovnis (notes 11, 16 et 17 du GEPAN), la plus importante étant l'atterrissage avec traces, à Trans-en-Provence en 1981, dont nous reparlerons. Selon Roussel, les enquêtes de gendarmerie, qu'il a pu également consulter pour cette période, et qui constituaient la matière première du GEPAN, ont été très peu exploitées. Le GEPAN s'est limité à dix-huit investigations, certaines portant sur des cas sans importance, faciles à élucider, alors que la gendarmerie a accumulé, de 1977 à 1983, 971 témoignages, dont certains étaient bien plus intéressants que ceux étudiés par le GEPAN ! Selon Jean-Pierre Petit, qui dévoile aussi de passionnantes informations dans son livre *Enquête sur les ovnis* (1990), le GEPAN fut pratiquement mis en sommeil dans les années 80. Cela a été attesté par l'un des membres du conseil scientifique. Christian Perrin de Brichambaut. Le conseil n'étant plus réuni, comme il devait l'être au moins une fois par an, celui-ci écrivit même plusieurs lettres, en 1987 et 1988, mais elles restèrent sans réponse. Puis, « En décembre 1988, le CNES prononça la dissolution du GEPAN. Dans le même temps, il créa un nouvel organisme appelé SEPRA (Service d'Expertise des Phénomènes de Rentrée Atmosphérique). Même personnel, mêmes locaux et même fonction. Mais, détail qui avait désormais son importance, ce SEPRA n'avait, de par son statut, plus à rendre compte devant un conseil scientifique, donc il n'était plus nécessaire de répondre à Perrin de Brichambaut et le tour était joué. »[67] Celui-ci a précisé lors d'un débat télévisé (21 janvier 1993) que le GEPAN avait cessé de se manifester un an après Trans-en-Provence (1981). Cette anecdote est à retenir en ce qu'elle fait apparaître l'existence d'une politique de secret en France, ou tout au moins de grande discrétion...

Les années 70 sont un tournant important, on l'a déjà vu, de la réflexion sur le « phénomène ovni ». L'hypothèse *classique* des visiteurs extraterrestres (HET), voyageant dans le cadre de la physique *connue,* semble de plus en plus incapable d'expliquer l'ensemble des observations, non seulement beaucoup trop nombreuses, comme l'avait souligné Carl Sagan au symposium de 1969, mais aussi beaucoup trop étranges. En plus des performances défiant la physique — accélérations foudroyantes, virages à angle droit —, il y a ces apparitions et disparitions « comme une lampe qu'on éteint », ces visions fantomatiques à moitié irréelles, changeant de forme devant des témoins sidérés. Pourtant, on relève bien des traces au sol, comme à Trans-en-Provence, mais malgré ces aspects tangibles, de nouvelles tendances se font jour parmi les ufologues. D'abord ceux qui n'y croient plus du tout et critiquent la crédibilité de tous les témoignages, rejoignant ainsi les rangs des sceptiques de toujours (en France : Monnerie, Barthel et Brucker). Ensuite ceux qui y voient des phénomènes psychosociologiques, comme Hilary Evans en Grande-Bretagne et Bertrand Méheust en France, ou encore « parapsychologiques », comme le Dr Scott Rogo et le psychologue Jon Klimo aux États-Unis. Un cas particulier est celui de Jacques Vallée, qui prône une doctrine assez ésotérique, rejetant l'hypothèse extraterrestre (HET), même « modernisée », et formant l'hypothèse d'une agence mystérieuse, d'une « force de contrôle » téléguidant les humains et située dans une « autre dimension ». Il va développer cette thèse à partir de 1975 (dans *Le Collège invisible* et plusieurs autres livres). Ces hypothèses seront d'ailleurs discutées dans le chapitre 6 de cet ouvrage, mais terminons d'abord ce petit historique en évoquant l'étape la plus récente, qui nous ramène, une fois encore, sur la scène américaine. Non qu'il ne se passe rien ailleurs, mais s'il fallait citer ici tous les cas importants et toutes les recherches, notamment en Europe, en Amérique du Sud, ou encore en Afrique, en Australie, au Moyen-Orient, une encyclopédie n'y suffirait pas : aucune région du monde n'a été exemptée de cette « maladie » des ovnis !

L'ufologie devient-elle une nouvelle branche de la psychologie ou de la parapsychologie ? Eh bien non, pas tout à fait encore, car il se produit alors un retournement de situation stupéfiant, essentiellement aux États-Unis, sur deux thèmes principaux. D'une part, resurgissent les vieilles histoires de soucoupes écrasées, avec en corollaire obligé la question du secret ; d'autre part se multiplient de manière de plus en plus spectaculaire les récits d'enlèvements, le plus souvent révélés sous hypnose par les témoins. Avant de détailler ces deux dossiers, soulignons qu'ils impliquent le retour sur le devant de la scène de l'hypothèse extraterrestre, même en y ajoutant des aspects de « superphysique » ou de « paraphysique ». C'est quand même un grand retour de la « soucoupe » des débuts héroïques, que l'on croyait quelque peu dépassée.

Cette nouvelle étape s'est beaucoup appuyée sur la fameuse loi de 1975, sur la liberté de l'information *(Freedom of Information Act),* faisant obligation à toutes les administrations américaines de communiquer sur demande tout document n'étant pas couvert par le secret ou par la protection des personnes. Les chercheurs s'en sont donné à cœur joie, et ce sont des milliers de pages sur les ovnis qui sont ainsi remontées à la surface en quelques années. Sans rien révéler, cependant, de décisif sur de sombres mystères, comme on pouvait s'en douter, ce que n'a pas manqué de noter Philip Klass sur le thème : « il n'y a rien, je vous l'avais bien dit » *(UFO's. The Public Deceived)*. D'autres auteurs, en revanche, ont fait une analyse différente, car tous ces documents ont bien démontré au moins une chose, l'existence d'une politique de secret appliquée avec constance par toutes les agences gouvernementales au sujet des ovnis. C'est ce qu'établit le livre *Clear Intent* (1984) de Barry Greenwood et Lawrence Fawcett. Philip Klass reconnaît qu'il y a bien eu une politique de secret, mais c'était selon lui dans le but d'éviter la panique et ne pas mettre en difficulté la surveillance et les communications militaires en pleine guerre froide. Mais que dire, par exemple, de cette fameuse lettre secrète du général Twining, décrivant dès septembre 1947 l'aspect et les évolutions des soucoupes volantes avec précision ? Cette lettre, qui a été divulguée en 1985 en application du *Freedom of Information Act* (FOIA), était déjà évoquée par Hynek en 1977[68], mais Klass, pourtant très au courant des dossiers confidentiels comme on l'a vu, n'en souffle pas un mot dans son livre *UFO's. The Public Deceived,* publié en 1983.

Tout cela nous amène à une question essentielle : qu'a donc voulu cacher le gouvernement américain, pendant si longtemps, s'il ne s'agissait que de rumeurs sans fondement ? Nous allons creuser cet intéressant sujet, ainsi que le très mystérieux dossier des enlèvements. Et, pour conclure ce bref historique, remarquons que s'est reformée dans les années 80 une école de partisans de l'hypothèse extraterrestre (HET), avec des ET et des moyens de transport réels, quel que soit leur fonctionnement, ce qui a entraîné une sorte de scission dans le monde de l'ufologie, les Européens restant plutôt attachés à des interprétations d'ordre psychique. Un chercheur américain du MUFON (*Mutual UFO Network*, réseau privé d'enquêteurs) Jerome Clark, a expliqué comment il avait lui-même changé d'avis en faveur de l'HET, après avoir été un adepte convaincu de cette « nouvelle ufologie », soutenue notamment par des chercheurs anglais dans la *Flying Saucer Review*[69]. Jacques Vallée, au contraire, a vivement critiqué ce qu'il considère comme un recul de la recherche ufologique. Ce qui nous ramène à notre problème initial : les ovnis existent-ils, oui ou non ? Y a-t-il des dossiers solides ? Oui, ont affirmé des scientifiques au premier plan de la recherche, comme Hynek et McDonald, et soutiennent aujourd'hui des scientifiques comme les astronomes français Guérin, Ribes et Monnet, tout en admettant qu'il n'y a pas de preuve publique « définitive » sur cette existence. Rappelons ci-après quelques cas sérieux.

Quelques cas sérieux, anciens et nouveaux

Lorsque l'on consulte les ouvrages de qualité (ils sont assez nombreux) et les revues dignes de foi (il y en a aussi) qui présentent des études d'observations d'ovnis, on est d'abord perdu devant la quantité colossale de manifestations accumulées depuis bientôt un demi-siècle. Mais compte tenu de toute la discussion qui précède, peut-on se faire une opinion sur l'existence des ovnis ? En termes purement judiciaires, il y a assez de témoignages pour faire condamner des milliers de suspects, mais s'agissant d'une hypothèse exceptionnelle, il faut des preuves totalement irréfutables, or ce n'est pas (pas encore ?) le cas. Pourtant, un minimum d'objectivité conduit à admettre qu'un nombre non négligeable d'observations ressemblent fortement à des événements irrécusables, pour autant qu'on puisse être sûr de quoi que ce soit en ce monde ! Il y a déjà longtemps que le professeur McDonald, par exemple, et l'astronome Hynek, ont analysé des faits extrêmement solides ; même la commission Condon a dû baisser les bras devant plusieurs d'entre eux. Rappelons donc quelques-uns de ces cas « historiques », et les débats qu'ils ont suscités à l'époque.

a) Les premières polémiques entre experts

Qu'est-ce qui conduisit un professeur respecté comme James McDonald, doyen de son université et spécialiste de physique de l'atmosphère, à se lancer en 1966 dans l'arène risquée des ovnis ? Il le déclare lui-même, dans l'étude qu'il présenta dès l'année suivante à Washington, à la réunion annuelle de la Société Américaine des Directeurs de Journaux, et intitulée *Objets volants non identifiés. Le plus grand problème scientifique de notre temps ?* (dont la traduction française fut publiée en 1969 par le GEPA, Groupe d'Études des Phénomènes Aériens, aujourd'hui dissous. Il est regrettable que ce document remarquable soit évidemment difficile à se procurer après tant d'années).

McDonald fut impressionné par le cas qu'il cite en premier dans son étude, survenu en avril 1966 dans le Comté de Portage, Ohio. Deux agents de police, Dale Spaur et W. L. Neff, virent soudain, à 5 heures du matin, un grand objet lumineux aérien qui vint planer au-dessus d'eux puis s'éloigna. « Alors commença une singulière poursuite qui, s'étendant sur plus de 70 miles (plus de 110 km) et durant près d'une heure et demie, finit par faire sortir les policiers de l'État d'Ohio. »[70] Deux autres officiers de police participèrent à la poursuite en Pennsylvanie. Le NICAP fit un rapport très détaillé, de 125 pages, et McDonald interrogea lui-même trois des policiers. En revanche, l'enquête de la commission *Livre bleu* fut réduite à sa plus simple expression : un coup de téléphone au policier Spaur, ce que confirme Hynek, qui était alors conseiller scientifique de la commission, dans son premier livre : « On se contenta d'interroger un seul témoin, Spaur, par téléphone, et la conversation, qui dura deux minutes et demie, débuta, selon Spaur, par ces mots : “ Parlez-moi donc de votre mirage ” *(Tell me about this mirage you saw)* »[71]. Selon McDonald, le major Quintanilla, chef de *Blue Book,* qui appelait Spaur, chercha à le convaincre « qu'il avait vu passer le satellite Écho et qu'ensuite il avait porté son attention sur la planète Vénus qui se levait alors au sud-est ». Précisons que les policiers avaient estimé la taille de l'objet à environ 12 m de diamètre. C'est un compte rendu détaillé dans la presse locale qui conduisit a une requête du député de l'Ohio au Congrès pour qu'un enquêteur vienne sur place. Malgré cela, dit McDonald : « L'explication Vénus-Écho reste encore l'explication officielle de *Blue Book* pour ce cas, en dépit des efforts du NICAP, du Dr J. A. Hynek, du *Record Courier* et de moi-même pour en obtenir la révision. » En fait, ajoute McDonald, le troisième officier, Huston, avait vu venir l'objet du sud-ouest et non du sud-est ; on sait aussi que les satellites traversent le ciel en quelques minutes. McDonald se vit refuser l'examen complet du dossier à *Blue Book,* et commença alors à formuler des critiques publiques et mordantes contre les investigations de l'US Air Force. Quant aux officiers de police, ils « durent subir le choc que leur valurent le ridicule et les pressions dont ils furent l'objet »[72]. Hynek note pour sa part qu'il ne fut même pas consulté pour l'identification « satellite et Vénus ». On pourrait encore rire de cette parodie d'enquête, si elle n'avait pas causé de tort aux témoins. Or, raconte Hynek, la vie du témoin principal, Dale Spaur, fut détruite : « L'opinion publique en conclut qu'il s'agissait d'un officier frappé de déséquilibre mental et victime d'une hallucination. L'entretien Quintanilla-Spaur le laisse d'ailleurs clairement entendre. Spaur devint alors la risée de tous, et la publicité qui l'entoura se révéla désastreuse. La combinaison de tous ces événements brisa son foyer — sa femme le quitta —, démolit sa carrière et sa santé. Il n'appartient plus aux forces de police et subsiste grâce à de petits travaux »[73]. Selon Evry Schatzman, une enquête « approfondie » de Robert Sheaffer a ensuite confirmé la confusion avec Vénus[74]...

Qu'est-ce qu'un cas solide et irréfutable ? On vient de voir de quelle manière fut réfuté le *témoignage convergeant de plusieurs officiers de police.* L'astronome Donald Menzel a donné son point de vue là-dessus : « Si la littérature sur les apparitions d'ovnis vous paraît volumineuse, vous devriez consulter les archives de sorcellerie et d'histoires diaboliques. Nous y trouvons sans cesse des témoignages sous serment de témoins dignes de confiance, déclarant qu'ils ont reconnu une certaine personne comme étant le Diable déguisé, car il n'avait pas réussi à cacher ses pieds fourchus ou parce que sa queue fourchue dépassait de son pantalon... Les histoires de serpents de mer, de dragons et d'autres monstres font partie de notre héritage, mais cela ne signifie pas nécessairement qu'elles sont vraies. »[75] Incidemment, Menzel se vante d'avoir été le premier à faire le rapprochement entre les manifestations d'ovnis et les visions bibliques célèbres, de Moïse, Élie, Ézéchiel, qu'il s'est d'ailleurs attaché à « expliquer » scientifiquement, tout comme les apparitions d'ovnis. Il traite cette question dans son intervention au congrès scientifique de

1969, sous la rubrique « Les soucoupes volantes et la Bible », et fait appel là aussi à des phénomènes rares comme la « parhélie », effet optique causé par le passage de la lumière solaire à travers une couche mince de cristaux de glace, se trouvant généralement dans des cirrus, et formant une couronne de lumière qui encercle le Soleil : « J'ai souligné que deux fameuses visions du prophète Ézéchiel, relatées par lui dans les chapitres 1 et 10 du livre d'Ézéchiel, étaient en fait des descriptions singulièrement exactes *(singularly accurate)*, bien qu'en langage symbolique et pictural, d'un phénomène bien connu des météorologistes, dont le nom technique est la " parhélie " »[76]. Puisque le texte de la Bible est très accessible et que Menzel nous y invite, relisons-le. Voici pour le chapitre 1 : « Je regardai : c'était un vent de tempête soufflant du nord, un gros nuage, un feu jaillissant, avec une lueur autour, et au centre comme l'éclat du vermeil au milieu du feu » (Ez, 1, *4*). Voilà comment on transforme une tempête venant du nord en parhélie du Soleil derrière un cirrus. Depuis quand voit-on le Soleil au nord ? Chacun appréciera la description « singulièrement exacte » de cette parhélie. Quant à la deuxième vision d'Ézéchiel, elle ne peut en aucune manière correspondre à une parhélie car la vision de la nuée se situe... à l'intérieur du Temple : « Les chérubins se tenaient à droite du Temple lorsque l'homme y entra, et la nuée emplissait le parvis intérieur. La gloire de Yahvé s'éleva de dessus le chérubin vers le seuil du Temple, le Temple fut rempli de la nuée et le parvis fut rempli de la lueur de la gloire de Yahvé » (Ez, 10, *3* et *4*). Quelle belle parhélie ! Voilà qui nous met en confiance pour écouter les explications scientifiques de Donald Menzel sur les ovnis. Concédons-lui cependant un point important : de simples témoignages, aussi nombreux et aussi dignes de confiance qu'ils puissent être, ne constitueront jamais une preuve absolue sur l'existence d'un phénomène aussi extraordinaire que les ovnis.

Après ce qui précède, on ne sera déjà plus surpris de la « perplexité » du professeur McDonald au sujet du Dr Menzel : « Ma perplexité découle de ma constatation du fait que les connaissances du Dr Menzel en physique et en astronomie sont bien prouvées, dans ces domaines, par nombre de textes dont il est l'auteur et par les nombreuses références qui y sont faites. En dépit de ces connaissances, quand il en vient à analyser les rapports sur les UFO's, il semble tranquillement mettre de côté, presque avec désinvolture, des principes scientifiques bien connus, dans un suprême effort pour se donner la certitude qu'aucun rapport sur les UFO's ne survivra à ses attaques. » Toujours selon McDonald qui, rappelons-le, était professeur renommé de physique atmosphérique, Menzel « saute à pieds joints par-dessus les considérations optiques élémentaires qui régissent des phénomènes tels que mirages et réflexions de la lumière »[77].

Comme le Dr Menzel n'avait pas la langue dans sa poche lui non plus, une vive polémique s'engagea entre les deux hommes, qui est manifeste dans le compte rendu du symposium de 1969, *UfO's. A scientific Debate.* McDonald n'hésite pas à rouvrir des dossiers déjà anciens, comme le fameux « carrousel » de Washington de 1952, et c'est l'occasion d'une belle empoignade. McDonald, après enquête auprès de plusieurs témoins et étude des données enregistrées par des radiosondes sur l'état de l'atmosphère, met en doute l'explication officielle par des inversions de température : « J'ai examiné les données fournies par les radiosondages pour les deux nuits, j'ai calculé les gradiants des indices de réfraction et j'ai découvert, après avoir tenu compte des effets de traînée dans les radiosondes, que les retours radar n'avaient pu avoir lieu. La suggestion qu'une inversion de température du genre de celle que font apparaître les données fournies par les radiosondages pour cette nuit-là, à Washington, ait pu provoquer les effets rapportés est *absolument absurde.* »[78] Dans le livre du symposium, on trouve la réponse de Menzel : « Les données de base, consistant dans les rapports d'observateurs, obtenus dans des conditions de panique, sont clairement à mettre en doute. Ceux qui ont fait ces rapports étaient très partiaux *(highly biased)* parce qu'ils voulaient justifier leurs premières conclusions. Les seules données solides sur la question sont les mesures des radiosondes en plusieurs points isolés. Que sait McDonald sur les conditions générales de propagation dans la région entière de Washington ? Rien du tout ! » Il y a là, objectivement, une attitude insolite de Menzel car il raconte d'autre part qu'il fit *tout de suite* un communiqué de presse : « Au milieu de cette confusion, je communiquai une déclaration aux journaux. J'attribuai la cause à une forme de propagation anormale, peut-être pas complètement comprise, mais il n'y avait aucune raison de s'inquiéter. »[79] Comment pouvait-il se prononcer aussi rapidement ? Et pourquoi les contrôleurs aériens de la région, parmi les plus expérimentés de la profession, avaient-ils cédé à la panique, pendant deux nuits à sept jours d'intervalle ? Une chose est certaine : il y avait urgence à rassurer tout le monde !

Une autre évidence s'impose : le professeur McDonald, après trois années d'enquêtes personnelles, de 1966 à 1969, dont des entretiens avec plus de cinq cents témoins[80], était devenu un contradicteur redoutable des investigations officielles et de leurs soutiens habituels comme le Dr Menzel. Que pensait, au fait, l'astronome conseiller des enquêtes officielles, Allen Hynek, de ce travail de Donald Menzel ? Il le dit très clairement dans son premier livre *The UFO Experience. A Scientific Inquiry (Les Objets non identifiés : mythe ou réalité ?) :* « Il proclama bruyamment l'absurdité des UFO et défendit avec une vigueur particulière la " théorie du mirage ". Il attribua des propriétés aux mirages, et des propriétés de mirages aux UFO, dont il a été montré depuis qu'elles étaient indéfendables même par l'Air Force elle-même. »[81] En réalité, s'il faut revenir encore sur ces débats anciens et qui paraissent vraiment dépassés, c'est qu'ils ne le sont pas pour tout le monde : les opinions de Menzel sont encore citées en référence aujourd'hui par l'astrophysicien Evry Schatzman (*Ciel et Espace,* avril 1992).

Voici un cas, très connu des amateurs, qui a confronté cette fois Menzel et Hynek : le cas de Boainai en Papouasie, Nouvelle-Guinée, les 26 et 27 juin 1959. Hynek classe le cas, dans son premier livre, parmi les fameuses « rencontres rapprochées du troisième type », alors que Menzel propose comme explication une confusion avec la planète Vénus !... Selon Hynek : « Le pivot de l'observation fut le révérend William Bruce Gill, prêtre anglican diplômé de l'Université de Brisbane, et elle eut pour théâtre la mission qu'il dirigeait à Boainai, en Papouasie, Nouvelle-Guinée. J'en eus connaissance de façon détaillée en 1961, alors que je me trouvais en mission officielle, pour le compte du *Livre bleu,* auprès du ministère de l'Air britannique. »[82] Ce prêtre observa deux soirs de suite plusieurs ovnis en vol stationnaire, avec une trentaine d'autres personnes, dont six étaient des enseignants, qui signèrent une déposition écrite. Cette attestation n'a pas été mise en doute par Menzel, qui l'analyse dans sa communication au symposium de 1969 *(UFO's. A Scientific Debate).*

Or, il est tout à fait étrange et même un peu absurde, puisque les témoins prétendent avoir communiqué avec des êtres se trouvant sur le dessus d'un des ovnis, en faisant des signaux avec les bras, auxquels ils répondirent ! Le révérend Gill put même calculer la taille de l'appareil en supposant que les êtres étaient de stature comparable à la nôtre : Le « pont » supérieur devait avoir, selon lui, environ 20 pieds de diamètre, et celui de dessous environ 35 pieds. Il pouvait se situer à une altitude variant de 450 pieds à 2500 pieds. Menzel, qui cite cette déclaration, ne met pas en doute sa sincérité, mais il en conteste la précision en notant que le prêtre cessa son observation au bout d'une demi-heure pour aller dîner, ce qui semblait indiquer une assez faible curiosité (autrement dit, avait-il bien observé ?). Mais, *dans la même page,* Menzel récuse la validité des autres témoins car ils étaient sans doute sous l'influence du révérend, « terriblement excité » *(Here was the Reverend, tremendously excited about something)* [83]. Il faut choisir : était-il indifférent ou fasciné ? Quoi qu'il en soit, il possédait sans doute une mauvaise vue, car la seule explication plausible est une confusion avec la planète Vénus, laquelle « devait » se trouver à peu près part là, et que d'ailleurs le père Gill omet de signaler. Voici ce qu'en dit Hynek, qui rendit visite sur place au père Gill : « L'éminent professeur a malheureusement négligé de prendre en compte les trois points suivants : l'UFO, à diverses reprises, a été observé sous la couverture de nuages ; le révérend Gill a bel et bien repéré et montré Vénus à ses compagnons ; ce dernier portait, au moment de l'événement, ses lunettes, et ses verres étaient correctement adaptés à sa vue. » Il reste à déchiffrer la signification de cette histoire bizarre qui fait penser, une fois de plus, à une mise en scène savante. Qui sont les producteurs de ce genre de spectacle, et à quoi jouent-ils avec nous ?

b) McDonald critique le « rapport Condon »

Citons maintenant quelques dossiers examinés par la fameuse commission Condon de l'Université du Colorado, dont Hynek et McDonald soulignent d'ailleurs qu'elle dut en classer dans le rayon « inexpliqué » une bonne trentaine sur environ quatre-vingt-dix étudiés, ce qui constitue quand même beaucoup, d'autant plus, disent-ils, que plusieurs étaient faciles à écarter et n'auraient même pas dû être sélectionnés.

L'un des plus célèbres est celui de la base aérienne de Lakenheath, en Angleterre, dans la nuit du 13 au 14 août 1956. Le cas est résumé ainsi par McDonald dans sa communication au symposium de 1969 : « Des objets non identifiés sont observés par des personnels de l'USAF et de la RAF pendant une période de cinq heures, et comportant des observations par radar au sol, radar aéroporté, visuelles au sol et d'avion, d'objets manœuvrant de manière non conventionnelle à grande vitesse, à proximité de deux bases RAF pendant la nuit. C'est le cas n° 2 du rapport Condon, et il est concédé comme inexpliqué. »[84] McDonald se livre à une analyse très détaillée, sur plus de vingt pages, à partir du rapport Condon et du dossier de *Blue Book*. Il signale d'ailleurs que, sur la copie du dossier de *Blue Book* qu'il a obtenue, tous les noms des témoins étaient effacés, lui rendant ainsi très délicat tout complément d'enquête. Nous rencontrons ici encore ce problème du secret dont il va bien falloir reparler. À ce sujet, le responsable de l'étude du cas par la commission Condon, Gordon Thayer, avait été informé de ce dossier exceptionnel, non pas par la commission *Blue Book,* mais par un rapport indépendant établi plus tard par le chef de quart de nuit à la base de Lakenheath, plus détaillé que le dossier *Blue Book*.

La synthèse présentée par McDonald au symposium de 1969 est impressionnante, comportant notamment les faits suivants :

— Au moins trois observations au sol d'une cible non identifiée, volant pendant des dizaines de miles à plus de Mach 3 (trois fois la vitesse du son), vitesse trop rapide pour un avion mais trop lente pour un météore.

— Une autre fois, une douzaine de cibles volant à faible vitesse (environ 100 mph — miles/heure) en formation, menées par trois cibles étroitement rapprochées, pendant environ 50 miles, après quoi elles se sont fondues en une seule cible, restant immobile pendant 10 à 15 minutes puis ont disparu de l'écran. Selon McDonald, le rapport Condon omet ces deux premiers points, et il se demande pourquoi.

— Plusieurs autres éléments d'examen comprennent des observations à la fois radar et visuelles d'une « source lumineuse à grande vitesse », vue notamment par un pilote *sous* son avion. Vitesse évaluée par le radar dans une fourchette de 2000 à 4000 mph, à une altitude inférieure à 4000 pieds (altitude de l'avion), et sans bang sonique. On remarque également, du sol, les déplacements de plusieurs objets lumineux comportant des arrêts et des changements de direction brutaux. On aperçoit aussi deux objets lumineux se fondre en un seul, des radars mesurent des accélérations « instantanées » jusqu'à Mach 1 à partir d'une position immobile. Une observation, souligne McDonald, qui ne correspond à aucune anomalie de propagation électronique.

— Une autre appréciation importante est celle d'un pilote qui a vu en vol une cible lumineuse non identifiée, en même temps qu'une détection par son radar de nez, et en même temps qu'une détection par radar au sol.

— Une autre fois est observée la disparition simultanée, radar et visuelle, d'un ovni.

— Enfin, observation la plus remarquable, un intercepteur qui a tenté de se rapprocher d'une cible, repérée à la fois par radar au sol et par son radar de nez, s'est retrouvé rapidement dans la position du chasseur chassé, l'objet inconnu s'étant placé dans sa queue, bien repéré par le radar au sol. Le pilote a essayé sans succès, pendant plusieurs minutes, de se dégager !

McDonald commente ainsi ce cas : « Je crois que cette séquence d'événements bizarres, impliquant un si grand nombre d'observateurs, tant de moyens distincts d'observation, et montrant des capacités si peu conventionnelles, aurait dû conduire à une enquête intensive de l'armée de l'air. Mais je devrais dire aussi précisément la même chose de douzaines d'autres incidents inexplicables d'ovnis où se trouve impliquée l'armée de l'air et rapportés dans *Blue Book* depuis 1947. »[85]

Que pensent les détracteurs habituels, Menzel et Klass, de cet incident exceptionnel de Lakenheath ? Pour sa part, Menzel ne le cite pas, dans son livre de 1963 *(The World of Flying Saucers),* alors qu'il y présente plus de cent trente cas. Philip Klass, en revanche, est très prolixe dans son livre *UFO's Explained* (1974), et l'on peut dire qu'il fait feu de tout bois. Soulignons d'ailleurs qu'il est plus royaliste que le roi, puisqu'il critique la commission Condon, reprochant à Gordon

Thayer de s'être plus fié au rapport indépendant du contrôleur aérien qu'au dossier militaire de *Blue Book.* Klass évoque d'abord les averses de météorites des Perséides, classiques à la mi-août, puis la planète Mars, puis le fait que deux chasseurs T 33 envoyés en reconnaissance n'avaient rien vu, puis les fameuses anomalies de propagation des ondes radar, sans oublier le fonctionnement imparfait des radars de l'époque.

Quant à l'incident du chasseur se retrouvant chassé, avait-il bien vu sa cible sur le radar de bord (peut-être n'avait-il pas de radariste avec lui, comme il aurait dû) ? Ensuite, l'ovni s'est placé si vite dans sa queue qu'il n'a rien vu : c'est le radar au sol qui lui a signalé la manœuvre de l'ovni, mais ce radar avait un balayage trop lent pour distinguer la prétendue manœuvre de l'ovni. Le pilote l'a bien vu ensuite dans sa queue, mais il l'a peut-être confondu avec une étoile, car sa vision vers l'arrière n'était pas parfaite sur ce modèle d'avion[86]. Des précisions sont utiles ici pour apprécier ces critiques : le pilote a déclaré que c'était la cible la plus claire qu'il ait jamais vue sur son radar ; il a tenté pendant dix minutes toutes les manœuvres possibles pour se débarrasser de l'ovni, manœuvres suivies par le radar au sol qui a clairement distingué les deux cibles, très rapprochées, l'ovni étant à une distance estimée de 60 à 180 m[87].

Dans son rapport au symposium de 1969, le professeur McDonald présentait en détail quatre cas, dont deux classés inexpliqués par la commission Condon — Lakenheath, et le dossier du bombardier RB 47, non moins célèbre, que nous allons évoquer ci-après — et deux autres cas dont il contestait l'explication fournie par le rapport Condon, sur deux bases aériennes militaires américaines, l'une à Haneda au Japon, et l'autre à Kirtland, Nouveau-Mexique : cette dernière va être également exposée brièvement ici.

L'incident du bombardier RB 47, survenu le 17 juillet 1957, est résumé ainsi par McDonald : « Un RB 47 de l'Air Force, équipé d'un appareil ECM de contre-mesures électroniques, avec un équipage de six officiers, a été suivi sur une distance de plus de 700 miles et pendant une heure et demie, pendant qu'il volait depuis le Mississippi, à travers la Louisiane, le Texas et l'Oklahoma. L'objet a été repéré visuellement plusieurs fois par l'équipe du cockpit, comme une lumière d'une intense luminosité, a été suivi par radar au sol, et détecté par l'équipement ECM à bord du RB 47. Particulièrement intéressants dans ce cas sont plusieurs exemples d'apparition et de disparition simultanée des trois " canaux " physiquement distincts, et une rapidité de manœuvres jamais expérimentée par l'équipage auparavant. »[88] Selon McDonald, qui commente les dossiers de *Blue Book* et de Condon, une évaluation initiale par la branche électronique de la base de Wright-Patterson signale une particularité de ce rapport, à savoir que le matériel du RB 47 a enregistré des signaux radar émanant probablement de l' « objet » *(presumably emanating from the « object »).* Ces signaux interceptés ont pourtant toutes les caractéristiques d'un équipement de radar au sol. McDonald a pu compléter, là aussi, le dossier de Condon en consultant le rapport de l'armée de l'air de 1957 que la commission Condon n'avait pu obtenir (après avoir appris l'existence de cette histoire presque par hasard), et en interrogeant les six membres de l'équipage alors que la commission Condon n'en avait interrogé que trois : le professeur James McDonald n'était pas homme à faire les choses à moitié ! Deux membres de l'équipage lui ont ainsi décrit en détail comment ils furent approchés par cette lumière d'un blanc-bleu intense, sans feux de navigation, qui se rapprocha si rapidement que le pilote dut prévenir par l'intercom les autres membres de l'équipage de s'attendre à une manœuvre soudaine d'évasion. Mais avant qu'ils aient pu la tenter, ils virent la lumière brillante changer presque instantanément de direction et traverser comme une flèche leur trajectoire de vol, à une vitesse angulaire que le pilote avoua n'avoir jamais rencontrée pendant ses vingt ans de carrière, ni avant ni après l'incident[89].

L'appareillage de détection du RB 47 put mesurer la fréquence du faisceau émis par l'ovni, fréquence pulsée de 2800 mégahertz. Or, selon le physicien Jean-Pierre Petit, qui a étudié le cas dans un texte publié par la revue *Astronautics and Aeronautics* (juillet 1971), ce « rapport précisait que celui-ci (l'ovni) émettait des impulsions, des trains d'ondes haute fréquence, d'une durée d'une micro-seconde toutes les milli-secondes. Ces impulsions électromagnétiques correspondaient à une fréquence de 2900 mégahertz, soit 2,9 milliards de cycles par seconde, ce qui situait la longueur d'onde dans la game décimétrique, tout à fait courante pour les radars »[90]. Donc, nous avons des témoignages et rapports concordants. Mais ce qui intriguait fortement Jean-Pierre Petit, dans son livre *Enquête sur les ovnis* (1990), c'est que cette émission correspondrait très bien au fonctionnement d'un « aérodyne MHD », (magnétohydrodynamique : système de propulsion électrique en ionisant l'air autour de l'appareil)... Le lecteur intéressé par plus de détails peut se reporter, bien sûr, à ce livre fort bien documenté.

Voici un autre incident remarquable, et qui s'est passé sur la base aérienne de Kirtland, Nouveau-Mexique, en 1957. Deux opérateurs de la tour de contrôle observent un objet lumineux en forme d'œuf qui descend et traverse obliquement la zone d'atterrissage, reste en vol stationnaire près du sol pendant des dizaines de secondes, puis grimpe à une vitesse sans précédent jusqu'à la couverture nuageuse. Il est suivi au radar pendant quelques miles et quelques minutes, après quoi il revient vers le terrain pour suivre un avion militaire quittant Kirtland. Selon l'armée de l'air, il s'agissait sans doute d'un avion privé, petit mais puissant, sans plan de vol, qui s'était perdu et a tenté d'atterrir sur le mauvais aéroport ; explication acceptée par la commission Condon. Ce cas est à retenir car il décrit un mécanisme psychologique classique dans ces affaires d'ovnis, comme le commentent McDonald et Hynek : ce ne pouvait être qu'un avion, puisque tout le monde sait que les ovnis n'existent pas : « Les observateurs étaient sûrs, l'opérateur radar était compétent, et l'objet ne pouvait pas être identifié : donc c'était un *avion*. »[91] McDonald a réussi à retrouver les opérateurs de la tour de contrôle (difficilement car leurs noms ne figuraient pas dans le rapport Condon). Ceux-ci lui ont affirmé, d'une part qu'ils n'avaient *jamais été contactés* par la commission Condon, et d'autre part que l'objet observé était si différent d'un avion que l'explication avancée était pour eux « très amusante »[92].

c) Rencontres rapprochées

Avançons d'un cran dans notre exploration pour évoquer ce que l'astronome Hynek nommait des « rencontres rapprochées du deuxième type », celles qui laissent une trace visible ou produisent des effets concrets sur les témoins. Voici deux exemples avec effets électromagnétiques, sur radios et moteurs de véhicules :

— Red Bluff, Californie, 1960. Dans cette observation très rapprochée d'un ovni par deux policiers, étudiées par McDonald, leur radio a été parasitée et rendue inutilisable : « Il vint silencieusement vers eux jusqu'à ce que, comme me l'a dit l'officier de police Carson, “ il fut facilement à portée de revolver ”. Ils avaient leurs revolvers prêts et discutaient pour savoir s'ils allaient tirer, lorsqu'il stoppa. Leurs tentatives pour appeler par radio le plus proche bureau d'ordres de mission échoua en raison de forts parasites, un phénomène qui se reproduisit chaque fois que l'objet se rapprocha d'eux pendant le reste de cette observation qui dura deux heures. À chaque extrémité de l'objet, d'énormes phares brillants balayaient le secteur. Carson m'a déclaré qu'un des phares avait environ 6 pieds (1,80 m) de diamètre. On pouvait également distinguer sur l'objet d'autres feux plus petits. Après quelques premières minutes de vol stationnaire à seulement 100 ou 200 pieds d'eux (30 à 60 m) et à une hauteur du même ordre au-dessus du sol, l'objet se mit en mouvement vers l'est en s'éloignant d'eux. » McDonald avance ensuite que l'incident est trop compliqué pour l'exposer complètement, mais souligne « qu'un certain nombre de témoins confirmèrent, de certains points d'observation situés dans le Comté, l'existence de l'objet, et qu'un appel à l'unité radar de l'U.S. Air Force apporta aussi la confirmation que les opérateurs suivaient un objet inconnu se déplaçant de la manière rapportée par Carson et Scott ». Explication de *Blue Book,* quelques jours plus tard : « Réfraction de la planète Mars et des deux brillantes étoiles Aldébaran et Bételgeuse. » Mais, manque de chance, un conseiller en astronomie du NICAP découvrit qu'aucun de ces trois objets célestes n'était dans le ciel de Californie à ce moment-là. *Blue Book* modifia alors son commentaire, parlant de Mars et Capella, interprétation approuvée ensuite par Menzel (Réf. 9, p. 254, dans son livre *The World of Flying Saucers,* 1963). McDonald conclut ainsi son étude en 1967 : « Lorsque j'ai parlé avec Carson il y a quelques mois, je l'ai trouvé encore profondément impressionné par cet incident plus de six ans après qu'il fut survenu. “ Je n'ai jamais rien vu de semblable, auparavant ou depuis ”, a-t-il souligné. »[93] Allen Hynek, dans son *Nouveau rapport sur les ovnis* (*The Hynek UFO Report,* 1977), reproduit une longue lettre de cet officier de police à son commandant, qui recoupe exactement la description de McDonald. Et Hynek de conclure que le cas est encore « une illustration parfaite du théorème “ cela ne peut exister, donc cela n'existe pas ” »[94]. Voici un second « classique », avec effet sur véhicules.

— Levelland, Texas, 1957. Selon McDonald, pendant deux heures, dans la nuit du 2 au 3 novembre 1957, « dix témoins indépendants observèrent un grand objet lumineux en forme d'œuf qui plana au-dessus des champs ou des routes et provoqua une panne d'allumage des moteurs de 8 ou 9 véhicules ». McDonald fustige au passage l'explication de Menzel, « pour qui les objets, estimés par divers témoins d'une longueur de 100 à 200 pieds, n'étaient que de la “ foudre en boule ”. Et que les voitures stoppèrent parce que leurs circuits d'allumage furent mouillés. Le fait que les moteurs purent être remis en marche dès que l'objet fut parti comme une flèche serait naturellement tout à fait incompatible avec l'hypothèse de circuits d'allumage mouillés, mais il n'est pas tenu compte de cette indication, qui figure dans les rapports ; ni même, ce qui est pire, des données météorologiques réelles pour la nuit et le lieu en question »[95]. Hynek présente longuement ce dossier, en s'appuyant sur une enquête indépendante qu'il qualifie de compétente, et il confirme pleinement l'analyse de McDonald. Il cite par exemple l'un des témoignages recueillis par l'agent Fowler : « L'homme dit à Fowler que le moteur de son véhicule et les phares avaient soudain flanché alors qu'il se trouvait à moins de 60 m d'un objet lumineux ovoïde. Il indiqua que celui-ci brillait par intervalles, comme une enseigne au néon, et qu'il avait environ 60 m de long. Il précisa aussi que, comme il descendait de son véhicule, l'UFO était parti en flèche avec un grondement et qu'il avait disparu comme un éclair. » Selon Fowler, qui reçut une quinzaine d'appels dans la nuit, les gens étaient « particulièrement nerveux » (on les comprend). Était-ce une vague d'hystérie collective ? On voit mal, souligne Hynek, comment elle aurait pu couper l'allumage des voitures et éteindre les phares et les radios. Hynek n'avait pu enquêter lui-même, étant entièrement absorbé par le repérage du premier satellite soviétique, le fameux Spoutnik, dont il avait été chargé, et il se rangea à l'interprétation de *Blue Book* : « Je ne reconnais pas sans honte aujourd'hui que je m'empressai de souscrire à l'estimation du capitaine Gregory (le responsable de *Blue*

Book) : “ éclair en boule ”, sur la base d’informations indiquant qu’un orage se déployait au moment de l’observation dans la région de Levelland. Il se révéla en effet que tel n’avait pas été le cas. La météo indiqua qu’il y avait eu un temps couvert et du crachin, mais pas d’éclairs. Au surplus, si j’y avais seulement un peu réfléchi, j’aurais vite réalisé que les éclairs en boule n’ont pas la réputation d’arrêter les moteurs de voiture et d’éteindre les phares. »[96] Incidemment, Philip Klass crut pouvoir expliquer les ovnis, en 1966, dans un article de la revue *Aviation Week,* comme des boules de plasma, mais cette théorie a été réfutée depuis longtemps.

Ces histoires avec effets sur les véhicules sont multiples. Richard Hall, ufologue très compétent et ancien du NICAP, présente 53 cas de cette sorte dans son livre *Uninvited Guests* (1988). Il y a aussi de nombreux cas avec effets physiologiques sur les témoins. Certains de ces incidents sont même dramatiques, avec brûlure ou irradiation des témoins ; il y aurait même des cas mortels, notamment en Amérique du Sud. Limitons-nous à quelques exemples particulièrement fiables, cautionnés par des sources solides.

Le cas du Canadien Stephen Michalak, qui subit des brûlures à la poitrine en s’approchant d’un ovni posé au sol, est reconnu par beaucoup d’auteurs : il est même mis en avant dans le livre très prudent de Janet et Colin Bord, *Life Beyond Planet Earth ?* Michalak était un prospecteur amateur de minerais qui campait près du lac Falcon, dans le Manitoba, lorsqu’il vit descendre du ciel, le 19 mai 1967, deux ovnis d’un rouge brillant, avec un dôme sur le dessus. L’un repartit en vol, et l’autre commença à planer près du sol à une cinquantaine de mètres de Michalak. Celui-ci l’observa pendant une demi-heure et eut le temps de le dessiner. Il prit une couleur gris métallique, dégageant de l’air chaud et une odeur soufrée. Une porte s’ouvrit sur le côté et il se rapprocha, mais elle se referma sans qu’il ait pu voir des occupants. Il toucha la paroi avec sa main gantée, et le gant fut calciné par la chaleur, puis l’objet décolla en tournant sur lui-même et en dégageant une fumée brûlante qui atteignit Michalak à la poitrine et enflamma ses vêtements. Il arracha sa chemise en feu, puis se sentit très malade, avec maux de tête et nausée, et il rentra à grand-peine pour recevoir des soins. Il a gardé des traces de ses brûlures sur la poitrine, et les enquêteurs sont convaincus qu'il ne peut s'agir d'une supercherie[97].

Un autre incident spectaculaire est celui des ovnis observés en Iran, en septembre 1976, cité également par les auteurs les plus sérieux, comme les astronomes Jean-Claude Ribes et Guy Monnet *(La Vie extraterrestre)*. Deux avions de chasse F4 Phantom, envoyés successivement pour intercepter un ovni, ont subi chacun à son tour une panne de communication (radio et Interphone), et même de tous les instruments de vol pour le premier ; un avion civil de passage a supporté les mêmes effets. Ce cas complexe, ici très simplifié, a été examiné sur toutes les faces par le sceptique Philip Klass, qui a évoqué, dans *UFO's The Public Deceived,* diverses causes possibles : mauvais fonctionnement des appareils, une pluie de météorites ou même une confusion avec la planète Jupiter. Son livre date de 1983. Or, selon Ribes et Monnet, l'*International Herald Tribune* avait fait état, les 20-21 janvier 1979, d'un dossier « particulièrement étonnant », émanant de la DIA (Defense Intelligence Agency), qu'un citoyen américain a pu obtenir à grand-peine. Klass ne dit pas un mot de ce document, dans son chapitre de treize pages, mais Ribes et Monnet, qui en ont obtenu une copie, citent une intéressante note annexe de la DIA, signalant que l'information a été confirmée par d'autres sources, et concluant : « Un rapport remarquable. Ce cas est un classique qui réunit toutes les conditions requises pour une étude valable du phénomène ovni ». Il y a eu en effet des témoins multiples en différents lieux, très crédibles, des observations visuelles confirmées par radar, des effets électromagnétiques sur trois avions, des effets physiologiques (pilotes aveuglés), et l'extraordinaire maniabilité des ovnis...[98]

Il y a, disons-le clairement, un énorme problème de mauvaise foi de la part d'un certain nombre de critiques et de sceptiques, qui va très au-delà du scepticisme courant, a priori : il s'agit de gens qui s'acharnent à tronquer, dénaturer des dépositions, mettre en doute des témoins, et cette opiniâtreté serait un beau sujet d'étude psychologique (mais les psychologues sont souvent les plus endurcis des sceptiques !). Un exemple remarquable, français cette fois, semble bien être le livre de Gérard Barthel et Jacques Brucker, anciens militants de la cause devenus contestataires radicaux dans les années

70 : *La Grande Peur martienne* (1979), qui présente un réexamen de la vague de 1954, démolissant 572 cas « minutieusement analysés », selon la préface de Evry Schatzman. Or un groupe d'enquêteurs a voulu revérifier le travail de ces chercheurs, et a découvert avec stupéfaction que des témoins cités n'avaient pas été contactés, comme par exemple à Saint-Germain-du-Bois (M. Lonjaret), parmi d'autres, révélés par l'excellente revue *Lumières dans la nuit* (B.P. 3, 77123, Le Vaudoué), la plus ancienne publication française sur les ovnis. Son rédacteur en chef, Joël Mesnard, raconte qu'à l'époque, à cause de cet ouvrage, il avait « failli abandonner »...[99]

d) Les photographies

Il est très facile de fabriquer des photographies truquées, et par conséquent très difficile d'en certifier une. Les photos douteuses d'ovnis sont de rigueur dans tous les articles et ouvrages sceptiques, de même que les histoires de contactés : succès garanti. Certaines, par exemple les photos prises par le contacté Eduard Meier, sont très belles et paraissent très réelles, or elles sont maintenant, paraît-il, contestées.

Au symposium scientifique de 1969, le spécialiste William Hartmann affirmait son scepticisme sur toutes les photos qu'il avait étudiées. C'était pourtant lui qui avait authentifié, pour la commission Condon, l'un des clichés les plus célèbres du dossier ovni, celui de McMinnville (Oregon, 1950), mais il se ravisa ensuite et publia un désaveu complet. Depuis lors, les avis sont partagés : en France, l'ingénieur Claude Poher a démontré que c'était une maquette pendue aux fils électriques du paysage, mais un spécialiste américain, le Dr Bruce Maccabee, physicien de la marine, a confirmé l'estimation initiale du Dr Hartmann. Selon lui, l'analyse fouillée des négatifs originaux indique de façon très probante que l'objet se trouvait à au moins 1 600 m de l'appareil photo, ce qui élimine la possibilité d'une supercherie[100]. Ce seul exemple suffit à conseiller la prudence sur les photographies d'ovnis !

Voici un autre cas fort connu, et non moins controversé, celui de quatre photos prises à bord d'un navire militaire brésilien, près de l'île de Trindade en 1958, devant de nombreux témoins. Les officiers de marine estimèrent que l'objet avait environ 40 m de diamètre et plus de 6 m de hauteur, et volait à une vitesse d'environ 600 miles/h. Les experts de la marine authentifièrent les photos, qui eurent un grand retentissement dans la presse, au Brésil et à l'étranger. Or, les choses se sont ensuite brouillées et elles ont été contestées, comme le rapporte Donald Menzel (*The World of Flying Saucers*). Il se trouve que le bateau, qui faisait escale à Rio et était un navire-école, repartit en mer pour plus d'un mois. À son retour, plus personne n'avait vu d'ovni, et le commandant refusa de s'exprimer sur les photos. Menzel souligne par ailleurs que le photographe était un professionnel qui aurait très bien pu les truquer [101]. Qu'il est difficile de savoir la vérité ! Un autre chercheur, Steuart Campbell, suggéra même en 1989 qu'il s'agissait d'un mirage de la planète Jupiter (l'ovni est entouré d'une sorte d'anneau) [102]. Cette interprétation ridicule montre surtout jusqu'à quelles extrémités on peut aller pour refouler une énigme !

Une très belle série de quatre photographies a été authentifiée en France par l'astrophysicien Pierre Guérin, qui a pu en étudier les négatifs originaux. Ces photos, prises en 1954 près du lac Chauvet, ont la particularité de montrer une tache noire allongée sur la face inférieure sombre de la soucoupe. La trajectoire de l'ovni étant rectiligne, Guérin a pu calculer un modèle géométrique, qui s'est avéré en accord avec les mesures effectuées sur les clichés, prouvant ainsi l'authenticité de ces documents [103].

Une histoire récente de photographies très contestées a fait beaucoup de bruit aux États-Unis, depuis 1988, celle de Gulf Breeze, sur la côte nord de la Floride. L'auteur des photographies, en couleur sur polaroïd et d'une qualité remarquable, a raconté son aventure dans un livre à succès, *The Gulf Breeze Sightings* (« Les Visions de Gulf Breeze ») (1990). Cet architecte prospère, Ed Walters et sa femme Frances, y dévoilent une affaire extraordinaire et d'une étonnante complexité, avec des contacts rapprochés, et même, prétend-il, un enlèvement... De nombreux témoins ont vu des ovnis dans la région, et les photos ont été examinées par une foule d'experts, notamment le physicien Bruce Maccabee, déjà cité, dont le rapport détaillé figure en annexe de son ouvrage, et qui affirme l'authenticité des photos. Mais des contre-expertises, qui sont à l'honneur de l'organisme d'enquêtes qui les a commanditées, le

MUFON (*Mutual UFO Network*), soutiennent que ces photos sont des faux. Est-ce la fin de l'histoire ? Eh bien, pas du tout car, début 1993, le même MUFON réaffirmait, après une nouvelle contre-expertise, leur crédibilité [104] !

e) Atterrissages avec traces au sol

On sait qu'il y a beaucoup de cas d'atterrissage d'ovnis ayant laissé de mystérieuses traces au sol. Comme pour les photographies, il y a toujours un risque de mystification, sans compter qu'un plaisantin peut très bien revendiquer un canular qu'il n'a pas commis. Un exemple récent de ce type de gags est celui des deux « papis » anglais qui ont prétendu avoir fabriqué la nuit des cercles dans les champs de blé. Selon *Science et Vie* (octobre 1991), magazine très sceptique sur les ovnis, il s'agit de « farceurs professionnels » qui n'ont certainement pas pu tracer les milliers de motifs apparus dans les champs de blé d'Angleterre (et maintenant d'autres pays) depuis le début des années 80. Cela n'empêche pas *Science et Vie* d'affirmer que ces ronds sont bien de fabrication humaine, car ils sont nombreux, et que ce sont des « pictogrammes » de plus en plus enjolivés. Ce qui a permis d'y retrouver des preuves irréfutables de facture humaine [105]. Notons qu'il est plus aisé de brandir une « preuve » de technique humaine plutôt qu'extraterrestre ! Mais abandonnons ces fameux ronds dans les blés pour nous occuper d'exemples de traces au sol d'ovnis, dont certains ont déjà été cités.

Rappelons le cas de Quarouble, en France (1954), qui fit l'objet d'une enquête aussi sérieuse que discrète : un premier rapport du commissaire de police local, raconte Aimé Michel, « déclencha une triple enquête, menée conjointement par la police, la gendarmerie de l'air et la D.S.T. », avec la découverte d'empruntes sur les traverses de chemin de fer correspondant à un poids de trente tonnes.

Un autre fait très connu, mais controversé, s'est produit à Socorro, Nouveau-Mexique, en 1964. Un officier de police, Lonnie Zamora, a assisté à l'atterrissage d'un engin métallique en forme d'œuf, et à son décollage, alors qu'il était à moins de 50 m, laissant des traces au sol, herbe brûlée et empreintes parfaitement géométriques. Allen Hynek cite ce cas qu'il a suivi personnellement : il confirme les traces et la fiabilité du témoin, alors que son intention était bien de mettre en doute cette déposition[106]. C'est d'ailleurs la première fois que Hynek va prendre ses distances vis-à-vis de la politique de *debunking* (réfutation) systématique de la commission *Livre bleu.* En revanche, le sceptique Philip Klass, qui va se lancer dans l'étude des ovnis deux ans plus tard, va contester ce témoignage. Selon lui, Zamora pourrait n'être que le comparse d'une habile mystification, montée par le maire de la ville pour attirer le tourisme dans la région[107] ! Une thèse qui a fait beaucoup rire ce dernier quand on la lui a rapporté.

Une autre histoire célèbre avec traces au sol est celle de Valensole, en France, en 1965. L'agriculteur Maurice Masse découvrit un matin un curieux engin posé au milieu de son champ de lavande. Il crut d'abord voir un hélicoptère, mais en s'approchant il se trouva confronté à un engin ovoïde, posé sur des pieds, auprès duquel deux petits êtres étaient accroupis, semblant examiner un plant de lavande. Lorsqu'il fut à près de 10 m d'eux, ceux-ci se levèrent et le paralysèrent en braquant un minuscule objet sorti d'un étui à leur ceinture. Masse a raconté qu'il eut avec eux une sorte de communication, qui lui donna le sentiment d'une attitude bienveillante de leur part, et lui fit éprouver une « grande paix ». Ils avaient une grosse tête, chauve, sans menton, avec un trou rond à la place de la bouche, et n'avaient aucun appareil respiratoire : une description désormais très « classique » dans le monde entier, comme on le verra plus loin. Soulignons surtout qu'il y avait des traces au sol qui ont été relevées par la gendarmerie, comme l'a confirmé le lieutenant-colonel Valnet, responsable de l'enquête, au journaliste Jean-Claude Bourret[108].

Le cas français de Trans-en-Provence (1981) est exceptionnel car, non seulement il y a eu étude scientifique approfondie, mais celle-ci a été publiée dans un rapport officiel, grâce à une convention de recherche qui avait justement été passée l'année précédente par le service d'enquêtes du CNES (Centre National d'Études Spatiales) et l'INRA (Institut National de Recherche Agronomique) : comme le dit avec humour le professeur Michel Bounias, responsable de l'étude réalisée à l'INRA, c'est un véritable piège qui avait été tendu par la science[109] ! Peut-être, aussi, l'ovni est-il tombé dedans à bon escient ?

À la suite de l'atterrissage d'un ovni, observé par un témoin à l'incontestable honnêteté, la gendarmerie a pu intervenir dès le lendemain, et prélever des échantillons de sol et de luzerne, qui seront renouvelés deux ans plus tard pour comparaison. Rappelons que ce cas a été reconnu quasi officiellement par le service du CNES : il y a bien eu atterrissage d'un ovni ! En effet, les analyses des échantillons de sol et de végétation, effectuées dans plusieurs laboratoires, ont fait apparaître des données convergentes et mystérieuses :

— Forte pression mécanique et échauffement à l'endroit de la couronne.

— Altération biochimique des végétaux d'autant plus sensible dans l'ensemble que ceux-ci ont été prélevés près du centre de la couronne. La cause de cette altération ne peut pas être établie. Ce n'est sûrement pas une irradiation par des rayons gamma. Peut-être s'agit-il de champs énergétiques de type électrique, mais les connaissances actuelles sur les effets de ces champs sur les végétaux sont insuffisantes pour qu'on puisse se prononcer.

Pour Jean-Claude Ribes et Guy Monnet, « les analyses de traces (sol et végétaux) montrent qu'un événement physique de grande ampleur s'est produit »[110]. Le professeur Bounias, qui a décidément de l'humour, conclut pour sa part que le meilleur moyen de résoudre cette énigme serait de réaliser un atterrissage avec un engin du même modèle que l'ovni, dans les mêmes conditions climatiques, puis de procéder aux mêmes analyses !

f) La grande vague belge

Pour terminer ce bref aperçu du dossier « classique » des apparitions d'ovnis, la grande vague belge des années 1989-1991 est incontournable, par la qualité et l'ampleur des observations. La première vraiment significative eut lieu dans la soirée du 29 novembre 1989, avec de nombreux témoins indépendants et une forte convergence des observations. Ceux-ci décrivirent un triangle avec trois gros phares blancs et une sorte de gyrophare rouge-orangé clignotant, en vol lent (moins de 100 km/h, en apparence), voire stationnaire[111]. Puis les manifestations se multiplient et continuent quasiment chaque semaine pendant des mois. Une date importante est la nuit du 30 au

31 mars 1990, au cours de laquelle ont lieu trois « quasi-interceptions » d'ovnis par deux chasseurs F-16. Résumons les faits, révélés par l'armée de l'air belge en mai 1990 et largement rapportés dans la presse. Un objet lumineux est signalé par un gendarme au radar de Glons, qui repère un écho non identifié, à 5 km de la base aérienne de Beauchevain. Il est alors 23 h 15, et c'est le début d'une partie de cache-cache qui rappelle les fameux carrousels aériens de Washington (1952) et de Lakenheath (1956), et qui va durer jusqu'à 1 h 30 du matin. On y trouve, comme dans les cas précédents, plusieurs repérages radar en vol par deux chasseurs F-16. La nouveauté, c'est que cette fois l'armée de l'air parle. Le colonel Wilfried De Brouwer, responsable de la section Opérations, présente le dossier à la presse, avec film des échos radar sur les F-16, et confirmation du caractère inexplicable des observations, pas même par la proximité (supposée par des sceptiques) d'avions secrets américains F-117, les fameux avions « invisibles » dévoilés lors de la guerre du Golfe, dont l'apparence triangulaire et les phares d'atterrissage ressemblent un peu aux descriptions. La journaliste Marie-Thérèse de Brosses publie dans *Paris Match* les premières photos tirées du film vidéo. Le colonel De Brouwer confirmera encore son analyse un an plus tard, au *Figaro Magazine* (18 avril 1991). Au sujet de l'hypothèse F-117 : « Exclu. Nous sommes en présence d'un objet qui ne se déplace guère, reste stationnaire, évolue à des altitudes très basses : ça ne colle absolument pas avec les performances des avions furtifs. Aucun doute là-dessus. » Il écarte aussi l'éventualité d'interférence électromagnétique, inconcevable sur deux avions à la fois, volant à plusieurs kilomètres de distance, et un radar au sol. Il faut ajouter des changements de vitesse extraordinaires, jusqu'à près de 1 700 km/h en très peu de temps, correspondant à une accélération de 40 g (40 fois le poids normal), de quoi réduire un pilote humain en bouillie[112]...

Après cette nuit mémorable, les observations continuent. Une date remarquable sera la soirée du 12 mars 1991, suivie notamment par Pierre Fliecx pour le *Figaro Magazine*. Des individus dignes de foi ont vu, et même filmé au Caméscope, un énorme triangle en vol stationnaire près du sol. Le témoin Richard Rodberg raconte comment il l'a d'abord repéré à trois kilomètres de là et a eu le temps d'arriver en voiture avec ses proches : « Il planait à une trentaine de mètres du sol. Et brusquement, il est venu droit sur nous et s'est immobilisé au milieu du champ qui borde la route. C'est là que j'ai filmé. C'était incroyable : le champ entier était baigné dans une lumière blanche comme je n'en ai jamais vu. On aurait trouvé une aiguille dans l'herbe. » Selon le responsable de l'organisme d'enquêtes belge, la SOBEPS, il y a des centaines de témoignages fiables et concordants, décrivant le même objet triangulaire, de cinquante à cent mètres d'envergure et de l'épaisseur de deux étages, avec des phares puissants à chaque angle. On observe aussi des changements de forme et des disparitions presque instantanées, comme s'il s'agissait d'une projection lumineuse ! Pour le physicien Auguste Meessen, professeur à l'Université de Louvain-la-Neuve, c'est « un problème extraordinaire et d'une ampleur considérable. On est probablement en présence d'une technologie extraterrestre. En tout cas, non terrestre »[113].

Cette masse de dépositions crédibles et qui se recoupent, confirmées par radars au sol, radars aéroportés, et enregistrés, n'a pas désarmé les sceptiques. L'hypothèse des avions secrets n'ayant plus de raison d'être, on a imaginé un mystérieux ballon dirigeable[114]. Interrogé en 1993, le colonel De Brouwer (devenu entre-temps général) a contesté cette idée qui, pour lui, ne repose sur rien[115]. L'impression reste cependant, une fois de plus, celle d'une mise en scène savante, laissant toujours une place au doute.

À la même époque que la vague belge, une série d'observations faites en France le soir du 5 novembre 1990 semblait illustrer ce schéma : quelques jours plus tard, elle fut « expliquée » par la rentrée d'un étage de fusée soviétique dans l'atmosphère. Or des témoins fiables ont vu passer un engin volant, structuré, lumineux et apparemment de grandes dimensions, *sous* la couche de nuages. L'un d'entre eux, Jean-Gabriel Greslé, ancien pilote de ligne, affirme avoir vu une énorme structure rectangulaire, balisée de nombreuses lampes rouges, projetant deux grands faisceaux lumineux[116]...

3

Nouvelles pistes sur les ovnis

Une des raisons profondes, sans doute, du scepticisme qui subsiste encore largement dans l'opinion, notamment du monde scientifique, au sujet des ovnis, en dépit de l'accumulation impressionnante de témoignages dignes de foi et convergents, est que tout cela paraît absurde et incompréhensible. Quel genre de cuisine peuvent donc bien mijoter tous ces ovnis ?

La Terre est-elle un terrain de jeux, un « Disneyland des dieux », comme le croit John Keel, ufologue particulièrement désabusé ? Il est vrai qu'il est légitime de se demander à quoi pourraient bien s'occuper des civilisations ayant tout découvert depuis des millions d'années. A moins qu'il ne s'agisse de manifestations « surnaturelles », ou présentant au moins certains aspects de nature « paranormale », hypothèses qui hérissent les rationalistes ?

Dans ce chapitre, nous allons aborder certains aspects récents et controversés du dossier ovni, apparus surtout depuis les années 80 aux États-Unis (encore que ce pays n'en ait pas le monopole, comme s'en rendent compte de plus en plus les enquêteurs), aspects qui vont alimenter notre réflexion et nous orienter vers une vision historique du « phénomène ovni ». Le rappel de la très étrange vision de Fatima, la « danse du Soleil », va ensuite nous y engager encore plus fortement. Mais nous allons voir d'abord que ces nouvelles facettes sont très concrètes et ramènent au devant de la scène l'« hypothèse extraterrestre »...

A-t-on récupéré des soucoupes accidentées ?

Souvenons-nous de la « fausse alerte » de juin 1947, lorsque la base aérienne de Roswell avait fait un communiqué de presse, aussitôt démenti en plus haut lieu, annonçant fièrement la récupération d'un ovni accidenté. Rappelons aussi l'épisode du livre de Frank Scully qui avait fait sombrer dans le ridicule ce genre de révélations, au début des années 50, pour une bonne trentaine d'années. Comment cette histoire a-t-elle resurgi au début des années 80 ?

Il y a d'abord un tournant très important qui est la loi de 1975 sur la liberté de l'information (FOIA : *Freedom of Information Act*). À partir de cette date, des centaines de documents ont été divulgués, souvent sans intérêt, mais dans toute cette paperasse livrée un peu en vrac, des chercheurs très motivés ont retrouvé quelques dossiers fort intéressants. C'était, par exemple, un mémo du FBI, obtenu en 1978 par le Dr Bruce Maccabee (physicien de la marine déjà cité à propos des analyses photographiques) dans un lot de plusieurs centaines de textes de cet organisme, dont il faut souligner l'indépendance vis-à-vis du pouvoir politique, à l'époque de son directeur Edgar Hoover. Ce mémo du 22 mars 1950, d'un agent en poste à Washington, révèle la récupération de... trois soucoupes volantes au Nouveau-Mexique : « Un enquêteur de l'Air Force a déclaré que trois soucoupes volantes, comme on les appelle (*so called*), avaient été découvertes au Nouveau-Mexique. Elles ont été décrites comme étant de forme circulaire, relevées au centre, d'environ 50 pieds de diamètre (environ 15 m). Chacune était occupée par trois cadavres de forme humaine mais de seulement trois pieds de haut, habillés de vêtements métallisés d'une texture très fine. »[1]

Un autre document remarquable a été obtenu en 1977 par un chercheur canadien, Arthur Bray, toujours sur action en justice sous couvert du FOIA. Il découvrit au milieu d'un lot un mémorandum d'un ingénieur canadien, Wilbert Smith, en date du 21 novembre 1950. Cet ingénieur était responsable de la division technique des télécommunications au ministère des Transports canadien, et participait alors à une conférence scientifique à Washington. Il relate dans ce document, classé à l'époque très secret, son entretien avec un conseiller scientifique qui lui révèle que le dossier des ovnis est classé au plus haut niveau de secret, « plus élevé que la bombe H », que le *modus operandi* des soucoupes volantes est inconnu, mais qu'une recherche « concentrée » est menée par un petit groupe sous la direction du Dr Vannevar Bush[2]. Cet ingénieur étant décédé, Bray est autorisé par sa veuve à consulter ses archives, et y découvre le nom du conseiller scientifique, le Dr Robert Sarbacher, directeur du *Washington Institute of Technology.* Bray passe alors le relais à un chercheur américain, William Steinman, qui contacte Sarbacher, et obtient de lui une lettre, maintenant célèbre dans le monde de l'ufologie, reproduite *in extenso* dans plusieurs ouvrages[3]. Le Dr Sarbacher y affirme avoir lu des rapports, lorsqu'il travaillait pour l'armée de l'air, signalant des « crashes » de soucoupes volantes, avec description de leurs occupants, très légers et dont la morphologie rappelle celle de certains insectes...

Il y avait là de quoi exciter fortement la curiosité des chercheurs, or une nouvelle révélation d'importance, en 1978, provoqua une accélération des enquêtes, remettant à l'ordre du jour l'affaire de Roswell, que tout le monde croyait enterrée. C'est en effet à cette date qu'un ancien officier de l'armée de l'air, Jesse Marcel, révéla à un journaliste de la NBC à Chicago que c'était lui qui avait récupéré les débris de la soucoupe écrasée près de Roswell en 1947 ! Le chercheur Leonard Stringfield a relaté un premier entretien téléphonique[4], mais c'est encore un autre enquêteur, William Moore, qui rencontra Jesse Marcel et poursuivit une enquête approfondie. Après avoir retrouvé près de soixante témoins, il publia en 1980 son livre *The Roswell Incident* (*Le Mystère de Roswell,* 1981), en association avec l'auteur à succès Charles Berlitz. Ce dernier point n'a pas manqué de susciter une verte critique du sceptique Philip Klass (*UFO's The Public Deceived*), mais il aurait été contraint à cette association à seule fin de trouver un éditeur. Venons-en aux faits allégués, dont ce livre proposait une première restitution. Notons qu'il y a eu ensuite d'autres enquêtes et que cette affaire reste très controversée, mais le nombre et la qualité des témoins sont tels que certains faits semblent maintenant bien établis.

Dans la reconstitution de William Moore, résumée ici en premier lieu, ce sont d'abord des habitants de Roswell, M. et Mme Wilmot, qui voient le soir du 2 juillet un ovni en forme de disque brillant traverser le ciel vers le nord-ouest. Il y avait un violent orage dans cette région, et plusieurs témoins ont entendu une forte explosion, en particulier le fermier William Brazel : une explosion différente d'un coup de tonnerre, au milieu de l'orage « le plus terrible qu'il ait jamais vu »[5]. Dans l'hypothèse de William Moore, l'ovni aurait subi une explosion en vol, frappé par la foudre, laissant sur le ranch de Brazel une grande quantité de débris (à environ 75 miles au nord-ouest de Roswell), aurait ensuite réussi à se maintenir en vol pour finalement s'écraser dans la plaine de San Agustin, 120 miles plus à l'ouest. On sent là une certaine fragilité de l'hypothèse, notée, cette fois avec pertinence, par Philip Klass[6]. Ce qui est certain, en revanche, c'est que le fermier Brazel a découvert dès le lendemain matin les fragments sur son ranch, éparpillés sur une grande surface, indiquant ainsi une explosion en vol. Ces débris étaient très étranges et ne ressemblaient à rien de connu. Brazel n'avait pas le téléphone, et la route était longue et difficile pour Roswell. Ce n'est donc que le 6 juillet qu'il informe de sa découverte le shérif Wilcox, lequel appela les militaires de la base aérienne proche. Trois hommes vinrent aussitôt : le colonel Blanchard, commandant de la base, le major Jesse Marcel, officier de renseignements, et un agent du contre-espionnage en civil ! Moore suppose que les militaires avaient déjà découvert à ce moment-là la soucoupe écrasée dans la plaine de San Agustin, dont l'existence a été rapportée par des témoins indirects, M. et Mme Vernon Maltais. Quel que soit le lieu exact de la découverte, celle-ci expliquerait la réaction très rapide des militaires à Roswell, pour un incident qui pouvait paraître, à première vue, fort douteux.

Poursuivons le film des événements à Roswell. Sur ordre de Blanchard, Marcel et Cavitt, l'homme du contre-espionnage, vont inspecter les débris avec Brazel, et passent toute la journée du lendemain à les ramasser, remplissant deux véhicules. Au retour, le major Marcel était si impressionné par sa découverte qu'il s'arrêta en pleine nuit à son domicile pour montrer ces fragments insolites à sa femme et à son fils, avant de regagner la base. Marcel est évidemment un témoin clé, qui a été interrogé longuement par Moore et d'autres enquêteurs. Il y avait plusieurs sortes de matériaux. Certains ressemblaient à du parchemin, avec des symboles à l'allure de hiéroglyphes, de couleur rose et violette. On ne pouvait casser ni brûler ces pièces, pas plus que d'autres qui auraient pu être du bois de balsa. D'autres morceaux, d'apparence métallique, étaient extrêmement minces, mais il était impossible de les tordre ou de les entailler, même à coups de marteau. Toutes ces pièces ultra-légères faisaient songer à une sorte de plastique avec des propriétés métalliques. Il y avait encore des sortes de rayonnages, et des bouts de fils transparents, semblables à des fils de pêche à la ligne.

Dès le lendemain matin, à la base aérienne, le colonel Blanchard donne l'ordre au lieutenant Haut[7], chargé des relations publiques, de faire un communiqué de presse, annonçant la récupération des débris d'une soucoupe volante écrasée ! Cette réaction peut paraître invraisemblable aujourd'hui, mais à ce moment-là, le rideau du secret n'était pas encore tombé. Peut-être, aussi, fallait-il prévenir d'urgence une ruée de curieux sur les lieux, en déclarant les recherches terminées. L'annonce de presse est reproduite par de nombreux journaux, jusqu'au *Times* de Londres, et bientôt c'est une avalanche d'appels téléphoniques du monde entier. Les débris sont chargés sur un B-29 en direction de Fort Worth, Texas, quartier général de la région aérienne, dont le commandant, le général Ramey, publie le soir même un démenti officiel : ce n'était qu'un ballon-sonde ! Il fait venir la presse et montre les fragments d'un ballon, flanqué de son adjoint, le colonel DuBose, du major Marcel, qui a fait le vol, et de l'officier météo Irving Newton. Nous avons aujourd'hui les témoignages, non seulement de Marcel, mais aussi de DuBose et de Newton sur cet épisode fort discuté. Selon Newton, c'était bien un ballon-sonde qui a été présenté à la presse ce soir-là, mais il se demande comment des officiers aussi entraînés que ceux de la base de Roswell auraient pu ne pas s'apercevoir qu'il s'agissait d'un vulgaire ballon : « Ils auraient certainement dû le reconnaître. C'était une sonde Rawin ordinaire. Ils avaient dû en voir des centaines. »[8] Citons maintenant le témoignage du colonel DuBose, auprès de plusieurs enquêteurs en 1990 et 1991. Malgré quelques détails obscurs, cet officier en retraite est tout à fait clair sur le point essentiel : c'était une *mise en scène,* organisée par le général Ramey, sur ordre impératif du général McMullen à Washington. Celui-ci ordonna aussi à DuBose de lui expédier les débris sur-le-champ par avion, dans un sac scellé[9]. Ce n'était en fait qu'une partie des débris, la plus grande partie étant par ailleurs transportée, toujours par avion, à la base de Wright-Patterson, siège de l'ATIC (que nous connaissons déjà) selon le témoignage de Jesse Marcel lui-même : « Il était prévu que je transporte moi-même le chargement à la base de Wright dans l'Ohio, mais quand nous arrivâmes à Carswell à Fort Worth, le général (Ramey) prit l'affaire en main. Il dit à la presse que c'était un ballon-sonde, et m'ordonna de ne parler à la presse sous aucun prétexte. Le vol me fut retiré et quelqu'un d'autre fut désigné pour effectuer le vol à la base de Wright. Tout fut envoyé à Wright-Patterson pour analyse. »[10] Faut-il souligner le sérieux de ces témoignages ? DuBose fut par la suite promu général, Marcel à un poste important à Washington. Quant au colonel Blanchard, loin d'être sanctionné pour son malencontreux communiqué de presse, il poursuivit une carrière jusqu'au grade de général trois étoiles. Le lieutenant Haut, auteur direct du communiqué, ne fut pas sanctionné non plus. Retiré de l'armée, il a continué à vivre à Roswell, comme directeur d'une galerie d'art, où il a été interviewé par plusieurs enquêteurs.

Un point plus litigieux de l'histoire est le comportement du fermier William Brazel. Les sceptiques ont souligné que celui-ci a témoigné publiquement que ce n'était qu'un ballon-sonde, suscitant le commentaire suivant de Philip Klass : « Si Brazel vivait encore aujourd'hui, il serait stupéfait de l'histoire qui a émergé après plus de trente ans, et de la crédulité de ceux qui l'acceptent comme fait. »[11] On ne risque rien à faire parler les morts. En revanche, le propre fils de Brazel, Bill, a déposé sur la véracité de cet incident et sur l'opinion véritable de son père, qui s'était plaint amèrement d'avoir été pratiquement mis en prison militaire pendant une semaine : « Je l'entends encore : " Bon sang, dit-il, j'ai juste essayé de bien jouer mon rôle et ils m'ont mis en prison pour cela "... Il dit qu'ils lui avaient dit de se taire parce que c'était important pour notre pays et que c'était la chose patriotique à faire, et c'est ce qu'il avait voulu faire. »[12]

Bien d'autres témoins ont été retrouvés, en particulier la veuve du colonel Blanchard, des journalistes de Roswell et Albuquerque, qui se sont vus soudain intimer l'ordre de cesser toute diffusion, des officiers et soldats de la base aérienne, la veuve du capitaine Henderson, qui pilota le B-29 jusqu'à Wright-Patterson, retrouvés par Moore, mais aussi par d'autres enquêteurs. Ceux-ci ont encore publié deux ouvrages importants sur cette incroyable histoire : *UFO Crash at Roswell,* d'une part, de Kevin Randle et Donald Schmitt, sorti en 1991 après une minutieuse investigation soutenue par le CUFOS, l'organisme créé par l'astronome Hynek ; *Crash at Corona,* de Stanton Friedman et Don Berliner, paru en 1992. Ces deux livres confirment avec force les circonstances de la récupération de débris d'un ovni dans la région de Roswell et Corona. Cependant, les choses se compliquent pour la seconde partie, celle de la récupération supposée de l'ovni lui-même et de ses occupants... Pour Randle et Schmitt, celle-ci a eu lieu à quelques miles seulement du champ de débris. Friedman se range à cette hypothèse, étayée par de nombreux témoignages, mais il en rajoute une autre, dans la plaine de San Agustin, à 120 miles de là, reprenant ainsi la première version de Moore : le récit de Friedman suppose alors qu'il y eut deux soucoupes accidentées ! Y aurait-il eu collision en vol ? Friedman ne se prononce pas mais l'éventualité a été avancée, bien sûr, par certains. Selon un témoignage, on aurait récupéré, dans la région de Roswell, non loin de l'aire des débris, des cadavres dans une sorte de capsule de sauvetage, elle-même endommagée [13].

Résumons ces intéressants témoignages. Le premier, cité par William Moore, est celui de M. et Mme Maltais, à qui un ami très proche, l'ingénieur Barney Barnett, confia en 1950 avoir vu lui-même une soucoupe accidentée, le matin du 3 juillet 1947. Barnett, ingénieur civil travaillant à la conservation des sols, se trouvait sur le terrain, dans la région de Socorro, quand il aperçut un objet métallique qu'il crut être un avion écrasé. S'étant approché, il constata que c'était un disque d'environ trente pieds de diamètre. Pendant qu'il l'examinait, d'autres personnes arrivèrent, qui lui dirent ensuite faire partie d'une équipe de recherche archéologique de l'Université de Pennsylvanie. Ils découvrirent quelques cadavres sur le sol. Barnett pensa qu'il y en avait d'autres à l'intérieur de l'engin, qui avait été fracturé par une explosion ou par l'impact. Les corps étaient d'apparence humaine quoique non humains. Les têtes étaient rondes, les yeux petits, et ils n'avaient pas de cheveux. Par rapport aux corps, elles étaient énormes. Leurs vêtements semblaient constitués d'une seule pièce, de couleur grise. Après un bref laps de temps arriva un camion militaire avec un officier qui « prit le contrôle ». Il demanda à tout le monde de s'en aller, et de ne jamais parler de ce qu'ils avaient vu, que c'était leur devoir patriotique. D'autres militaires appelés en renfort encerclèrent la zone [14].

Ce rapport indirect de Barney Barnett nous laisse dans l'indétermination du lieu (sans parler de l'incertitude sur l'histoire elle-même !), mais d'après certains témoins, Barnett travaillait le plus souvent, à cette époque, à l'ouest de Socorro, dans la plaine de San Agustin. Autre mystère : qu'advint-il de l'épave et des cadavres ? Selon d'autres témoins cités par Moore, ils auraient été transportés par route jusqu'à la base aérienne d'Edwards en Californie, mais nous sommes maintenant en pleine zone de rumeurs non contrôlées ! Selon d'autres bruits tout aurait été ensuite acheminé à Wright-Patterson, où se trouverait une jolie collection de cadavres d'extraterrestres : car il y aurait eu d'autres accidents et d'autres récupérations... Rêveries d'esprits enfiévrés ? Récemment, en 1990, a surgi un nouveau témoin qui prétend avoir vu lui aussi, avec sa famille, alors qu'il était âgé de cinq ans, la soucoupe écrasée à San Agustin. Gerald Anderson, ancien policier, raconte qu'il y avait quatre humanoïdes, dont deux morts, un mourant et un valide ! Il confirme la présence de l'ingénieur Barnett et de l'équipe archéologique (qui n'a pu être retrouvée par les enquêteurs). L'un d'eux, le physicien Stanton Friedman, s'appuie largement sur ce témoin dans son livre *Crash at Corona* (1992). Or Anderson a été contesté par d'autres chercheurs, et a fini par admettre qu'il avait fabriqué un faux document pour étayer son histoire. Ainsi, l'hypothèse d'un second crash à San Agustin reste encore bien fragile. En revanche, celle de la récupération de cadavres dans la région de Roswell, soutenue d'ailleurs aussi bien par Friedman que par Randle et Schmitt, paraît plus solide, même si l'on ne peut pas encore la considérer comme démontrée. Elle s'appuie, en tout cas, sur toute une série de témoignages. Il faut au moins citer un témoin clé retrouvé en 1992, l'entrepreneur de pompes funèbres de Roswell, Glenn Dennis, qui fut appelé plusieurs fois au téléphone par l'équipe médicale de la base de Roswell, pour s'informer sur les techniques de conservation des cadavres. Comprenant qu'il y avait eu un accident, Dennis vint spontanément à l'hôpital mais il se fit mettre dehors par la police militaire présente sur les lieux. Il eut juste le temps de croiser une infirmière qui le connaissait et qui semblait en état de choc. Elle s'exclama en le voyant : « Comment Diable avez-vous pu entrer ici ?... Mon Dieu, vous allez vous faire tuer ! » Dennis n'avait jamais été traité de la sorte, et il voulut en savoir plus. Il réussit à revoir l'infirmière (dont il refuse de donner le nom), qui lui révéla avoir assisté les médecins dans l'autopsie de cadavres d'extraterrestres ! Par ce témoignage, nous avons une description précise des cadavres, qui corrobore les autres dépositions : petite taille et apparence très frêle, grosse tête, peau grise. Une différence importante cependant : contrairement aux dires de Barnett (rapportés par ses amis), elle décrit de grands yeux en amande, sans pupille et enfoncés dans leurs orbites. Selon les médecins, leur bouche, toute petite, ne sert ni à parler, ni à manger ! Les mains ont quatre doigts, sans pouce opposable, dont deux plus longs que les autres, et il semble y avoir de petites ventouses *(sucker pads)* au bout des doigts ! Les corps étaient déjà très endommagés (attaqués par des prédateurs ?) et dégageaient une odeur difficilement supportable [15]. D'autres témoins, cités par Randle et Schmitt, ont également déposé sur ce point [16].

Ce n'est pas tout. Randle et Schmitt ont retrouvé d'autres témoins qui permettent de reconstituer pratiquement tout le film des événements, tout au moins dans la région de Roswell, depuis la récupération des cadavres jusqu'à leur livraison et leur étude à la base de Wright-Patterson dans l'Ohio... De deux choses l'une : ou bien cette histoire est authentique, au détail près, ou bien il se développe une véritable psychose collective à ce sujet aux États-Unis ! Parmi les nombreux témoins, figurent encore :

— Le sergent Melvin Brown, qui a participé au transport des corps par camion jusqu'à la base aérienne. Désobéissant aux ordres, il a regardé les cadavres et en a fait une description concordante. Il n'a osé le raconter à sa famille qu'en 1969, impressionné par le premier vol sur la Lune, et en a reparlé à sa fille Beverly Bean, sur son lit de mort en 1986. Sa femme et sa fille aînée refusent encore d'y faire allusion par peur de rétorsions, un détail qui en dit long sur l'hypothèse du secret [17].

— Le capitaine Rasmussen, alors officier d'opérations à Roswell, a confié à sa famille que quatre corps avaient été récupérés et acheminés à l'hôpital de la base.

— Le capitaine Henderson, qui aurait piloté le B-29, après Jesse Marcel, de Fort Worth à Wright, a confié à un ami en 1978 (le Dr Kromschroeder), et à sa fille Mary Groode en 1982, qu'il avait vu les corps des extraterrestres et les débris de leur appareil, et qu'ils étaient encore conservés à Wright-Patterson. Sa description confirme les autres, notamment les yeux « obliques » *(slanted)* et la bouche minuscule.

— Le lieutenant-colonel Arthur Exon (devenu plus tard général) était responsable de laboratoires d'essais à la base de Wright. Il a révélé en 1990 à Randle et Schmitt qu'une petite équipe avait été chargée, dans son service, de tester les matériaux de Roswell. Il a corroboré leurs caractéristiques d'extrême résistance et légèreté. Et il apprit par d'autres collègues l'arrivée des corps.

Il y a d'autres témoignages concernant la base de Wright-Patterson, mais souvent anonymes, comme si le manteau du secret se faisait là plus épais. On connaît cependant Norma Gardner qui y fut employée, chargée de répertorier toutes les pièces de matériaux, et qui eut l'occasion d'apercevoir les cadavres alors qu'on les déplaçait d'un local à un autre [18]. Combien faudra-t-il encore de dépositions de ce type pour faire sauter le verrou du silence ? Selon le général Exon, la direction des recherches fut centralisée dans un comité « top secret », très restreint et chargé notamment de veiller au secret, sur ordre de la Maison-Blanche et du chef d'état-major, un certain Dwight Eisenhower. Ce petit groupe se faisait aider d'une équipe plus importante d'assistants, et ensuite d'un troisième niveau, auquel appartenait Exon, chargé des essais [19].

Cette histoire du crash de Roswell ne rallie pas l'unanimité, même parmi les ufologues les plus convaincus. Il y a des divergences sur la reconstitution des faits allégués, et les critiques de fond ne manquent pas non plus. Comment des ET, capables de prouesses qui ressemblent à de la magie, ont-ils pu s'écraser aussi piteusement, à peine arrivés ? L'argument a du poids, au point que certains avancent l'hypothèse d'une mise en scène particulièrement subtile, mais qui implique à son tour des interrogations redoutables, ne serait-ce que l'éventuel décès de plusieurs extraterrestres, et même la capture d'un vivant, selon certains témoins ! Nous reviendrons sur ce débat complexe dans le chapitre 6 de cet ouvrage. Une autre objection massue est qu'il paraît impossible de garder un secret si énorme pendant aussi longtemps. À cela, le chercheur Stanton Friedman, qui a été physicien nucléaire habilité au secret pendant quatorze ans, répond que le budget annuel des activités secrètes — renseignement et haute technologie — *dont on ne sait rien ou presque,* dépasse les trente milliards de dollars par an : c'est le budget « noir », sans aucun contrôle du Congrès. On n'ignore plus, désormais, que le fameux avion « invisible » F-117 est resté parfaitement secret pendant huit ans : il y a même eu récupération d'un avion accidenté en dehors du périmètre d'essais, réalisée dans la plus parfaite discrétion...[20] D'autre part, il y a des témoins qui parlent, justement : plus de deux cents en 1992. Or, les enquêteurs Randle et Schmitt ont, depuis lors, retrouvé encore d'autres témoins, dont plusieurs de première importance, qu'ils citent dans un nouveau livre paru en avril 1994, *The Truth About the UFO Crash at Roswell (« La Vérité sur l'accident d'ovni à Roswell »).* Ce sont notamment : l'équipe d'archéologues déjà mentionnée plus haut ; un jeune couple qui a vu la chute de la soucoupe le soir, puis le lendemain l'appareil au sol avec les cadavres ; surtout, le major Edwin Easley, chargé de déployer le cordon de sécurité autour du site de la soucoupe écrasée ! Cette nouvelle enquête confirme, d'autre part, la thèse d'un seul site, près de Roswell, et date le *crash* au 4 juillet au soir[21].

L'un des risques du métier d'enquêteur sur ce genre de sujet brûlant est sans doute le piège de la désinformation, en l'occurrence de la fausse nouvelle, bien entendu sensationnelle mais condamnée à être rapidement démasquée comme supercherie, entraînant l'investigateur imprudent dans sa chute. Nous avons déjà cité, pour l'Europe, la mystérieuse affaire Ummo qui pourrait bien être de cette sorte. Au sujet des histoires d'ovnis accidentés, il semble bien qu'un document truqué ait été mis en circulation par une main anonyme, en 1984. Il s'agit du fameux mémorandum, adressé en 1952 au « Président-élu » (c'est-à-dire tout juste élu) Eisenhower, pour lui donner une première information sur le dossier des soucoupes, dévoilant notamment l'existence d'un comité scientifique ultra-secret de douze membres, créé en 1947 par Truman, et baptisé « Majestic 12 »[22]. Ce mémo était signé par l'Amiral Hillenkoetter, à l'époque directeur de la CIA, et vieille connaissance des ufologues puisqu'il fut ensuite le président du

NICAP, l'organisme d'enquêtes dirigé par Donald Keyhoe ! Autre personnage bien connu cité comme faisant partie du groupe : Donald Menzel, le pourfendeur de soucoupes numéro un. Ce document, remis anonymement en 1984 et divulgué par William Moore au MUFON en 1987, fut assez rapidement soupçonné d'être un faux. Philip Klass eut beau jeu de souligner notamment l'absurdité de supposer que le général Eisenhower aurait pu ne pas être au courant. Ainsi le doute était-il renforcé opportunément sur toute cette sombre affaire de soucoupes écrasées.

D'un autre côté, ce document est remarquable par sa précision et la richesse des informations qu'il pourrait bien aussi dévoiler, selon une subtile manœuvre laissant volontairement planer la suspicion. Pour certains, il s'agirait en réalité d'un vrai document, modifié pour lui donner l'allure d'un faux. Mais Stanton Friedman, pour sa part, affirme qu'il est absolument authentique ! Signalons que ce document révélait, outre le *crash* de Roswell, avec récupération de trois cadavres d'humanoïdes (baptisés EBE : Entités Biologiques Extraterrestres), un autre crash, en 1950, près de El Indio-Guerrero, à la frontière entre le Texas et le Mexique. Il citait aussi l'opinion du Dr Menzel selon laquelle ces êtres provenaient probablement d'un autre système solaire...

Il faut encore mentionner, pour achever cette présentation abrégée concernant le dossier des ovnis écrasés, l'existence, supposée par différents enquêteurs, d'autres lieux d'accidents, aux États-Unis et ailleurs. Pour les seuls États-Unis, on a évoqué au moins une dizaine d'autres sites, mais cette prolifération sent fort la désinformation ! Mentionnons cependant Aztec et White-Sands au Nouveau-Mexique (1948), Kingman en Arizona (1953), Kecksburg en Pennsylvanie (1965) : selon ce cas qui semble bien documenté, l'engin récupéré, enfoncé dans le sol d'une forêt, avait la forme atypique d'un gland de 2 m de diamètre. Était-ce encore une plaisanterie ET[23] ? Une rumeur insinue qu'il s'agissait d'un satellite secret soviétique... À propos de ce pays, la célèbre pilote d'essais Marina Popovitch a révélé, lors d'un congrès à Munich en 1990, que les Russes posséderaient des fragments de cinq soucoupes accidentées[24] !

Venons-en à la deuxième grande controverse qui agite le monde de l'ufologie, sur les histoires incroyables d'enlèvements à bord d'ovnis, par des « visiteurs » mystérieux.

Étranges histoires d'enlèvements

Ces affaires se sont multipliées, surtout aux États-Unis, mais peut-être reste-t-il à en dévoiler de semblables, aussi nombreuses, dans d'autres pays. Elles ont été souvent révélées sous hypnose, et il n'y a pas (pas encore ?) de preuve matérielle indubitable de leur réalité. Cela explique qu'il y ait, même parmi les ufologues les plus ouverts, toute une gamme d'opinions allant du simple scepticisme jusqu'à des théories fort ésotériques. Pourquoi ésotériques ? Pour ceux qui, de plus en plus, admettent que ces récits d'enlèvements à bord d'ovnis reflètent des faits réels, il reste à comprendre la nature de cette réalité. L'hypothèse la plus simple est évidemment celle d'enlèvements physiques par des visiteurs extraterrestres à bord de leurs engins, pour y étudier les êtres humains. C'est la thèse centrale des chercheurs, mais, comme pour les visions rapprochées d'ovnis, ces aventures présentent le plus souvent des aspects bizarres, à haute étrangeté, voire absurdes, voisines des histoires de contactés. Certains « enlevés » sont d'ailleurs eux aussi porteurs de « messages » comme les contactés. Or ces messages ont un contenu quasi religieux ou ésotérique !

Même dans le cadre plus simple, si l'on ose dire, de l'hypothèse extraterrestre, la signification de ces affaires, si l'on veut bien les prendre au sérieux, reste très opaque, en dépit des nombreux témoignages déjà recueillis par des enquêteurs, souvent très compétents. Les plus connus étaient, début 1994, Budd Hopkins et David Jacobs, auteurs de livres impressionnants par leur convergence, vers un « modèle » qu'il faut bien reconnaître inquiétant. L'ethnologue Eddie Bullard, tout en restant plus réservé, a lui aussi constaté cette concordance. D'autres chercheurs, comme le Dr Leo Sprinkle et le Dr Edith Fiore, ont étudié des cas moins dramatiques, où les « visiteurs » apparaissent plus bienveillants, traitant les maladies des témoins, et leur délivrant des messages de paix. Notons aussi que ces divergences ont alimenté le scepticisme : n'est-ce pas le signe de projections mentales, aussi bien des chercheurs que des témoins ?

Quelques exemples « historiques » ont déjà été mentionnés. L'un des plus fameux est celui du jeune brésilien Antonio Villas Boas, mais il est atypique. Rappelons qu'il aurait été obligé de faire l'amour avec une extraterrestre, à bord d'un ovni en 1957 : une histoire bien ridicule, au point qu'on peut se demander s'il n'y avait pas là une opération subtile de camouflage, pour en cacher d'autres qu'il serait prématuré pour nous de connaître... C'est en tout cas ce que suggèrent d'autres épisodes, émergeant peu à peu après de multiples séances d'hypnose. Quant à la question très contestée des croisements ou manipulations génétiques, elle sera discutée au dernier chapitre.

Le cas le plus célèbre, peut-être, est celui des époux Betty et Barney Hill, qui eut lieu en 1961 et fut révélé en 1966 par le journaliste John Fuller dans *Le Voyage interrompu* (*The Interrupted Journey*) après un long traitement médical sous hypnose par un psychiatre de Boston, le Dr Benjamin Simon. Alors qu'ils roulaient un soir sur une route peu fréquentée, les Hill remarquèrent une étoile brillante qui se rapprochait d'eux rapidement. Ils s'arrêtèrent pour l'observer avec des jumelles : c'était un objet structuré avec des lumières colorées et clignotantes. Plus loin, ils stoppèrent de nouveau car l'objet s'était rapproché, et apparaissait maintenant comme une grande soucoupe volante, en vol stationnaire à peu de distance au-dessus de la route. Barney sortit de sa voiture et commença à avancer, mais il prit peur et revint en arrière, croyant discerner des silhouettes qui l'examinaient. Puis ils se retrouvèrent roulant dans leur voiture, avec un trou de deux heures dans leur horaire. Ce n'est que deux ans plus tard que les Hill, toujours affectés par cette histoire insolite, furent soumis à des régressions sous hypnose par le Dr Simon : ils racontèrent alors, séparément, la même histoire d'enlèvement par de petits êtres à bord de l'ovni, qui deviendra plus tard classique : description des ET à grosse tête, grands yeux allongés, peau grise, etc. ; description de l'ovni, avec salle uniformément éclairée ; communication télépathique ; examen médical et gynécologique. On enfonça une longue et fine aiguille au niveau du nombril de Betty, pour lui faire un « test de grossesse », lui dit-on. Comme elle se plaignait de la douleur, le « médecin » la supprima en lui mettant la main devant les yeux[25]. Cette opération ressemble à une cœlioscopie, ou laparoscopie, un genre d'intervention rare à l'époque, en 1961, et encore avec un endoscope de fort calibre. Cette technique s'est répandue pour la fécondation in vitro, après la première « FIV » (fécondation in vitro) qui eut lieu en Angleterre en 1978. Betty Hill a-t-elle subi en réalité une opération de ce type ? Une idée vivement contestée par Jacques Vallée, qui soutient que cette technique opératoire est déjà dépassée : nous reviendrons plus loin sur cette affirmation qui paraît très discutable. Voici l'autre volet de l'histoire, concernant Barney Hill, qui avait été omise dans le livre *The Interrupted Journey,* pour ne pas scandaliser. Il s'agit de l'opération de prélèvement de sperme, réalisée au moyen d'un appareil de forme ronde, appliqué sur ses parties génitales, qui laissa d'ailleurs des traces : un cercle presque parfait de verrues à l'aine dont il fallut pratiquer l'ablation chirurgicalement. Selon le Dr Richard Neal, gynécologue qui a lui aussi enquêté sur ces affaires d'enlèvements, cette procédure est souvent révélée sous hypnose ; elle peut être douloureuse ou du moins inconfortable[26]. Ainsi, le fameux cas du jeune brésilien Villas-Boas apparaît rétrospectivement comme une heureuse exception. En fait, le malheureux fut ensuite très malade pendant des mois, souffrant de symptômes qui ressemblaient fortement à une irradiation, selon le rapport médical du Dr Olavo Fontes qui l'examina quelques semaines après l'incident[27]. Le moins que l'on puisse avancer, c'est que ces histoires sont beaucoup moins drôles qu'elles n'en ont l'air !

Un autre point très discuté de l'histoire est que le « leader » montra à Betty Hill une carte des étoiles figurant les voies fréquentées par les extraterrestres, dont Betty Hill reproduisit un croquis sous hypnose. Une institutrice, Marjorie Fish, construisit un modèle à trois dimensions des étoiles proches, suspendues avec des fils, en sélectionnant celles d'un type proche de notre Soleil. Elle crut alors y repérer, en l'observant sous un certain angle, la carte esquissée par Betty Hill. Joli travail, mais qui fut contesté par nul autre que Carl Sagan, au moyen d'un test statistique sur ordinateur.

Peut-on croire à la réalité de l'expérience des époux Hill ? Ce qui rend ce cas si intéressant, c'est qu'il a été longuement étudié par le Dr Benjamin Simon, psychiatre réputé de Boston, qui a interrogé les Hill sous hypnose, chaque semaine pendant sept mois d'affilée, séparément, et sans leur faire écouter les enregistrements, du moins dans un premier temps. Or, leurs témoignages se sont avérés très concordants. On critique beaucoup, aujourd'hui, la fiabilité de l'hypnose, car on s'est rendu compte que le patient peut être influencé par l'hypnotiseur, consciemment ou non. En l'occurrence, la lecture du livre de Fuller, qui donne la transcription de l'essentiel des entretiens, montre que le Dr Simon n'a cessé pendant six mois d'influer sur eux en leur demandant à de nombreuses reprises s'ils n'avaient pas rêvé ! Betty, et encore plus Barney, étaient très affectés par leur « expérience » et auraient préféré que cela ne leur soit jamais arrivé, mais, sous hypnose, ils ont toujours soutenu la réalité de leur aventure.

Le Dr Simon s'est abstenu de donner une explication « définitive » à cette étrange affaire. Cependant, il ne croyait pas à un véritable enlèvement à bord d'un ovni, pour lui impensable. En revanche, il a reconnu que, dans l'esprit des témoins, l'histoire était absolument *vraie,* et que d'autre part ils étaient sains d'esprit. Voici ce qu'il écrit dans son introduction au livre de John Fuller : « Pour moi, cette histoire documente partiellement une expérience humaine fascinante dans un décor inhabituel lié à ce qu'on appelle couramment des " Objets Volants Non Identifiés ". Leur existence (des ovnis) en tant qu'objets concrets me préoccupe moins que l'expérience de ces deux personnes montrant l'impact cumulatif d'expériences et de fantasmes *(fantasies)* passés sur leurs expériences et réactions actuelles. »[28]

Une chose est certaine : Betty et Barney Hill n'ont pas du tout cherché à attirer l'attention sur eux ou à gagner de l'argent, contrairement à ce qu'a insinué Philip Klass dans son livre *UFO Abductions. A Dangerous Game.* L'aventure n'a filtré publiquement que quatre ans plus tard, dans un article d'un journal de Boston en 1965. Le texte étant plein d'inexactitudes, c'est ce qui décida les Hill à proposer à l'écrivain John Fuller, en accord avec le Dr Simon, de rédiger *Le Voyage interrompu.* Un résumé, publié par le magazine *Look* en 1966, suscita énormément d'intérêt et fut même suivi d'un film. Présentation par Philip Klass, en ouverture de son livre : le Dr Simon lui a « révélé » qu'il y avait eu une chaude discussion *(heated debate)* pour se partager les droits d'auteur de l'ouvrage et du film[29]... Il faut aussi mentionner que les Hill étaient un couple interracial, Barney étant Noir, ce qui aurait pu être une cause de perturbation, mais le Dr Simon avait lui-même écarté cette hypothèse. Klass a souligné ensuite les objections du Dr Simon contre la véracité de l'expérience, qui aurait selon lui pour origine un rêve de Betty Hill, consécutif à une observation troublante, rêve adopté ensuite inconsciemment par son mari, avec moins de détails, d'ailleurs. Le récit de Betty Hill est en effet plus précis, mais cette différence peut être expliquée, car Barney avait été beaucoup plus choqué (et même terrifié) que sa femme, avait quasiment perdu conscience et avait gardé les yeux fermés la plupart du temps. Des divergences existent aussi entre les deux récits. Pour Barney il y avait eu communication télépathique alors que Betty a cru à une conversation orale : en fait, elle n'en possédait aucune certitude. Plus graves sont les absurdités apparentes du récit, suggérant fortement un rêve. D'abord un épisode comique : les ET découvrent que Barney porte un dentier et viennent, très excités, vérifier si Betty en a un elle aussi. Elle a beaucoup de mal à leur expliquer le vieillissement des humains, qui perdent leurs dents, et le « leader » lui pose — on a envie d'écrire : s'amuse à lui poser — des questions sur la nature du temps. Or, souligne le Dr Simon (cité par Klass), il lui « dit » plus tard, au moment du retour : « Attendez une minute ». Donc l'histoire est absurde et c'est un rêve. CQFD. Curieux, aussi, ces ET qui pratiquent la cœlioscopie avec une grande dextérité, mais qui ne savent pas ce qu'est un dentier. L'impression de mise en scène devient très forte avec l'épisode de la carte, comme l'a souligné Jacques Vallée · que sont ces spationautes qui naviguent entre les étoiles avec des cartes en deux dimensions ? Le dialogue avec le « leader » nous met aussi sur la voie. Il lui demande si elle peut montrer la Terre sur la carte. Elle ne peut pas, évidemment, et lui demande à son tour où est leur étoile : ce n'est pas la peine de vous le dire, répond-il en riant, si vous ne savez pas où est la vôtre. Une autre critique classique de ce genre de récits est que l'amnésie n'est pas totale : la mémoire revient, au moins partiellement, notamment sous hypnose. Les ET ignorent-ils l'anesthésie générale ? À moins que toute cette mise en scène ne soit complètement délibérée. Voici enfin l'interprétation astronomique de rigueur, fournie cette fois par le sceptique Robert Sheaffer : c'était la planète Jupiter ! Il faut avoir lu le livre de Fuller pour mesurer le ridicule de cette explication : les Hill dirent avoir vu un énorme objet, et de près, juste *avant* leur période d'amnésie. Barney, qui était sorti de sa voiture et s'était rapproché, malgré les appels de Betty lui enjoignant de revenir, dit l'avoir distingué, en vol stationnaire, à moins de 100 pieds (30 m) de lui, et large comme la distance « entre trois poteaux téléphoniques ». Il observa une double rangée de fenêtres et aperçut derrière, avec ses jumelles, au moins une demi-douzaine d'êtres vivants qui semblaient l'examiner, cependant que l'engin avait basculé en position inclinée. C'est alors que Barney, terrorisé, regagna en courant la voiture et s'écria qu'ils allaient être capturés[30]. Précisons pour être tout à fait clair que le Dr Simon a approuvé ce livre dans son introduction *(a good reading indeed),* et qu'il a d'ailleurs touché une part de 30 % des droits d'auteur (précisé par Philip Klass !). Un dernier mot : Allen Hynek et Jacques Vallée ont révélé, dans leur livre commun *The Edge of Reality,* qu'une base militaire proche avait repéré un ovni au radar ce soir-là : cette information non négligeable figure dans le dossier de l'enquête militaire[31].

Un autre cas célèbre dans les annales de l'ufologie apparut en 1973, et eut les honneurs de la grande presse, trois ans après l'enterrement solennel du rapport Condon. À Pascagoula, petit port du Mississippi, deux pêcheurs sur un quai, Charles Hickson et Calvin Parker, racontèrent avoir été pétrifiés par la manifestation d'un objet volant bleuté, d'où sortirent trois êtres étranges qui flottèrent vers eux. Ils avaient la peau ridée, les yeux en fente, les oreilles et le nez pointus : une description un peu différente, donc, du « modèle Hill ». Pour le Dr James Harder, de l'Université de Californie, qui enquêta sur place, « c'était une expérience entièrement réelle qu'ils avaient eue », selon les mots mêmes cités par le *Los Angeles Times* et le *Herald Tribune*[32]. Le Dr Hynek, qui rejoignit le Dr Harder, partagea cette opinion, précisant : « Il s'est passé ici quelque chose qui, incontestablement, n'est pas terrestre. » Les deux hommes furent emmenés à bord de l'ovni où ils subirent une sorte d'examen. Ceci ressortit lors d'une séance d'hypnose effectuée par le Dr Harder, qui dut être abrégée à cause de la terreur de Hickson. Son compagnon, plus jeune, s'était évanoui lors de l'événement. Le shérif du lieu, Fred Diamond, déclara : « Ils sont sincères. Si c'est une mise en scène, ils devraient être à Hollywood. » Trois autres personnes virent un ovni cette même nuit à Pascagoula. Klass a cependant dénoncé là une supercherie pour gagner de l'argent, de même que dans une autre affaire renommée survenue deux ans plus tard, en 1975, celle de Travis Walton. Il est certain que les Hill avaient amassé une petite fortune et que cela pouvait faire des émules. Le doute s'est donc installé à partir de là. Mais nous pouvons aussi contester les enquêtes de Philip Klass !

Voici quelques mots de l'affaire Walton. C'était un jeune bûcheron travaillant avec une équipe de sept hommes en Arizona. En rentrant, tous virent un grand ovni de couleur dorée, planant à la hauteur des arbres, avec un dôme sur le dessus. Soudain Travis, qui était comme toute sa famille passionné par les ovnis (il en apparaissait beaucoup dans la région), sauta du camion et courut vers lui, malgré les cris de ses camarades lui intimant de revenir. Ils virent un faisceau de lumière bleue descendre de l'ovni et frapper Walton, prirent la fuite et firent leur rapport à la police. Walton disparut pendant cinq jours, et l'on commençait déjà à les soupçonner d'assassinat. La police soumit l'équipe au détecteur de mensonge : tous réussirent le test sauf un, qui était apparemment trop perturbé pour le passer. Walton, une fois réapparu dans la région, raconta qu'il s'était réveillé à bord de l'ovni, entouré de petits êtres qui ressemblaient fort au « modèle Hill ». Il affirma aussi avoir vu des êtres d'apparence humaine, d'attitude plutôt bienveillante mais muets, et qui ne tardèrent pas à l'endormir de nouveau. Il eut le temps de distinguer plusieurs salles, dont un grand hall où se trouvaient trois soucoupes ! Mystification ou réalité ? Klass a consacré soixante pages à ce cas (*UFO's The Public Deceived*), et soutient que c'était une supercherie pour gagner un prix, que l'équipe obtint d'ailleurs, de la meilleure histoire de l'année, et aussi pour excuser un gros retard dans leur travail... Notons que l'hypnose ne fut pas utilisée dans cette affaire, mais aussi que des enquêteurs sérieux la tiennent toujours pour véridique.

Un des cas les plus remarquables, en matière d'enlèvements, est celui de Betty Andreasson, sur lequel pas moins de trois livres ont été écrits, par le même enquêteur Raymond Fowler, réservé au début, puis devenu un véritable « partenaire » au point de se déclarer lui-même victime d'enlèvement, dans son troisième livre, *The Watchers*, paru en 1992[33]. Les premiers épisodes de cette longue aventure révélée peu à peu sous hypnose, remonteraient à 1944, alors que Betty avait sept ans : elle entendit des voix (dans les bois, comme Jeanne d'Arc !) et vit une petite boule lumineuse se placer entre ses yeux. La même scène se produit en 1949, plus la rencontre avec un ET. Le premier enlèvement a lieu en 1950, avec examens médicaux, mais aussi, et c'est une particularité notable du cas Andreasson (et de Luca, son deuxième mari), apparaît une dimension quasiment religieuse dans toutes ses expériences. Réservons donc cette histoire pour le dernier chapitre, où cette dimension sera évoquée. Mais soulignons que le premier livre de Fowler, *The Andreasson Affair*, paru en 1979, eut un certain retentissement, d'autant qu'à cette date on s'intéressait déjà beaucoup à ces histoires d'enlèvements qui semblaient se multiplier.

Un autre ouvrage notoire est alors celui d'un artiste new-yorkais, Budd Hopkins, paru en 1981. Dans ce livre, *Missing Time* (« Le Temps manquant »), Hopkins relate une série d'enquêtes, réalisées sous hypnose avec l'aide d'une spécialiste compétente, le Dr Clamar, qui confirme d'ailleurs le sérieux de ce travail dans la postface. Selon elle, les douze sujets amenés par Budd Hopkins, qu'elle a soumis à de longues séances d'hypnose pendant deux ans, et dont cinq sont présentés dans le livre, sont des gens normaux, ordinaires *(run-of-the-mill)*, sans aucune pathologie discernable. Pourtant ils sont tous troublés, et révèlent sous hypnose de terrifiantes histoires d'enlèvement à bord d'un ovni, avec examen médical, parfois douloureux et toujours traumatisant. Ces expériences sont-elles réelles ou imaginaires ? « Je ne peux pas répondre à la question », réplique-t-elle, « Et pourtant, et pourtant... les événements racontés par une variété de gens venus de lieux éloignés les uns des autres, sont remarquablement similaires, suggérant qu'il pourrait y avoir dans cette affaire plus qu'une coïncidence. » Il ne s'agit pas de fantasmes courants, du type plaisant où l'on se voit dans un rôle avantageux : ceux-là amènent « la peur et la terreur ». S'agit-il d'hallucinations, se demande encore le Dr Clamar : on admet en psychiatrie que cela peut arriver à des gens normaux. L'interrogation demeure donc ouverte et exige, selon elle, une étude prolongée[34].

Le cas le plus fascinant de ce premier livre de Budd Hopkins est peut-être celui de Virginia Horton (pseudonyme), une jeune femme menant une vie bien remplie, entre son mariage et son métier de cadre, mais qui avait souvenir de deux incidents bizarres avec « temps manquant », l'un à l'âge de six ans, l'autre à seize ans, qu'elle désirait éclaircir sous hypnose. Les séances du Dr Clamar dévoilèrent toute une histoire de « relations » étranges, toujours avec ces mystérieux visiteurs, comportant donc deux enlèvements, et peut-être plus. Cette affaire mérite une attention spéciale car elle suggère une relation moins sombre que celle du modèle courant qui va émerger au fil des années. Virginia se remémore des dialogues et des descriptions merveilleuses d'autres mondes contées par le visiteur : « Oui, il m'a dépeint un tableau *merveilleux* de tout ce qu'il y a à voir. Des choses belles, des choses incroyables... et qui n'ont pas de fin. Aussi longtemps que vous cherchiez et aussi loin que vous alliez, vous n'en verriez jamais la fin. »[35] Mais il y a aussi cet aspect inquiétant d'opérations sur le corps humain : une coupure assez large et profonde au mollet quand elle avait six ans ; une probable extraction d'implant, qui lui avait provoqué un saignement de nez, lors de sa deuxième expérience, à seize ans au cours d'une promenade dans les bois. On voit aussi apparaître le phénomène de la mémoire-écran (en plus de l'amnésie partielle) : elle croit voir un cerf, qui la regarde et lui dit au revoir télépathiquement !

L'aventure de Stephen Kilburn, également rapportée par Budd Hopkins dans *Missing Time,* est plus dramatique et typique : sous hypnose, Kilburn revit avec terreur son enlèvement au bord d'une route peu fréquentée, et un examen médical assez pénible. Après son interrogation sous hypnose par le Dr Clamar, il a eu un entretien avec un neurologue, le Dr Paul Cooper, qui a dit à Budd Hopkins sa stupéfaction devant la description de l'examen, correspondant très exactement au test des différents nerfs moteurs : « Il aurait fallu qu'il en sache beaucoup pour inventer tout cela, et je suis certain qu'il n'est pas du genre à mentir. C'est quelqu'un de bien, et qui m'a beaucoup impressionné. Toute cette affaire est remarquable. »[36] Un autre point fort concerne l'apparence des « étrangers » *(Aliens),* comme il est convenu de les appeler. Il a semblé à Kilburn qu'ils étaient masqués, et il a même cru discerner une sorte de fine couture dans le dos du crâne. Or, d'autres témoins ont eu la même sensation. Virginia Horton a supposé que leur peau grise serait en fait une sorte de tissu élastique. Quant aux grands yeux noirs, sans pupille, il s'agirait de verres protecteurs ! C'est aussi l'opinion du sergent Moody pour qui leur visage avait l'air d'un masque[37]. Cette impression est corroborée par des dépositions qu'a publiées la psychologue Edith Fiore *(Encounters)*. Selon un témoin (Fred), ces êtres porteraient une combinaison qui les garantirait contre les germes infectieux[38].

L'une des histoires d'enlèvement les plus frappantes a été également suivie par Budd Hopkins et rapportée dans son deuxième livre, *Intruders,* paru en 1987 : c'est celle de Kathie Davis (pseudonyme), qui nous introduit à un palier supérieur, effrayant, celui d'une longue série d'enlèvements multiples, touchant plusieurs membres (et générations !) d'une même famille, avec opérations gynécologiques qui comporteraient non seulement des prélèvements d'ovule, mais aussi des implantations d'embryon et ultérieurement des prélèvements de fœtus !... Dans le même ouvrage, apparaît d'autre part le scénario du prélèvement de sperme. C'est le cas de Ed Duvall (pseudonyme) : « Une sorte d'appareil aspirant *(suction device)* fut placé sur son pénis et un échantillon de sperme fut prélevé. Cette opération fut très douloureuse. »[39] Les « médecins » ne firent rien pour réduire la douleur, et procédèrent à trois prélèvements de suite ! Cette intervention est si humiliante que des témoins, comme Kilburn, semblent la refouler, même sous hypnose. D'autres, en revanche, n'ont pas souvenir d'en avoir souffert. Mais il peut aussi en découler des séquelles, comme dans le cas de Barney Hill.

Ces récits ont suscité, évidemment, une grande méfiance, et toutes sortes d'interprétations, notamment psychiatriques et psychanalytiques, ont été avancées, qui sont discutées plus loin. Ils se sont pourtant multipliés au cours des années 80, au point de devenir un phénomène de grande ampleur, semble-t-il, aux États-Unis. Le plus célèbre, sans doute, est celui de l'écrivain Whitley Strieber, qui sera présenté au dernier chapitre. Ce phénomène surgit aussi, dans une moindre mesure cependant, en Europe et dans d'autres régions : peut-être parce que le mur de la vie privée y est plus épais ?

Une nouvelle étape a été franchie en 1992 avec le livre de l'historien David Jacobs, spécialiste de l'histoire de l'ufologie, et devenu enquêteur à son tour, à la suite de Budd Hopkins. Dans son livre tout à fait étonnant, *Secret Life. Firsthand Accounts of UFO Abductions* (« La Vie secrète. Témoignages directs d'enlèvements à bord d'ovnis »), Jacobs offre la synthèse de cinq années d'investigations, sur plus de soixante sujets, ayant révélé sous hypnose leurs enlèvements. Cet ouvrage développe et renforce considérablement les aspects gynécologiques et génétiques de ces aventures, ce qui nous amènera plus loin à un débat sur ce que pourraient être ces expériences, compte tenu des lois connues de la génétique. Pour le moment, contentons-nous de présenter ce modèle tel qu'il est décrit méthodiquement, avec tout le soin d'une recherche universitaire (même si c'est évidemment une étude indépendante) par le professeur David Jacobs, de l'Université Temple.

Suivons David Jacobs dans les différentes étapes du scénario [40] :

• *L'enlèvement et le transport à bord de l'ovni.* Un cas typique est celui d'une jeune femme (les sujets sont jeunes le plus souvent), la nuit dans son lit, réveillée par une lumière. Celle-ci se déplace vers le lit et prend la forme d'un petit être à grosse tête chauve et grands yeux noirs. Elle est terrifiée mais ne peut ni bouger ni crier. L'être la calme en la regardant dans le fond des yeux : elle « sait » alors qu'il ne va pas lui faire de mal. Il y a de nombreuses variantes à ce début, notamment le phénomène de la mémoire « écran » déjà évoqué : apparition d'un loup, singe, hibou, cerf, ou autre animal. D'autres croient avoir rencontré un ange ou un démon... L'enlèvement peut aussi avoir lieu en voiture, dans tout endroit retiré (mais on a aussi maintenant des histoires d'enlèvement en pleine ville !). Souvent, la lumière est vue par la fenêtre, et le ou les êtres entrent *à travers* la fenêtre, comme portés par cette lumière, et la victime est enlevée par le même chemin, en ayant l'impression de flotter vers cette lumière ! Parfois même, détail qui aurait plu à Marcel Aymé, les êtres traversent les murs, mais ils préfèrent néanmoins les fenêtres... Le transport est souvent déplaisant, accompagné de troubles et nausées.

• *Entrée dans l'ovni.* Souvent, les souvenirs de la victime sont flous car elle est à demi inconsciente. Elle se retrouve dans une salle ronde, lumineuse, de taille variable, pouvant aller d'une dizaine à une trentaine de mètres de diamètre. Les murs sont nus, et il peut y avoir quelques appareils. Parfois, la victime doit attendre son tour dans un local étroit et incurvé, éventuellement avec d'autres personnes. Précisons que les victimes d'enlèvement sont des femmes en grande majorité.

• *L'examen physique.* Il est pratiqué par plusieurs petits êtres, avec rapidité et efficacité : déshabillage et installation sur une table, inspection de la tête aux pieds, notamment la colonne vertébrale, par attouchements rapides. Ils font éventuellement une incision non douloureuse au mollet, au genou ou à la cuisse, qui cicatrise aussitôt. Ensuite a lieu l'examen des organes génitaux, féminins et masculins. Puis, lorsque tout est fini, les « médecins » posent éventuellement, ou au contraire retirent, un petit implant ayant l'apparence d'une bille métallique, dans le fond du nez ou des sinus, ou encore de l'oreille. La victime souffre ensuite de saignements, et l'on découvre parfois un trou bizarre au fond du nez.

• *Inspection mentale (Mindscan).* Nous arrivons ici à un aspect très nouveau et étrange, sur lequel David Jacobs met l'accent. Entre en scène un autre « étranger », plus grand que les précédents, et qui dirige manifestement les opérations, dégageant un air d'autorité. Il se livre alors à un examen mental du sujet en le regardant de très près, les yeux dans les yeux. Les victimes ont l'impression que leur esprit est envahi, qu'on lit dans leurs pensées, et qu'ils ne peuvent résister !

• *Création d'un lien affectif (Bonding).* Toujours selon David Jacobs, cet étranger dominateur semble capable de susciter un sentiment affectif très violent chez la victime : « ... un sentiment vraiment puissant, mais réellement, on ne peut pas le décrire correctement. Romantique est un mot trop étroit... Je pense qu'on devient uni à cet être. On est heureux. C'est comme une relation symbiotique »[41]. Ainsi parle une jeune femme qui avait alors vingt-trois ans lors de son expérience en 1985. Ces opérations mentales sont parfois réalisées par un être qui semble être du sexe féminin (bien qu'on ne détermine pas de différence anatomique), dans les enlèvements d'enfants (beaucoup de victimes avouent avoir été enlevées dès leur enfance) et de jeunes gens...

• *Opérations de reproduction.* Pour David Jacobs, comme pour Budd Hopkins, et pratiquement tous les chercheurs qui ont pratiqué ce genre d'investigations, semble-t-il, les interventions gynécologiques sont une constante et constituent le *point focal* de tous ces récits d'enlèvements. On ne comprend pas leur nature exacte, qu'on ne peut recréer à partir des histoires actuellement connues, mais on émet certaines hypothèses, qui seront évoquées plus loin. Ce qui ressort néanmoins avec constance, ce sont des opérations de prélèvements d'ovule, par le vagin ou au niveau du nombril, et la plupart des victimes savent ce qui se passe. Les êtres utilisent un long tube fin et flexible par le vagin, et une fine aiguille prolongée par une sorte de seringue, par le nombril. C'était, on l'a vu, cette procédure qui avait été décrite par Betty Hill, lors des séances d'hypnose chez le Dr Simon, en 1964, donc bien avant qu'elle soit utilisée en gynécologie, au cours des années 70, ce qui contribue à exclure toute fabulation de sa part. Bien entendu, on ne peut en dire autant des récits plus récents... Les opérations d'implantation d'embryon semblent comparables. En revanche, on arrive maintenant à la phase cruciale, totalement au-delà de la pratique médicale, qui est l'extraction de fœtus *vivants,* mettant fin mystérieusement à la grossesse. Il faut ici souligner qu'il n'y a pas, à ce jour, de cas constaté médicalement *de façon certaine :* on est donc en droit de rejeter en bloc ces aventures, comme fabulations, d'autant que la suite prend la tournure d'un énorme cauchemar ! Mentionnons qu'un scénario analogue a lieu pour les victimes de sexe masculin, avec des variantes dans la procédure de prélèvement de sperme, douloureuse ou non. Une femme a vu avec horreur cette méthode appliquée à son propre fils adolescent[42] !

• *Autres « expériences ».* David Jacobs en présente une palette fort variée : examens avec d'étranges machines, tests mentaux, expériences de « visualisation » qui paraissent confirmer la complète maîtrise des « étrangers » sur le cerveau humain. La victime se trouve mêlée à une mise en scène suscitant de fortes émotions, cependant qu'on l'observe très attentivement.

En fait, il s'avère impossible de vraiment résumer ce livre, dont la lecture est un *must* pour toute personne intéressée par le phénomène ovni.

Venons-en aux aspects les plus stupéfiants, qu'avait déjà abordés Budd Hopkins avec le cas de Kathie Davis, et qui se recoupent aussi largement avec celui de Betty Andreasson-Luca.

• *Présentation d'enfants.* De nombreux récits coïncident et décrivent des séances de présentation des « produits », si l'on ose s'exprimer ainsi, de ces expériences génétiques. C'est d'abord la visite d'une salle d'incubation *(incubatorium),* avec des récipients transparents, remplis d'un liquide dans lequel baignent des fœtus en incubation : *Le Meilleur des mondes* est arrivé ! Certains témoins disent avoir vu jusqu'à une centaine de fœtus dans un tel lieu[43]... Vient ensuite la présentation d'enfants dans une nursery. Tous les témoignages se recoupent : il s'agit de petits êtres très fragiles, à l'air maladif et prostré, d'apparence hybride. Les étrangers demandent aux femmes de prendre les « enfants » dans leurs bras, ce que certaines acceptent, envahies par la pitié. Notons que de nombreuses victimes résistent et refusent toute « coopération », au point d'étonner les étrangers. Des ruses, telles que des images « écran », semblent employées pour les amener à s'y résoudre : l'enfant revêt alors l'apparence d'un beau bébé humain. Une autre façon consiste à lui faire croire que c'est son propre enfant !

La conclusion de David Jacobs est très pessimiste et est un véritable cri d'alarme : « Nous avons été envahis. Ce n'est pas une occupation, c'est une invasion [...]. Nous voyons un programme inquiétant d'exploitation apparente d'une espèce par une autre. Nous ne savons pas comment cela a commencé. Nous ne savons pas comment cela se terminera. Mais nous devons faire face à ce phénomène d'enlèvements et commencer à réfléchir rationnellement à ce que l'on peut faire. »[44]

Est-ce une histoire de fous ? Les Américains sont-ils en train de sombrer dans la démence ? S'il ne s'agit « que de cela », c'est déjà intéressant à étudier de plus près. Il y a des précédents historiques, comme les récits de sorcières au XVIe siècle, riches d'ailleurs en analogies. Il n'y a pas de preuves irréfutables de la véracité de ces aventures, mais il y a un faisceau de témoignages, toujours plus nombreux et convergents. Il y a aussi les cicatrices sur le corps (les marques des sorcières !), et même une trace au sol dans le jardin de Kathie Davis (expliquée bien entendu par Philip Klass). C'est encore mince, cependant, pour établir la *réalité* de ces histoires stupéfiantes : il faudrait des preuves plus concrètes. Insistons sur ce point, elles viennent surtout, jusqu'à présent, des États-Unis ; elles restent rares ailleurs mais on commence à les recenser : une trentaine en France et une vingtaine en Allemagne[45].

Il est aussi nécessaire de souligner que le livre étonnant de l'historien David Jacobs est préfacé par un professeur de psychiatrie à l'école de médecine de Harvard, John E. Mack, qui a lui-même étudié des victimes d'enlèvements et affirme le sérieux de ces recherches, en particulier la validité de l'hypnose : « Il apparaît que l'hypnose complète et renforce le processus de restitution de la mémoire, et elle a fait ses preuves dans ce domaine comme un outil efficace d'investigation et de thérapeutique. »[46]

David Jacobs a consacré un chapitre très solide à la discussion de toutes les explications, et elles sont multiples, qui ont été avancées sur cette étrange épidémie. Résumons ici quelques arguments, sans pour autant vouloir remplacer la lecture du livre. Une première famille est de type psychologique. Mentionnons pour mémoire la supercherie pour se faire de l'argent et de la publicité : très rare selon tous les enquêteurs sérieux, et facile à repérer. Une autre explication s'appuie sur le refoulement inconscient d'un viol qui aurait eu lieu dans l'enfance : en fait, ceci n'apparaît jamais sous hypnose, et d'une manière générale il n'y a pas de dimension personnelle dans les histoires qui sont révélées : ce sont des expériences qui leur « arrivent », sans lien avec leur propre personnalité. On a avancé l'hypothèse de la contagion hystérique, mais les phénomènes de ce genre sont généralement localisés, de courte durée et sans récidive, ce qui ne correspond pas du tout à cette vague d'enlèvements. Les victimes ne se connaissent pas, vivent loin les unes des autres, et le plus souvent ignorent tout des ovnis et ne s'y intéressent pas. Après son aventure, Betty Hill a acheté son premier livre sur la question (celui de Donald Keyhoe). Il est vrai qu'elle l'a alors lu avec avidité et s'est sentie très concernée : c'est bien compréhensible si son histoire est vraie ! Le désir de croire est aussi évoqué, mais pourquoi s'obstiner à donner foi à un événement dont les victimes se souviennent le plus souvent avec terreur et angoisse ? C'est un phénomène très différent des

« contactés » et des *channels* médiumniques. Les explications par hallucinations ou fantasmes paraissent bien faibles également.

Un point important est la validité de l'hypnose. L'opinion du Dr Mack a déjà été citée, mais il faut mentionner une expérience qui est souvent évoquée, réalisée par un professeur de lettres américain, Alvin Lawson, en 1978. Elle a consisté à mettre sous hypnose seize volontaires et à leur demander alors de raconter un enlèvement à bord d'une soucoupe volante. Cet essai a surtout permis de tester la capacité imaginative des sujets, en particulier pour la description des ET (lézard, en forme de cône sans tête, etc.). Il y a surtout une critique grave à adresser à la méthode appliquée par Lawson, qui avait imposé un scénario type que devaient respecter les sujets, notamment la description d'un examen médical : il leur fallait répondre en tout à huit questions, structurant automatiquement leur aventure [47], de sorte que les divergences se situaient au niveau du détail. Curieuse façon de procéder !

À propos des interprétations de type psychiatrique, un astronome américain a résumé ainsi les choses : « Allez à un hôpital de l'État, et un malade sur dix vous racontera une histoire d'enlèvement. » Cette formule est de Philip Morrison, l'un des pères des écoutes par radiotélescopes. Or, son opinion n'est peut-être pas tout à fait désintéressée. En effet, lors du débat parlementaire, en 1990, pour l'attribution d'un crédit à la recherche SETI (recherche radio des civilisations extraterrestres), un député, Silvio Conte, critiqua le projet en termes peu amènes (selon *Life Magazine,* début octobre 1992) : « Bien sûr qu'il y a des civilisations avancées dans l'espace. Mais nous n'avons pas besoin de dépenser six millions cette année pour prouver l'existence de ces canailles *(rascally creatures)*. Il suffit de soixante-quinze cents pour acheter un tabloïde au supermarché local. » Cela dit, tous les enquêteurs sérieux, dont un certain nombre de médecins et de psychologues, ont souligné la normalité des sujets.

Une autre famille d'explications est de type culturel, fondée sur l'influence de la science-fiction et du folklore. Nous retrouvons là l'approche de la « nouvelle ufologie » apparue dans les années 70, qui voit dans le phénomène ovni un folklore tout neuf, une autre mythologie ; un point de vue historique qui sera discuté dans le prochain chapitre.

Philip Klass a avancé, dans son livre *UFO Abductions. A Dangerous Game,* un argument intéressant, mettant en doute le cas de Kathie Davis suivi par Budd Hopkins. Klass souligne à juste titre que Kathie a souffert de nombreuses maladies, et pose la question : était-elle un bon choix génétique ? Non, sans doute, a priori, mais que savons-nous de ces mystérieuses expériences qui semblent être poursuivies sur plusieurs générations ?... Voici un autre argument de Philip Klass, à première vue dévastateur : lors d'un débat public, Kathie Davis aurait mis elle-même en doute la réalité de ses enlèvements. Or les enquêteurs observent souvent l'incrédulité des victimes, qui sont très impressionnées lorsqu'on leur fait écouter les séances d'hypnose enregistrées. Cela est manifeste dans le cas de Barney Hill, qui ne voulait pas entendre parler de cette histoire. Klass porte en outre une grave accusation (rejoint sur ce point par Jacques Vallée) : ne risque-t-on pas de bouleverser la vie de ces victimes, qui vont rester terrorisées par la perspective de nouveaux enlèvements, et qui peuvent être traumatisées dangereusement par une hypnose mal conduite ? Cela risque en effet de tourner à un jeu dangereux, mais tous ceux qui liront les ouvrages de Hopkins et Jacobs avec objectivité seront frappés par le sérieux et l'humanité de leurs enquêtes. En fait, les victimes qui se sont soumises à ce traitement hypnotique s'en sont rarement plaintes. Hopkins les a rapprochées dans des groupes de soutien, et son action aurait même évité le suicide à Kathie Davis et à Whitley Strieber.

Ces récits d'enlèvements, présentés avec témoins à la télévision dans des émissions pour grand public, ont fini par faire du bruit et alimenter une vive polémique aux États-Unis. Deux riches mécènes, restés anonymes, ont financé une enquête, menée par un organisme compétent, la *Roper Organization,* avec l'aide de Hopkins, Jacobs et Ron Westrum, sociologue de l'Université de l'Eastern Michigan. Un sondage sur près de six mille personnes, réalisé en 1991, posait une batterie de questions, dont cinq étaient significatives vis-à-vis d'une expérience d'enlèvement (se réveiller paralysé avec la sensation d'une présence étrange, temps manquant, sensation de s'être envolé, boules de lumière dans la chambre, cicatrices bizarres). 119 personnes, soit 2 % de l'échantillon, répondirent positivement à quatre ou cinq de ces questions : une projection sur les 185 millions d'Américains adultes donne le nombre effarant de 3 700 000 personnes qui pourraient ainsi avoir été victimes d'enlèvement ! Faut-il préciser que ce sondage, dont les résultats ont fait l'objet d'une très large diffusion par une brochure envoyée gratuitement aux professions médicales[48], a été vivement contesté, dans sa méthode et dans ses conclusions, affaiblissant ainsi quelque peu le crédit des études déjà conduites.

Une nouvelle enquête, menée par Budd Hopkins, pourrait bien porter un autre coup à son crédit et à la recherche dans ce domaine, tant l'histoire paraît incroyable, si l'on ose dire, sur ce terrain déjà très brûlant. Il s'agit d'un cas d'enlèvement d'une jeune femme, Linda Cortile (pseudonyme), de nuit en plein New York, par sa fenêtre, accompagnée de quatre petits humanoïdes, le groupe étant tracté vers un ovni par un rayon lumineux, devant des témoins médusés[49] ! La controverse était vive tout au long de l'année 1993, et faisait craindre le risque d'un piège, hélas classique, de désinformation, à base de fausses déclarations qu'il sera ensuite aisé de démasquer. Un incident bizarre le suggérait dès la fin de 1992, date à laquelle était diffusée (notamment par Jacques Vallée) une réfutation en règle du livre de Budd Hopkins sur cette affaire, et que celui-ci avait à peine commencé à rédiger !

Jacques Vallée a multiplié les critiques sur ce phénomène des enlèvements, dans tous ses livres récents *(Autres dimensions, Confrontations, Révélations)*, ainsi d'ailleurs que les histoires d'ovnis accidentés. Serait-il donc passé dans les rangs des « sceptiques » ? Pas du tout, car pour lui ce n'est que reculer pour mieux sauter : vers d' « autres dimensions », assez mystérieuses et ésotériques, qui seront évoquées au dernier chapitre. Selon Vallée, ces expériences génétiques supposées sont ridicules, car elles décrivent des techniques médicales aujourd'hui dépassées : « ... la fécondation *in vitro* a déjà atteint un niveau tel que les prétendues expériences génétiques menées à bord d'ovnis semblent absurdes et grotesques. Les ufonautes devraient retourner à l'école de médecine. »[50] On sait en effet que la cœlioscopie (percement de la paroi abdominale comme l'avait décrit Betty Hill en 1964) a été d'abord la méthode employée, à la fin des années 70 et au début des années 80, dans les premières expériences de fécondation in vitro (FIV), pour les prélèvements d'ovules et l'implantation d'embryons fécondés. Elle était auparavant employée de manière peu courante. C'était une technique plus légère que l'intervention chirurgicale classique, mais nécessitant tout de même l'anesthésie générale. L'endoscope dont on se sert en cœlioscopie est un tube d'un calibre d'au moins cinq millimètres et, pour les modèles opératoires (dans lesquels on peut glisser un instrument pour opérer), le calibre est de dix à douze millimètres[51]. Plus récemment, est apparue une nouvelle pratique, l'échographie, qui a permis une intervention moins lourde, la ponction échoguidée par voie transvaginale ou transutérale, sous anesthésie locale. Peut-on donc dénoncer comme un anachronisme la description d'opérations de type cœlioscopique dans les histoires d'enlèvements ? Il semble, en réalité, que le problème ne soit pas aussi simple car, pour le prélèvement d'ovules, on utilise aussi la voie abdominale *échoguidée*, avec un simple trocart de calibre bien plus mince que l'endoscope cœlioscopique. Donc, rien n'interdit d'imaginer une technique du futur utilisant une fine aiguille par voie abdominale, plus commode pour atteindre les ovules, comme le décrivent effectivement les victimes d'enlèvements : la voie abdominale échoguidée serait même la meilleure solution !

Jacques Vallée porte cependant une critique plus globale sur les récits d'enlèvements : « Quelle sorte de médecins sont-ils pour traumatiser des centaines de patients dans le seul but d'obtenir un peu de sang et quelques embryons ? » Cette question paraît bien contestable dans sa formulation même car, à supposer que ces histoires soient vraies, les buts poursuivis par les étranges « visiteurs » semblent aller bien au-delà du simple prélèvement de sang et d'embryons, comme on vient de le constater : extraction de fœtus vivants de plusieurs mois, « présentation » d'enfants hybrides dans le but apparent de créer des liens affectifs, suivi des sujets depuis leur enfance, et même peut-être sur plusieurs générations, « révélations » à caractère quasi religieux...

Hopkins, Jacobs et d'autres enquêteurs affirment tous que les buts véritables des « visiteurs » restent impénétrables. Pour Jacques Vallée, tout cela n'est que mise en scène trompeuse pour nous faire croire aux extraterrestres et nous cacher ainsi qu'il s'agit de mystérieuses entités venues d'une autre dimension, d'un « multivers » ! Supposons un instant que cette hypothèse soit la bonne. Il faudrait alors nous expliquer pourquoi ils opèrent si mal, comme le suggère Vallée. Il semble que l'on s'enfonce là dans des contradictions insolubles. Toutes ces aventures font plutôt songer à un programme, soigneusement étudié, de dévoilement progressif, d'*accoutumance* à la présence de ces extraterrestres et à leurs agissements, comme s'il fallait nous y résigner. Le frein du système serait de laisser toujours planer le doute, à cause des aspects bizarres de ces histoires effrayantes...

Une critique plus sérieuse s'attaque à l'idée même d'hybridations génétiques, en principe impossibles, comme l'avait souligné il y a longtemps Carl Sagan dans *Cosmic Connection*. Il semble que la question soit très complexe, si l'on en croit par exemple le biologiste américain Michael Swords, qui a proposé une analyse générale du problème : nous la résumerons au dernier chapitre. Disons seulement ici que ce qui semble possible, plutôt qu'un croisement proprement dit, c'est une sorte d'*altération* génétique, opérée in vitro, comme le suggère aussi David Jacobs[52]. Une hypothèse qui n'est pas conçue non plus pour nous rassurer !

Ces récits provoquent, il faut l'avouer, une réelle inquiétude, mais qu'il est nécessaire de tempérer malgré tout. C'est ce que propose le Dr Mack qui souligne, dans son introduction au livre de David Jacobs (et plus encore dans un nouveau livre qui sera évoqué au chapitre 6), un accroissement impressionnant de la vision, de la « conscience planétaire » de ceux qui ont subi ces expérimentations. La même sensation ressort des histoires de Whitley Strieber et de Betty Andreasson-Luca, à rapprocher de l'expérience, plus ésotérique, des *channels* qui se disent en communication avec des « entités cosmiques ».

Avant d'en venir à ces aspects plus « spirituels », dans une perspective historique, il nous faut encore évoquer d'autres rumeurs, non moins troublantes, en provenance une fois de plus des États-Unis, et reposant de manière très aiguë la question du secret, ainsi que son corollaire habituel, la désinformation.

Rumeurs effrayantes et désinformation

Voici, pour commencer, un aspect qu'on pourrait qualifier de « secondaire », mais qui est une énigme alarmante, elle aussi très bien documentée par des enquêteurs privés, face au silence officiel. Il s'agit d'une véritable épidémie de mutilations nocturnes de bétail, qui a pris une ampleur considérable dans plusieurs États de l'Ouest américain, et même au Canada, au cours des années 70 principalement, et qui se poursuit encore dans les années 90.

En quoi cela concerne-t-il le phénomène ovni ? Pour plusieurs raisons qui sont, notamment, l'observation d'ovnis lors de ces événements, d'autre part l'étonnante précision chirurgicale des prélèvements d'organes sur les bêtes mutilées, dont l'examen au microscope suggère une découpe au laser, plus parfaite que ne l'autorise la technologie humaine la plus récente. En outre, les animaux sont vidés de tout leur sang, sans la moindre tache au sol. Pas de traces non plus d'arrivée sur les lieux : comme si l'intervention avait été réalisée dans les airs !

Selon les enquêteurs, c'est plus d'une dizaine de milliers de bovins qui auraient été ainsi tués, provoquant même la panique par endroits. Un des premiers cas fut étudié en 1967 par le Dr Altshuler, plus tard professeur de médecine à l'Université du Colorado, qui avoua avoir été alors profondément heurté, dans un entretien avec la journaliste Linda Howe. Il se trouve qu'il avait vu lui-même un ovni peu de temps auparavant, comme le raconte Timothy Good qui l'a aussi rencontré : « Le Dr Altshuler fut si choqué, à la fois par ses observations (d'ovnis) et l'enquête qui s'ensuivit sur la mutilation, qu'il refusa que son nom soit cité dans l'un et l'autre cas. " J'étais incroyablement effrayé, dit-il. Je ne pouvais pas manger. Je ne pouvais pas dormir. J'étais si effrayé d'être découvert, discrédité, renvoyé, de perdre toute crédibilité dans la communauté médicale ". »[53] Il est rare d'être confronté à un aveu d'une telle franchise, qui montre, au demeurant, la résistance à de telles révélations.

La première grande vague de mutilations se produisit dans l'Iowa en 1973, arriva dans le Nebraska en 1974, où les fermiers furieux et terrorisés constituèrent des groupes d'autodéfense, tirant sur tout ce qui volait la nuit, au point qu'il fallut interdire les vols d'hélicoptères ; elle s'étendit ensuite à d'autres états, en particulier le Colorado en 1975. Au Nouveau-Mexique, une enquête officielle, à la demande du sénateur Schmitt, fut confiée au FBI. La conclusion, très controversée, s'arrêta à l'action des prédateurs. Il suffit d'examiner les photos publiées pour mesurer le ridicule de cette « explication », avec ces mutilations énormes, ces découpes au rasoir, même dans une partie dure comme la tête de l'animal ! Un détail intéressant de ce dossier a été la découverte en 1978 par Howard Burgess, scientifique retraité des laboratoires Sandia, que certaines bêtes mutilées avaient été marquées avec de la peinture fluorescente visible sous lumière ultraviolette. Selon lui, l'état des animaux indique qu'ils ont été projetés au sol après que l'opération a eu lieu en l'air. Souvent, ils semblent avoir subi une irradiation[54]. On pourrait rappeler, à ce sujet, des observations plus anciennes, notamment en Amérique du Sud, où l'on aurait vu du bétail enlevé dans les airs, et disparaître dans les nuages !

C'est peut-être le moment de se remettre en mémoire aussi le fameux livre de Charles Fort, *Le Livre des damnés,* qui fit scandale aux États-Unis lors de sa parution en 1919. Fort était un original qui avait collectionné pendant toute sa vie les histoires les plus étranges relevées dans les journaux. On y trouve une grande variété de chutes de matières organiques bizarres, gélatineuses ou putrides, de pluies de sang, et même de quartiers de bœufs, en 1876 dans le Kentucky[55] ! Fort en avait conclu que nous sommes « possédés », non pas par le Diable, mais par de mystérieux propriétaires célestes. Se pourrait-il que ce doux farceur ait été un génial précurseur ?

Voici maintenant l'ultime volet des rumeurs extravagantes apparues ces dernières années aux États-Unis. Elles ont un point commun non négligeable : elles semblent toutes prendre leur source auprès de personnes liées peu ou prou aux *services secrets.* Très bien, penserez-vous : ce sont donc des informations sérieuses, de première main ? L'ennui, c'est qu'elles sentent fort la désinformation, une activité dans laquelle les Américains, comme les Russes, sont passés maîtres depuis longtemps. La tactique serait de faire courir des bruits « énormes », jetant le doute sur les découvertes authentiques des ufologues. Mais il existe une autre hypothèse intéressante, selon laquelle les services secrets américains s'efforceraient, depuis un certain nombre d'années, de dévoiler peu à peu le dossier secret des ovnis, de façon à désamorcer une bombe politico-médiatique auprès de laquelle des affaires comme l' « Irangate » seraient de peu de poids, et cela grâce à une « acclimatation » progressive du public. On se rappelle aussi le risque de panique démontré en 1938 par l'émission de radio d'Orson

Welles. Désinformation ou divulgation graduelle, ou peut-être un peu des deux ? Rien n'est sûr de ce jeu bizarre auquel semblent se livrer les services secrets. Il faut donc tout considérer avec la plus grande circonspection.

Notons pour mémoire le fameux document « Majestic 12 », posté anonymement à un producteur de télévision, Jaime Shandera, en 1984. Si ce document était sans doute un faux, sa rédaction supposait néanmoins une grande familiarité avec les dossiers confidentiels. Voici maintenant un résumé de diverses autres « révélations », faites depuis une bonne quinzaine d'années, en plus des milliers de pages divulguées dans le cadre de la loi sur la liberté de l'information (FOIA), qui ont démontré indubitablement, on l'a vu, une politique de secret. Ces éléments figurent, notamment, dans les livres de Jacques Vallée (*Révélations*), de Jean Sider (*Ultra Top Secret*), et surtout de l'enquêteur anglais Timothy Good (*Alien Liaison,* 1991.[56]) Les citations sont précisées entre parenthèses.

A la fin de 1972 (date de parution du premier ouvrage de l'astronome Allen Hynek), les producteurs de cinéma Robert Emenegger et Allan Sandler se voient proposer par des officiers de l'armée de l'air la réalisation d'un documentaire sur un projet secret, concernant... les ovnis. S'étant déclarés intéressés, ils sont reçus au Pentagone par plusieurs personnes, dont le colonel William Coleman, qui leur déclarent que l'armée de l'air est maintenant prête à divulguer tous les faits. On montre à Emenegger et Sandler des photographies, non seulement d'ovnis, mais aussi d'extraterrestres, morts et *vivants* (Timothy Good, p. 101). Emenegger a confié à Good qu'il a vu un film en 16 mm d'un ET en compagnie d'un officier de l'armée de l'air, qui était censé avoir survécu à un crash en 1949, et avoir été maintenu en vie, à Los Alamos, jusqu'en 1952 ! Début 1973, les deux producteurs sont invités à la base de Norton en Californie, où ils rencontrent Paul Shartle, responsable du service d'investigations spéciales (*Air Force Office of Special Investigations,* AFOSI). Ils apprennent qu'un ovni avait atterri, *par accord préalable,* à la base de Holloman au Nouveau-Mexique ! La date n'est pas certaine : avril 1964 ou mai 1971, date donnée par Emenegger à Timothy Good. Les ET se seraient entretenus avec une équipe de scientifiques et d'officiers, et l'on promet de fournir aux deux producteurs 800 pieds de film sur l'événement. Cependant, le colonel Coleman annule ensuite l'opération, le moment étant mal choisi à cause du Watergate ! Emenegger n'en a pas moins décrit la visite de la soucoupe dans son livre modestement intitulé *UFOs : Past, Present and Future* (New York, Ballantine, 1974). Jacques Vallée, qui en cite un extrait dans *Révélations,* voit dans cette affaire un « schéma classique de manipulation », mais ajoute qu'on lui a confirmé récemment l'existence de ce film, qui ne serait même pas classé secret (Jacques Vallée, p. 29).

Un deuxième incident du même genre a lieu en 1983, avec la journaliste de télévision Linda Moulton Howe, qui avait réalisé un film sur les mutilations de bétail (*A Strange Harvest,* « Une étrange moisson », 1980). Alors qu'elle prépare un film sur les ovnis, Richard Doty, un agent de l'AFOSI (encore un), à la base de Kirtland (Nouveau-Mexique), lui propose le même film sur l'atterrissage à la base de Holloman. Selon Doty, l'événement a eu lieu le 25 avril 1964, soit douze heures après le fameux cas d'atterrissage à Socorro, également au Nouveau-Mexique, dû à une erreur de communication ! Il lui promet aussi un entretien avec un colonel, devant la caméra, qui lui parlera de son contact avec l'extraterrestre survivant de 1949, baptisé « Entité Biologique Extraterrestre » (EBE). Mais il n'y eut ni film ni entretien. Toujours selon Linda Howe, Doty lui a alors montré, sur ordre de ses supérieurs, un dossier intitulé « Briefing pour le Président des États-Unis d'Amérique », mais en lui interdisant de prendre des notes. Il contenait l'énumération d'un certain nombre d'accidents d'ovnis, la description que nous connaissons déjà des petits EBE à peau grise, grosse tête et longs bras, la confirmation de la capture de EBE1 en 1949 et sa mort en 1952, puis de EBE2 et de EBE3, ce dernier encore en vie (en 1983) ! Ces EBE (aussi dénommés les « Gris » ou « Petits Gris ») proviennent d'un système solaire binaire à 55 années-lumière de la Terre, et nous visitent depuis 25 000 ans ! Doty confirme à Linda Howe l'existence du groupe « MJ 12 », et le dossier décrit une série de projets : « Garnet » sur l'origine de l'humanité ; « Sigma » sur la communication avec les ET ; « Snowbird » pour percer la technologie des ovnis ; « Aquarius » sur les formes de vie extraterrestres... Il y a en effet d'autres ET, notamment les « Grands » *(the Talls)*, plus humains, qui ne s'entendent pas très bien avec les « Gris » : « Ils se tolèrent mutuellement », dit seulement l'agent Doty (Timothy Good, p. 106). Pour couronner le tout, le rapport révèle que les ET ont manipulé le génome humain (patrimoine génétique) à plusieurs reprises... Par la suite, Doty a admis qu'il avait eu un entretien avec Linda Howe, mais a nié la promesse de film comme la présentation du dossier. De son côté, Linda Howe a déposé sa déclaration par acte notarié. Mais cette affaire a fait capoter son projet de film sur les ovnis, ce qui était peut-être un objectif de l'opération, suppose Timothy Good (p. 107). Mais y avait-il aussi un désir de début de divulgation ? Cela est suggéré par une lettre très connue du général Curtis LeMay, datant de 1975, à son ami le sénateur Barry Goldwater qui s'intéressait aux rumeurs sur un bâtiment secret à la base de Wright-Patterson (le « Hangar 18 », selon la légende). LeMay, qui était ancien chef du *Strategic Air Command,* lui précisa que tout cela était encore « *Above Top Secret* », mais qu'il y avait un plan pour amorcer prochainement des révélations (Timothy Good, p. 112).

Nous voyons donc apparaître peu à peu une « obscure clarté qui tombe des étoiles » (des généraux américains !), une histoire qui rappelle le film de Spielberg, *Rencontres du troisième type* (1979). Mais ensuite, les choses se gâtent, car bientôt les bruits prennent une vilaine tournure.

Au cours des années 80, commencent à circuler de sombres rumeurs, dont l'une des sources est un ingénieur, Paul Bennewitz, patron d'une petite entreprise d'électronique à Albuquerque, tout près de la base de Kirtland, Nouveau-Mexique. Bennewitz affirme avoir capté des communications secrètes prouvant l'existence d'une base souterraine ET sous la réserve indienne proche de Dulce, qui serait le résultat d'une *coopération* entre ces ET (les « Gris ») et les Américains (Jean Sider, p. 401). En échange d'informations technologiques, les Américains auraient fourni au moins quatre bases souterraines et auraient toléré, pour leurs recherches, mutilations animales et enlèvements humains ! Toujours selon ce Bennewitz, l'accord aurait dérapé, et une attaque de la base de Dulce se serait soldée par un échec et une centaine de tués. Parmi les autres « découvertes » de Bennewitz, l'astronome Hynek aurait été au courant de ce noir marchandage : ce qui fait bondir Jacques Vallée, qui fut son ami. Dans *Révélations,* Vallée voit là une opération de désinformation caractérisée, mais d'autres enquêteurs sont enclins à croire tout ou partie de ces histoires. En fait, William Moore, l'homme des révélations sur l'accident de Roswell, a admis, à la conférence du MUFON de 1989, que Bennewitz avait été victime d'une opération délibérée de désinformation par les militaires, à laquelle lui-même avait participé (Jacques Vallée, p. 96). Selon Vallée, le résultat a été de détourner beaucoup de scientifiques sérieux de la recherche ufologique, et il n'est pas le seul à le penser.

Il y a eu, depuis 1988, pas mal d'autres divulgations du même genre, où l'on se demande toujours si tout est faux, s'il y a un peu de vrai dans beaucoup de faux ou, qui sait, un peu de faux dans beaucoup de vrai. En 1988, le pilote d'avion John Lear, fils du constructeur des fameux *Lear Jets,* se livre à des révélations sensationnelles sur « l'horrible vérité » des ovnis, qui semble être une sorte de synthèse de celles de Bennewitz et de quelques autres. Notons avec intérêt que John Lear, excellent pilote, a travaillé pour la CIA. De même, d'autres pourvoyeurs de divulgations stupéfiantes ont, ou ont eu, des rapports avec l'armée et les services secrets. Dans un film diffusé à la télévision en 1988 (*UFO Cover-Up Live,* « La Dissimulation sur les ovnis, en direct »), apparaissent deux personnages masqués, baptisés Faucon et Condor, qui font à leur tour leur numéro de « révélations ». Or on va ensuite les identifier : l'un d'eux est... Richard Doty, que nous avons déjà rencontré (Jacques Vallée, p. 60). Un détail qu'ils ont raconté est resté dans les annales de l'ufologie : les EBE aiment la glace à la fraise, le petit point bien trouvé pour ridiculiser toute l'histoire. Doty a reconnu lui-même qu'il appartenait à une unité de désinformation ; son supérieur hiérarchique, du nom de Hennessy, aurait son bureau au Pentagone (Jacques Vallée, p. 61).

Selon l'ancien colonel Wendelle Stevens dans un livre controversé écrit avec William Steinman, *UFO Crash at Aztec* (paru en 1987), une première base souterraine avait été construite dès 1951 dans la région des Grooms Moutains, dans l'immense périmètre militaire entre Las Vegas et Tonopah (on peut vérifier qu'il n'y a rien sur les cartes routières, sur plus de 150 miles), où se situe aussi la base aérienne de Nellis qui a longtemps abrité les avions « furtifs » F-117. C'était alors le projet « Lumière Rouge » (*Red Light*), qui aurait consisté à étudier et essayer les fameux ovnis récupérés. 1951 : selon diverses dépositions, ce saint des saints des secrets sur les ovnis se nommerait la « Zone 51 ». Parmi les autres informateurs, tels que Bill Cooper (un ancien des services de renseignement de la marine) et Bill English (ancien capitaine des forces spéciales), il y en a un qui sort nettement du lot : Robert Lazar, jeune ingénieur qui prétend avoir travaillé à la base souterraine de la « Zone 51 », sur la propulsion des soucoupes volantes ! Timothy Good et Jacques Vallée se sont chacun entretenus avec lui et le jugent de bonne foi mais sans doute victime d'une manipulation. Alors qu'il s'occupait de programmes militaires à Los Alamos, il fut, dit-il, embauché brièvement à cette « Zone 51 », où il ne vit pas moins de neuf soucoupes volantes, dont plusieurs en parfait état, et il prétend même avoir assisté à un essai en vol ! La suite est troublante. N'aimant pas l'ambiance de cette base, il la quitte, et raconte son histoire à la télévision de Las Vegas, fin 1989. Comme par hasard, il aura ensuite quelques ennuis judiciaires pour avoir aidé à l'installation d'une maison close de Las Vegas : un épisode jetant le doute sur son témoignage, mais laissant aussi l'impression d'une manipulation bien ficelée, du type révélation/dénégation. Mentionnons ici un autre aspect intéressant du dossier. Le même Robert Lazar, mais aussi d'autres témoins, affirment avoir observé, la nuit aux abords de cette « Zone 51 », des vols étranges d'engins lumineux, décrivant des trajectoires... discontinues. Des constatations qui restent à confirmer, mais qui semblent étayer cette histoire de soucoupes à Dreamland !

Le journaliste George Knapp, qui était l'auteur de l'interview télévisée de Robert Lazar en 1989 (sur KLAS TV, filiale de CBS à Las Vegas), a présenté en 1993, au symposium annuel du MUFON, de nouveaux témoignages passionnants qui viennent renforcer les soupçons sur la récupération en grand secret de soucoupes et leur étude qui se poursuivrait à la fameuse « Zone 51 ». Toujours selon Knapp, des membres du Congrès américain enquêtent discrètement sur cette mystérieuse affaire. Mais Knapp souligne le risque de désinformation en la matière ! Mieux encore, le Congrès américain a ouvert une enquête, menée par le *General Accounting Office,* au début de 1994, sur l'épisode de Roswell, mais son caractère purement administratif risque de nous laisser sur notre faim !

Ces histoires stupéfiantes d'expériences génétiques sur l'espèce humaine, de contacts ultra-secrets avec des extraterrestres (et on en connaîtrait de plusieurs sortes !), faut-il les rejeter en bloc, comme totalement absurdes ? Mais alors, qui peut bien avoir intérêt à lancer de tels bobards, dont certains semblent provenir des services secrets américains ? Dans *Révélations,* Jacques Vallée suppose qu'il s'agit peut-être de désinformation pour protéger les prototypes secrets comme le F-117, mais il admet que l'explication est mince[57]. Le moment serait-il venu de placer tout cela dans une perspective « historique » ? Les révélations faites à Robert Lazar, dans les documents qu'il dit avoir lus à la « Zone 51 », comportent une dimension historique, tout comme celles confiées à Linda Howe. Celle-ci a d'ailleurs renoncé à dévoiler entièrement ce qu'elle avait appris : ces affaires sont inquiétantes, en effet, et ces petits êtres nous rappelent l'image traditionnelle des démons qui ont toujours été présents dans l'histoire des mythes et croyances religieuses. Mais les anges, que sont devenus les anges ? Ils seraient plutôt évoqués dans les témoignages, si fantaisistes, il faut bien l'avouer, des « contactés » qui nous décrivent des êtres qui nous ressemblent et se montrent bienveillants à l'égard de l'humanité. Passons donc à des visions d'un autre type, celles des « contacts religieux », qui persistent aujourd'hui, et dont l'exemple le plus célèbre au XXe siècle, est bien celui de Fatima. En effet, s'y trouvent réunis un contact avec messages et une apparition « solaire » à haute étrangeté, en tous points semblable à ce qu'on dénomme depuis quelques décennies un « objet volant non identifié »...

Le « Soleil-ovni » de Fatima

a) Témoignages

Que s'est-il passé à Fatima, Portugal, le 13 octobre 1917 ? Un phénomène « solaire » étrange (une parhélie, dirait Donald Menzel), ou un miracle, ou une hallucination collective, ou une vaste imposture, ou encore autre chose ? L'image pieuse qui nous reste d'abord est celle de la « danse du Soleil », devant plus de 50 000 personnes. Ce nombre est controversé, on avance fréquemment celui de 70 000, mais cela n'a aucune importance, car il y avait assez de témoins, et pas tous bien disposés vis-à-vis de la religion, pour nous permettre de supposer qu'un événement pour le moins très insolite a bien eu lieu. Les attestations fiables sont multiples, la plus remarquable étant celle d'un professeur de médecine à l'Université de Coimbra, José Proënça de Almeida Garrett, écrit quelques mois après l'épisode. Ce professeur précise qu'il était resté à l'écart de la foule et qu'il avait assisté à l'apparition « avec un esprit calme et serein, sans une émotion ni un soubresaut ».

Pour saisir le caractère extraordinaire de cette histoire, en particulier pourquoi il y avait tant de monde ce jour-là, il faut rappeler d'abord qu'on attendait une vision, annoncée le mois précédent par une apparition de la Vierge à trois petits bergers ; apparition qui se produisait tous les mois, à date fixe, depuis mai 1917, mobilisant chaque fois une foule croissante. Mais personne ne constatait de manifestation, et c'est pourquoi Lucia, l'aînée des trois petits bergers, avait demandé à la Vierge un grand miracle que tout le monde puisse voir, ce que l'apparition avait promis, sans toutefois en préciser la nature. Voilà donc qui explique cette foule, espérant sans doute l'apparition de la Vierge, et qui avait attendu, stoïque, toute la matinée sous la pluie. Voici, en résumé, la description du professeur Almeida Garrett.

Il pleuvait encore, vers 13 heures, lorsque arrivèrent les trois enfants, à l'endroit où avaient eu lieu les apparitions. Le professeur observe d'abord, vers 13 h 30, là où se trouvent les enfants, « une colonne de fumée, déliée, ténue et bleutée, qui monta droit jusqu'à deux mètres peut-être et s'évanouit à cette hauteur ». Le phénomène se dissipa au bout de quelques secondes, puis, après un certain laps de temps, se reproduisit une deuxième et une troisième fois. Selon d'autres témoins plus rapprochés qu'il interrogea ensuite, il n'y avait pas de feu, et le même phénomène avait été signalé au cours des cinq mois précédents, lors des apparitions. Puis, vers 2 heures, le professeur Almeida Garrett vit la foule diriger ses regards vers le ciel, en direction du Soleil qui avait « rompu la dense couche de nuages » : « Je me tournai vers cet " aimant " qui attirait tous les yeux et je pus le voir semblable à un disque au bord net et à l'arête vive, lumineux et brillant, mais sans fatigue pour les yeux. » Le professeur compare ensuite cette vision, plutôt qu'à un disque d'argent mat, à un « astre vivant », chatoyant comme l'orient d'une perle : « Il apparaissait comme un disque plat et poli, taillé dans la nacre d'une coquille. » Il n'avait pas l'apparence sphérique comme la Lune. « Il ne ressemblait pas non plus à un soleil contemplé à travers le brouillard — il n'y en avait pas à ce moment — car il n'était ni obscurci, ni diffus, ni voilé. À Fatima, il donnait lumière et chaleur, et il se dessinait nettement, avec un bord taillé en arête comme une planche à jeux. » Le professeur observe aussi qu'il y avait une couche de « cirrus légers » qui semblaient passer « derrière le Soleil, et non devant ». Il souligne aussi que ce « Soleil » n'était pas éblouissant et ne troubla pas les yeux pendant les dix minutes que dura l'observation, sauf à deux moments où il devint plus brillant. Une autre caractéristique stupéfiante était sa rotation rapide sur lui-même : « Ce disque nacré avait le vertige du mouvement. Ce n'était pas seulement le scintillement d'un astre plein de vie ; il tournait (réellement) sur lui-même avec une vitesse impétueuse. » Survient alors la partie la plus spectaculaire, qui effraie la foule : « De nouveau, on entendit une clameur, comme un grand cri d'angoisse de tout ce peuple. Conservant la rapidité de sa rotation, le Soleil se détache du firmament, et, rouge sang, avance vers la Terre, menaçant de nous écraser sous le poids de son immense masse ignée. Ce furent des secondes d'impression terrifiante. » Le professeur Almeida Garrett décrit ensuite un autre aspect très intéressant et insolite qui eut lieu, dit-il, plutôt vers la fin de la vision (il avoue ne plus se rappeler exactement à quel instant, rédigeant son attestation de mémoire deux mois plus tard : saluons au passage les scrupules du témoin) : il s'agit de changements de couleur frappants : « M'occupant de fixer le Soleil, je remarquai que tout s'obscurcissait autour de moi. Je regardai ce qui était près, puis j'allongeai la vue jusqu'à l'extrême horizon, et je vis tout couleur d'améthyste. Les objets, le ciel et la couche atmosphérique avaient tous la même couleur. Un grand chêne violacé qui s'élevait devant moi, lançait sur le sol une ombre épaisse. » Almeida Garrett ferme les yeux pour vérifier qu'il n'a pas une affection de la rétine ; puis, continuant son observation, il constate alors que toute la scène devient jaune. Il termine enfin son témoignage en se refusant à toute conjecture : « À d'autres il incombe de les expliquer ou de les interpréter. » Ce texte a été publié, en 1942 pour sa traduction française, dans le livre du chanoine Barthas, *Fatima, merveille inouïe,* qui était une adaptation d'un livre du révérend père Fonseca, paru à Rome la même année. Il a été réédité de nombreuses fois, et repris dans d'autres ouvrages[58]. Il est corroboré par de nombreuses autres déclarations, dont certaines recueillies plus tard, par exemple celle de ce témoin retrouvé par le journaliste Jean-Claude Bourret et publiée dans son livre *Le Nouveau Défi des ovnis* (1976). Ce garçon, José-Maria Pereira Gens, était à l'époque étudiant en médecine à l'Université de Coimbra, et son récit très détaillé recoupe bien celui du professeur Almeida Garrett. Il remarque aussi, détail significatif, que ses vêtements, qui étaient trempés par la pluie, étaient « parfaitement secs » à la fin de l'observation. Il confirme la vision du « Soleil » tournant à une « vitesse vertigineuse », semblant à un moment se rapprocher et « se précipiter » vers la foule, puis s'arrêter, et donnant ensuite la sensation « soit de s'éloigner, soit de s'approcher »[59].

Certaines autres déclarations, citées notamment par le chanoine Barthas, permettent de préciser l'apparition. Il s'agit particulièrement d'observations à distance : « Les documents officiels témoignent que le grand prodige fut aperçu jusqu'à quatre et cinq kilomètres de distance de la Cova da Iria et par des gens qui ne partageaient nullement l'attente ni les émotions de la foule des pèlerins et des curieux. » Il note même une observation faite d'un petit village situé sur une colline à dix ou onze kilomètres : « Je regardais fixement l'astre ; il me paraissait pâle et privé de son éblouissante clarté ; il semblait un globe de neige tournant sur lui-même. Puis, tout à coup, il parut descendre en zigzag, menaçant de tomber sur la terre. »[60] Si l'on se fie à ces témoignages à distance, le disque plat apparaît alors comme une *sphère,* évoluant à une altitude variable au-dessus de la foule, avec les aspects classiques de ce qu'on dénomme aujourd'hui un « ovni », objet volant non identifié, que cela plaise ou non ! On retrouve, en effet, des caractéristiques communes avec beaucoup de visions d'ovnis : l'aspect lumineux mais non éblouissant, la sensation de chaleur, la rotation à grande vitesse, les changements de couleur et les effets de rayons lumineux, « comme une roue de feu, projetant dans toutes les directions des gerbes de lumière, dont la couleur change plusieurs fois »[61]. Ajoutons à cela le silence de la manifestation et n'oublions pas cet élément particulièrement mystérieux, l'apparition et la disparition rapide, voire instantanée, comme surgie de nulle part.

Jacques Vallée a souligné d'autres aspects physiques, notés par les témoins lors des apparitions de la Vierge aux petits bergers, au cours des mois précédents : bourdonnement (les ovnis sont silencieux ou parfois bourdonnants comme un essaim d'abeilles...), bruit d'explosion ou coup de tonnerre, obscurcissement du ciel et refroidissement de l'atmosphère, éclair brillant, rayons de lumière colorée, globe lumineux aperçu dans le ciel, semblant s'avancer au loin (cinquième apparition, le 13 septembre), formation d'un nuage blanc, odeur étrange, pluie de « pétales » scintillants (comme les « cheveux d'anges » des ovnis). Les manifestations avaient lieu au-dessus d'un chêne : lors de l'apparition du 13 juin, des témoins virent des branches de l'arbre se courber, comme sous l'effet d'une masse invisible[62]. Tout cela suggère la *réalité physique* d'un phénomène inconnu, et non pas une forme quelconque d'illusion ou de vision *purement mentale*, si bien que Jacques Vallée a évoqué la « physique de la Bienheureuse Vierge Marie », dans son livre *Autres dimensions* (1988). Dans un ouvrage précédent, *Le Collège invisible* (1975), il était même plus provoquant, parlant de la physique de la « prétendue BVM », qu'il s'agissait d'étudier tout comme la technologie des ovnis. De quoi se mettre à dos à la fois les rationalistes et les traditionalistes ! Il s'est d'ailleurs aliéné également pas mal d'ufologues en rejetant ensuite l'hypothèse des extraterrestres, au profit d'une théorie assez ésotérique, signalée plus loin. Malgré ces provocations, Jacques Vallée a le mérite d'avoir (après d'autres, il est vrai, comme Paul Misraki), opéré ce nécessaire rapprochement entre le phénomène ovni et l'histoire des visions religieuses, qu'impose l'événement extraordinaire de Fatima. Mais les témoignages de cet épisode sont-ils suffisants pour nous convaincre de sa réalité ? Pas forcément pour tout le monde...

b) *Polémiques*

La « danse du Soleil » a-t-elle eu lieu ? Cette question est le premier niveau d'un débat plus vaste, incriminant aussi les fameux messages de la Vierge à la petite Lucia, le troisième d'entre eux n'ayant d'ailleurs toujours pas été divulgué par le pape. Pour les rationalistes militants, il s'agit bien sûr d'une vaste entreprise de propagande religieuse, voire politique, Fatima ayant bien servi la cause du catholicisme le plus traditionnel. C'est le point de vue de Gérard de Sède (*Fatima, enquête sur une imposture,* 1977), qui souligne les débuts modestes de l'entreprise, limitée longtemps au Portugal. Mais à partir de 1938 « fut confectionnée et diffusée une nouvelle vulgate », enrichissant le récit initial pour le transformer en un « message politique prétendant à une portée mondiale »[63]. Sans entrer dans les détails, disons que ces messages condamnaient les erreurs futures de la Russie, qu'il faudrait ramener au sein de l'Église (la Révolution d'octobre n'était pas loin !), puis annonçaient, un peu prématurément, la fin de la Première Guerre mondiale, puis l'arrivée de la Seconde (à dévoiler plus tard !). Soulignons aussi cette vision terrifiante de l'enfer, et la tonalité générale des messages, très traditionaliste, recommandant la prière et la pénitence, réaffirmant la doctrine : Eucharistie, sainte Trinité, autorité du pape, etc. Enfin, il y a le fameux troisième message, remis sous enveloppe cachetée au pape, et gardé confidentiel par quatre souverains pontifes successifs, alors que sa divulgation avait été prévue pour 1960. Quel était ce secret si pénible à annoncer ? On a songé à la prédiction de catastrophes, voire de l'Apocalypse. La dernière hypothèse en date est qu'il s'agissait d'une condamnation des réformes modernistes, et plus précisément du futur concile Vatican II (1962-1965), qui lança effectivement une grande réforme du catholicisme[64] !

Revenons cependant à la question initiale : qu'a-t-on vu à Fatima le 13 octobre 1917 ? Pour Gérard de Sède, pas grand-chose : « À la Cova da Iria, la pluie battante qui tombait prit fin peu après midi. “ *À ce moment* — écrit dans son rapport au patriarcat le curé de Fatima — *Lucia dit à la foule de regarder le Soleil parce qu'on y voyait saint Joseph et ensuite Notre Seigneur.* ” Mais la foule ne vit rien de tel. Une photo prise à cet instant nous la montre regardant en l'air, en attente, assez déçue. De cette attente trompée et des curieux jeux de lumière que l'on peut parfois observer dans une atmosphère saturée d'humidité quand les nuages se déplacent rapidement naquit la vision collective de la “ danse du Soleil ”. »[65] Gérard de Sède souligne ensuite la « logique subjective » de ce genre de témoignages :

« D'abord on voudrait avoir vu, ensuite on croit qu'on a vu, finalement on dit qu'on a vu. C'est ainsi que faute d'avoir assisté à l'apparition promise de la Sainte Famille, beaucoup de gens, en compensation, affirmèrent avoir vu le Soleil changer de couleur et danser, au mépris des lois inflexibles de la mécanique céleste. »[66]

Cette version rationaliste de l'événement de Fatima, souvent appelée aussi « hallucination collective », est une sorte de modèle standard, qui nous rappelle bien des explications d'apparitions d'ovnis. Elle est reprise à l'occasion dans la presse, par exemple par *L'Événement du Jeudi* du 7 juin 1990 qui résume ainsi l'histoire : « Fatima, Cova da Iria. 13 octobre 1917, 70 000 spectateurs, ciel chargé. Pour la sixième fois en un mois, la Vierge apparaît en tenue de lumière à trois petits bergers. Le Soleil " se met à danser ", selon des milliers de spectateurs qui se suggestionnent de la voix. Les autres ne voient rien, qu'un astre qui joue à cache-cache avec les nuages. La vidéo n'a pas encore été inventée. » L'article détaille ensuite la relation de la vision en s'appuyant étroitement sur l'ouvrage de Gérard de Sède. Notons au passage la grosse coquille sur les *six visions* en un mois, alors qu'il s'agissait d'*une vision* par mois pendant *six mois*. Avec un minimum d'objectivité, on ne peut éviter un sentiment de malaise devant une rédaction aussi bâclée : le mystère reste entier ! L'explication par des effets de lumière dans les nuages ne correspond nullement au témoignage précis du professeur Almeida Garrett, qui avait observé des cirrus légers passant *derrière* le disque lumineux et non devant. Qu'était donc ce disque (ou plutôt ce globe, selon les témoignages à distance) qui n'était évidemment pas le Soleil ?

La notion d'hallucination, individuelle ou collective, est devenue l'interprétation passe-partout de toutes les visions étranges et incompréhensibles. Il faut souligner ici qu'elle a été adoptée, non seulement par les rationalistes sceptiques, mais aussi par de nombreux croyants qui sont notoirement gênés par cette irruption du « merveilleux » dans le religieux. Pour Fatima, on parle aussi d'illusion d'optique, comme le chroniqueur religieux du journal *Le Monde*, Henri Fesquet : « Il s'agit sans doute d'une illusion d'optique, relevant de la psychologie d'une foule qui attendait un miracle. »[67] Ceci annonce toute une école de pensée de ces dernières années, au sein des Églises chrétiennes (mais aux antipodes des fondamentalistes au point qu'on se demande s'ils pratiquent encore la même religion), école qui veut débarrasser la foi de son « attirail » merveilleux et miraculeux. C'est la position, par exemple, de l'abbé et psychiatre Marc Oraison, dans *Le Tribunal du Merveilleux* (1976) et dans *Vraies et fausses apparitions dans l'Église* (1973). Il s'agit pour lui d'aborder « la question des apparitions, au sens où l'on désigne ce qui s'est passé à Pontmain, à Lourdes, à Fatima, etc. du point de vue de la clinique psychologique »[68]. Pour l'abbé Oraison, il n'est pas douteux que nous sommes en face d'un *mécanisme hallucinatoire* : « Le sujet qui est le siège de ce mécanisme éprouve vraiment une sensation. Il voit ou il entend quelque chose bien que cette perception n'ait pas de cause extérieure à lui. Il s'agit très précisément d'une *perception sans objet.* »[69] L'idée principale que soutient Marc Oraison, c'est qu'il faut bien distinguer la foi véritable de ce goût douteux pour le « merveilleux » : « On ne peut en aucune manière, du point de vue d'une réflexion scientifique, affirmer la *réalité* des apparitions. Et cela nous oblige, je pense, à revenir continuellement, du point de vue théologique même, à la distinction entre le “ merveilleux ” et la vie de foi. »[70] C'est là, essentiellement, une position de nature doctrinale. Mais si nous revenons aux observations et aux nombreux témoignages concordants, il y a bien eu à Fatima un phénomène extraordinaire avec effets physiques indubitables sur l'environnement.

Nous parlons là de l'apparition « publique », devant des milliers de personnes : plus délicat est le sujet de la réalité des visions « privées », celles que seuls ont vues les petits bergers. Est-il concevable, psychologiquement, qu'ils les aient inventées ? Comment, alors, Lucia aurait-elle pu annoncer un mois à l'avance le « miracle » du 13 octobre ? La raison nous impose d'admettre qu'ils ont eu réellement des apparitions, bien que les autres témoins, venus chaque mois plus nombreux, n'aient rien vu. Cependant, ils ont observé divers phénomènes physiques. Ainsi, contrairement à l'opinion de l'abbé Oraison, l'hypothèse fantastique qui semble s'imposer est celle d'une intervention *extérieure* sur l'esprit de ces petits bergers.

Leur histoire commence en fait en 1915, avec une première apparition, racontée par Lucia dans ses Mémoires[71] : « Nous vîmes planer, au-dessus des arbres qui s'étendaient à nos pieds, comme une nuée plus blanche que la neige, transparente, ayant forme humaine ! » L'année suivante, au printemps de 1916, un ange se manifesta clairement pour la première fois, dans un creux de rochers. Après un vent violent qui secoue les arbres, apparaît une lumière blanche ayant la forme d'un jeune homme, « transparente, et plus brillante qu'un cristal traversé par les rayons du Soleil ». Cette vision mystérieuse se rapproche et leur parle : « Ne craignez pas ! Je suis l'Ange de la Paix. Priez avec moi ! » L'année suivante, les apparitions de la Vierge se feront de même manière : coup de vent, éclair, vive lumière, apparition lumineuse d'une « Dame vêtue de blanc, plus brillante que le Soleil, qui rayonnait une lumière plus vive et plus intense qu'une coupe de cristal remplie d'eau pure, traversée par les rayons ardents du Soleil », ainsi que la décrit Lucia. Tout cela n'a-t-il pas un air de ressemblance avec les très nombreux récits de manifestations et de visions recueillis au cours de trois millénaires d'histoire religieuse ? Ne négligeons pas ces témoignages sur les apparitions de la Vierge et de la Sainte Famille, recensés depuis des siècles, qu'ils soient reconnus ou non par l'Église.

c) *Autres phénomènes « solaires » et apparitions*

Le livre *Vraies et fausses apparitions dans l'Église* donne une liste de 210 cas non reconnus, entre 1928 et 1971. Les experts de la 41e semaine d'études mariales, réunis à Saragosse en 1986, ont recensé plus de 300 manifestations pour les seuls XIXe et XXe siècles, et le total, au cours des dix siècles qui nous précèdent, atteindrait le nombre ahurissant de 21 000 apparitions ! Mais le Vatican n'en aurait reconnu que quinze, dont douze en Europe. Est-ce, au fait, un phénomène exclusivement catholique ? Apparemment pas, puisque l'un des cas les plus marquants de ces dernières années s'est produit... sur le toit d'une église copte, à Zeïtoun en Égypte. Une série d'apparitions lumineuses et nocturnes de la Vierge et de la Sainte Famille y a été observée par des milliers de témoins, dont beaucoup de musulmans d'ailleurs, et on en possède même d'assez bonnes photographies. Ces événements sont passés quasiment inaperçus dans la presse française, mais ont été très commentés dans la presse arabe, ainsi qu'en Europe et aux États-Unis. Le journal *Le Monde* du 7 mai 1968 a donné la nouvelle en quelques lignes laconiques, indiquant seulement la publication dans *Al Ahram* d'une photo amateur de la manifestation « sous la forme d'un nuage blanc », et la confirmation de ces phénomènes par le patriarcat copte. L'intérêt de Zeïtoun est d'être, comme Fatima, un cas de vision *collective* devant des foules très denses. Les enquêtes réalisées à Zeïtoun corroborent la réalité de ces épisodes lumineux.

Il y a eu d'autres observations collectives, notamment avec phénomène solaire et des témoins en plus ou moins grand nombre. Le livre *Vraies et fausses apparitions dans l'Église* cite un prodige solaire analogue à celui de Fatima, à Vilar-Chao au Portugal, en 1946 devant 30 000 personnes, ainsi qu'en Italie, à Casanova-Staffora le 4 octobre 1947, devant 5 à 6 000 personnes (apparitions non reconnues). Il s'avère que l'on a remarqué assez souvent des phénomènes aériens comparables à la « danse du Soleil » de Fatima, accompagnant des visions de la Vierge, pendant tout le xxe siècle. Dans *Les Apparitions de la Vierge,* Émile Tizané cite notamment San Damiano (1961) et Balestrino (1965-1968) en Italie. Toujours dans ce pays, la journaliste Anna-Maria Turi a enquêté sur d'autres cas fort intéressants, comme celui de Ghiaie di Bonate, en 1944, sous les bombes de la Seconde Guerre mondiale (qui auraient épargné une multitude de pèlerins !), et Marina di Pisa en 1948. On retrouve chaque fois les mêmes éléments de description : le disque lumineux mais pas éblouissant, tournant sur lui-même à grande vitesse, changeant de couleur et émettant des rayons lumineux... L'autre volet de ces apparitions, non moins constant, est celui des visionnaires, toujours innocents, gratifiés de manifestations de la Vierge, et de messages analogues à ceux de Fatima. Ainsi en est-il de Medjugorge en ex-Yougoslavie, où non seulement la Vierge est apparue régulièrement à plusieurs jeunes gens depuis 1981, mais où l'on a pu également observer d'étranges lumières aériennes. Cela a été confirmé par une journaliste anglaise, Mary Craig, dans un documentaire pour la BBC et un livre, *Spark from Heaven,* où elle dit avoir elle-même constaté des phénomènes aériens lumineux accompagnant des visions de la Vierge [72].

Anna-Maria Turi rapporte aussi quelques éléments d'investigation médicale sur ces visionnaires, qu'on a pu étudier en pleine transe à Medjugorge. Notons-en quelques conclusions significatives : ces individus sont mentalement normaux, ils se trouvent plongés dans plusieurs stades d'« états altérés de conscience », d'abord légers puis plus prononcés, semblant provoqués de l'extérieur par un *trigger,* (déclencheur extérieur) et pouvant entraîner épuisement et évanouissement. Comment ne pas songer à l'intense fatigue des prophètes bibliques ? Pour les médecins Giorgio Gagliardi et Marco Margnelli, ces jeunes visionnaires « vivent pendant l'extase une expérience qui dépasse les dimensions spatio-temporelles que nous avons coutume d'appeler réelles »[73].

Ces modernes apparitions de la Vierge nous rappellent également les anciennes visions prophétiques dans la mesure où elles semblent suivre toujours un même scénario, un schéma, répétitif, que décrit Anna-Maria Turi : « Dénonciation d'une situation ; remarques sur les actes des hommes ; instructions en vue de l'expiation ; promesse d'un signe ; annonce d'un châtiment en cas de transgression. » Une constante des messages est aussi la mise en accusation de notre époque comme une « ère satanique »[74] !

Un lecteur avisé fera remarquer que toutes les apparitions citées jusqu'à présent ont eu lieu dans des pays « latins » et méditerranéens, dont le goût pour les miracles est légendaire. En fait, on retrouve de tels phénomènes dans d'autres régions : à Knock en Irlande (1879-1880), à Tilly-sur-Seuilles (Calvados, 1896-1899), à Thurn (Bavière, 1949) devant 15 000 témoins, à Necedah (Wisconsin, États-Unis, 1950) devant 50 000 personnes ! L'événement se passe devant la ferme d'une voyante, Mme Van Hoof, et est rapporté par le révérend père Laplante, oblat canadien : « Le 7 octobre 1950, cinquante mille personnes étaient accourues à la ferme Van Hoof... À 11 h 40, je vis des gens qui levaient les mains vers le ciel. Je ne vois pourtant rien moi-même, le Soleil me forçant à baisser la vue. Je me mets donc à genoux, fais un acte de foi et me lève. Je regarde à nouveau le Soleil ; et à ma surprise, je me rends compte qu'il ne m'éblouit pas... Puis le disque lumineux se met à tournoyer, il descend tout près de la Terre et remonte à plusieurs reprises. Toute la foule fixe le même point. C'est un tumulte de joie indescriptible. »[75]

Ce dernier cas est à souligner : 1950 aux États-Unis, une voyante et le ballet aérien d'un disque lumineux. Ne sommes-nous pas tout près des histoires de « contactés » par des extraterrestres, qui apparaissent justement au début des années 50 dans ce pays ? Mais, avant d'y revenir, achevons le rapprochement avec la longue histoire des visions religieuses ou mythiques. Tel sera le thème de nos deux chapitres suivants.

Il y a eu certes, depuis l'Antiquité, des visions « profanes », mais il est clair que les visions religieuses et célestes sont largement prédominantes, et au cœur de notre interrogation.

4

Visions célestes des premières religions et du monde antique

Les visions d'antan sont-elles, du moins pour certaines d'entre elles, de même nature que nos modernes visions d'ovnis ? Gardons-nous d'apporter une réponse hâtive et catégorique sur la nature de ces manifestations, comme on l'a fait trop souvent à toutes les époques, soit dans le cadre des croyances mythiques, religieuses ou ésotériques, soit, de nos jours, selon une grille de lecture psychologique et socio-historique, soit en voulant déceler partout des extraterrestres ! Cependant, ne négligeons pas toutes ces interprétations, tout comme la question première que génèrent tous ces phénomènes : s'agit-il de visions réelles ou de visions mentales ? En lisant les récits légendaires ou religieux, on a souvent l'impression que le narrateur navigue entre ces deux types de possibilités, ce qui n'est pas sans analogie avec bien des visions contemporaines. On rencontre ainsi deux sortes de récits :

— ceux où les visions sont présentées comme « réelles », ou disons plutôt, prudemment, existant *en dehors de l'esprit* de l'observateur (ceci ne préjugeant pas de la nature réelle de la vision) ;

— ceux où les visions sont considérées comme étant *de nature mentale,* comme en rêve ou en « extase ». Ce sont par exemple les visions chamaniques, lors de voyages « en esprit », et celles dites prophétiques ou mystiques.

De prime abord, ce sont les récits d'apparitions « réelles », qui nous concernent le plus directement, dans notre recherche d'une parenté possible entre les récits anciens et contemporains. Mais rien n'est simple, et il s'avère que l'on rencontre souvent, y compris dans les histoires actuelles de phénomènes d'ovnis, les deux composantes, extérieure et mentale, intimement mêlées. La première vision d'Ézéchiel est présentée comme réelle, d'autres semblent être de type mental, mais toutes sont subies en extase ! Dans les épisodes d'ovnis, on retrouve fréquemment une dimension mentale, même si le témoin affirme la véracité de sa vision : il y a communication télépathique, apparition et disparition sur place, et même... une expérience de « sortie du corps » dans le cas de Betty Andreasson que nous étudierons. Méfions-nous donc des idées simplistes, et soyons attentifs à tous les aspects, même les plus bizarres, ésotériques, de la longue histoire des visions célestes.

Pour analyser de manière exhaustive ces visions et croyances au fil des âges, une véritable encyclopédie serait à peine suffisante, si l'on songe que l'historien anglais James Frazer, par exemple, a écrit vingt mille pages juste sur les mythes primitifs ! Nous nous limiterons donc à une très rapide exploration, formule qui présente d'ailleurs l'avantage, comme un film en accéléré, de nous aider à saisir la vue d'ensemble, à faire des comparaisons et à discerner des similitudes entre des époques et des lieux très éloignés.

I. Étranges visions, des mythes primitifs aux premières religions

Les hommes ont-ils toujours cru à l'existence de dieux célestes ? Les connaissances sont minces sur les croyances des hommes préhistoriques. On connaît bien, en revanche, celles des peuples « primitifs », qui ont été étudiées par de nombreux anthropologues depuis le milieu du XIXe siècle, et qui reflètent sans doute, en grande partie, celles des temps les plus anciens de l'humanité. Évoquons donc les unes et les autres avant d'en revenir aux êtres mystérieux peuplant les cieux.

Conjectures sur les croyances des hommes préhistoriques

Quelles croyances, quelles « visions » pouvaient bien avoir les premiers hommes « modernes », les hommes de Cro-Magnon, du paléolithique ? Les spécialistes en sont réduits à des hypothèses. Ils ont examiné les tas d'ossements, les sépultures, les belles fresques pariétales de Lascaux et autres lieux, vestiges muets qui ont enflammé les imaginations. Les intentions idéologiques n'étaient pas absentes de ce débat, comme on peut s'en douter, pour ou contre la présence de pratiques religieuses. Le caractère religieux des fresques a été soutenu dès la fin du XIXe siècle, mais les opposants ne voulaient y voir que les premières œuvres d'art de l'humanité. André Leroi-Gourhan s'est moqué gentiment de ceux qui transformaient « les Eyzies en un Montparnasse paléolithique où des rapins barbus silhouettaient des mammouths et des femmes charnues entre deux chasses à l'ours »[1]. Dans la première moitié du XXe siècle, les fresques se virent attribuer un sens magique, notamment par l'abbé Breuil en France. Dans les années 60, on mit l'accent sur des éléments touchant à la sexualité ; dans les années 80, sur l'aspect informatif, les fresques devenant alors un aide-mémoire pour se préparer à la chasse. On admet toujours, cependant, qu'il ait pu y avoir un sens rituel, symbolique, mais qui serait définitivement perdu. On cite en exemple l'art des aborigènes australiens, auquel ceux-ci attribuent eux-mêmes plusieurs significations : extérieure et intérieure, littérale et symbolique[2].

Les premiers signes indubitables de culte religieux sont apparus, au Proche-Orient, entre les IXe et VIe millénaires avant notre ère. Plus précisément, on trouve, avant le VIe millénaire, des statuettes figurant des êtres humains, d'abord des statuettes féminines, aux volumes souvent exagérés, qui suggèrent un culte de fécondité, à l'époque où commencent à se répandre l'agriculture et l'élevage. Puis, c'est le début, en Palestine au VIe millénaire, de statuettes aux visages déformés, au regard inquiétant. Ensuite, naissent les premières scènes nettement religieuses, avec des images d'entités étranges, d'êtres différents des humains. Elles sont plus importantes, et souvent placées au-dessus d'eux. On voit des hommes lever les mains vers elles, comme pour les implorer. Voilà, sans doute, la première apparition de « dieux » célestes mystérieux !

Il faut souligner ce moment de l'histoire humaine où se révèle une tension, une inquiétude. Au Sahara, on a trouvé, datant du néolithique ancien, une fresque qui représentait un grand personnage et des hommes levant les bras vers lui. On a remarqué également dans le Sud-Oranais, un bélier, lui aussi beaucoup plus imposant que les humains qui l'implorent, et portant une sphère entre ses cornes[3].

Mentionnons ici une polémique au sujet de certaines fresques découvertes au Sahara. En 1958, l'ethnologue Henri Lhote rendit célèbres des fresques découvertes au Tassili des Ajjer, en particulier un « Grand dieu martien », ainsi baptisé par lui à cause de sa tête ronde et sans traits humains, évoquant un casque d'astronaute[4]. Une autre silhouette étrange, le « dieu aux orantes » de Séfar, a une tête aplatie avec des sortes de cornes. De nombreux personnages ont été dessinés avec la tête ronde sans visage, d'autant plus curieuse que le reste du corps est bien tracé. Ces fresques furent citées à l'époque, notamment par Louis Pauwels et Jacques Bergier dans *Le Matin des magiciens* (1960), pour illustrer l'hypothèse des « anciens astronautes », qui auraient visité la Terre dès les temps préhistoriques. Cependant, cette théorie a été controversée au profit d'une interprétation moins imaginative et plus vraisemblable, celle de la représentation de masques et de costumes rituels. Certains de ces personnages portent d'ailleurs des arcs et des flèches, instruments fort peu astronautiques[5].

En Europe occidentale, on sait que de nombreux monuments funéraires mégalithiques attestent des pratiques et croyances religieuses de l'époque néolithique : religion « cosmique », selon l'expression de Mircea Eliade, c'est-à-dire religion centrée sur le mystère de la « rénovation périodique du monde », sur l'idée d'un temps cosmique circulaire, liée à l'observation des saisons (et du ciel étoilé qui les annonce), si importante pour les agriculteurs. C'est aussi, bien sûr, le culte des morts et des ancêtres, la croyance dans la survie de l'âme, le culte des dieux et déesses de la fertilité. Ces rites anciens vont souvent être perpétués, intégrés ou non, dans les futures religions. C'est, par exemple, l'adoration en Grèce de Déméter, déesse de la fertilité, en Crète puis à Eleusis, lieu de culte très important jusqu'à la fin de l'Antiquité. Ce processus de continuité des croyances religieuses archaïques peut être observé à travers toutes les cultures « populaires », depuis l'Europe jusqu'à l'Inde et la Chine[6].

Incidemment, nous venons d'évoquer deux approches possibles dans la description des croyances : une source qu'on pourrait qualifier de « naturelle » (ou « cosmique »), et une autre, plus insolite, comme *extérieure* aux hommes, tombant du haut des cieux et terrifiante pour eux, une constante que l'on va retrouver jusqu'à notre époque, et tout d'abord chez les peuples dits « primitifs ».

Mythes et croyances des peuples primitifs

a) La dimension mystérieuse et « sacrée » des mythes

Un trait commun aux cultures primitives, avant le choc de la « civilisation », était leur conservatisme. La raison s'appuyait sur la crainte que le moindre changement mette en péril leur existence, dont les primitifs percevaient bien la précarité. La survie de la communauté primitive était ressentie comme liée à la connaissance et au respect des mythes sur l'origine du monde et de la tribu, qui devaient être transmis intacts, de génération en génération, par l'initiation des jeunes. On est donc en droit de supposer que les peuplades « sauvages » avaient conservé, récemment encore, des mythes et croyances remontant, pour une bonne part, à la préhistoire de l'humanité.

De plus, alors que les mythes classiques sont, depuis les Grecs, considérés comme des fables et des inventions, les savants occidentaux en sont venus, au début du XXe siècle, à étudier et à accepter le mythe « tel qu'il était compris dans les sociétés archaïques, où il désigne, au contraire, une " histoire vraie " et, qui plus est, hautement précieuse parce que sacrée, exemplaire et significative »[7]. Ce point est très important, et il intrigua les premiers explorateurs et anthropologues occidentaux : le mythe est tenu pour véridique, alors même qu'il paraît tout à fait invraisemblable, et cela par des hommes pleins de bon sens dans leur vie courante. On a constaté d'ailleurs qu'ils faisaient une nette distinction entre les fables, dont on peut sourire, et les « vrais » mythes, auxquels il faut croire sans discuter.

La conception que les mythes pourraient traduire, au moins pour certains d'entre eux, le souvenir d'événements réels, est étayée par des exemples frappants. Le mythe du déluge, par exemple, est universel : il y a là, peut-être, le lointain et terrifiant souvenir de la montée des eaux de tous les océans à la fin de l'ère glaciaire, estimée aujourd'hui à plus d'une centaine de mètres, et en assez peu de temps !

L'étude des mythes primitifs a déjà une longue histoire, depuis qu'au XIXe siècle les premiers anthropologues s'efforcèrent de leur trouver un sens. En toile de fond il y avait la polémique de l'époque, pour ou contre les religions, chacun essayant de tirer des arguments pour appuyer son point de vue. Une ambiance peu propice, évidemment, à l'objectivité scientifique. Côté rationaliste, on distingue deux écoles principales : l'une, psychologique, à la suite de l'Anglais Tylor, et l'autre, sociologique, à la suite du Français Durkheim. À ces deux approches est venue s'ajouter notamment l'analyse structurale, avec Claude Lévi-Strauss[8]. La description, même très résumée, des nombreux « modèles » qui ont été proposés pour interpréter les mythes nous éloignerait beaucoup trop de notre sujet, mais il y a au moins un point fort à souligner : en dépit de toutes les explications « rationnelles » qui n'ont pas manqué, une école de pensée s'est maintenue qui affirme le caractère très étrange des mythes.

Claude Lévi-Strauss lui-même a insisté sur les limites de notre compréhension face à eux, malgré toutes les études réalisées. Pour lui, on se heurte toujours, au fond des choses, à un mystère. L'analyse des mythes soulève en effet d'insolites questions, comme par exemple la multitude de leurs similitudes à travers le monde, même entre des peuplades très éloignées les unes des autres. Pourquoi les Indiens d'Amérique du Nord ont-ils absorbé si facilement la mythologie européenne ? « ... Pourquoi, à travers les siècles et les peuples, les mythes se ressemblent suffisamment pour se compénétrer ainsi ? Et là nous ne pouvons reconnaître que notre absolue ignorance. Nous manquons de trop de données, situées à quelques milliers d'années seulement de nous mais qui resteront définitivement inaccessibles. »[9]

Dimension énigmatique des mythes ? C'est ce que soulignent, bien entendu, les interprétations religieuses. Le philosophe Paul Ricœur parle de « fantastique transcendantale ». Au début du siècle, un psychologue allemand, Rudolf Otto, insista aussi sur le caractère irrationnel, « numineux », de l'expérience religieuse. De même, l'historien des religions Mircea Eliade n'a cessé de faire ressortir, dans tous ses écrits, le « caractère sacré, irréductible, du phénomène religieux ». Il ne s'agit pas, ici, de minimiser ou d'éluder cette dimension mystérieuse et « sacrée » des mythes, mais, dans un esprit beaucoup plus modeste, de relever certains aspects évoquant l'apparition, la présence, très répandue à travers toute l'histoire des croyances et des visions, d'êtres célestes et autres sibyllines « entités ».

b) Grand Dieu céleste et vision chamanique

La croyance en un grand Dieu céleste est très répandue chez les peuples primitifs, pour qui le ciel est le lieu des puissances supérieures, inaccessibles à l'homme. Le nom même donné au Dieu évoque cette puissance céleste : celui qui est en haut (*Oki* des Iroquois), élevé, en haut (*Iho* chez les Maoris), ce qui est en haut, les régions supérieures, le très haut, le brillant, le Ciel, etc. Tout ce qui se passe dans le ciel prend valeur de signe divin, de « hiérophanie » (manifestation divine) : révolution rythmique des astres, nuages, tempêtes, tonnerre, foudre, météores, arcs-en-ciel. Tout ceci correspond bien à la notion de religiosité « cosmique » et « païenne », mais une autre conception apparaît, celle d'un Dieu, ou de dieux, s'imposant dans la vie des hommes, souvent d'apparence anthropomorphique, dans un environnement lumineux.

Ce thème du Dieu céleste *lumineux* est particulièrement accentué chez les populations arctiques et centre-asiatiques. Chez les Ostiaks Irtysch, par exemple, le nom de la divinité céleste est dérivé de *Sänke* dont le sens originaire est « lumineux, brillant, lumière ». Les Ostiaks et les Vogouls ajoutent les qualificatifs « grand », « lumineux », « doré », « blanc », « bonne lumière dorée d'en haut ». D'autres peuples décrivent le palais du Dieu céleste : les Bouriates parlent de sa « maison éclatante d'or et d'argent », les Altaïques évoquent un palais avec une « porte d'or » et un « trône d'or ». Et dans ce palais il y a, bien sûr, une cour céleste : « Le Dieu a des fils et des filles et est entouré de serviteurs et de messagers que le chaman rencontre dans son ascension extatique au ciel. »[10]

Cette conception des grands dieux célestes est proche d'une vision du monde très particulière, qu'on appelle « chamanique » car elle appartient aux chamans (ou chamanes), qui sont, si l'on veut, les guérisseurs, en premier lieu des peuplades sibériennes et asiatiques, mais que l'on a observés un peu partout dans le monde, notamment chez les Indiens d'Amérique. Croyances qui remontent sans doute à la préhistoire et ont donc occupé une place prépondérante dans la formation des premières religions. Le chamanisme est devenu, d'ailleurs, un sujet d'étude très moderne et actuel pour de nombreux anthropologues, psychologues et chercheurs dans le domaine controversé du « paranormal ».

Pour condenser en peu de mots l'institution, complexe, du chaman, disons qu'il est à la fois le guérisseur et le religieux de la tribu. Il possède bien entendu des pouvoirs magiques, comme tout guérisseur qui se respecte, notamment celui de désenvoûteur contre les sorciers (qui sont la face noire du chamanisme), et surtout la capacité extraordinaire de voyager hors de son corps, dans l'univers des « esprits » : au ciel et, très utilement, en enfer pour guérir et sauver les âmes. La vision chamanique du monde est à trois niveaux, Ciel, Terre et monde inférieur, reliés par un axe central qui constitue pour le chaman la voie d'accès d'un monde à l'autre. Il parvient à réaliser ces « voyages spirituels » en provoquant, par diverses techniques qui supposent, non seulement des dons spéciaux mais un long apprentissage mental, un « état altéré de conscience », selon la terminologie actuelle.

c) Deus otiosus, *le Dieu absent*

Le Dieu suprême des primitifs est souvent conçu de façon anthropomorphique. C'est le cas du dieu Puluga des Andamans, peuple très primitif de l'archipel andamandais dans l'Océan Indien, qu'on a cru longtemps sans religion. C'est la découverte de leur croyance dans un grand Dieu unique, ainsi que chez d'autres peuples primitifs, à la fin du XIXe siècle, qui inspira à Andrew Lang sa théorie du « monothéisme primordial ».

Puluga vit dans le ciel, entouré du Soleil, de la Lune et des étoiles. Il « a créé le monde, et aussi le premier homme, nommé Tomo.

L'humanité se multiplia, dut se disperser et, après la mort de Tomo, oublia toujours davantage son créateur. La colère de Puluga éclata un jour et le déluge qui engloutit la Terre entière mit fin à l'humanité : quatre personnes seulement se sauvèrent. Puluga eut pitié d'eux, mais les hommes se montrèrent toujours récalcitrants. Après leur avoir une dernière fois rappelé ses commandements, le Dieu se retira — et les hommes ne l'ont plus revu depuis »[11].

On retrouve un schéma semblable partout en Afrique, c'est-à-dire les traces d'un grand Dieu céleste à peu près disparu, ou en train de disparaître du culte. L'Être Suprême ne joue qu'un rôle insignifiant dans la vie religieuse de la tribu : c'est le *Deus otiosus,* le Dieu absent, qui se repose, qui n'agit pas. Chez les Bantous, on dit que « Dieu, après avoir créé l'homme, ne se préoccupe plus du tout de lui », et les Négrilles se lamentent : « Dieu s'est éloigné de nous ! »[12]

Un aspect très passionnant du mythe est la croyance que, avant la rupture avec Dieu, ou les dieux, il y avait avec eux des échanges aisés. Cela ressort, par exemple, dans le mythe des pygmées Semang, de la péninsule de Malacca : « Les Semang disent qu'autrefois un tronc d'arbre reliait le sommet de la Montagne Cosmique, le centre du monde, avec le Ciel... Les communications avec le Ciel et les relations avec la divinité étaient faciles et " naturelles " ; à la suite d'une faute rituelle, ces communications ont été interrompues et les dieux se sont retirés encore plus haut dans les cieux. »[13]

On rencontre un mythe tout à fait comparable chez les tribus Aranda de l'Australie centrale, où figurent d'étranges dieux à pied d'émeu (sorte d'autruche avec des pattes à trois doigts) : « Au Ciel se trouve un personnage à pied d'émeu, ayant femme et enfants à pied d'émeu : c'est le Grand Père appelé également l'Éternel Jeune (*altjira nditja*). Ces Êtres vivent dans un pays perpétuellement vert, plein de fleurs et de fruits, traversé par la Voie Lactée. Ils sont tous éternellement jeunes, le Grand Père ne se distinguant pas de ses enfants, et ils sont immortels comme les étoiles, car la mort n'a pas réussi à pénétrer chez eux. »[14]

Ce mythe semble être un cas extrême de *Deus otiosus* car, contrairement au mythe classique, cet Être Suprême et les siens n'ont rien créé, ne se sont jamais intéressés à ce qui se passait sur Terre. Cependant, d'autres perspectives du mythe permettent de le ranger parmi les Êtres Suprêmes : son immortalité, et son antériorité par rapport aux ancêtres totémiques ; la valeur religieuse du Ciel, que certains héros ont pu atteindre, devenant eux aussi immortels ; la croyance des Aranda qu'il y avait jadis une communication facile avec le Ciel par une échelle ou des arbres géants : les hommes seraient devenus mortels après que ces échanges aient été brutalement interrompus.

Ce mythe d'une rupture avec les dieux est à associer avec d'autres, universels, ou à un aspect différent d'un schéma mythique général, le mythe célèbre de l'âge d'or, précédant cette cassure et les catastrophes qui s'ensuivent. Selon les aborigènes australiens, ces ancêtres bienheureux « se sont métamorphosés en astres ou sont montés au Ciel pour habiter le soleil et les étoiles »[15].

Ainsi, les hommes ont perdu par leur faute le paradis, ils ont gardé une image du Dieu ancien de moins en moins humaine, et ont éprouvé de la rancœur à la suite de cette rupture. On trouve un sentiment analogue dans un autre mythe, celui du dieu malin, ou *Trickster* (chez les Indiens), face obscure du dieu sauveur, qui suscite la méfiance des hommes.

d) Le dieu sauveur, et le Trickster

Dans le quotidien, aussi bien en Asie qu'en Afrique, la vie religieuse des peuples primitifs s'est caractérisée surtout par le totémisme et le polythéisme, d'où la difficulté initiale pour les anthropologues de reconnaître l'existence d'une divinité céleste primordiale : celle-ci, on va le voir, cède partout la place à d'autres dieux, plus présents et efficaces. En général, l'Être Suprême fait place à un démiurge qu'il a lui-même créé et qui, selon ses instructions, continue la création et l'organisation du monde. On rencontre souvent, tant dans la mythologie primitive que dans les religions des premières civilisations écrites, ce mythe d'un « second créateur », ou « démiurge », ou « sauveur », qui reste subordonné au Dieu suprême, mais qui a été chargé par lui d'ordonner le monde, voire même de créer les hommes. C'est lui aussi qui a apporté les premiers éléments de civilisation : le feu, les plantes cultivables, les premiers principes sociaux et religieux. Enfin, il apparaît souvent sous un aspect moins avantageux, celui du « malin », qui joue des mauvais tours aux hommes et même aux dieux [16]. Les Indiens d'Amérique l'appellent le *Trickster,* et il est capable de revêtir des formes diverses, coyote, corbeau, « grand lièvre » *Michabo* des Algonquins, « sorte de héros tribal qui, après la destruction du monde par un déluge », en crée un nouveau. Son grand exploit est la mise à mort d'un terrible serpent (ou poisson) qui opprimait les hommes et en tuait beaucoup. Il aurait aussi volé le feu au dieu solaire pour l'offrir à l'humanité [17].

Le rapprochement s'impose, évidemment, avec le célèbre mythe grec du Titan Prométhée, qui avait dérobé le secret du feu aux dieux, lors de son séjour sur le mont Olympe. On pense aussi au dieu *Loki* des Germains, « serviteur très rusé des dieux mais aussi leur ennemi artificieux et l'origine de tous les maux » [18]. Georges Dumézil a consacré un livre entier, *Loki,* à ce personnage énigmatique, dont nous reparlerons.

Selon les historiens, le « Sauveur » remplit quatre fonctions :

« — 1) la mise en ordre du monde originellement informe et la destruction des monstres qui l'habitaient,

« — 2) le vol du feu au soleil,

« — 3) la restauration du monde après la grande inondation primitive (“ déluge ”) et,

« — 4) la création de l'homme et l'organisation de sa vie. » [19]

Ainsi, le Sauveur, bien que n'étant pas le Dieu suprême, n'en a pas moins une lourde tâche !

Voici maintenant quelques exemples, aussi étranges que primitifs, de dieux « sauveurs ». Chez les Hottentots, le dieu *Kaggen* (Cagn) « est avant tout un joueur de mauvais tours sous une forme animale (mante religieuse) ». Notons bien cette forme étonnante et saugrenue de la mante religieuse, car nous la retrouverons à la fin de ce livre... Notons bien, également, cette légende insolite des aborigènes australiens, sur de très lointains ancêtres, très supérieurs aux hommes actuels, les *Wondjinas,* qui n'avaient *pas de bouche...* Les indigènes australiens croyaient que ce handicap était la raison pour laquelle leur civilisation était inférieure à l'européenne ! Cette époque très reculée des *Wondjinas* était appelée « époque de rêve », car les Australiens la revoyaient encore dans leurs rêves et leurs visions. Histoires farfelues ? Mentionnées en tout cas, le plus sérieusement du monde, par les deux professeurs suédois d'histoire des religions Ringgren et Ström, dans leur ouvrage *Les Religions du monde*[20].

On peut aussi établir une relation entre ces dieux bizarres et le mythe, très répandu, des dieux célestes asexués, androgynes. En général, les dieux cosmiques ont forme humaine, contrairement aux dieux animaux hérités de la préhistoire (ou mi-hommes, mi-dieux comme en Égypte ancienne). Mais une particularité fréquente du mythe des dieux célestes sauveurs est leur sexe apparemment indifférencié, du moins dans les récits les plus anciens. C'est le cas, par exemple, du dieu akkadien *Ishtar* qui, selon les historiens, cumulerait les attributs du Ciel (masculin) et de la fécondité féminine. Il se scindera plus tard en déesse-mère (*Inanna*) et dieu céleste solaire (*Shamash*). Cette explication historique semble convaincante, mais peut-être recouvre-t-elle une réalité plus profonde et mystérieuse ? Que sont ces dieux sauveurs sans bouche, androgynes, ou à l'allure de mantes religieuses ?

Les dieux des premières religions

On trouve dans les premières religions historiques connues des analogies évidentes avec les croyances primitives qui viennent d'être évoquées. Les unes et les autres ont sans doute des racines communes, remontant aux origines les plus anciennes de l'humanité. Voici, de nouveau, les grands dieux célestes lointains, auxquels succèdent les dieux « sauveurs » héroïques.

a) Les grands dieux célestes

Les dieux des religions les plus reculées ressemblent fort aux dieux célestes primitifs des croyances chamaniques. En Mésopotamie, à l'époque de Sumer, trois millénaires avant notre ère, le nom de la divinité, *Dingir,* signifiait « clair, brillant », et son symbole était une étoile. C'était un dieu guerrier et les étoiles composaient son armée. Il devient ensuite un dieu lointain, du nom de *Anu,* qui exprime le Ciel, et va subsister comme le roi, ou le père des dieux, ainsi que le nomme le code Hammourabi.

Ce premier Dieu céleste, comme les dieux primitifs, et comme d'autres dieux des religions originelles, a une apparence très lumineuse et impressionnante. Ce caractère « numineux », comme dit aussi l'historien Rudolph Otto, va être encore accentué avec la génération suivante de dieux (*Mardouk, Shamash* pour la Mésopotamie), qui va être abordée plus loin.

Dans le monde des tribus aryennes, c'est-à-dire des « indoeuropéens », on suppose l'existence d'un grand Dieu céleste, Diêus, dont seraient issus l'indien *Dyaus,* l'italique *Jupiter,* l'hellène *Zeus,* de même que le dieu germanique *Tyr-Zio,* tous ces noms évoquant le « Ciel serein, brillant »[21].

En Égypte, les grands dieux ont d'emblée un caractère solaire, un caractère spécifique que le linguiste allemand Max Müller avait cru voir partout, une théorie qui a été réfutée. Signalons ici la complexité et la richesse des croyances égyptiennes, qui relèvent en fait de plusieurs traditions : Thèbes, Memphis, Hermopolis, Héliopolis, chacune avec sa cosmogonie particulière. L'image du grand Dieu céleste correspond en premier lieu au grand dieu solaire *Rê-Atum-Khépri* (Soleil levant, au zénith, et Soleil couchant) de la théologie solaire d'Héliopolis. Mais il faut aussi mentionner le grand dieu *Ptah* de Memphis, capitale des Pharaons et de la Première Dynastie. Il s'apparente à la plus ancienne cosmogonie, et aussi la plus « philosophique », car *Ptah* crée par son esprit (son « cœur ») et son verbe (sa « langue »), alors que le dieu *Rê* effectue sa création... en se masturbant et en expectorant ! Cela dit, les Égyptiens ont une « relation spéciale » avec le Ciel : selon les traditions, le séjour des morts est soit souterrain, soit céleste. Dans ce cas, les âmes rejoignent les étoiles pour l'éternité. Le Ciel est une « Déesse-Mère », et la mort est une nouvelle naissance, dans le monde sidéral... Le Pharaon luimême entreprend l'ascension céleste, s'envolant sous la forme d'un oiseau, parfois en grimpant à une échelle, et se transforme en dieu suprahumain lors de cette ascension, qui est une victoire sur la mort[22].

En continuant notre tour d'horizon, nous notons une évolution vers des dieux plus concrets, comme en Inde où, dès le commencement de l'époque védique, vers 1400 avant notre ère, la place de *Dyaus* a été donnée à *Varuna* et *Mitra,* « les deux puissants et sublimes maîtres du Ciel ». Les Iraniens avaient eux aussi un Dieu suprême céleste, selon

Hérodote, mais son nom s'est égaré. Néanmoins, on observe une structure « ouranienne » (céleste) dans la divinité de l'*Avesta* (texte fondateur), *Ahura Mazdâh,* qui a « pour vêtement la solide voûte du Ciel ». Ce dieu apparaît lointain : il ne crée pas lui-même, mais « par l'intermédiaire d'un " bon esprit ", réplique du démiurge qui accompagne l'Être céleste suprême dans les religions primitives »[23].

En Grèce, *Ouranos* est véritablement le Ciel, qui enveloppe la Terre. Il est lui aussi, par excellence, le Dieu distant, dont il ne reste rien, pas même une image, seulement la légende transmise par Hésiode. Mythe étrange : à la différence des autres dieux célestes, *Ouranos* jouit d'une fécondité exceptionnelle. Mais, hélas, il engendre des monstres, tels que les Cyclopes et les Hécatonchires, créatures aux cent bras, qu'il hait aussitôt qu'il les a créés. Il les cache alors dans le corps de la Terre, *Gaia.* Puis le mythe prend une tournure très freudienne : le dernier de ses enfants, *Cronos,* poussé par sa mère Gaia, mutile « l'organe générateur » d'*Ouranos* et le jette à la mer, mettant un terme à son odieuse et stérile fécondité. Apparaît alors la déesse *Aphrodite,* symbole de l'ordre et de la fixité des espèces. La suite est tout aussi sanglante. *Cronos,* devenu roi de l'Univers, dévore ses propres enfants par peur d'être détrôné. L'un d'eux sera sauvé grâce à sa mère : c'est *Zeus,* qui parviendra à tuer son père dans une guerre terrible entre, d'un côté *Cronos* et les Titans, de l'autre *Zeus* et ses frères qu'il avait libérés (ils n'avaient pas été vraiment dévorés), et aussi avec l'aide des fameux monstres, libérés du Tartare pour la circonstance. Ainsi fut chassé du pouvoir, dans cette guerre des Titans, ou « Titanomachie », la génération primordiale, remplacée par les nouveaux dieux, les *Olympiens*[24].

Histoire délirante, certes, et qui fit horreur aux philosophes de la Grèce classique, mais qui est riche de sens symbolique, allégorique. Que signifient, par exemple, tous ces monstres ? On peut imaginer la crainte qu'a dû inspirer aux premiers pêcheurs la vue de grands monstres marins : pieuvres, calmars géants remontés des profondeurs. On peut aussi supposer la stupeur des premiers hommes découvrant un tibia ou une mâchoire de dinosaure. De fait, il y a énormément de dragons, dans les mythes du monde entier, comme on rencontre également des ossements de dinosaures partout sur Terre. Mais les Cyclopes, direz-vous, il n'y a jamais eu de Cyclopes ! Eh bien, figurez-vous qu'il y a des gens qui en voient encore de nos jours, leur apparaissant comme des visiteurs de l'espace : les « mythes » sont éternels !

La liste des anciens dieux célestes est fort riche. Citons encore le *Jupiter* des Romains, surnommé aussi *Lucelius, Fulgur, Fulgurator,* le souverain cosmique qui intervient par les prestiges de sa magie. Le dieu germanique *Tyr,* ou *Tiwaz* (ou le *Tio* anglo-saxon) était sans doute le plus vieux Dieu du Ciel de l'Europe centrale. Il va s'effacer devant les nouveaux dieux, guerriers et héroïques.

b) La génération des dieux héroïques

Parmi les dieux célestes déjà cités, *Zeus* et *Jupiter* sont déjà des représentants de la nouvelle génération des dieux guerriers et héroïques qui s'imposent désormais. Ce sont aussi les dieux *Shamash* et *Mardouk* en Mésopotamie *(Akkad* et *Sumer),* le dieu *Baal* (ou *Ba'al*) des Cananéens, dont le culte va être combattu avec acharnement par les Hébreux, les dieux indiens *Indra, Rudra* et *Parjanya.*

Parjanya, par exemple, est fils de *Dyaus* et dieu de l'ouragan, époux de la déesse de la terre *Prithivî.* Il règne sur les eaux, il envoie les pluies, assure la fécondité des êtres vivants. Mais ses attributions lui font perdre son rang de Dieu suprême : « Parjanya ne sait plus tout, comme Dyaus, et n'est pas souverain comme Varuna. » C'est pourquoi il est ensuite remplacé par *Indra,* le plus populaire des dieux védiques[25]. Incidemment, nous avons ici un petit aperçu de la longue histoire (à ses origines) et de l'énorme complexité de la religion indienne, laquelle ne sera évoquée, par la suite, que brièvement.

Ces dieux guerriers sont des fécondateurs. *Indra* et *Rudra* sont comparés à un taureau qui s'unissait à une déesse-vache de dimensions cosmiques ! Le taureau et la foudre ont été très tôt des symboles conjugués des divinités atmosphériques, et sont des thèmes fréquents dans l'iconographie[26]. Un autre sujet très répandu, exploit typique de ces dieux virils et positifs est leur assaut victorieux contre toutes sortes de monstres effrayants, symboles du chaos primordial et des forces négatives. C'est le combat de *Zeus* contre *Typhon,* l'un des monstres les plus terrifiants que les hommes aient jamais imaginés, science-fiction incluse. *Typhon* « était plus grand que les Géants, et, souvent, sa tête heurtait les étoiles. Au lieu de doigts, il possédait, aux mains, cent têtes de dragons. À partir de la ceinture jusqu'aux pieds, son corps était entouré de vipères. Il était ailé, et ses yeux lançaient des flammes »[27]. Dans son combat contre *Zeus, Typhon* eut d'abord le dessus, mais il fut finalement écrasé par *Zeus* grâce à l'aide d'autres dieux, *Hermès* et le dieu *Pan.*

L'une des luttes les plus célèbres est celle du dieu suméro-babylonien *Mardouk* contre l'effroyable dragon *Tiamat,* monstre féminin des eaux salées, et son époux *Kingu. Mardouk* coupe en deux le corps de *Tiamat* et crée ainsi le monde ! Du sang de *Kingu,* il fabrique les hommes pour servir les dieux. De même, le dieu indien *Indra* combat le dragon *Vritra* et sa mère *Dânu,* qui empêchaient les eaux de s'écouler. *Indra* les tue avec l'aérolithe (*vajra*) que le dieu *Tvashtar* lui avait forgé[28]. Belle intuition, quand même, pour l'époque : on sait depuis peu que, probablement, les dinosaures furent éliminés brutalement de la surface terrestre par la chute d'un énorme aérolithe, il y a 65 millions d'années ! On peut évoquer encore bien d'autres exemples de ce mythe quasi universel : le dieu hittite de l'orage contre le grand serpent *Illuyanka,* le dieu égyptien *Rê* contre le serpent *Apophis,* le dieu *Baal* des Cananéens contre *Yam,* dragon à sept têtes et monstre aquatique. C'est enfin le *Léviathan* (ou *Rahab*) de la Genèse biblique, monstre marin qui est terrassé par *Yahvé,* et qui a son origine dans le dragon *Lotan,* qui fut combattu également par le dieu *Baal* cananéen[29]...

Chez les Germains, le dieu *Thor* est le dieu guerrier par excellence ; le dieu nordique *Odin,* ou *Odhin* (alias *Wodan* ou *Wothan*) est, lui, celui de la magie : c'est lui le Dieu suprême, qui reçoit au Walhalla les guerriers morts. Profitons-en pour mentionner un étrange mythe nordique : *Odin* est borgne, ayant donné son œil en gage au géant *Mimir* pour acquérir la sagesse. Quant à *Tyr,* il est manchot car le loup *Fenrir,* incarnation du mal, lui a arraché un bras alors que les dieux essayaient de l'attacher. Soulignons aussi les pouvoirs chamaniques de *Odin ;* détenteur de la puissance magique (*Seidhr*), il peut changer de forme, s'entretenir avec les morts, etc.

Cette mythologie archaïque n'a-t-elle donc aucun sens ? Pas du tout, nous affirment les historiens et spécialistes des religions, par exemple Georges Dumézil, qui a longuement étudié les sources indo-européennes et a établi une structure rationnelle de leur panthéon, en trois fonctions principales correspondant à l'organisation sociale de ces peuples : fonction de souveraineté (cosmique, magicienne, juridique), fonction guerrière, fonction nourricière et de fécondité. Chez les Germains, deux familles de dieux se répartissent, en fait, ces trois prérogatives : les *Ases* (*Odin* pour la souveraineté, *Thor* pour la guerre), et les *Vanes* (*Njördhr,* les jumeaux *Freyr* et *Freyja*) en rapport avec la fertilité et la richesse. Quant au mystérieux *Loki,* bien que de petite taille, il descend de la race funeste des « géants », trucidés par les dieux dans un bain de sang. On ne s'étonnera pas que *Loki* soit l'ennemi des dieux ! Les *Ases* et les *Vanes* ont été eux-mêmes longtemps en conflit, puis ont finalement conclu la paix.

c) Yahvé et la révolution monothéiste

La succession des dieux se fait souvent dans la violence, on l'a vu. Le vainqueur est toujours le plus dynamique, le plus fertile, le pourvoyeur de la vie. Cependant, il faut maintenant distinguer le dieu fertile, orgiastique et cosmique, auquel les hommes rendent un culte opulent et sanglant, du Dieu tout à fait nouveau qui apparaît, le Dieu terrible de la révolution monothéiste qui va s'opposer à ces cultes « barbares » : ce sera la confrontation entre le culte de *Baal* des Cananéens et le *Yahvé* des Hébreux, par la voix de ses prophètes.

Pour les historiens, l'origine de Yahvé (qui s'écrit aussi Yahwé, Yahweh, Iahvé ou encore YHWH) est mal connue. C'est un Dieu très présent, tout le contraire du mythe du Dieu distant et indifférent au sort des hommes. Il est vrai, pourtant, qu'il se fond, à l'époque de David et de Salomon, avec un Dieu de ce type : le Dieu suprême *El* des Sémites occidentaux (Phéniciens, Cananéens), lointain et passif. Mais le Dieu des Hébreux, à l'inverse, est actif et proche de l'homme : il manifeste sa puissance dans l'orage ; le tonnerre est sa voix, et l'éclair est appelé « le feu » de Yahvé ou ses « flèches » (Cf. Psaumes, 18, *15,* etc.). Le Seigneur d'Israël s'annonce par « le tonnerre, l'éclair et une épaisse fumée » (Exode, 19, *16*) lorsqu'il transmet les lois à Moïse. « La montagne de Sinaï était toute fumante parce que l'Éternel y était descendu au milieu du feu... » (*ibid.,* 19, *19*)... Le feu du Seigneur tombe sur les holocaustes d'Élie (I, Rois, 18, *39*)... Le buisson ardent de l'épisode de Moïse, la colonne de feu et les nuées qui conduisent les Israélites dans le désert sont des épiphanies yahwistes[30]. Nous reviendrons, bien entendu, sur ces mystérieux et impressionnants phénomènes célestes qui entourent les apparitions de *Yahvé,* et qui semblent l'ériger en tant que Dieu à part dans l'histoire des religions. Il y a bien des phénomènes lumineux qui accompagnent les manifestations d'autres dieux — leur luminosité a déjà été évoquée — mais les descriptions précises et curieuses figurant dans la Bible semblent être d'une nature très particulière.

La religion des Hébreux s'affirme par une différence radicale, la croyance en un Dieu unique, répudiant les cultes « païens ». Cependant, cette révolution n'empêche pas l'existence de toutes sortes d'êtres célestes : *Élohim,* anges et *Kérubîm,* formant la « cour céleste » ; « veilleurs » et démons, ces anges « déchus » ; sur Terre, il faut compter aussi des héros fabuleux, les mystérieux *Nephilim* et *Gibbôrîm,* issus de l'union illicite des fils de Dieu et des filles des hommes ! En ce qui concerne les êtres célestes ou apparentés, il faut bien admettre que la religion monothéiste des Hébreux reste assez proche des plus anciennes légendes polythéistes. Nous allons voir d'ailleurs, que l'idée de fils des dieux n'était nullement l'apanage de la religion biblique.

d) Les fils du Dieu du Ciel

Voici qu'entrent en scène maintenant d'étranges personnages, fils du Dieu — ou des dieux — du Ciel, ou autres divinités faisant partie de la famille, de la « cour céleste ».

Dans la mythologie indo-européenne, ce sont d'abord des jumeaux : les *Açvins* de l'ancienne religion védique, les *Dioscures* grecs (Castor et Pollux). La croyance est très répandue qu'ils sont nés de l'union d'un mortel et d'un dieu du Ciel. Les *Açvins* sont encore appelés *Nâsatyas,* les guérisseurs : « Il s'agit de dieux secourables qui dispensent la fécondité et la chance, guérissent les maladies et favorisent le mariage. »[31] On voit en eux les représentants de la sacralité céleste sur Terre, les plus proches envoyés de la divinité auprès des hommes, qu'ils protègent et dont ils partagent les souffrances.

Dans la tradition biblique, figure un épisode insolite de la Genèse, intitulé « Fils de Dieu et filles des hommes » (Chapitre 6), selon lequel « ... les fils de Dieu trouvèrent que les filles des hommes leur convenaient et ils prirent pour femmes toutes celles qu'il leur plut... Les *Nephilim* étaient sur la Terre en ces jours-là (et aussi dans la suite) quand les fils de Dieu s'unissaient aux filles des hommes et qu'elles leurs donnaient des enfants ; ce sont les héros du temps jadis, ces hommes fameux » (Gn 6, *2* et *4*). Ce texte est la traduction de la Bible de Jérusalem, qui qualifie l'événement de « difficile », provenant d'une légende populaire sur les Géants (en hébreu, *Nephilim*) qui seraient des Titans orientaux, nés de l'union entre des mortels et des êtres célestes. Toujours selon le commentaire de la Bible de Jérusalem, ce texte vise « à illustrer la perversité croissante qui va motiver le Déluge ». Par la suite, on verra des anges coupables dans ces fils de Dieu, puis, dès le IVe siècle, les pères de l'Église interpréteront de manière plus terre à terre ces fils de Dieu comme la lignée de *Seth,* les filles des hommes étant de la descendance de *Caïn.*

Selon les commentaires de la Bible de la Pléiade, qui fait également autorité, ces fils de Dieu forment la cour céleste (dans le *livre de Job*) ; les géants, « qui tombent » du ciel, se retrouveront parmi les occupants fabuleux de la Terre Promise (Nombres, XIII, 33). Ils font partie des *Gibbôrîm,* c'est-à-dire des « héros » qui dépassent l'humanité ordinaire. Selon d'autres auteurs, ce mythe peut aussi s'expliquer comme provenant de la religion cananéenne, dont le grand dieu *El* était entouré d'une cour céleste. Constatons ici que les rédacteurs de la Bible ont tenu à conserver cet épisode, ainsi que d'autres, non moins étranges, dans la rédaction finale[32]. Or, rappelons-nous cette caractéristique du mythe primitif : histoire invraisemblable mais à laquelle on croit sans conteste...

e) Dieux solaires et « chars » lumineux

Voici un nouvel aspect de l'évolution des dieux, dénommé poétiquement par Mircea Eliade la « solarisation des Êtres Suprêmes », dans son *Traité d'histoire des religions.* Il s'agit de l'apparition de cultes du Soleil, qui se produit en divers lieux, principalement en Égypte. Cela mérite d'être souligné car ce fut l'objet d'une controverse entre historiens : « On a cru jadis, aux temps héroïques de l'histoire des religions, que le culte du Soleil avait été connu de toute l'humanité. » Or, des savants comme Bastian, puis Frazer, ont montré l'inconsistance de cette thèse. Finalement, les cultes solaires se limiteraient à l'Égypte, à un culte archaïque en Asie et en Europe, au Pérou et au Mexique, contrairement aux figures, quasi universelles, des dieux célestes[33].

On peut relever, en marge de cette discussion, que le symbole solaire est associé à certains dieux célestes. Il s'agit même, plus précisément, d'un symbole de disque solaire ailé. C'est le cas pour *Shamash,* grand dieu du panthéon babylonien et assyrien, celui qui, selon la légende, a donné la loi à Hammourabi ; c'est aussi le cas pour *Ahura Mazdâh,* le dieu du Ciel omniscient des Perses (Iraniens), analogue au dieu *Varuna* des Indiens, parfois aussi vêtu d'un manteau constellé d'étoiles.

C'est en Égypte, cependant, que le culte solaire revêt le plus d'importance. Dès l'époque de l'Ancien Empire (2770 à 2276 av. J.-C.), on voit d'anciennes divinités être « absorbées » par le culte solaire : *Atum, Horus,* le scarabée *Khipri. Horus* est représenté sous la forme d'un faucon, ce qui correspond à une convergence entre deux traditions, les dieux-animaux très primitifs (dieux-crocodiles, déesses-lionnes) et les grands dieux célestes à forme humaine. Mais il a aussi pour symbole le disque solaire ailé, figure fréquente à l'époque des premières dynasties, et même remontant à l'époque préhistorique[34]. Le dieu solaire typique est *Rê,* créateur de la justice et de l'ordre, qui doit vaincre chaque nuit le dragon *Apophis,* en traversant sur sa barque le monde inférieur. Beaucoup plus tard, sous le Nouvel Empire, le souverain Aménophis IV (1372-1354) rompit avec la religion d'*Amon* et la remplaça par celle du disque solaire *Aton,* se faisant appeler Akhénaton, mais cette tentative monothéiste, abstraite et intolérante, fut un échec.

Dans la mythologie gréco-romaine, le Soleil reste au second plan. Le culte solaire n'atteindra Rome qu'à la fin de l'Antiquité, apporté par des religions orientales telles que le culte de *Mithra,* ancien dieu céleste iranien devenu dieu solaire et démiurge *(Sol Invictus).*

La fascination des phénomènes célestes, solaires et lumineux, s'exerce tout au long de l'histoire des religions. Dans la tradition judéo-chrétienne, on pense tout de suite au fameux « char » céleste apparu aux prophètes Ézéchiel et Élie ; à la « gloire de Yahvé », colonne de lumière la nuit, et de fumée le jour, qui conduit les Hébreux à travers le désert, et vient illuminer le Temple ; à l'étoile qui guide les Mages jusqu'à la grotte de la Nativité...

Soulignons que ces manifestations lumineuses ne se rattachent pas toutes à l'astre du jour : il y en a même, comme la gloire de Yahvé, qui brillent la nuit, et c'est aussi le cas de l'« étoile » des Rois mages ! Par conséquent, nous ne pouvons nous contenter d'une référence banale au symbole du Soleil pour expliquer les nombreuses figures de dieux « solaires » ailés et lumineux. La même question se posera, plus tard, pour les anges, à l'apparence de plus en plus lumineuse et impressionnante...

Les roues et les chars solaires sont aussi présents dans les traditions populaires anciennes, telles que les roues embrasées que l'on faisait dévaler des hauteurs à chaque solstice, et les processions médiévales de roues portées sur des chars ou des bateaux. Peut-on oser établir un rapprochement avec notre époque et ses nombreuses apparitions de roues lumineuses aériennes, diurnes et nocturnes ? Nous reviendrons, bien entendu, sur les multiples manifestations bibliques de roues et de « chars » lumineux et tourbillonnants...

f) Dieu du mal et démons infernaux

La croyance en un dieu du mal est originaire de l'Iran, c'est-à-dire de la Perse antique, dans la religion mazdéenne (religion de l'Antiquité iranienne), mais la croyance en l'existence de démons et de forces du mal a des racines encore plus profondes, que l'on distingue déjà chez les sociétés primitives et archaïques. Celles-ci « conçoivent le monde environnant comme un microcosme. Aux limites de ce monde clos, commence le domaine de l'inconnu, du non-formé... Il y a la région inconnue et redoutable des démons, des larves, des morts, des étrangers ; en un mot, le chaos, la mort, la nuit »[35]. On retrouve cette vision chez tous les peuples de la Terre, à toutes les époques de l'histoire, y compris à la nôtre d'ailleurs, dans l'imaginaire moderne de la science-fiction, avec sa galerie de monstres aussi effrayants qu'invraisemblables : heureusement qu'il s'agit maintenant de fiction !

En revanche, resurgiront, à la fin de cet ouvrage, de nouvelles apparitions inquiétantes, et tenues pour réelles par les témoins...

Expliquer l'existence et l'origine du mal, en mesurer l'influence et la puissance, sont des questions au cœur de la réflexion traditionnelle. On peut avancer d'ailleurs que, dans l'étude du « rapport des forces » entre le bien et le mal, tous les cas de figure possibles ont été envisagés : l'idée du Dieu du bien tout-puissant, auquel le mal est subordonné, nous est la plus familière mais, comme on le constatera, toute la gamme des « dualismes », c'est-à-dire de partage du pouvoir entre forces du bien et du mal, a été formulée, depuis le mazdéisme iranien, en passant par les sectes gnostiques de la fin de l'Antiquité, jusqu'au dualisme radical du manichéisme et des Cathares, pour qui le mal dominait le monde. Mais jamais pour l'éternité ! Même chez les plus pessimistes, l'humanité, à la fin, pouvait être sauvée, une idée probablement inhérente à toute religion[36].

Rappelons rapidement quelques mythes anciens sur les démons. D'abord la vision chamanique, issue probablement de la préhistoire, dans laquelle le cosmos a trois niveaux. Le troisième est le monde infernal, souterrain, habité par des démons qui retiennent les âmes prisonnières, et que le chaman a pour mission de délivrer.

Les dieux guerriers héroïques ont bien vaincu les monstres et dragons primordiaux, comme *Tiamat* dominé par le dieu babylonien *Mardouk ;* ils ont ainsi permis la vie, mais ils n'ont pu éliminer le mal, dont les dieux et démons menacent toujours les hommes. Ainsi les Babyloniens croyaient-ils à l'existence d'une multitude de démons, apportant la maladie et le malheur, mais ils avaient foi aussi, heureusement, en des génies bienveillants ! Dans la mythologie indienne ancienne s'exprime aussi cette dimension démoniaque. C'est d'abord le serpent *Vritra,* qui sera battu par le jeune dieu *Indra. Vritra* est magicien et il altère l'ordre cosmique. Il y a aussi une relation, trouble, entre les grands dieux, tel *Varuna,* et les forces du mal : « ... la doctrine divine est paradoxalement identifiée avec une " science " qui, au moins au début, avait un caractère démoniaque »[37]. Idée à rapprocher de la croyance au dieu « malin », le *Trickster* (joueur de mauvais tours) des Indiens, ou le *Loki* des Germains, vilain petit personnage, mais puissant et membre à part entière du monde des dieux.

Autre personnage insolite, le dieu *Seth* des Égyptiens est figuré sous la forme d'un animal fantastique. Début d'une longue tradition ! *Seth* n'est pas tout mauvais à l'origine : il est d'abord l'auxiliaire du dieu solaire dans la lutte de celui-ci contre ses ennemis. Mais il finit par apparaître, avec le temps, comme le « représentant particulier du mal dans le monde des dieux »[38]. Un statut qui ressemble à celui du Satan biblique.

La légende de *Seth* et *Osiris,* très poétique, mérite d'être citée. *Osiris,* « successeur » du grand dieu *Rê,* fut assailli et tué par son frère *Seth.* Mais son épouse *Isis,* aidée d'ailleurs par la propre femme de *Seth, Nephthys,* parvint à retrouver le corps d'*Osiris* et, grâce à ses pouvoirs magiques, se fit féconder par son époux décédé avant de l'enterrer. L'enfant ainsi conçu réussit à venger la mort de son père, et obtint des dieux le retour d'*Osiris* à la vie. Ce dieu trépassé et renaissant symbolise, typiquement, le cycle de la végétation et la victoire sur la mort.

Voyages dans l'au-delà, et quête de l'immortalité

a) Les hommes, immortels comme les dieux ?

Le récit de la mort et de la « résurrection » d'*Osiris* s'inscrit dans un vaste chapitre de la mythologie et des croyances religieuses, celui de la quête de l'immortalité, et des voyages dans l'au-delà, proches de l'histoire des visions célestes et cosmiques. Curieusement, cette recherche de l'immortalité ne concerne pas seulement les humains : elle mobilise aussi les dieux !

C'est d'abord le modèle « mythico-rituel » de la mort et de la résurrection du dieu de la végétation, né avec l'agriculture néolithique. L'aventure d'*Osiris* correspond à cette idée de sacrifice d'un dieu pour assurer la survie du monde. C'est aussi, pour les hommes, le symbole de la victoire sur la mort. À l'époque de l'Ancien Empire égyptien, seul le Pharaon pouvait atteindre l'immortalité, au cours d'une ascension céleste qui le transformait en dieu. Plus tard, l'Ancien Empire s'acheva, vers 2200 avant notre ère, sur une grave crise de pessimisme et de désespoir nihiliste. Or, au cours de la période intermédiaire qui suivit, se produisit la « démocratisation de l'existence post mortem », qui aboutit à la théologie du Nouvel Empire, synthèse finale de la religion égyptienne associant le grand dieu *Rê* avec *Osiris* dans une idée de complémentarité de la vie et de la mort, et dans la possibilité pour tous d'accéder à la survie de l'âme. Un ouvrage très populaire, *Le Livre des morts,* est alors le guide de l'âme dans l'au-delà, qui permet de se préparer à l'épreuve de la « pesée de l'âme »[39].

Cette évolution vers l'idée d'immortalité est évidemment au centre des croyances religieuses. La lutte pour y parvenir est illustrée par d'autres légendes, parmi les plus anciennes de l'humanité, comme celles, très célèbres, de la déesse *Ishtar* et du roi *Gilgamesh.*

b) Ishtar, Gilgamesh : *premiers voyages dans l'au-delà*

Les légendes sumériennes et akkadiennes nous relatent les premiers voyages dans l'au-delà, accomplis, non par des hommes, mais par des héros divins ou à moitié divins.

Ishtar, déesse akkadienne de l'amour et de l'étoile Vénus (*Inanna* pour les Sumériens), décide un jour de descendre aux Enfers pour supplanter sa sœur aînée *Ereshkigal* qui règne sur le monde inférieur. Elle arrive à franchir les sept portes des Enfers, mais en étant dépouillée à chaque porte d'une partie de ses vêtements et de ses bijoux, jusqu'à se présenter, nue et sans pouvoir, devant sa sœur qui la condamne à mort. Pour se libérer de la mort, il faut qu'elle trouve un remplaçant. Ce sera finalement... son mari, le brave berger *Tammouz* (*Dumuzi*) qu'elle avait épousé par amour, mais qu'elle découvre trop bien installé sur son trône. Heureusement, *Tammouz* ne sera retenu prisonnier que six mois par an. Cette histoire est considérée comme symbolique de la mort rituelle du roi, nécessaire pour assurer le cycle de la fertilité universelle. C'est aussi le mythe de la fatalité de la mort, que la déesse de la fertilité n'a pas pu abolir.

L'épopée de *Gilgamesh,* également d'origine sumérienne, est une tentative d'aller dans l'au-delà conquérir l'immortalité, tentative qui échoue elle aussi. Le héros *Gilgamesh,* aux deux-tiers divin, est roi d'Uruk. C'est « un despote qui viole les femmes et les jeunes filles, et exténue les hommes dans de durs travaux »[40]. Incidemment, voilà une indication intéressante sur l'âpreté des premiers temps ! Pour venir en aide aux hommes, les dieux créent le géant *Enkidu,* chargé d'affronter *Gilgamesh.* Or, après un terrible combat, ceux-ci deviennent amis, et partent ensemble tuer le monstre *Huwawa.* Puis *Gilgamesh* rencontre la déesse *Ishtar,* qui lui propose de l'épouser, mais il la repousse et l'insulte en lui rappelant le triste sort de son époux *Tammouz. Ishtar* se venge alors, en obtenant de son père *Anu* qu'il expédie le terrible « Taureau céleste » à *Gilgamesh,* mais les deux compagnons l'abattent à son tour. Pour les punir, les dieux fort mécontents assassinent *Enkidu. Gilgamesh,* effrayé par la mort de son ami, part alors à la recherche de l'immortalité, dont il sait qu'un rescapé du Déluge, *Utnapishtim,* possède le secret. Il doit, au cours de son périple, affronter de nombreuses épreuves initiatiques, en particulier le redoutable homme-scorpion et sa femme qui gardent dans la montagne la porte d'entrée du Soleil. Mais, au bout de ce voyage au-delà de la mort, il échoue à la dernière et la plus dure épreuve, d'ordre spirituel, qui est, symboliquement, de rester éveillé pendant sept jours et sept nuits.

Il existe plusieurs versions de cette légende, ici très condensée, car elle a été reprise plus tard par les Babyloniens, mais c'est toujours une illustration de la condition humaine et de la mort inévitable. Cependant, elle suggère aussi qu'il est peut-être possible de conquérir l'immortalité, malgré les dieux, en surmontant des épreuves initiatiques...[41]

Il faut encore évoquer au moins, même en quelques mots, la légende de *Baal* et de la mort. *Baal* est le dieu syrien de l'âge de bronze, au IIe millénaire avant J.-C., qui a déjà triomphé du terrible *Yam,* divinité du chaos, établissant ainsi sa souveraineté sur le cosmos.

Baal se rend compte qu'il est menacé par la mort (même les dieux n'y échappaient pas en cette lointaine époque !), et il décide de l'affronter. C'est le dieu *Mot,* « qui représente la mort insatiable et génératrice du chaos ». Il sera d'abord vaincu par *Mot,* puis sauvé par sa sœur *Anat,* qui parvient à « démembrer et disséminer Mot dans le monde, transformant l'action de la mort en quelque chose d'acceptable... »[42].

Victoire sur la mort, voyages dans l'au-delà : les dieux héroïques mènent la course en tête, mais les hommes veulent les suivre, et l'idée fleurit peu à peu dans leur tête qu'ils le peuvent, grâce à leur âme qui doit sans doute survivre à la triste mort du corps. Une croyance encore plus audacieuse naîtra plus tard, on le sait, celle de la résurrection du corps physique. Mais il y a aussi une idée folle qui apparaît, celle qu'il est possible de voyager dans les cieux, non seulement en esprit, mais en chair et en os !

c) Les hommes veulent aussi visiter les cieux

Mircea Eliade et beaucoup d'autres auteurs, anthropologues et historiens des religions, comme Ion Couliano, son successeur à l'Université de Chicago, soulignent l'importance, dès l'apparition des religions les plus anciennes, des mythes d'ascension céleste, ou de descente aux Enfers, qu'on appelle aussi voyages dans l' « au-delà », soit en esprit, soit en chair et en os... Il s'agit ici, non pas de l'ascension des âmes au Ciel après la mort, croyance dont on a déjà vu l'existence, par exemple, chez les Égyptiens, mais de la possibilité de voyager *vivant,* soit en esprit comme dans le chamanisme, soit physiquement, ce qui transforme le voyageur en une sorte de spationaute. Plusieurs grands prophètes sont réputés avoir effectué un tel voyage ! Nous y reviendrons en détail dans le chapitre suivant, notamment à propos des apocalypses de l'Antiquité tardive. De toute évidence, ces évocations célestes et infernales ont beaucoup compté dans notre histoire, si l'on en juge seulement par leur présence dans la création littéraire et artistique.

Rappelons d'abord la vision du monde « chamanique », cette fois pour les voyages célestes : l'ascension du chaman au Ciel comporte de nombreux rites et symboles. L'ascension se fait par l'axe du monde, le centre du monde, la montagne sacrée, lieux de passage vers les cieux ou les Enfers. Ce symbolisme existe aussi dans les religions historiques. Pour les chrétiens, « le Golgotha se trouve au centre du monde car il est le sommet de la montagne cosmique et aussi l'endroit où a été créé et enterré Adam »[43]. Ainsi, le sacrifice du Christ, fils de Dieu, efface le péché originel d'Adam.

Ce symbolisme céleste s'est curieusement appliqué aux villes, dont l'apparition a profondément marqué l'imagination des hommes. On a considéré les villes comme autant d'images du cosmos en réduction, supposées conformes à un modèle céleste. Ainsi, le plan de Ninive fut dessiné « d'après les signes graphiques que les étoiles faisaient sur la voûte du Ciel »[44]. D'autre part, le centre du monde est le point de communication entre le Ciel et la Terre. « Babylone était une *Bâb-ilânî,* une " porte des dieux ", car c'est là que les dieux descendaient sur la Terre... Toutes ces cités, temples ou palais considérés comme des centres du monde, ne sont que ses répliques multipliées à volonté d'une image archaïque : la montagne cosmique, l'arbre du monde ou le pilier central qui soutient les niveaux cosmique. »[45] La *Ziggourat* babylonienne, qui a sans doute inspiré la légende de la Tour de Babel, est une sorte de colonne céleste, dont les sept étages symbolisent les sphères successives du Ciel, et dont le prêtre fait l'ascension, tout comme le chaman primitif qui effectue cette ascension symbolique et rituelle en... grimpant à un arbre ! Un autre exemple fameux de symbolisme de la montagne cosmique est le très vaste temple de Barabudur (ou Borobudur), construit à Java au IXe siècle ap. J.-C., qui forme un énorme polygone à étages, dont l'ascension « équivaut à un voyage extatique au centre du monde ; en atteignant la terrasse supérieure le pèlerin réalise une rupture de niveau ; il transcende l'espace profane et pénètre dans une « région pure »[47].

La vision chamanique primitive de l'ascension céleste est une image très présente dans toutes les religions. Dans la Bible, Jacob rêve d'une échelle dont le sommet atteint le Ciel, par laquelle montent et descendent les anges du Seigneur. De même, selon la tradition islamique, Mahomet voit une échelle qui s'élève du temple de Jérusalem jusqu'au Ciel, avec des anges à droite et à gauche. Ascension au Ciel, vision d'anges et d'archanges, voyages chamaniques : c'est tout un itinéraire qui parcourt non seulement les grandes religions mais aussi les nombreuses sectes et cultes de l'Antiquité gréco-romaine : pythagorisme, orphisme (culte issu de la légende d'Orphée), néo-platonisme, gnosticisme...

II. Visions célestes du monde antique

Nous quittons maintenant le monde des légendes primordiales pour entrer pleinement dans l'Antiquité civilisée, qui se terminera, en Occident, avec le triomphe du christianisme. Dans cette époque encore pluraliste, comment a-t-on vu, comment a-t-on peuplé les cieux (et les mondes de l' « au-delà ») de dieux, d'anges et de démons ? La vérité est que, malgré l'apparition de l'esprit rationnel, philosophique et scientifique en Grèce, l'esprit antique est très religieux et imprégné des mystères du monde. Essayons d'observer avec l'esprit ouvert les plus étranges croyances, car peut-être cachent-elles d'obscures réalités ?

Au premier rang des « mystères » antiques figurent un certain nombre de prophètes, de fondateurs de religions, dont la vie, selon leur légende, a été accompagnée de phénomènes insolites : ce sont, bien sûr, les prophètes célèbres de la Bible, depuis Abraham et Moïse, mais aussi des personnages de l'Orient et de l'Extrême-Orient, comme Zarathoustra (ou Zoroastre) en Iran, Siddhârta dit Le Bouddha en Inde, et peut-être Lao-Tseu en Chine. Nous allons voir apparaître, même en Grèce, patrie du rationalisme, des personnages assez bizarres, comme Empédocle aux longs cheveux blancs qui laissa ses sandales d'airain au bord de l'Etna avant de s'y jeter : fin singulière pour un grand philosophe, qui avait la réputation, avec quelques autres compatriotes, de pratiquer les voyages chamaniques...

Les historiens soulignent le caractère spectaculaire, exceptionnel, de cette série de prophétisme et de création religieuse qui se manifeste au cours du dernier millénaire avant notre ère, « prodigieuse vague de fond dont le déferlement, sur quelques siècles (entre 800 et 200 av. J.-C., approximativement), de la Perse à la Chine, de l'Inde à la Grèce, a scindé l'histoire des religions en deux, un avant et un après qu'on a conceptuellement peine, en effet, à recoller — et que Karl Jaspers a proposé pour cette raison de nommer la " période axiale " de l'histoire universelle... »[47].

D'un autre côté, c'est aussi l'époque de la première apparition de la pensée rationnelle, scientifique, chez les philosophes ioniens. Ils osent étudier les cieux, c'est-à-dire le monde des dieux, dont il fallait toujours craindre la colère, ce qui leur vaut, évidemment, quelques ennuis avec leurs compatriotes. Mais abordons cette « période axiale » par Abraham, bédouin prospère qui ne se doutait pas qu'il allait devenir le père des trois grandes religions monothéistes.

La Bible, les prophètes et le « peuple élu »

a) Abraham et Moïse, fondateurs de religion

Le douzième chapitre de la Genèse nous introduit dans un monde religieux nouveau, celui de la relation directe entre Dieu et son représentant « élu » sur la Terre, Abraham. c'est la religion des patriarches, du « Dieu du père », religion de contact direct et personnel, avec des épisodes cruels comme le sacrifice d'Isaac : un crime infanticide ordonné par Dieu ! Étrange religion, pleine d'interventions divines incompréhensibles. Intercessions aussi de ses anges messagers, par exemple dans l'épisode célèbre de Mambré, où Abraham reçoit trois « hommes » et leur sert à manger. En ce temps-là, les apparitions n'étaient pas encore éthérées. Abraham et sa femme Sara, bien qu'ils soient « avancés en âge », apprennent qu'ils auront bientôt un fils ! Ensuite, deux de ces étranges personnages, qui deviennent, dans le texte biblique, des « anges », se rendent à la ville de Sodome, où les choses prennent une très vilaine tournure, car ces envoyés de Dieu y vont pour punir les habitants, coupables de tous les crimes. Accueillis par Lot, qui les héberge, ils sont alors cernés par les gens de Sodome, qui demandent à Lot de leur livrer ses hôtes : « Où sont les hommes qui sont venus chez toi cette nuit ? Amène-les-nous pour que nous en abusions » (Gn, 19, 5). Mais ses singuliers visiteurs frappent alors de « berlue » les assaillants, puis avertissent Lot de quitter la ville au plus vite avec sa famille, en se gardant bien de regarder derrière eux, car Yahvé va la détruire, dès le lendemain matin : « Yahvé fit pleuvoir sur Sodome et sur Gomorrhe du soufre et du feu venant de Yahvé, et il renversa ces villes et toute la plaine, avec tous les habitants des villes et la végétation du sol. Or la femme de Lot regarda en arrière, et elle devint une colonne de sel » (Gn, 19, *25* et *26*). Abraham aperçut de loin « la fumée monter du pays comme la fumée d'une fournaise » !

Comment interpréter cette histoire insolite et effrayante ? D'un point de vue rationaliste classique, c'est évidemment une « fable ». D'un point de vue religieux traditionnel, pas de problème non plus : intervention divine. Mais pourrait-il y avoir une autre interprétation ? Ce « mythe » pourrait-il être le souvenir, transposé sur le mode religieux, d'un terrible événement ? Rappelons-nous encore une fois la nature étrange des mythes, histoires invraisemblables, mais dont on ne saurait douter. Au chapitre des légendes d'explosions célestes, les ethnologues ont pu vérifier que la fameuse explosion d'une comète au-dessus de la Tunguska sibérienne, en 1917, est effectivement entrée dans le corpus des mythes et légendes des peuplades primitives locales : il n'y a pas eu génération spontanée d'un mythe.

Un autre épisode, aussi célèbre que mystérieux, est celui de la lutte de Jacob, pendant toute une nuit, avec un ange : celui-là non plus n'était pas éthéré. Finalement, l'ange se libère en frappant Jacob à la jambe, et lui déclare : « On ne t'appellera plus Jacob, mais Israël, car tu a été fort contre Dieu et contre les hommes et que tu l'as emporté » (Gn, 32, *29*). Que peut bien signifier cette histoire ? Voici une interprétation proposée par l'éminent historien André Caquot : elle « semble intégrer dans la tradition patriarcale la légende cultuelle d'un sanctuaire transjordanien proche de l'embouchure du Jaboq et sur lequel nous n'avons pas d'autre témoignage. Les cérémonies y comportaient peut-être de ces danses claudicantes connues ailleurs, puisque Jacob sort boiteux de son combat »[48]. On a envie de dire : et si Jacob s'était vraiment battu avec un « ange » ?

L'histoire de Moïse, telle qu'elle figure dans la Bible, va de miracle en miracle, de l'apparition du « buisson ardent » à la grandiose théophanie du mont Sinaï. Puisque notre parti est pris d'attirer l'attention sur les aspects les plus étonnants (ou sur quelques-uns d'entre eux, tellement ils sont nombreux), voici donc la mystérieuse « nuée » qui guide les Hébreux dans leur traversée du désert et lors du passage de la mer Rouge : « Yahvé marchait avec eux, le jour dans une colonne de nuée pour leur indiquer la route, et la nuit dans une colonne de feu pour les éclairer, afin qu'ils puissent marcher de jour et de nuit. La colonne de nuée ne se retirait pas le jour devant le peuple, ni la colonne de feu la nuit » (Ex, 13, *21-22*). Peut-on trouver une « explication » à cette singulière colonne, aussi appelée « Ange de Dieu » ou « Ange de Yahvé » ? Le commentaire de la Bible de Jérusalem se borne à observer que cette colonne, ainsi que le « nuage obscur » et la nuée qui apparaissent ailleurs, sont « des notions, ou images, dont a fait grand usage la théologie mystique ». Images « symboliques », donc, comme cette nuée ténébreuse qui vient protéger les Hébreux de l'armée égyptienne, et leur permettre de franchir à pied sec la mer Rouge qui engloutira ensuite les Égyptiens... Faudrait-il comprendre que toute cette histoire n'est, au fond, que symbolique ? À moins qu'il se soit passé quelque chose ? Soulignons que ces visions insolites figurent dans les trois traditions dont la Bible est composée. Elles se manifestent donc avec grande constance : « la colonne de nuée et la colonne de feu (tradition yahviste) ; le " nuage obscur " et la nuée (tradition élohiste) ; enfin, associée à la nuée, la " gloire " de Yahvé (Exode, 24, *16*), feu dévorant qui se meut comme Yahvé lui-même (tradition sacerdotale) »[49].

Le Dieu des Hébreux est étrange : unique (très exclusif), anthropomorphe (ce qui n'est pas courant dans l'Antiquité, songeons aux dieux égyptiens) ; violent au point qu'on a pu parler de son « démonisme »[50]. Il est même irrationnel et ressemble, à ce point de vue, « à certaines divinités de l'hindouisme, à Shiva, par exemple, ou à Kali-Durga »[51]. Yahvé apparaît à Moïse, sur le Sinaï, dans une mise en scène terrifiante : « La montagne du Sinaï était toute fumante, parce que Yahvé y était descendu dans le feu ; la fumée s'en élevait comme d'une fournaise et toute la montagne tremblait violemment. Le son de trompe allait en s'amplifiant ; Moïse parlait et Dieu lui répondait dans le tonnerre » (Ex, 19, *18-19*).

Au mont Sinaï, Moïse ne reçoit pas seulement les Tables de la Loi, mais aussi des instructions pour construire l' « Arche d'Alliance » et une « Demeure » pour l'y installer, qui servira de lieu de rencontre avec Yahvé : « Fais-moi un sanctuaire, que je puisse résider parmi eux. Tu feras tout selon le modèle de la Demeure et le modèle de son mobilier que je vais te montrer » (Ex, 25, *8-9*). Suit une description minutieuse, technique, de l'Arche, de la tente et du mobilier, utilisant beaucoup d'or, de bronze en plaques, barres, anneaux, agrafes... Pour la décoration, l'Arche doit être recouverte d'un « propitiatoire », plaque d'or encadrée de deux « Chérubins », également en or, aux ailes déployées vers le haut. De nos jours, un chérubin est un angelot charmant, mais c'est une dérive inqualifiable du sens originel du mot ! À l'époque, les Chérubins (ou *Kérubîm,* ou *Khéroubim*) étaient des sphinx ailés, présents dans l'iconographie orientale, et correspondant aux *Karibu* babyloniens, génies à forme mi-humaine, mi-animale, qui veillaient à la porte des temples et des palais[52]. Les tentures de la Demeure doivent être également brodées de Chérubins.

Le sanctuaire fut effectivement érigé selon les instructions, et Yahvé vint alors en prendre possession, nous dit la Bible, dans les derniers versets de l'Exode : « La nuée couvrit la Tente du Rendez-vous, et la gloire de Yahvé emplit la Demeure. Moïse ne put entrer dans la Tente du Rendez-vous, car la nuée demeurait sur elle, et la gloire de Yahvé emplissait la Demeure » (Ex, 40, *34-35*). Que signifie cet étrange atterrissage d'une lumière au milieu d'une nuée ? Ici, la Bible de Jérusalem ne fait aucun commentaire. Il faut aussi lire le dernier paragraphe de l'Exode, intitulé « La nuée guide les Israélites » : « À toutes leurs étapes, lorsque la nuée s'élevait au-dessus de la Demeure, les Israélites se mettaient en marche. Si la nuée ne s'élevait pas, ils ne se mettaient pas en marche jusqu'au jour où elle s'élevait. Car, le jour, la nuée de Yahvé était sur la Demeure et, la nuit, il y avait dedans un feu, aux yeux de toute la maison d'Israël, à toutes leurs étapes » (Ex, 40, *36-38*). Là-dessus, pas de commentaire non plus dans la Bible de Jérusalem. De quoi s'agissait-il ? Une interprétation est avancée par Daniel-Rops dans son *Histoire sainte,* à propos de l'épisode de la mer Rouge : « ... le vent d'est qui soulève des nuées opaques de poussière, — est-ce cela la colonne mystérieuse ? — peut refouler les eaux, et il est exact que le sirroco d'Arabie, le *qâdim,* commence tout d'un coup et cesse aussi brusquement. Le grand vent n'est-il pas l'haleine de Dieu ? »[53]

Les tentatives d'explications « naturelles » (celle-là et bien d'autres), aussi ingénieuses soient-elles, semblent bien fragiles pour justifier ces visions à haute étrangeté. Il faudrait trouver mieux. Incidemment, cette citation d'un auteur chrétien renommé illustre les efforts de la religion pour se rationaliser, une conversion de longue date amorcée dès le Moyen Âge avec la scolastique aristotélicienne, et qui se poursuit encore aujourd'hui ! Mais cette tentative restera forcément toujours distancée par une présentation rigoureusement rationaliste, comme dans l'*Histoire des religions* de La Pléiade, sous la plume d'André Caquot. Sur la traversée de la mer Rouge, il avance l'hypothèse suivante : « On soupçonne dans l'épisode de la disparition de l'armée égyptienne dans la mer l'adaptation historique d'un motif de la lyrique religieuse de Jérusalem : celui de la victoire de YHWH sur les eaux du chaos. »[54] Et voici pour le Sinaï : « La théophanie qui y a lieu selon *Exode,* XIX, 16-19, transpose-t-elle une éruption volcanique, ou décrit-elle avec emphase un simple orage, manifestation conventionnelle de la puissance de YHWH (comparer le *Psaume XXIX*). Bien plus, le récit d'*Exode,* XIX, ne serait-il pas la projection dans un passé embué de légende de certaines mises en scène liturgiques du Temple de Jérusalem ? »[55]. André Caquot reconnaît en revanche, quelques lignes plus loin, qu'on trouve dans la Bible des traces d'histoire authentique : « Et pourtant on discerne dans les vieilles traditions quelques détails suggérant que tout ce qu'elles racontent n'est pas le produit d'une imagination préoccupée d'idéaliser le passé national. »[56]

Quoi qu'on pense de ces récits extraordinaires, il est clair qu'ils sont à l'origine d'un vaste mouvement religieux. La « théophanie » du mont Sinaï fonde le premier monothéisme absolu de l'histoire, par le premier commandement du Décalogue : « Tu n'auras pas d'autres dieux devant moi » (Ex, 20, *3*). Dieu interdit ensuite toute « image sculptée, rien qui ressemble à ce qui est dans les cieux, là-haut ou sur la Terre, ici-bas, ou dans les eaux, au-dessous de la Terre » (Ex, 20, *4*). Mais ce monothéisme rigoureux laisse de la place, soulignons-le encore, à de nombreux « êtres intermédiaires » : *Elohim,* anges et archanges « médiateurs », étranges *Kérubîm,* et non moins étranges « veilleurs » dont parle le *Livre d'Énoch,* ces anges « déchus » mais néanmoins chargés de veiller sur nous !

D'autres idées vont enrichir encore cette première religion, par exemple les croyances relatives à l'âme et aux morts. La conception primitive des Hébreux sur le royaume des Morts (*Sheôl*), où les défunts « séjourneront comme des ombres sans communauté avec

Dieu ni avec le monde des humains »[57], sera remplacée plus tard par la croyance en une résurrection des Justes, inspirée d'idéologies cananéennes et iraniennes. Il est nécessaire de mettre en exergue, d'autre part, deux aspects tout à fait originaux de cette religion : d'abord son caractère très personnalisé (Dieu intervient sans cesse), très différent des anciennes structures religieuses, de type « cosmique ». Mais il y a une autre caractéristique très spécifique qui est l'isolement du « peuple élu », dont la conséquence est le rejet des autres cultes, égyptien et cananéen, en particulier celui des animaux (le veau d'or !) et leurs pratiques orgiaques. Cela n'empêche pas, cependant, des emprunts, comme on l'a vu.

b) La vague de prophétisme juif

Il y avait, dans toute cette région du Proche-Orient, de lointaines traditions de prophétisme et de divination. En Palestine existaient d'une part les prophètes (*Nabîim*) cananéens liés au culte de Baal, et d'autre part des devins et voyants israélites. Selon les historiens, ces deux traditions fusionnèrent graduellement et produisirent le prophétisme classique du judaïsme. Ainsi, dès le IXe siècle avant notre ère, des troupes de prophètes rendent des oracles en état d'extase. Cet « état d'extase » — une formule qui sent un peu le cliché stéréotypé — est pourtant bien intéressant car il ressemble fort aux anciennes pratiques chamaniques. Une tradition, donc, qui vient de loin, et qu'on retrouve, sous différentes formes, à travers toute l'histoire, y compris l'époque contemporaine... Les Sumériens, par exemple, connaissaient « l'homme qui pénètre au Ciel », une référence manifeste au voyage extatique des chamans[58].

C'est au milieu du VIIIe siècle qu'apparut chez les Israélites un mouvement de prophètes réformateurs, en lutte contre le culte de Baal des Cananéens, et fermement décidé à imposer le Dieu unique, Yahvé. En fait, cette vague a un grand précurseur, dès le IXe siècle, le prophète Élie, en rébellion contre le roi Achab et son épouse Jézabel, princesse sidonienne qui avait obtenu du roi la prééminence du culte de Baal. L'histoire d'Élie est frappée, elle aussi, du sceau de l'étrange. Apparition de Dieu dans une grotte (à Horeb, devenu lieu de pèlerinage), puis « miracle » du mont Carmel : Élie obtient du Ciel de mettre fin à la sécheresse là où les prêtres de Baal avaient piteusement échoué. C'est enfin son dramatique enlèvement au Ciel, emporté par un « tourbillon » sous les yeux de son disciple terrifié, Élisée : « Or, comme ils marchaient en conversant, voici qu'un char de feu et des chevaux de feu se mirent entre les deux et Élie monta au ciel dans le tourbillon » (II Rois, 2, *11*). Qu'était ce char de feu tourbillonnant ? les Juifs étaient-ils si débordants d'imagination, ou s'agit-il, une fois de plus, d'une vision très bizarre ? Élisée devint prophète à son tour et sa vie fut fertile en épisodes merveilleux.

La liste est longue, des prophètes qui vont se battre sans relâche pour la cause et la morale du grand Dieu Yahvé, se déclarant tous « messagers de Dieu », prophétisant en extase, le plus souvent indépendants (et critiques) de la cour et de son clergé : Amos, Osée, Isaïe, Michée, Jérémie, Ézéchiel, le second Isaïe, et d'autres encore... Israël traverse alors une période de difficultés croissantes qui va aboutir à la chute de Jérusalem, en 587, et l'exode à Babylone, à l'époque de Jérémie. Les historiens ont supposé que ces difficultés étaient peut-être la cause profonde de cette vague de prophétisme, le peuple juif cherchant alors une sorte de « compensation mystique ». Quoi qu'il en soit, le résultat va être, après la fin de l'exil à Babylone, un durcissement de la religion juive : une sorte de dévalorisation de la joie de vivre, une « désacralisation de la Nature », annonçant déjà la littérature « apocalyptique » qui va bientôt naître. Mais ne nous éloignons pas de cette dimension qui nous intéresse avant tout ici, celle des visions célestes à haute étrangeté : celles d'Ézéchiel sont particulièrement révélatrices.

Visions célestes, apocalypses et anges messagers

a) Les visions d'Ézéchiel

Le prophète Ézéchiel représente une nouvelle étape importante dans l'histoire du judaïsme. Non seulement c'est l'époque de l'invasion dramatique d'Israël par Nabuchodonosor, et la déportation d'une partie du peuple à Babylone, suivie de l'occupation de Jérusalem et de la destruction du Temple, mais voilà que surgit un prophète qui raconte d'étranges visions, prédit la chute de Jérusalem, juste châtiment de ses péchés d'idolâtrie, puis s'évertue après la chute à consoler et rassurer les Israéliens : Yahvé, le Dieu du Sinaï, du Temple de Salomon, est toujours avec eux, car il est partout et sa gloire remplit toute la Terre ! Et puis il y a ses singulières visions, ainsi présentées par la Bible de Jérusalem : « Ézéchiel est surtout un visionnaire. Son livre ne contient que quatre visions proprement dites, mais elles occupent une place considérable. Elles ouvrent un monde fantastique : les quatre animaux du char de Yahvé, la sarabande cultuelle du Temple avec son grouillement de bêtes et d'idoles, la plaine d'ossements qui s'animent, un Temple futur dessiné comme sur un plan d'architecte, d'où jaillit un fleuve de rêve dans une géographie utopique. »[59]

Venons-en à la fameuse vision du « char de Yahvé », qui va inspirer la littérature apocalyptique, mystique et ésotérique, pendant des siècles. Peut-être a-t-elle encore — qui sait ? — quelque chose à nous révéler ? « ...alors que je me trouvais parmi les déportés au bord du fleuve Kebar, le ciel s'ouvrit et je fus témoin de visions divines » (Éz, 1, *1*). La description d'Ézéchiel est trop longue pour être citée dans son intégralité et c'est dommage car c'est la plus bizarre des visions célestes qu'on ait jamais racontées. Ézéchiel voit d'abord un vent de tempête soufflant du nord, un gros nuage, un feu jaillissant, avec une lueur autour, et au centre comme l'éclat du vermeil au milieu du feu. Le prophète discerne alors quatre animaux ayant forme humaine, avec chacun quatre faces et quatre ailes : une face d'homme, une face de lion, une face de taureau et une face d'aigle. « Au milieu des animaux, il y avait quelque chose comme des charbons ardents ayant l'aspect de torches, allant et venant entre les animaux ; le feu jetait une lueur, et du feu sortaient des éclairs. Les animaux allaient et venaient, semblables à l'éclair » (Éz, 1, *13-14*). À côté de chacun des animaux se trouve une « roue à terre ». Elles ont l'éclat de la chrysolithe (éclat vitreux) toutes semblables et s'avancent ensemble sans tourner. Leur circonférence est « de grande taille et effrayante », pleine de reflets tout autour. Elles s'avancent ou s'élèvent en même temps que les animaux... « Il y avait sur les têtes de l'animal quelque chose qui ressemblait à une voûte, éclatante comme le cristal, tendue sur leurs têtes, au-dessus, et sous la voûte, leurs ailes étaient dressées l'une vers l'autre : chacun en avait deux lui couvrant le corps » (Éz, 1, *22-23*). Enfin se manifeste, surmontant l'ensemble, un être d'allure humaine : « Au-dessus de la voûte qui était sur leurs têtes, il y avait quelque chose qui avait l'aspect d'une pierre de saphir en forme de trône, et sur cette forme de trône, dessus, tout en haut, un être ayant apparence humaine » (Éz, 1, *26*). Cet être était entouré d'une lueur qui rappelait un arc-en-ciel : « C'était quelque chose qui ressemblait à la gloire de Yahvé » (Éz, 1, *28*).

Cette célèbre première vision d'Ézéchiel a fait l'objet de nombreuses interprétations pour essayer de percer le mystère de cette scène à haute étrangeté. Il y a bien sûr le point de vue religieux classique, selon lequel Ézéchiel a vu réellement une apparition surnaturelle, dans le ciel. Mais il existe une autre approche religieuse qui considère ce genre d'apparition comme une « communication » mentale, quoique surnaturelle également. L'avantage, si l'on ose dire, de cette façon d'appréhender cet épisode est peut-être d'esquiver autant que possible le scepticisme. On trouve également ces deux conceptions du point de vue rationaliste. Nous avons déjà évoqué, dans la partie sur les ovnis, comment l'astronome américain Donald Menzel, grand pourfendeur d'ovnis, avait aussi exercé ses talents sur les manifestations bibliques (comme s'il avait prévu des rapprochements ultérieurs !). Ainsi avait-il « expliqué » les visions d'Ézéchiel, même la deuxième où la « gloire de Yahvé » occupe l'intérieur du Temple, comme étant des parhélies, phénomène rare de halo solaire à travers une haute et fine couche de nuages ! Côté mental, c'est le philosophe et psychiatre Karl Jaspers pour qui Ézéchiel était un schizophrène. Le raisonnement est simple : si vous avez des visions, vous êtes fou. Mais se pourrait-il qu'autre chose, encore, se cache derrière cette très insolite révélation ?

Que l'on se range à un type ou un autre d'opinion, il reste à tenter de trouver un sens à cette vision. André Caquot en propose un, dans l'*Histoire des religions* de La Pléiade. Selon lui, l'apparition du char, avec ses « roues », annonce que Jérusalem va bientôt succomber, et que Dieu va se retirer, sur son char entouré de Chérubins[60]. En fait, cette interprétation du char avec des roues, s'avançant sur le sol, n'est pas conforme au récit biblique : les roues d'Ézéchiel semblent s'élever au-dessus du sol, flotter dans l'air. Ce sont des *roues volantes* !

Soulignons que le texte ne précise pas si ces roues sont en position verticale ou horizontale, mais cette dernière position est parfaitement compatible avec la description. Ailleurs, ces roues sont encore volantes, dans la narration de la « gloire de Yahvé » quittant Jérusalem : « Alors les Chérubins levèrent leurs ailes, et les roues allaient avec eux, tandis que la gloire du Dieu d'Israël était sur eux, au-dessus. La gloire de Yahvé s'éleva du milieu de la ville et s'arrêta sur la montagne qui se trouve à l'orient de la ville » (Éz, 11, *22* et *23*).

Faisons le point sur les diverses apparitions célestes déjà rencontrées dans la Bible. Nous avons observé :

— la colonne de nuées qui guide les Hébreux dans le désert (colonne de feu la nuit) ;

— ailleurs, on parle de nuée, de nuage obscur, ou au contraire la nuée semble habitée par une lumière, un « feu dévorant » appelé la « gloire de Yahvé » ;

— sur le mont Sinaï, « Yahvé est descendu dans le feu » ;

— dans le désert, la nuée couvre la Tente du Rendez-vous, et la gloire de Yahvé emplit la Demeure (Ex, 40, *34-35*) ;

— le prophète Élie est enlevé dans un « tourbillon » aérien ;

— Ézéchiel voit d'abord arriver un « gros nuage, un feu jaillissant, avec une lueur autour et comme l'éclat du vermeil au milieu du feu » (Éz, 10, *4*). Les animaux, laissons-les de côté un moment. Et voici les fameuses roues, à l'éclat vitreux, à l'épaisseur impressionnante, qui s'avancent, s'élèvent, semblent flotter en même temps que les animaux. Dans une autre vision de ces roues, Ézéchiel apporte une précision insolite : « À ces roues on donna — je l'entends — le nom de “ galgal ” » (Éz, 10, *13*). Sur le sens de ce nom, la Bible de Jérusalem note : « signification incertaine ; peut-être “ char ” ou “ tourbillon ” ».

Nuée, lumière dans la nuée, tourbillon, roue flottante, tourbillonnante : il y a comme une analogie dans toutes ces visions aériennes, décrites dans de nombreux livres bibliques...

Un autre aspect très étrange de ces visions récurrentes est la faculté de la « nuée » de se poser, d'abord sur la Tente du Rendez-vous, dans le désert, et le pouvoir de la lumière que contient cette nuée, la gloire de Yahvé, de remplir la Demeure. Plus tard, à l'époque du Roi Salomon (xe siècle) et du premier Temple en dur, le scénario se répète. La mystérieuse nuée, qui ne rendait plus visite aux Hébreux, réapparaît et vient se poser sur le Temple. Elle s'installe même à l'intérieur ; « Or quand les prêtres sortirent du sanctuaire, la nuée remplit le Temple de Yahvé et les prêtres ne purent pas continuer leur fonction, à cause de la nuée : la gloire de Yahvé remplissait le Temple de Yahvé ! » (I Rois, 8, *10-11*).

Dans une autre vision d'Ézéchiel, au Temple de Jérusalem, tous les éléments visionnaires se trouvent réunis avec, en plus, la présence d'un « homme vêtu de lin », obéissant aux ordres de Yahvé. Il y a dans cette révélation une description précise des mouvements des uns et des autres : « Les Chérubins se tenaient à la droite du Temple lorsque l'homme entra, et la nuée emplissait le parvis intérieur. La gloire de Yahvé s'éleva de dessus le Chérubin vers le seuil du Temple, le Temple fut rempli de la nuée et le parvis fut rempli de la lueur de la gloire de Yahvé. Et le bruit des ailes des Chérubins s'entendit jusqu'au parvis extérieur, comme la voix du Dieu tout-puissant lorsqu'il parle » (Éz, 10, *3* à *5*).

Devant des narrations à la fois aussi étranges et précises, on a l'impression qu'il n'y a pas trente-six hypothèses. Ou bien Ézéchiel et les autres prophètes étaient de fameux bonimenteurs doués d'une imagination à faire pâlir de jalousie nos modernes surréalistes ; ou bien ils ont vraiment vu des apparitions stupéfiantes, qu'ils décrivent tant bien que mal avec le vocabulaire de l'époque. Qu'en est-il réellement ?

Revenons à la première vision d'Ézéchiel. Que lui arrive-t-il encore lors de cette révélation ? « Je regardai et je tombai la face contre terre ; et j'entendis la voix de quelqu'un qui me parlait. Il me dit : " Fils d'homme, tiens-toi debout, je vais te parler. " L'esprit entra en moi comme il m'avait été dit, il me fit tenir debout et j'entendis celui qui me parlait » (Éz, 1, *28* et 2, *1-2*). Le discours qui suit est sévère pour les Hébreux, « qui ont la tête dure et le cœur obstiné » (Éz, 2, *4*) : « Qu'ils écoutent ou qu'ils n'écoutent pas, c'est une engeance de rebelles, ils sauront qu'il y a un prophète parmi eux » (Éz, 2, *5*). On lui fait ensuite manger un « volume roulé » qui lui paraît « doux comme le miel », et on lui commande d'aller instruire le peuple des paroles de Yahvé. Il est alors... enlevé : « L'esprit m'enleva et j'entendis derrière moi le bruit d'un grand tremblement » (Éz, 2, *12*).

C'était le crissement des ailes des animaux et des roues à côté d'eux. Il fut ainsi conduit là où habitent les exilés et y resta sept jours, « frappé de stupeur, au milieu d'eux » (Éz, 3, *15*).

Que peuvent bien signifier ces « animaux », ces êtres fantastiques à quatre têtes ? Selon le commentaire de la Bible de Jérusalem, « ces animaux étranges rappellent les *Kâribu* assyriens (dont le nom correspond à celui des Chérubins de l'arche), êtres à tête humaine, corps de lion, pattes de taureau, et ailes d'aigle, dont les statues gardaient les palais de Babylone ». Ce serait une manière de montrer la suprématie du Dieu d'Israël sur les dieux « païens ». Ces figures impressionnantes seront réutilisées : ce seront les « quatre Vivants » de l'Apocalypse, et ils seront considérés comme les symboles des quatre évangélistes... Une autre interprétation voit dans ces « quatre Vivants » l'allégorie de la vie dans le cosmos : « Dieu règne sur le cosmos et ses forces multiples symbolisées par les quatre Vivants dont la description évoque les *Kérubîm* veillant à l'entrée des temples et des palais de Mésopotamie. »[61]

Kérubîm (ou *Khéroubim*), *Kâribu,* Chérubins : que sont ces êtres mystérieux dont les Hébreux avaient reçu l'instruction, sur le Sinaï, d'orner leur Temple ? Figures imaginaires symbolisant la vie dans le cosmos ?

b) Enlèvements et transes prophétiques

Un autre aspect très frappant de cette aventure d'Ézéchiel, c'est son état de « transe », et son extrême fatigue dans les jours qui suivent, « frappé de stupeur », après avoir été enlevé dans un autre lieu. Arrêtons-nous un moment sur ce genre de « voyage » en état de transe. Il n'est pas nouveau pour nous puisque nous connaissons déjà le « voyage » chamanique des peuples primitifs, mais il y a une différence, et elle est de taille : ce sont des voyages « en esprit », alors qu'Ézéchiel semble convaincu d'avoir été réellement enlevé. On pourrait aussi rappeler les voyages dans l'au-delà des dieux et des héros, partis affronter la mort pour devenir immortels, mais il s'agit de mythologie. Nous sommes ici confrontés à une nouvelle catégorie de déplacements, par « enlèvement » : Énoch (mentionné dans la Genèse, puis raconté dans le *Livre d'Énoch*), Élie, Ézéchiel. Cependant — rien n'est simple dans ces affaires insolites — il y a aussi dans la Bible des voyages en esprit (ou en rêve, si l'on préfère), à commencer par Ézéchiel lui-même, avec ses visions de Jérusalem, celles qui ont fait croire qu'il avait commencé sa carrière de prophète avant l'exil. Manifestement, ce sont là des visions mentales.

D'autres prophètes vont connaître cette pénible expérience. Daniel, par exemple, dit qu'après sa fameuse révélation à Suse, il défaillit et fut malade plusieurs jours (Dn, 8, *27*). Nous avons ici un cas de vision mentale avec transe épuisante, analogue, donc, aux transes chamaniques. On peut citer aussi le phénomène du *pneuma* chez les Grecs, transe de la Pythie prononçant un oracle. Donc la transe du prophète biblique ne serait pas originale : on la rencontre ailleurs. En revanche, il reste les cas supposés d'enlèvement physique, qui constituent une nouveauté majeure. C'est ce que souligne Antonio Piñero-Sáenz dans un livre passionnant, *Apocalypses et voyages dans l'au-delà* (dirigé par Claude Kappler) : « Il ne s'agit pas ici d'un " envol de l'âme ", seule et séparée du corps — impensable à cette époque dans les conceptions anthropologiques hébraïques —, mais d'un transport qu'on imaginait physique et absolument réel. »[62] Finalement, la distinction entre voyage réel et voyage en esprit est éventuellement assez floue dans la tête des prophètes, car les deux leur semblent aussi réels l'un que l'autre, et non point aussi irréels l'un que l'autre, bien au contraire : mais il est nécessaire d'évoquer la grande complexité de ces étranges phénomènes...

Un autre aspect primordial de ces récits est le rôle passif du prophète, qui se voit imposer un message ou un enseignement (il est parfois récalcitrant : ce sera le cas de Mahomet). Souvent, la communication est transmise par un personnage important, l'ange « interprète » (pour la première fois chez Zacharie). C'est un ange qui va dicter à Énoch les secrets du Ciel et de la Terre, en les lui lisant dans des ouvrages célestes. La deuxième vision d'Ézéchiel renforce l'impression de passivité du prophète : « Je collerai ta langue à ton palais ; tu seras muet... Mais quand je te parlerai, j'ouvrirai ta bouche et tu leur diras : " Ainsi parle le Seigneur " » (Éz, 3, *26-27*).

Ces épisodes prophétiques font penser à ce qu'on nomme aujourd'hui des « états modifiés de conscience », ou phénomènes « paranormaux ». Cette dimension paranormale semble être un point commun à de nombreuses pratiques et croyances, du chamanisme primitif au « spiritisme » du XIXe siècle, jusqu'aux récits contemporains de « voyage hors du corps » (OBE), ou même d' « expériences proches de la mort » (NDE), sans oublier la longue histoire des expériences mystiques. L'historien des religions Ion Couliano, disciple d'Eliade, a exploré ces questions dans un livre audacieux et non conformiste (*Out of This World. Otherwordly Journeys from Gilgamesh to Einstein,* 1991 : « Hors de ce monde. Voyages dans l'au-delà de Gilgamesh à Einstein »), où il fait également des rapprochements avec la science contemporaine la plus avancée, avec ses spéculations sur une quatrième dimension... Nous y reviendrons à la fin de ce livre. Du point de vue strictement religieux, il y a un rapprochement à faire avec ce qu'on appellera plus tard l' « Esprit-Saint », troisième dimension de Dieu, qui « tombe » sur les apôtres et leur emplit l'esprit.

Pour résumer les choses, le scénario classique d'une vision prophétique se présente ainsi :

« a) apparition ;

« b) l'être céleste se présente lui-même ;

« c) réaction du récepteur (confusion, peur, douleur) ;

« d) réponse de la figure céleste (ne te trouble pas) ; message »[63].

Il va y avoir par la suite évolution vers une transe plus proche des conceptions grecques, où le prophète paraît complètement manipulé et inconscient, sous contrôle du *pneuma*, ou de l' « Esprit-Saint » qui parle par sa bouche. C'est le cas, par exemple, dans l'ascension d'Isaïe, « ... où le prophète, après avoir parlé devant les fidèles, perd conscience au point qu'il ne voit plus les hommes qui l'entourent ». Une interprétation rationnelle de ce cheminement vers l'irrationnel serait que la prophétie gagnait beaucoup en crédibilité si elle semblait purement divine, sans participation humaine. Cela dit, nous restons toujours avec la même interrogation : s'agit-il d'invention pure, ou s'est-il passé des choses très étranges dont on garde précieusement le souvenir, même vague et déformé ?

c) Après l'exil, espoirs déçus du peuple hébreu

Ézéchiel, avec ses singulières visions, a apporté aux Juifs le message de la *présence* de leur Dieu. Vers la fin de la sombre période de l'exil, l'espoir naît d'un renouveau pour Israël. Le *Livre d'Isaïe* révèle, à cette époque, un nouvel optimisme (l'empereur perse Cyrus, instrument de Yahvé, va détruire Babylone), la réaffirmation d'un monothéisme radical, la confirmation de l'Alliance, et la promesse du bonheur éternel : c'est l'élaboration de ce que les historiens du XIXe siècle nommeront une « eschatologie », du mot *eschaton*, la fin des temps.

Ce scénario d'Isaïe est repris par d'autres prophètes (Aggée, Zacharie) et s'enrichit d'aspects divers dont on va saisir tout de suite l'importance : c'est l'attente de la venue d'un « Messie ». Dans le texte « Chants du Serviteur », cette vision messianique annonce déjà le christianisme. Zorobabel décrit l'entrée à Jérusalem du roi messianique, l'« Oint de Yahvé », « juste et victorieux, humble et monté sur un âne ». On peut souligner ici que, dans l'Ancien Testament, le « Messie » est un mortel, et il n'est pas descendu du Ciel. Ce sera le reproche majeur des pharisiens à Jésus, de se dire « Fils de Dieu »... Dans d'autres prophéties similaires vient s'ajouter une vision cosmique qui annonce les apocalypses : Yahvé « ébranlera le ciel et la Terre, la mer et le sol ferme » (Ag, 2, *6*). Mais il se créera « des cieux nouveaux et une Terre nouvelle et on ne se souviendra plus du passé » (Is, 65, *17*). Même Jérusalem sera renouvelée et deviendra le véritable « Centre du Monde ».

Cependant, l'*eschaton* se fait attendre... Il s'ensuit, bien évidemment, une période de déception et d'effacement de l'espoir eschatologique, qui revalorise des orientations légalistes et ritualistes, l'étude et l'interprétation de la Loi (la *Torah,* c'est-à-dire le *Pentateuque*), et aussi la *Mishna*, loi orale qui a une dimension secrète et initiatique, autrement dit ésotérique, dans laquelle prennent de l'importance des « êtres intermédiaires » entre l'homme et Dieu. Puis apparaît, dans *Le Livre de Job* et *l'Ecclésiaste*, une période de « rationalisme pessimiste » dominé par le sentiment de l'inexplicabilité des actes de Dieu, qui semble s'être éloigné des hommes.

Dans le *Livre de Job,* « livre fébrile, énigmatique et inquiétant » selon Eliade, Job, le Juste, est mis à l'épreuve par Dieu, par l'entremise de Satan, l' « accusateur céleste » (avant de devenir patron des Enfers). Comme Job se lamente, Yahvé « se contente de lui rappeler sa toute-puissance, son œuvre cosmique, la complexité de l'Univers, la variété infinie des manifestations de la vie »[64]. Dans un second discours, il lui « décrit longuement la bête Béhémoth et le monstre Léviathan ». Job comprend alors que « l'existence même de l'Univers est un miracle, le mode d'être du Créateur défie la compréhension, la visée de ses actes reste impénétrable ». L'homme n'est pas capable de comprendre le « mystère de l'iniquité »[65].

d) Les apocalypses judaïques

Les visions d'Ézéchiel et de Daniel, qui font partie de la Bible, sont au point de départ de toute une littérature, dite « apocalyptique », c'est-à-dire d'écrits de « révélation », qui apparaissent en marge de la Bible proprement dite, mais n'en occupent pas moins une place prépondérante dans le judaïsme. On retrouvera, d'ailleurs, le même phénomène dans le christianisme. Le *Livre d'Énoch* est le plus célèbre de ces ouvrages de révélation, et l'on pense maintenant qu'il est aussi le plus ancien du genre, dès le IIIe siècle av. J.-C. Tout au long de l'histoire du christianisme, on a connu surtout l'*Apocalypse* de Jean, qui termine le Nouveau Testament et qui a dû être écrite vers le IIe siècle, soit cinq siècles plus tard. Mais il y a une quantité assez considérable d'autres textes, dont beaucoup la précèdent, pendant cette longue période.

Une apocalypse, ce n'est pas seulement une description de la fin du monde, c'est aussi une révélation. Révélation de quoi ? Essentiellement de la gloire divine, à une époque où les Israélites, de nouveau aux prises avec de grandes difficultés (qui aboutiront à la révolte des Maccabées, sorte de réaction nationaliste et intégriste), ont pu avoir encore une fois le sentiment d'être abandonnés par leur Dieu Yahvé... Il fallait donc retrouver l'inspiration du courant prophétique et réanimer une foi très ébranlée. Du moins est-ce ainsi que l'on interprète historiquement les choses. Mais cela explique-t-il, une fois de plus, l'étrangeté des visions relatées dans tous ces textes ?

Quelques mots sont encore nécessaires pour présenter cette littérature, moins connue que la Bible, qu'on appelle « intertestamentaire » (entre l'Ancien et le Nouveau Testament), ou encore « apocryphe », c'est-à-dire non authentifiée. Certains textes cependant étaient presque canoniques, comme le *Livre d'Énoch.* Ils pouvaient être aussi tenus secrets, notamment chez les esséniens et les gnostiques. On parle encore de littérature « pseudépigraphe », dans le cas, fréquent, où les acteurs prenaient comme nom de plume celui d'un grand ancêtre, non pas pour tricher, mais pour montrer tout le respect qu'ils avaient pour lui : c'était dans les usages de ces temps.

Il y a quand même des aspects intéressants dans cette question du « secret ». En premier lieu, les prophètes recevaient éventuellement l'instruction (à partir de Daniel) de ne pas révéler le contenu de leur vision, d'où l'apparition d'une classe d'initiés et d'un mouvement ésotérique. Les esséniens, par exemple, ne devaient pas divulguer le nom des anges ! D'autre part, les « pères de l'Église » qui mettront en forme la doctrine et les textes chrétiens, sélectionneront les écrits canoniques, en éliminant les récits trop foisonnants, dangereux pour le dogme, d'où le nom d'écrits apocryphes. Il en ira de même dans le judaïsme : retour à l'ordre. On sait que des manuscrits primordiaux ont été découverts à Qumrân *(manuscrits de la mer Morte),* en particulier des apocryphes dont le *Livre d'Énoch* (on n'avait jusque-là qu'une version éthiopienne). Or, l'ombre du secret semble encore planer aujourd'hui sur certains textes, que les autorités tardent à dévoiler. Selon un expert américain, certains documents auraient même disparu, notamment une version du *Livre d'Énoch*[66] ! Ce qui est certain, c'est que les spécialistes, principalement catholiques, à qui furent confiés ces manuscrits pour les traduire et les publier, ne se pressèrent pas de s'y atteler. C'est finalement une institution américaine, dépositaire d'un jeu de microfilms, qui les a rendus publics. L'incroyable histoire de cette mainmise a été rapportée par deux journalistes américains en 1991[67]. En fait, il y a surtout des divergences d'opinion sur l'influence éventuelle des esséniens dans la formation de la doctrine de Jésus et du christianisme.

Voyons d'un peu plus près le contenu de ces apocalypses. D'une manière générale, elles ont pour but de révéler les « mystères » du monde invisible, de l'origine et de la fin, du sort des humains dans l'au-delà : résurrection, paradis et enfer, etc. Mais la divulgation porte surtout sur la gloire divine, en suivant un schéma typique :

« — Des descriptions d'ascension au ciel : révélation des mystères des sphères célestes à des initiés (un prophète, un apôtre, la Vierge...).

« — Des descentes aux enfers : description des tourments des pécheurs.

« — Des visions de la fin des temps.

« — Des visions sur les origines des temps, origines de l'univers, qui baignent dans le merveilleux et empruntent au fonds antique. »[68]

Il est impossible de décrire en détail toutes ces visions apocalyptiques, qui ont fait grosse impression pendant des siècles, jusqu'à la fin du Moyen Âge. Citons les titres les plus célèbres. En marge du Pentateuque, on connaît la *Vie d'Adam et Ève* et l'*Apocalypse* de Moïse, qui racontent la pénitence d'Adam, et surtout le fameux *Livre d'Énoch*, qui est en fait une collection de plusieurs livres, très étranges, notamment le *Livre des Veilleurs* sur lequel nous allons revenir. On trouve aussi un *Livre de Noé,* un *II*e *Livre d'Énoch* (slave), des *Testaments* (d'Abraham, d'Isaac et de Jacob, de Moïse), etc. Les *Livres des Rois* ont suscité peu de textes ; en revanche, il y a une littérature plus nombreuse autour des *Livres* des prophètes d'après l'Exil (dont des « nouveautés » trouvées à Qumrân). Enfin, au Ier siècle après J.-C. sont rédigées deux grandes apocalypses israélites, de *Baruch* (syriaque) et d'*Esdras (IV Esdras),* après la chute de Jérusalem. Le genre fut ensuite proscrit dans le judaïsme car on craignait qu'il ne porte trop à un pessimisme dont on n'avait vraiment pas besoin ! Il subsistera néanmoins dans l'ésotérisme, et refera surface au VIIe siècle. D'autre part, dans le cadre du christianisme, à partir du Nouveau Testament, va aussi se développer une littérature apocalyptique, à la suite de l'*Apocalypse* de Jean, avec des prolongements ésotériques dans le gnosticisme.

e) L'essor des anges

Parmi les thèmes qui se déclinent dans la littérature apocalyptique, après le retour d'exil babylonien, figurent en bonne place les anges, la cour divine et les cohortes angéliques, les visions du « Trône divin », des « palais célestes » (*hekaloth*). Ces textes, qui prennent leur source chez les prophètes Ézéchiel, Zacharie et Daniel, sont ceux « qui nous ont livré le plus de renseignements sur les anges »[69].

L'étude des anges, ou « angélologie », est un sujet bien obscur, en dépit de leur luminosité ! Les historiens supposent que l'essor des anges venait pallier l'absence du Dieu Yahvé (encore une explication rationnelle). Il fallait d'une part marquer la transcendance du Dieu absent, « dans le feu tourbillonnant du trône divin de la vision prophétique », mais cette « occultation de Dieu » conduit logiquement à l'essor des anges : « Les anges ne comblent-ils pas la distance entre YHWH, son peuple et les autres peuples ? »[70]

« L'expansion angélique » va continuer du IIe siècle av. J.-C. au IIIe siècle ap. J.-C., dans le christianisme comme dans le judaïsme, au point de devenir un véritable culte ressemblant au paganisme et menaçant le monothéisme, d'où la nécessité d'y mettre un frein. Cependant, c'est d'abord dans la Bible elle-même que s'affirme la doctrine des anges, en particulier dans le *Livre de Daniel,* riche en visions célestes et en figures angéliques.

Faisons ici un bref retour en arrière pour mesurer l'évolution de l'idée d'ange dans le judaïsme. Dans les plus vieilles traditions de l'Ancien Testament apparaît déjà l' « ange de Yahvé », messager qui révèle aux hommes la volonté divine. Il est — ou ils sont — d'apparence humaine. Les trois « hommes » qui se sont manifestés à Abraham sont très beaux, « et c'est pourquoi l'arrivée des anges éveille tant de passion chez les Sodomites »[71]. Une autre idée importante est celle du « camp angélique », ou d'assemblée louant Dieu. Jacob rencontre des anges sur la route et nomme cet endroit le « camp de Dieu » (Gn, 32, 2). Les anges font la navette avec les cieux, comme dans le songe de l'échelle de Jacob (Gn, 28, *12*). Cependant, une autre tradition vient interférer avec ce premier modèle, et il s'agit cette fois d'êtres mi-humains, mi-animaux, les fameux *Kérubîm* qui ornent le Temple, et qui sont pourvu d'ailes. Voilà pourquoi les anges ont des ailes ! Puis les modèles se compliquent encore. Les Chérubins du Temple ont bien deux ailes, mais les « quatre Vivants » apparus à Ézéchiel ont non seulement quatre têtes (ou plutôt une tête à quatre faces), mais en outre ils ont quatre ailes. Et voici encore plus fort. Un nouveau type d'anges apparaît maintenant, les Séraphins, qui ont six ailes couvertes d'yeux, tels qu'on les décrit dans le *Livre d'Isaïe :* deux pour se masquer la face, deux pour se cacher les pieds, deux pour voler (Is, 6, *2*). Le nom de Séraphin (*Serafîm*) signifie les « brûlants ». Voilà un point fort intéressant : dans de nombreux écrits bibliques apparaît une affinité entre les anges et le feu, par exemple dans l'épisode du buisson ardent, habité par l'ange de YHWH (Ex, 3, *2*)[72].

Progressivement, les anges vont acquérir un aspect de plus en plus surnaturel, lumineux, tout en gardant la faculté de prendre une tournure humaine : « Êtres invisibles, les anges prennent l'apparence humaine, transfigurée par une lumière ou un feu surnaturels. Les contempler est terrifiant, parfois insoutenable, même pour le visionnaire enlevé au ciel. Leurs ailes symbolisent la rapidité de mouvement et leur qualité d'êtres intermédiaires, la multiplication des yeux sur ces ailes souligne leur omniscience. »[73] On les appelle aussi des « anges de lumière » (II Cor, 11, 14), et on les présente encore « marchant sur des flammes de feu », vêtus de blanc, le visage brillant « comme du cristal » (Énoch éthiopien, 71, 1).

Dans cet inventaire des êtres célestes et « intermédiaires », n'oublions pas les *Elohim* de la Genèse, qui resurgissent dans le *Livre d'Énoch.* Fils de Dieu, êtres divins ? L'ancienne tradition les présente comme des êtres surhumains. Selon l'historien André Caquot, l'histoire très étrange de leur croisement avec des filles des hommes « n'a d'autre propos que d'expliquer l'existence aux temps antédiluviens d'une race fabuleuse de géants. Ce sont eux les *Nephîlîm* (terme énigmatique que la rédaction a dû gloser) issus des femmes et des " fils de Dieu ", qui avaient de leurs pères la taille gigantesque, mais que Yahvé a privés de l'immortalité (puisqu'ils ont disparu) »[74]. Tout cela est très clair, n'est-ce pas ?

Revenons aux anges. Leur figure se précise, ils se spécialisent et se hiérarchisent. Dans le *Livre d'Énoch,* on rencontre quatre archanges de haut rang : Uriel (feu de Dieu), Raphaël (Dieu guérit), Gabriel (force de Dieu) et Michaël (qui est comme Dieu). Ce dernier occupe l'échelon le plus élevé et, comme chaque ange est chargé d'une nation, il est évidemment le patron d'Israël, le peuple élu. Cette idée de chef des anges, de médiateur principal, remonte au livre biblique de l'*Exode,* où apparaît l' « ange du Seigneur » (Ex, 23), représentant de Dieu et chargé par lui de guider les Hébreux. Ceux-ci vont lui donner différents noms, tels que Yahoel, Melchizedek, Metatron, Adoil, Éremiel, et surtout « le Fils de l'homme », nom par lequel Jésus aimera se faire appeler ! Quant au nom de Metatron, il vient du grec *metathronos :* qui se tient derrière le trône de Dieu. Finalement, toute la littérature du judaïsme est peuplée d'anges, et c'est particulièrement vrai des fameux *manuscrits de la mer Morte* (Qumrân). Les mystiques de la communauté de Qumrân étaient convaincus d'avoir une relation spéciale avec les anges, qu'ils nommaient les *bene elohim;* ils croyaient même que les grands prophètes et patriarches pouvaient devenir des anges[75] !

Et le Diable, dans tout cela ? Si l'on pense au « dieu du mal », il n'y a pas un tel dieu dans la Bible. Yahvé est tout-puissant et même les forces diaboliques se soumettent à lui. Il y a d'abord la figure énigmatique du serpent de la Genèse, qui manigance la chute d'Adam et Ève, et qui ressemble plutôt au dieu malin, le *Trickster* primitif. C'est seulement à partir du *livre de Job* que se précise l'aspect de Satan, adversaire de mauvais conseil mais faisant bien partie de la cour céleste, où il joue le rôle d'accusateur et de contradicteur. L'Ancien Testament parle très peu des démons, à l'inverse des autres religions de l'époque, comme en Égypte et en Babylonie où ils sont légion. Nous allons voir, d'ailleurs, que c'est en Iran que s'est formée l'idée d'un dieu du mal. La Bible évoque l' « ange de la mort », qui déchaîne la peste sur Jérusalem, et les « mauvais anges » ou « anges de malheur » qui font pleuvoir les plaies sur l'Égypte (Psaume 78, 49). Mais l'épisode vraiment important, c'est certainement la chute des anges rebelles, qui est évoquée dans le *livre d'Énoch* et dans d'autres écrits.

f) Étranges visions d'Énoch

Ce très curieux *Livre d'Énoch* nous apprend que les démons sont des anges déchus. Pour comprendre l'histoire, rappelons-nous que dans la Genèse, les géants nés des « fils de Dieu » ont voulu se révolter contre Dieu, qui les a alors détruits par le déluge. Mais les crimes des géants ne sont que la conséquence de celui des anges, les mystérieux « fils de Dieu » qui ont fauté avec les filles des hommes : ils ont dérogé à leur condition et sont ainsi devenus les « anges déchus ». C'est là que le *Livre d'Énoch* apporte d'intéressantes précisions. Les chapitres VI à XV de l'*Énoch* éthiopien racontent la folle équipée d'une troupe d'anges : sous la conduite de deux chefs, Semyazas et Azaêl, deux cents anges ont décidé de venir sur Terre afin de séduire les terriennes. Ils ont encore aggravé leur cas en révélant aux femmes des secrets qui ont corrompu l'humanité, dans les domaines de la métallurgie, de la guerre, et de la... coquetterie !

Cette histoire de science-fiction n'est pas le seul mythe d'origine du mal sur la Terre. Un autre ange était déjà tombé du Ciel auparavant, Satan, qui était justement le patron d'Azaêl et des anges déchus. Ainsi, deux mythes vont fusionner. Cette légende diabolique présente encore d'autres aspects curieux et non négligeables. Par exemple, la rébellion de certains anges lors de la création d'Adam. Selon la *Vie d'Adam* (chapitres XII à XVI), c'est parce que Satan et ses anges ont refusé de s'incliner devant Adam que Dieu les a punis en les chassant du Ciel ! C'est pourquoi, depuis lors, Satan cherche à se venger de cette disgrâce sur la race humaine. Mais revenons au *Livre d'Énoch,* qui a d'autres choses passionnantes à nous raconter.

Dans le *Livre d'Énoch,* les anges déchus prennent le nom bizarre de « veilleurs ». Énoch est enlevé dans les cieux, et c'est lui qui est chargé d'annoncer leur châtiment aux mauvais anges, les « Veilleurs du ciel qui ont abandonné les hauteurs célestes, le sanctuaire de la résidence éternelle ». Énoch apprend leur destin aux anges, qui sont pris de crainte et de « tremblement ». Ils chargent Énoch d'intercéder en leur faveur, mais ce pourvoi est rejeté : point de paix ni de rémission pour les anges déchus !

Quelle importance peut-on accorder à cette légende d'Énoch, qui n'est après tout qu'un écrit pseudépigraphe (Énoch est l'un des plus antiques personnages de la Bible, père de Mathusalem), donc une fable de peu de poids ? Pas du tout, nous affirment les spécialistes les plus éminents. André Caquot souligne, dans le livre de La Pléiade sur les écrits intertestamentaires, que c'est la plus ancienne apocalypse connue, qui a eu une énorme influence : « L'ouvrage, dans ses cinq parties, doit être considéré comme l'un des grands classiques de la Congrégation essénienne, peut-être même comme le plus fondamental de tous. »[76] Il est cité dans le Nouveau Testament, et il est à l'origine (avec le *Livre de Daniel*) de la célèbre et mystérieuse expression de « Fils de l'homme » par laquelle, dans les Évangiles, Jésus aimera à se désigner lui-même. « Par là, le *Livre d'Énoch* se trouve être la plus précieuse des anticipations et la plus secrète des préparations de la christologie du Nouveau Testament. »[77]

Venons-en à l'aspect « visions célestes » de cette première apocalypse, prototype de révélations qui vont hanter tout le Moyen Âge. Il y a d'abord la très belle description des demeures divines, montrées à Énoch « en vision », lorsqu'il va recevoir le verdict de Dieu, dont il doit informer les Veilleurs :

« Voici, dans la vision, que des nuages m'appelèrent, et le brouillard m'appela ; le cours des étoiles et des éclairs me firent hâter et m'emmenèrent ; et les vents, dans la vision, me firent voler et me firent hâter ; ils m'emportèrent en haut et me firent entrer dans les cieux. J'entrai jusqu'à ce que je fusse arrivé près d'un mur construit en pierres de grêle ; des langues de feu l'entouraient, et elles commencèrent à m'effrayer. J'entrai dans les langues de feu et j'approchai d'une grande maison, bâtie en pierres de grêle ; les murs de cette maison étaient comme une mosaïque en pierres de grêle, et son sol était de neige. Son toit était comme le chemin des étoiles et des éclairs, et au milieu d'eux, il y avait des chérubins de feu, et son ciel était d'eau. Un feu brûlait autour des murs et sa porte flambait dans le feu. » Énoch entre dans cette « maison brûlante », et il voit alors une nouvelle maison, plus vaste que la première : « Elle était bâtie en langues de feu, et était en tout si excellente, en magnificence, en splendeur et en grandeur, que je ne peux vous décrire sa magnificence et sa grandeur. Son sol était de feu et au-dessus il y avait des éclairs et le cours des étoiles ; même son toit était de feu ardent. Je regardai et je vis dans son intérieur un trône élevé : son aspect était comme la glace, et son pourtour était comme le Soleil brillant et la voix des chérubins. De sous le grand trône sortaient des fleuves de feu ardent, et on ne pouvait pas les regarder. La Grande Gloire siégeait sur ce trône, et son vêtement était plus brillant que le Soleil et plus blanc que toute neige. »[78] Alors, le Seigneur l'appela, le « souleva » et lui confia le message à transmettre aux « Veilleurs du ciel »...

Ce *Livre d'Énoch,* mystérieux et poétique, est le point de départ de la littérature apocalyptique. Vers la fin du premier siècle ap. J.-C., après la chute de Jérusalem, vont également survenir dans le judaïsme deux types de spéculations mystiques, inspirées par toutes ces visions prophétiques : d'une part autour du *Livre de la Genèse;* d'autre part la mystique du char céleste, fondée sur les visions d'Ézéchiel (*Merkabah*), et des palais célestes (*Hekaloth*), qui se poursuivront pendant toute une partie du Moyen Âge.

Visions et légendes de l'Inde et de l'Extrême-Orient

Le domaine que nous abordons maintenant est très différent du précédent. À la religion révélée, sévèrement monothéiste, « événementielle » et dramatique des Israélites, s'oppose l'univers fabuleux de l'Inde et de l'Extrême-Orient, étonnant mélange de haute métaphysique et de mythologie foisonnante : « ... l'hindouisme renferme les conceptions les plus contradictoires, de la spéculation philosophique abstraite à la plus grossière croyance aux démons, de l'aversion pour tout ce qui est physique au culte sexuel le plus osé, du respect du commandement “ Ne pas tuer ” jusqu'aux sacrifices les plus sanglants, de la croyance en un Dieu unique jusqu'au polythéisme le plus outré. »[79] De ce vaste monde de croyances orientales, nous allons laisser de côté prudemment la haute métaphysique, sauf pour y faire une ou deux brèves allusions, et nous nous contenterons d'évoquer l'univers des êtres célestes, des grandes épopées, et le grouillement des génies et des démons.

a) Étranges dieux indiens

On a déjà vu apparaître, au premier chapitre, quelques dieux indiens très anciens, provenant de la culture primitive indo-européenne, ou autochtone (dravidienne), qui se mêleront plus ou moins au deuxième millénaire avant notre ère, quand se forma la religion védique : *Dyaus,* remplacé par *Varuna,* supplanté à son tour par *Indra,* le dieu guerrier victorieux du fabuleux serpent *Vritra...* Dès cette époque, il n'est question que de rivalités et de luttes entre les dieux. La famille des *Asuras,* la plus ancienne (*Varuna, Agni,* etc.), est en butte à la montée des jeunes dieux, les *Devas,* menés par *Indra,* qui vont devenir prééminents :

schéma classique. De plus, ils vont se transformer en démons, alors que s'impose le culte des *Devas*[80].

Les historiens soulignent une certaine ambiguïté, ou ambivalence, des antiques dieux indiens, avec un côté sombre et démoniaque. Les dieux sont parfois assimilés à des serpents, ils sont trompeurs et créateurs d'« illusion cosmique » (*maya*), un portrait qui rappelle le *Trickster* des primitifs et le serpent de la Genèse. La science divine a, au moins au début, une dimension « démoniaque », conception qu'on peut également rapprocher de la légende des « anges déchus », ou « Veilleurs », du judaïsme...

De tout le panthéon védique ancien, ce sont *Rudra-Shiva* et *Vishnou* qui deviennent les deux grands dieux de l'époque classique (de l'Antiquité), et ils sont encore honorés aujourd'hui. *Vishnou,* bienveillant, symbolise l'étendue spatiale illimitée. D'abord auxiliaire d'*Indra,* il devient plus tard le Dieu suprême, dans la *Bhagavadgîtâ.* Il peut se manifester sous différentes incarnations (*avatâras*), dont la plus célèbre est Krishna, d'aspect humain, mais il y a aussi des formes animales. *Rudra,* aussi appelé *Shiva,* représente d'abord la face sombre du monde des dieux : il est associé à de nombreux êtres démoniaques, il répand la maladie et la mort avec un arc et des flèches. Il est le chef des *Maruts,* jeunes hommes qui chevauchent les nuées, font l'orage et la pluie. Une précision non négligeable est que, si les démons sont innombrables, ils n'ont pas de chef[81]. Le « dieu du mal » est, comme on va le constater, une invention iranienne.

Le surnom de *Shiva,* employé d'abord pour le prier et le flatter (le « gracieux », le « bienfaisant »...), va devenir sa dénomination principale postvédique. Dieu essentiellement ambivalent, *Shiva* est destructeur mais aussi réparateur, il « préside aux jeux sexuels, à la procréation, on le présente même parfois comme androgyne... La figuration de Shiva en " roi dansant " aux bras multiples est toute chargée de symboles cosmiques »[82].

Ne nous risquons pas à résumer les visions cosmogoniques et métaphysiques indiennes. Notons seulement qu'elles ont évolué dans de nombreuses écoles, depuis les textes fondateurs du védisme ancien : les quatre *Samhitas,* dont le *Rig-Veda,* écrit vers le Xᵉ ou XIIᵉ siècle avant notre ère, est le texte le plus célèbre. Viennent plus tard les *Brahmana* et les *Upanishad,* avec la mise en place des concepts fondamentaux de l'hindouisme (*Atman* et *Brahman, Karman,* transmigration ou *Samsâra...*) qui se réalise à la même époque que le judaïsme et le christianisme, de 500 av. J.-C. jusqu'au ve siècle de notre ère. Se forment alors six écoles traditionnelles, dont le *Vedanta,* le *Sânkhya* et le *Yoga,* ce dernier comptant à son tour sept écoles !

Au centre de ces idées métaphysiques, le système *Sânkhya* rappelle le « schéma alexandrin » que nous allons découvrir dans les idées gnostiques et néo-platoniciennes : le monde visible, partiellement illusoire, provient d'une descente, d'un éloignement du monde d'en haut, que les hommes doivent s'efforcer de rejoindre [83]. Autour de cette idée principale, l'hindouisme a développé des croyances assez fantastiques, dont la plus connue est la transmigration des âmes. Distinguons seulement ici le « corps grossier » du « corps subtil » invisible qui accompagne l'âme après la destruction du corps grossier et devient le support du Karman, force inouïe qui contraint l'âme à la réincarnation... Soulignons aussi que le *Yoga* aboutit, dans sa recherche finale *(Râja-yoga)* à la libération du corps physique. Il s'agit en effet d'arriver à une sorte d'état extatique, le *Samâdhi,* qui confère des pouvoirs qu'on qualifierait aujourd'hui de « paranormaux », et qui évoquent, une fois de plus, les anciennes croyances chamaniques. Grâce à l'ascèse, à la dévotion mystique, aux techniques du yoga, mais aussi aux excès orgiastiques, l'ascète en extase — *muni* ou *yogin* — peut, croyait-on, voler à travers les airs, car son esprit est capable de s'échapper de son enveloppe charnelle. On voit que le « voyage hors du corps » cher au *New Age* n'est pas une conception récente. Le *yogin* peut aussi devenir invisible, connaître ses existences antérieures, obtenir une puissance telle qu'il se révèle apte à menacer l'Univers tout entier [84] !

b) *Visions bouddhiques*

L'apparition du bouddhisme, au ve siècle avant notre ère, se situe au cœur des questions métaphysiques et existentielles qui étaient débattues en Inde à cette période d'intense vie intellectuelle, et de crise spirituelle, comparables à celle de la Grèce de la même époque : à côté des religieux et des mystiques qui suivaient la tradition brahmanique, on rencontrait de nombreux groupes d'ascètes errants, *yogins,* magiciens, ou encore des dialecticiens, et même des matérialistes et des nihilistes[85]... Le problème majeur était de trouver une « réponse à la question de la cause de l'enchaînement des êtres vivants au cycle des renaissances (*Samsâra*) et des moyens d'y échapper »[86]. Ce fut, en effet, le thème central de réflexion du bouddhisme, qui se situe donc pleinement dans la tradition de l'hindouisme.

La vie de Bouddha, né vers le ve ou le vi^e^ siècle av. J.-C., est devenue avec le temps une légende qui l'a transformé en « homme divin », comme d'autres fondateurs de religions : ce mythe présente, lui aussi, des aspects étranges et passionnants. Ainsi dit-on que sa conception aurait été virginale et « immaculée », et que l'accouchement aurait été précédé de signes annonçant la naissance d'un être « miraculeux »[87]. Encore de pieux radotages, direz-vous ? Curieusement, son histoire recèle des facettes plus terre à terre : il mourut, dit-on, à quatre-vingts ans, d'une... indigestion. Un détail trop incongru pour avoir été inventé ! Entre les deux événements, Siddhârta (c'était son nom) eut une vie bien remplie. Fils d'un « roitelet » local, il épouse à seize ans deux princesses pour une existence sans soucis, mais, une nuit, « les corps flasques de ses concubines endormies lui révèlent encore une fois le caractère éphémère du monde ». Il quitte rapidement le palais, devient ascète itinérant, prend le nom de Gautama, apprend la philosophie et le yoga, puis s'adonne pendant six ans aux plus sévères mortifications, jusqu'à la maîtrise totale des techniques ascétiques. Enfin, il obtient l'« Éveil », après une nuit de lutte contre *Mâra,* démon « qui conjugue en lui la mort et le malin », et précédé lui-même d'une « armée terrifiante de démons, de spectres et de monstres »[88]. Il devient alors le Bouddha, possesseur des Quatre Vérités : tout est Souffrance ; l'origine de la Souffrance est le Désir ; l'abolition du Désir entraîne l'abolition de la Souffrance ; le « Chemin du Milieu » mène à l'extinction de la Souffrance. La fin de la Souffrance, du Désir et de l'Ignorance conduit à la délivrance du *Samsâra,* et permet d'atteindre le *Nirvâna.* On peut difficilement résumer plus succinctement cette doctrine d'une religion (ou philosophie) qui va connaître un vaste développement, tant idéologique que géographique. En fait, le bouddhisme va ultérieurement décliner en Inde et en Chine, mais au contraire se répandre, en s'adaptant, dans les autres pays d'Asie : Birmanie, Ceylan, Indonésie, Cambodge, Corée, Thaïlande, Tibet (lamaïsme), et même Japon (plusieurs écoles, dont le zen).

Au cours de sa longue existence, le bouddhisme a évolué à travers bien des écoles et des conflits, notamment le « petit véhicule » et le « grand véhicule », ce dernier ouvrant le salut à tous. Mais quel salut ? Est-ce bien le *Nirvâna,* néantisation complète du soi ? Selon les historiens, la doctrine du Bouddha n'était pas aussi radicale que cela : le bouddhisme ancien contient l'idée d'une condition intermédiaire entre ce monde et l'extinction totale dans le *Nirvâna*[89]. On observe d'ailleurs que, dans le bouddhisme, comme dans le yoga, le chemin vers le *Nirvâna* conduit à la possession de pouvoirs miraculeux : capacité à « se multiplier, devenir invisible, traverser la terre solide, marcher sur l'eau, voler dans le ciel, ou d'entendre des sons célestes, de connaître les pensées des autres, de se remémorer ses existences antérieures »[90]. Le néant total peut attendre !

On peut établir un rapprochement entre cette spéculation sur la mort et le dogme tibétain exprimé dans le *Livre des morts tibétain* (le *Bardo Thödol*) qui fait une synthèse du bouddhisme et des croyances animistes traditionnelles. Dans cette curieuse doctrine, l'homme traverse après son décès trois états « intermédiaires » d'incertitude sur le moment de la mort et sur la réalité. Le *Bardo Thödol* est un guide à réciter au chevet du défunt pour l'aider à résister aux « illusions karmiques », spectacle d'apparitions tentantes et mystérieuses, qui le détournent de la voie pour atteindre le *Nirvâna.* Il doit aussi s'opposer aux démons, notamment les *prétas,* ou « fantômes affamés » dont la bouche est petite comme la pointe d'une aiguille, ce qui rend évidemment l'alimentation difficile ! Pour ne pas succomber à ces tentations et ces menaces, le remède consiste dans des exercices de yoga. Le *yogin* doit pratiquer en esprit ce voyage dans cet autre monde du *Bardo,* pour se convaincre que ce n'est qu'un rêve, et pouvoir ainsi atteindre le *Nirvâna.*

Ces visions étranges de l'au-delà se mêlent à des idées métaphysiques très abstraites et subtiles, où l'on ne sait plus très bien si l'on parle d'un autre monde surnaturel, d'une réalité invisible, ou de simples rêves de l'homme qui va mourir. Peut-être croyait-on à tout cela à la fois ? C'est encore cet univers du songe, peuplé d'êtres extraordinaires, célestes ou infernaux, mais inspiré aussi de haute métaphysique, qui est dépeint par la littérature des grandes épopées.

c) Grandes épopées et guerres célestes

La littérature épique indienne, qui se développe à partir du IIe siècle avant notre ère, et pendant quatre ou cinq siècles, est constituée principalement de deux vastes épopées : le *Mahâbhârata* (Grande guerre des Bhâratas) et le *Râmâyana* (Geste de Râma). Leur importance n'est pas seulement littéraire car, s'il est vrai que ce ne sont pas des textes canoniques de la religion védique, ils ont un contenu philosophique important, ce que souligne Mircea Eliade, qui parle d'une « autre voie de la délivrance », d'une nouvelle synthèse hindouiste.

Ces deux longs poèmes épiques sont des monuments littéraires imposants : le *Mahâbhârata,* avec ses 6 000 pages, est huit fois plus long que l'*Iliade* et l'*Odyssée* réunies ! Selon Jean-Claude Carrière, qui en a fait avec Peter Brook une adaptation pour le théâtre et le cinéma, ce poème est si vaste que l'on peut lui trouver de nombreux sens, historiques, politiques, religieux. Concrètement, le *Mahâbhârata* raconte les aventures des cinq frères de la famille Pandava, en rivalité avec leurs cousins pour revendiquer le royaume. Ce conflit aboutit à une guerre terrible où prennent parti les dieux et les démons. Cette légende a été comparée par Georges Dumézil aux autres mythes du fonds indo-européen, comme le *Ragnarôk* des Germains, et Mircea Eliade en a tiré une interprétation religieuse : c'est une guerre surnaturelle, « eschatologique », c'est-à-dire de fin du monde, voulue par le Dieu suprême, *Brahma,* pour soulager la Terre d'une population devenue trop nombreuse. Des dieux et des démons s'incarnent, à la demande de *Brahma,* pour provoquer cette guerre d'extermination [91]. On assiste ainsi à la fin d'un monde, à la « conclusion d'un âge cosmique », mais aussi à l'émergence d'un monde nouveau.

Un commentaire un peu différent est avancé, dans un livre très original de l'Américain Richard Thompson, *Alien Identities,* qui se situe au cœur de notre sujet, puisqu'il compare ces légendes de l'Inde antique avec nos modernes visions d'ovnis ! Son point de vue sera présenté dans le dernier chapitre, mais évoquons déjà sa version des faits pour le *Mahâbhârata.* Selon Richard Thompson, il s'agit essentiellement de la poursuite de l'ancien conflit entre les deux grandes familles de dieux : les *Devas* (les bons) et les *Asuras* (devenus les démons). Deux races d'*Asuras,* les *Daityas* et les *Danavas,* qui ont été battus par des *Devas* (les *Adityas*), cherchent une revanche, en quelque sorte, en essayant de prendre le contrôle, clandestinement, de l'humanité terrestre, à l'aide de leurs pouvoirs magiques. Ils deviennent de puissants monarques, terrorisant les humains. Ce que voyant, la déesse de la Terre, *Bhumi,* appelle à l'aide le Dieu suprême *Brahma,* qui demande alors aux *Devas* de s'incarner pour combattre les *Asuras.* C'est aussi à sa requête que *Vishnou* va s'incarner sous l'apparence du héros *Krishna*[92]. C'est ainsi que la guerre céleste entre les *Devas* et les *Asuras* va être rejouée sur la Terre, jusqu'à la défaite de ceux-ci.

Quelle que soit la version du mythe retenue, il y a bien le récit d'une immense bataille, dans laquelle entrent en lice des dieux avec des armes extraordinaires. Se pourrait-il que cette légende, à l'instar de celle du déluge, soit le reflet de quelque terrible événement ? Lorsqu'on lit l'histoire avec cette arrière-pensée, de nombreux aspects nous frappent par leur étrangeté. Que sont tous ces chars divins (*vimanas*) qui volent dans le ciel ? Qu'est-ce que ce disque, arme terrible que le dieu *Agni* donne à *Krishna,* qui le rend supérieur aux hommes et aux divinités dans la bataille ? Que signifie cette lutte entre les dieux : *Agni* qui déclenche un gigantesque incendie, détruisant la forêt de Khândava et des milliers de créatures ; les êtres célestes angoissés qui font appel à *Indra,* le glorieux vainqueur de *Vritra*, lequel envoie la pluie, qu'arrête *Agni* ; mais *Indra* en provoque davantage, que dissipe *Arjuna,* tout ce monde employant des moyens surnaturels et terrifiants. Ainsi d'innombrables démons, munis de lances et de disques, sont heureusement repoussés par *Krishna,* armé de son disque doué d'une « vaste énergie », aidé par *Arjuna. Indra* lance ensuite une montagne que brise *Arjuna* avec ses flèches enflammées. Observons encore ce disque qui vient du ciel, « arme resplendissante comme le feu, terrifiante, d'un éclat extraordinaire, capable de détruire des villes ennemies »[93].

Richard Thompson cite dans son ouvrage de multiples descriptions de *vimanas,* mystérieux véhicules aériens qui abondent dans les légendes védiques et les épopées postvédiques. Il y a, à vrai dire, deux sortes de descriptions : d'un côté des engins en bois faisant penser à des aéroplanes, mais avec quand même de mystérieux moteurs au mercure ; de l'autre des aéronefs d'allure fantastique, ceux qui nous intéressent ici. On voit, par exemple, une ville volante en métal, et de nombreux véhicules lumineux, comme une « torche tournoyante » ou ressemblant à la Lune quand elle se lève le soir. Les *Devas* sont aussi appelés les *Vaimanikan,* c'est-à-dire les voyageurs en *vimanas*[94]...

Le *Mahâbhârata* n'est pas, heureusement, que bruit et fureur. C'est aussi une magistrale œuvre philosophique, avec une « révélation » du grand dieu *Vishnou,* incarné dans *Krishna,* au héros de l'histoire, *Arjuna.* Dans la *Bhagavadgîtâ (Le Chant du Bienheureux), Krishna* révèle à *Arjuna* la structure de l'Univers et les voies à suivre pour obtenir la délivrance finale, qui sont essentiellement de sagesse et de détachement dans l'action, mais sans se détourner du monde. Il s'agit donc, en réalité, d'une revalorisation de la vie et du cosmos, en réaction contre la tendance au dualisme dont on découvrira les exemples les plus extrêmes dans le manichéisme et le gnosticisme.

d) Visions célestes d'Extrême-Orient

On trouve en Chine, au Japon et dans tous les pays d'Asie de l'Est, des mythes anciens qui ressemblent souvent à ceux du reste du monde, à commencer par les légendes chamaniques, qui sont justement originaires de l'Asie.

En Chine, c'est d'abord la croyance très antique en un grand Dieu céleste (*Ti,* ou *Chang Ti,* le Seigneur d'en haut), en la survie de l'âme, les mythes de la fertilité et du cycle cosmique, le culte des ancêtres, la croyance aux esprits et aux démons ; enfin, la magie chamanique, à l'origine de certaines pratiques taoïstes. Au centre du chamanisme, il y a la nostalgie du Paradis, de l'époque heureuse où les hommes pouvaient comuniquer facilement avec les dieux, un thème que l'on retrouve tout au long de l'histoire religieuse de la Chine[95]. S'épanouissent en Chine d'autres conceptions déjà rencontrées ailleurs, comme celle de la correspondance entre le macrocosme (l'Univers des étoiles) et le microcosme, à l'origine de l'astrologie. Mais il prend en Chine, dans le taoïsme, une dimension différente en y intégrant l'idée qu'il y a deux forces fondamentales, le yang et le yin, qui se réunissent dans le Tao, symbole de l'unité des deux forces. En plus de cet axe d'unité primitive, il y a aussi, dans le taoïsme, la théorie du « circuit cosmique », c'est-à-dire que le Tao circule partout dans l'Univers, sans jamais être arrêté. La vie et la mort s'expliquent aussi par l'alternance du yang et du yin. Croyances fort ésotériques, on le constate, qui culminent dans la conception qu'il est possible « de prolonger indéfiniment la vie et même d'obtenir l'immortalité physique »[96]. Selon une légende, Confucius trouva un jour Lao Tseu « complètement inerte et n'ayant plus l'apparence d'un être vivant ». Après son réveil, le maître révéla qu'il était allé s'ébattre « à l'origine de toutes choses ». Nous avons là les caractéristiques du voyage chamanique : extase et transe cataleptique, envol au centre du monde et à « l'époque paradisiaque d'avant la “chute ”, quand les hommes pouvaient monter au Ciel et s'entretenaient avec les dieux »[97]. Citons aussi cette anecdote célèbre sur la relativité des états de conscience, due à Tchouang Tseu, le deuxième grand maître du taoïsme, qui, se réveillant après avoir rêvé qu'il était un papillon, se demanda s'il n'était pas un papillon rêvant qu'il était Tchouang Tseu !

Les taoïstes croyaient-ils à la réalité de ces voyages extatiques ? Pour certains, il s'agissait de « voyages intérieurs ». Quant aux techniques de longue vie, elles paraissent frappées au sceau du fantastique ésotérique le plus pur. Dans l'une de ces méthodes, « l'adepte en train d'obtenir l'immortalité était recouvert de plumes d'oiseau, et des ailes lui poussaient aux épaules. “ Monter au ciel en plein jour ” était la formule consacrée à l'apothéose finale du Maître »[98]. Dans les anciennes mythologies, l'empereur est à la fois héros culturel et chaman. Par exemple, « l'empereur jaune » Huang Ti (vers 2600 av. J.-C.) entre souvent en état de catalepsie et visite les provinces des esprits incombustibles qui, tels les habitants des îles bienheureuses de Platon, marchent sur l'air et se couchent sur l'espace nu, comme sur un lit. Notons au passage que les « Immortels » (*Hsien*) sont censés être en relation avec les fées et vivre dans le même monde, au point qu'on les confond parfois avec elles. On croit aussi qu'il existe, quelque part, un territoire des Immortels, parfois décrit comme un mont mythique, mais il y a aussi les trois îles des bienheureux, vers lesquelles l'empereur Shih Huang Ti aurait envoyé une expédition à la recherche de l'élixir de longue vie ; six mille jeunes gens auraient disparu dans les vagues[99] !

Il est difficile de distinguer les pures légendes du souvenir éventuel d'observations authentiques. Il est intéressant de souligner que l'on trouve, chez les historiens de Chine et du Japon, le récit d'apparitions célestes anciennes qui rappellent les visions des grandes épopées indiennes : manifestation de dix soleils dans le ciel, suivie de calamités ; visions de combats aériens entre des êtres célestes... Les mythes et légendes ne reflètent-ils pas, souvent, des faits réels transposés ? Ce qui est sûr, c'est que de tel épisodes sont rapportés tout au long de l'histoire humaine. Voici un exemple de vision japonaise, parmi bien d'autres, en 1235 ap. J.-C., citée par Jacques Vallée *(Autres dimensions),* qui est assez drôle, car on voulut lui appliquer une explication rationnelle, contrairement aux interprétations religieuses habituelles. Une nuit, les sentinelles de l'armée du général Yoritsume observèrent de curieuses lumières allant et venant, décrivant des boucles dans le ciel. Le lendemain, le général ordonna une enquête. Celle-ci arriva rapidement à la conclusion que c'était le vent qui faisait remuer les étoiles[100].

Le Shintô, religion nationale du Japon, offre lui aussi les facettes classiques de la mythologie, nous ramenant ainsi encore une fois à l'interrogation de Claude Lévi-Strauss sur la ressemblance entre les légendes du monde entier. Mais il y a aussi, heureusement et comme partout ailleurs, des particularités, comme la croyance aux *Kamis,* êtres intermédiaires entre les dieux et les humains, génies nombreux et polyvalents, vénérés dans le Shintô ancien comme « manifestations omniprésentes du sacré ». Il faut bien comprendre qu'au Japon, pays des dieux, il n'y a pas de limite bien nette entre le divin et l'humain : tout homme, même le plus humble, peut devenir *Kami* après sa mort. D'où le très grand nombre de divinités : plus de 3000 au xe siècle ap. J.-C. Terminons justement notre aperçu des très riches visions extra ou supraterrestres de l'Asie en évoquant encore le monde fourmillant des génies, anges et démons, de toutes ces créatures médiatrices entre le Ciel et les hommes...

e) Génies, anges et démons

La croyance à l'existence d'une quantité infinie d' « êtres intermédiaires » tient une place considérable dans les religions de l'Inde et de l'Extrême-Orient. Ce sont des créatures considérées comme inférieures aux dieux, mais relevant elles aussi d'un autre monde : génies, anges, démons, nymphes, elfes et fées, vampires et dragons, êtres mystérieux que l'on doit honorer ou dont il faut se protéger. La multitude de statues de ces êtres secondaires dont sont couverts les murs des temples témoigne de l'importance de ces superstitions, encore vivaces aujourd'hui. Dans l'art khmer, les nymphes et les dragons sont innombrables à Angkor ; au Tibet, le bouddhisme tantrique a créé tout un monde grimaçant de divinités amicales ou maléfiques. On remarque aussi, dans les peintures tibétaines, de nombreux sages semblant flotter dans les airs, protégés par une bulle...

Ce décor fantastique n'est pas totalement étranger pour les Occidentaux, rompus eux aussi à l'univers des fées, fantômes et démons ténébreux, dragons gardiens de trésors, etc. Il y a cependant en Inde des familles de génies originales et poétiques, telles que les *Gandharva* (musiciens célestes), les *Apsarâ* (nymphes), les *Nâya* (dragons ou serpents à visage humain). Ces génies sont en rapport constant avec les hommes, relations le plus souvent de nature amoureuse, dans les légendes, les hommes étant séduits par les nymphes et les femmes par les *Gandharva*[101]. Selon le scénario classique, l'homme est choisi, « connaît maintes aventures cruelles et merveilleuses » qui sont autant d'épreuves initiatiques pour accéder à une condition nouvelle, supérieure et héroïque[102]. Quant aux *Gandharva,* ils ont tant de succès auprès des femmes terrestres que le mariage par consentement mutuel a pris le nom de « mariage gandharvique » : l'union avec le prince charmant ! Il y a, cependant, d'autres types de mariages, huit en tout, qui sont de moins en moins enchanteurs. Le huitième, et le pire, est celui selon les Vampires : « Enfin, lorsqu'un garçon, tel un voleur, s'empare d'une fille qui dort ou qu'il a droguée, ou qui n'a pas toute sa raison, c'est là le mariage selon les Vampires, abominable péché *(Lois de Manu)*. »[103]

Le folklore est, bien entendu, riche en démons de toutes sortes, tels que « ces monstres grimaçants amateurs de chair fraîche, ogres et ogresses des contes populaires ». C'est le cas des *Râkshasa,* qu'on a peut-être fait semblant d'assimiler à des anges gardiens, mais qui sont réellement des vampires attaquant les humains la nuit, dans des lieux isolés. On n'ignore pas non plus les *Piçaca,* les *Vetala,* les *Bhairava,* riche panoplie de vampires qu'on soupçonne de dévorer les cadavres abandonnés[104]...

Une multitude d'autres êtres étranges peuple la littérature classique de l'Inde : « Ceux-ci n'ont qu'un œil et ceux-là qu'une oreille ; en voici dont le ventre est monstrueux, les seins pendants, leurs longues dents pointent hors de leurs gueules et leurs jambes sont tordues. En voilà d'autres cependant merveilleusement beaux à voir et somptueusement vêtus. Certains de ces monstres ont deux jambes, mais d'autres trois ou quatre ; certains ont des têtes de serpents, d'autres de singes, d'autres de chevaux ou d'éléphants... » (*Râmâyana,* 5, 4, 15 à 18)[105].

Ces croyances furent rapportées jusqu'au monde de la Grèce antique, par quelques rares voyageurs. Grâce à un traité sur l'Inde écrit par Ctesias de Cnide, qui avait séjourné comme médecin à la cour de Perse, l'Inde devint la « Terre des prodiges » habitée par diverses races fantastiques : « Les pygmées, qui combattent les grues ; les sciapodes, qui n'ont qu'un seul immense pied sur lequel ils courent très vite, et qu'ils relèvent comme une ombrelle pour se protéger de l'ardeur du Soleil ; les cynocéphales, hommes à tête de chien qui " aboient au lieu d'employer un langage articulé " ; les hommes sans tête au visage entre les épaules ; les hommes à huit doigts et huit orteils dont les cheveux, blancs jusqu'à trente ans, noircissent ensuite ; les hommes pourvus de si grandes oreilles qu'elles leur tombent jusqu'au coude et leur couvrent entièrement le dos. »[106] Il y encore bien d'autres êtres fabuleux décrits par Ctesias, tels « les martichores à la tête d'homme, au corps de lion, à la queue de scorpion, les licornes et les griffons, gardiens de l'or ». Tous ces animaux fantastiques vont inspirer plus tard le bestiaire moyenâgeux occidental. Ailleurs, les monstres sont plus beaux.

Achevons ce tour de cirque mythique sur une note d'humour chinois. Les Chinois aimaient à pratiquer le voyage aérien : à califourchon sur des grues ou des canards sauvages, « même des tigres pouvaient faire l'affaire à l'occasion », mais « dans les temps anciens les dragons étaient les meilleurs véhicules aériens ». Le fameux empereur Chi rejoignit les immortels célestes sur un cheval ailé ou, selon une autre version, « sur le dos d'un dragon à longue barbe, capable d'emporter soixante-dix personnes à la fois. Les officiers impériaux de rang inférieur qui n'avaient pu trouver place sur le dos du dragon s'accrochèrent aux poils de la barbe, qui malheureusement cédèrent sous le poids. Dans l'incident, l'empereur perdit aussi son arc ; celui-ci, et les poils du dragon, furent respectueusement ramassés par les gens restés à Terre » [107].

Iran : dualisme, archanges et dieu du mal

Après nous être aventurés jusqu'au fond de l'Extrême-Orient mystérieux, revenons vers l'ouest, et faisons halte dans un pays à la croisée des civilisations : l'Iran, c'est-à-dire la Perse de l'Antiquité. Son cas est intéressant car les Iraniens et les Scythes (peuple du nord de l'Iran) ont élaboré, au cours du dernier millénaire avant notre ère — toujours la fameuse période axiale — une vision religieuse originale, de type « dualiste », c'est-à-dire concédant une place assez considérable aux forces du « mal » : si l'on songe à l'Iran d'aujourd'hui, on a là un bon exemple d'enracinement profond de la culture. Cette conception dualiste n'a pas été sans influencer le reste du monde antique, en particulier dans sa forme extrême qu'a été le manichéisme au IIe siècle ap. J.-C. Saint Augustin fut longtemps manichéen avant de se convertir au christianisme, et l'on sait le poids qu'il eut dans la formation de la doctrine chrétienne... En revanche, les historiens ont conclu, après un long débat, que le mazdéisme (la religion iranienne de l'Antiquité) a eu peu d'influence directe sur le judaïsme.

Dans son ensemble, la pensée religieuse iranienne a apporté de grandes idées : l'articulation de plusieurs dualismes (cosmologique, éthique, religieux) ; mythe du Sauveur ; triomphe final du bien sur le mal et salut universel (« eschatologie » optimiste), doctrine de la résurrection des corps, pour citer les croyances les plus marquantes [108]. Disons que ces conceptions devaient être quand même dans « l'air du temps », puisqu'on les voit apparaître aussi dans le judaïsme, à la même époque.

La religion des Iraniens, le mazdéisme, a des racines indo-européennes très anciennes, comme le védisme indien. À l'origine, nous disent les historiens, il y avait peu de différences entre les deux. On y trouve des figures divines analogues, mais avec déjà une tendance au dualisme. Signalons seulement une inversion de vocabulaire : en Inde, les *Devas* sont les dieux positifs (contre les *Asuras*) ; en Iran, ce sont les *Daevas* qui endossent le mauvais rôle des démons.

On sait peu de choses de la religion iranienne avant son célèbre prophète, Zarathoustra, qui aurait vécu entre 1000 et 600 av. J.-C. Son grand dieu céleste, *Ahura Mazdâh,* est symbolisé par le disque ailé du Soleil. Il est secondé par *Mithra,* dieu nocturne qui voit tout car ses yeux sont les étoiles ! *Mithra* est aussi le dieu du droit et de la guerre ; à ce dernier titre, il deviendra populaire dans l'armée romaine vers la fin de l'Antiquité.

Zarathoustra (ou Zoroastre) a eu une vie entourée de légendes, mal connue comme sa date de naissance. On était convaincu de sa préexistence céleste, et il naquit accompagné de phénomènes surnaturels. « Trois jours avant qu'il vienne au monde, le village brille avec un tel éclat » que les habitants, « croyant à un incendie, l'abandonnent ». Sa mère fut enveloppée d'une grande lumière, et « trois jours durant, les côtés de sa maison apparaissaient comme ignés ». À peine né, il est attaqué par des démons *(Daevas),* mais il les fait fuir, puis il va surmonter quatre épreuves initiatiques. Cette lumière surnaturelle et le combat contre les démons sont des motifs caractéristiques du mazdéisme (comme de l'Inde ancienne) [109]. Un autre trait intéressant de la vie de Zarathoustra est sa faculté de se mettre en état d'extase, qui révèle sa familiarité avec les techniques chamaniques, courantes à l'époque en Iran comme en Inde. Cependant, l'extase chamanique ne joue pas un rôle prépondérant dans le mazdéisme.

La doctrine de Zarathoustra est typiquement « visionnaire » : le grand dieu *Ahura Mazdâh* est bon et il a créé le monde par la pensée. Il est entouré d'une escorte d'êtres divins, ou archanges, les *Amesha Spentas* (les « Saints immortels »), qui symbolisent chacun une vertu : le « bon ordre », la « bonne pensée », la « sage modération »... Malheureusement, à toutes ces bonnes pensées, s'oppose le « mauvais esprit », *Angra Mainyô* (appelé plus tard *Ahriman*), cause de tout le mal existant sur Terre : et voilà notre dualisme ! Les hommes subiront le jugement de Dieu (Ordalie). Les méchants n'arriveront pas à traverser le pont *chinvat* (qui devient mince comme une lame) et tomberont dans le « gouffre de la perdition » où ils seront anéantis et transformés en métal fondu ! Cette image saisissante sera reprise dans bien des légendes du Moyen Âge. Pour les bons, le jugement sera comme du « chaud lait de vache », et ils entreront dans le royaume d'*Ahura Mazdâh.* Cette vision abrupte devait être d'autant plus inquiétante que Zarathoustra annonçait l'imminence de ce jugement dernier (il y aura bien d'autres exemples dans l'histoire, jusqu'à nos jours). Cependant, il se présentait lui-même comme un « sauveur » capable d'assurer le salut des hommes lors de ce jugement.

Il est impossible de nous étendre davantage sur cette religion, très complexe selon les historiens, pleine de mythes, de légendes et de doctrines secrètes, qui sera supplantée, beaucoup plus tard, par la conquête de l'Islam. Citons au moins cette fable, qui nous est si familière : « Selon la tradition, les mages se rassemblaient chaque année sur une montagne (probablement à Shîz, leur centre) pour attendre cette naissance du Rédempteur (incarnation humaine de Mithra) qu'une étoile devait annoncer et qui paraîtrait dans une grotte. »[110]

Visions grecques, entre la raison et l'irrationnel

a) Dieux, héros et êtres surnaturels

Nous avons déjà salué la naissance de l'idée de pluralité des mondes, découlant logiquement, dans l'esprit des philosophes « atomistes » ioniens, de celle d'Univers illimité : une conception ouvrant de nouvelles perspectives sur la question des êtres célestes ! Il est remarquable qu'une telle idée ait pu germer il y a 2500 ans, alors qu'elle est encore difficile à admettre pour certains aujourd'hui. Il est vrai qu'à l'époque ces théories étaient le fait d'une minuscule avant-garde, en butte (déjà) aux principes établis La Grèce antique fut avant tout, comme toutes les civilisations de l'époque, un monde de légendes et de croyances religieuses.

Les anciens mythes, déjà évoqués plus haut, avaient beau se lézarder (ils furent contestés dès le vᵉ siècle av. J.-C., notamment par Xénophane), on croyait très sérieusement aux dieux. La pratique religieuse tenait une place essentielle dans la société grecque, pessimiste, pleine de crainte et de méfiance vis-à-vis des dieux, qu'il fallait honorer pour éviter leur courroux.

Les légendes de la Grèce antique sont, on l'a constaté, terrifiantes. Ce ne sont que luttes sanglantes de dieux, de géants, de monstres et de Titans. On retrouve d'autre part, chez les Grecs, le mythe primitif typique de la décadence depuis les origines bienheureuses, édéniques, de l'humanité. Selon Hésiode, qui a recueilli les histoires les plus reculées, se sont succédés quatre âges et quatre races : « À l'âge d'or, vivait une race qui ignorait la mort, la vieillesse et la peine ; celle de l'âge d'argent, par son impiété, fit naître la vieillesse, le chagrin et les conflits ; la race de bronze se composa d'hommes brutaux, batailleurs ; enfin la race de fer, la nôtre, est la pire de toute. »[111]

Vision pessimiste, conscience de la précarité de la condition humaine, mais aussi revalorisation paradoxale de cette condition, car les Grecs croient à sa *sacralité,* à un sens religieux de la « joie de vivre », de la beauté du corps humain. Ils ont le sentiment « d'exister, de participer — même de manière fugitive — à la spontanéité de la vie et à la majesté du monde »[112].

On retrouve cette dimension plus humaine qu'ailleurs dans la nouvelle génération des dieux grecs (après les hécatombes primitives), qui non seulement ont forme humaine, mais aussi des sentiments humains, même leurs faiblesses. La ressemblance s'arrête là, cependant, car ils sont bien d'un autre monde et radicalement supérieurs au commun des mortels. Ce sont les « bienheureux », « ceux qui vivent agréablement »[113].

On n'a pas à présenter les douze dieux olympiens (Zeus en tête, suivi de Héra, Athéna, Héphaïstos, Aphrodite, Artémis, Apollon, Arès, Hermès, Poséidon, Hestia et Déméter), qui forment une grande famille turbulente, engendrant force divinités secondaires et êtres surnaturels (satyres, silènes, nymphes, centaures...), mais aussi des êtres intermédiaires par croisement avec les humains : ce sont les héros du temps jadis (encore une idée dans l'air, puisqu'on la trouve aussi dans la Bible). Les héros grecs sont mortels, mais peuvent être divinisés. Cela crée des liens, et on peut toujours rêver. Une facette étonnante de ces relations amoureuses est qu'elles sont souvent obtenues par la ruse, le *camouflage :* Zeus se transforme en taureau pour enlever la belle Europe, en cygne pour s'unir à Léda (de cette union naîtra Hélène, héroïne de Troie), prend même l'apparence d'Artémis pour séduire Callisto : « Cette déesse ne pardonna pas à la jeune fille sa faute pourtant involontaire. Pour la soustraire à cette colère, Zeus la métamorphosa en ourse ; mais Artémis la tua de ses flèches. En expirant elle donna le jour à Arcas ; puis elle fut changée en constellation : la Grande Ourse. »[114] Périlleuse façon de gagner le ciel ! De la vaste mythologie grecque, et des pratiques qui en découlent, nous ne relèverons ici que quelques aspects qui, on va le constater, s'apparentent aux autres visions religieuses de l'époque.

b) Des mythes aux cultes à « mystères »

La culture grecque baigne, non seulement dans la mythologie, mais aussi dans une atmosphère de rites ésotériques, de sectes religieuses à « mystères », dont les plus célèbres sont les oracles de la Pythie de Delphes (culte d'Apollon), les mystères d'Eleusis (culte de Déméter), et le culte de Dionysos dans toute la Grèce.

Plusieurs dieux ont un statut spécial, comme fondateurs ou inspirateurs de cultes mystiques, et leurs légendes sont aussi les plus énigmatiques. Apollon d'abord, inspirateur de la Pythie, oracle de Delphes : bien qu'il soit censé représenter la sérénité, le respect pour la loi et l'ordre, la divine harmonie, son histoire est noyée dans les ténèbres et il a dû se battre pour s'imposer. Pour s'installer à Delphes, il a assommé le Python, qui était maître du lieu, et c'est de là qu'est né son prestige. Il est en rapport avec le pays mythique des Hyperboréens (de l'extrême Nord), vers lequel il s'envola « sur un char tiré par des cygnes », où il resta une année entière. Selon Pindare, les Hyperboréens peuvent vivre mille ans ; « Ils ne connaissent ni travail ni combats et passent leur temps à jouer de la lyre et de la flûte. » On croyait également que certains de ses disciples légendaires (Abaris, Aristéas) étaient des Hyperboréens[115]. On est tenté d'établir une relation avec une légende européenne en honneur au Moyen Âge et même plus tard, celle du pays des sylphes et des fées.

Selon l'éminent helléniste anglais Eric Dodds, qui s'est préoccupé des penchants grecs pour l'irrationnel, ces personnages semi-mythiques possédaient des facettes chamaniques. Il leur a même forgé à cet effet le nom de *Iatromante* (de *iatros,* guérisseur, et *mantis,* prophète). Abaris avait le pouvoir de « bilocation » (présence en deux lieux au même moment), et l'on affirmait même qu'il volait sur une flèche, symbole typiquement chamanique. « Il était si avancé dans la science du jeûne qu'il avait appris à se passer entièrement de nourriture humaine. Il bannit les épidémies, prédit les tremblements de Terre, composa des poèmes religieux, et enseigna le culte de son dieu du Nord, que les Grecs appelaient l'Apollon hyperboréen. » Dodds cite aussi Aristéas qui rencontre, au cours de ses voyages chamaniques, des Arismaspiens à l'œil unique, et des griffons gardiens de trésors, créatures qui appartiennent au folklore d'Asie centrale, haut lieu du chamanisme, justement. Il jouissait comme Abaris du don de bilocation, et Hermotine de Clazomènes également, « dont l'âme voyagea de tous côtés, observant des événements éloignés, tandis que son corps gisait inanimé chez lui. Ces récits de chamans qui disparaissent et reparaissent étaient suffisamment connus à Athènes pour que Sophocle puisse y faire allusion dans l'*Electre* sans avoir besoin de citer des noms »[116]. La croyance des Grecs à ces expériences de voyage de l'âme hors du corps les a conduits à s'attacher, à partir de l'époque classique, à l'idée d' « une puissance occulte immanente à l'homme lui-même », à un « soi occulte d'origine divine »[117]. C'est cette école de pensée qui va nous amener, un peu plus loin, à un autre grand « chaman grec », Pythagore, qui avait même adopté la croyance en la transmigration de l'âme.

Remarquons que l'appellation de « chamanisme » est controversée. Ion Couliano la critique (dans *Expérience de l'extase*) : pour lui, les « Iatromantes » grecs « n'entrent absolument pas dans la phénoménologie de la possession chamanique : ils ne maîtrisent pas les esprits qui les avaient possédés. Mais, d'autre part, ils sont capables des mêmes prouesses que les vrais chamans »[118]. S'il ne s'agit que de légendes, elles sont en tout cas fort complexes ! Pour corser encore le tableau, ajoutons que Platon distinguait quatre sortes de démence : la démence prophétique, la démence télestique ou rituelle (culte de Dionysos), la démence poétique (les muses), et la démence érotique (Aphrodite et Éros).

La « démence prophétique » est un aspect important du monde grec. Elle est particulièrement évidente dans le culte d'Apollon à Delphes, où la Pythie délivrait des oracles en état de transe. La Pythie était choisie, au temps de Plutarque, pour son innocence : c'était « la fille d'un pauvre paysan, une personne honnêtement élevée et de mœurs respectables, mais ayant peu d'instruction ou d'expérience de la vie ». Selon la tradition, elle entrait en transe, pour délivrer un oracle, sous l'effet d'émanations gazeuses, mystérieuses, provenant d'une fissure du sol (mais les archéologues n'ont jamais rien retrouvé). Parfois, ces expériences tournaient mal. Une fois, une Pythie mourut quelques jours après une transe terrifiante qui avait mis en fuite toute l'assistance[119].

Ce phénomène étrange de « possession », de *pneuma,* peut-être rapproché, observe Claude Kappler (*Apocalypses et voyages dans l'au-delà*), des transes extatiques dans le prophétisme juif, décrit comme une « invasion de l'esprit humain », comme « l'intervention d'une force extérieure »[120]. Mais poursuivons notre panorama des cultes à mystères, générateurs d'effets visionnaires, avec Hermès, puis Déméter et Dionysos.

Hermès est lui aussi un dieu énigmatique. Fils de Zeus et de la nymphe Maia, il possède des pouvoirs rappelant les légendes primitives : il dispose d'un « bâton magique » (le caducée), d'un bonnet qui rend invisible (comme le nain Alberîch), d'herbe merveilleuse (qui va immuniser Ulysse contre l'ensorcellement de Circé). Il se mêle volontiers aux hommes, avec qui il se comporte à la fois comme un messager des dieux et un joueur de mauvais tours, un *Trickster.* Comme les chamans, il a accès aux trois « niveaux cosmiques » : il accompagne les âmes dans les Enfers (« psychopompe ») mais il les ramène aussi sur la Terre, comme Perséphone, ou Eurydice. Surtout, il est maître des sciences occultes, ce qui lui vaudra de devenir très durablement le patron de l'occultisme, sous le nom de Hermès Trismégiste dans l'alchimie et l'hermétisme, jusqu'aux temps modernes : il sera le seul dieu grec à survivre au christianisme.

La légende de Déméter, déesse de la Terre, et de sa fille Coré

(Perséphone) a fondé le culte des « mystères d'Eleusis », aussi célèbre que l'oracle de Delphes, mais dont les cérémonies étaient secrètes, réservées à des initiés, les *Mystes* (d'où vient le mot mystique), à qui étaient révélés les mystères : petits mystères, grands mystères, expérience finale ! Coré est enlevée par Pluton (Hadès), dieu des Enfers. Déméter, furieuse, fait retraite à Eleusis, sous l'apparence d'une vieille femme, puis dévoile sa nature et exige qu'un sanctuaire lui soit consacré. Après qu'elle ait provoqué une terrible sécheresse, Zeus est finalement contraint de demander à Pluton de libérer Coré, devenue Perséphone. Pluton s'exécute, mais il lui fait avaler un grain de grenade qui l'oblige à revenir quatre mois par an auprès de son époux. On reconnaît là le mythe archaïque des saisons et de la fécondité ; les cérémonies d'Eleusis marquaient d'ailleurs le passage des saisons. Les secrets révélés aux initiés lors de la cérémonie suprême n'ont jamais été divulgués : l'incendie du sanctuaire, en 396, par Alaric, le roi des Goths, marquera la fin « officielle » du paganisme. Les mystères d'Eleusis demeurent toujours insondables et intriguent encore les historiens aujourd'hui [121].

Dionysos est le plus obscur et complexe de tous les dieux. Il est le fils de Zeus et d'une terrienne, la princesse Sémélé, fille de Cadmos, roi de Thèbes. Mais Sémélé est foudroyée avant la naissance, ayant demandé à Zeus de lui apparaître dans sa vraie forme de dieu céleste. Alors, Zeus coud l'enfant dans sa cuisse, d'où il naîtra une seconde fois, et deviendra lui-même dieu à part entière (d'où l'expression « être sorti de la cuisse de Jupiter »). Cependant, Dionysos va subir beaucoup de déboires et d'humiliations. Il reste étranger à l'Olympe, il menace les institutions : il doit donc endurer des persécutions. Héra le frappe de folie et il est obligé de s'enfuir jusqu'en Phrygie, où la déesse Cybèle le guérit ; puis il revient pour fonder son culte en Grèce, mais il est rejeté par les propres sœurs de sa mère Sémélé qui refusent d'admettre sa divinité. Au cours de son séjour terrestre, Dionysos accomplit des prodiges, se montre et disparaît subitement ; il épouse la belle Ariane de Naxos puis, ayant établi son culte, il gagna enfin l'Olympe après avoir fait un voyage aux Enfers pour y rechercher sa mère Sémélé [122]. Malgré, où grâce à tous ces obstacles, Dionysos était un dieu prééminent et populaire, célébré par de nombreuses fêtes vinicoles très arrosées (malgré la réprobation de l'aristocratie) qui vont devenir des orgies, decrites par Euripide dans *Les Bacchantes,* avec des rites nocturnes de sacrifices et de consommation de chair crue... C'est ainsi que le culte de Dionysos évolue vers des pratiques secrètes, initiatiques, ésotériques (surtout suivies par des femmes, les Ménades, ou Bacchantes), où la « frénésie extatique » jouait un grand rôle, la *mania,* l'*enthusiasmos,* dans laquelle on pensait « surpasser » la condition humaine[123].

On associait encore à Dionysos tout un cortège de satyres, nymphes et silènes. Les Grecs croyaient en effet la Nature peuplée de toutes sortes d'êtres surnaturels, en particulier les nymphes (des montagnes, des bois, des sources), les centaures, moitié hommes, moitié chevaux, que des historiens rapprochent des *Gandharvas* indo-iraniens, êtres célestes et musiciens.

Le succès du culte de Dionysos l'a ramifié en autres pratiques apparentées, telles que Zagreus (fils de Zeus et de Perséphone), Isodaitès (Dionysos phrygien), Sabazias (Dionysos thrace). Pour se faire une idée du panorama bariolé des sectes grecques (et romaines), il faut encore mentionner les adorateurs de Cotis, les adeptes d'Adonis, les sectateurs de Cybèle et d'Atis (qu'on retrouvera à Rome), le culte de Bendis, la croyance dans les mystérieux cabires et corybantes[124]. On s'y perd, tout comme aujourd'hui où foisonnent autant de sectes.

Il ne faut pas manquer, cependant, d'évoquer encore une secte assez mystérieuse, l'orphisme, qui va nous amener dans des eaux plus philosophiques et métaphysiques. Selon la légende, Orphée, qui était sans doute poète et chanteur thrace, « amena par ses chants le monde souterrain à lui rendre son épouse, Eurydice — mais elle devait lui être reprise immédiatement s'il se retournait, ce qu'il fit, après quoi il fut déchiré par les Ménades »[125]. On observe une fois de plus, avec ce mythe d'Orphée, des traits chamaniques : visite du monde infernal, dons de guérisseur. Orphée est d'ailleurs en relation avec ces personnages chamaniques, Abaris et Aristéas, disciples d'Apollon... Ce sont les nombreux récits de voyages chamaniques qui sont à l'origine des futures visions de mondes infernaux[126].

L'orphisme est aussi une étape cruciale dans l'évolution des conceptions religieuses grecques, en ce qu'il introduit la distinction, dualiste, de l'âme pure et du corps impur, ainsi que l'idée, nouvelle également en Grèce, d'un jugement des hommes après la mort. L'homme est à la fois bon et mauvais car, dans la cosmogonie orphique, il a une part de divin, issue de Dionysos, et une part d'antidivin, provenant des Titans... Ion Couliano, dans le brillant chapitre sur les religions dualistes de son *Dictionnaire des religions,* classe les courants dualistes entre l'anti ou le procosmisme (le monde est mauvais ou bon), et l'anti ou le prosomatisme (le corps est mauvais ou bon), ce qui donne la hiérarchie suivante pour l'orphisme : anticosmique et antisomatique ! Par comparaison, le zoroastrisme, qui paraissait bien pessimiste, peut être considéré comme procosmique et prosomatique[127]. L'orphisme est donc une vision du monde très pessimiste, mais, point très important, il ouvre en revanche la porte de la vie éternelle. On a déjà vu, dans d'autres pays — Égypte, Israël — combien cette idée pèse lourd dans l'histoire idéologique des peuples.

c) *Philosophes mystiques et visionnaires*

À l'instar des dieux, des demi-dieux et personnages semi-mythiques qui viennent d'être évoqués, certains philosophes grecs, même parmi les plus prestigieux, ont conquis à leur tour la réputation de posséder des pouvoirs spéciaux, chamaniques. On connaît Pythagore comme mathématicien, mais moins comme philosophe versé dans l'ésotérisme, proche de l'orphisme, « faiseur de miracles » et entouré d'une légende, celle « d'un homme qui, disait-on, avait été aperçu à la même heure dans deux villes différentes et qui se souvenait à la perfection de ses vies antérieures »[128]. Pythagore avait fondé ce qu'on nommerait aujourd'hui une secte secrète, réservée, comme les mystères orphiques ou ceux d'Eleusis, à des initiés ou *Mystes,* et cherchant à se rapprocher du monde « divin ».

Parménide, important philosophe logicien, raconte qu'il fut un jour enlevé dans les airs et mis en présence d'une énigmatique déesse qui lui enseigna le « système éléatique », vision de l'Univers éternel. Somme toute, les dieux auraient enseigné, à la même époque, le monothéisme aux Juifs et l'éléatisme aux Grecs ! Selon Jean-François Revel, une telle révélation « peut être allégorique, mais peut être aussi en partie sincère, un phénomène caractéristique du chamanisme »[129]. En poursuivant cette histoire visionnaire, nous allons être souvent confrontés à une telle ambiguïté...

Empédocle est un autre philosophe important chez lequel se superposent des aspects rationnels et magiques. On retrouve chez ce philosophe savant l'irruption d'un comportement de type chamanique, primitif et irrationnel. Empédocle a écrit lui-même sa légende, dans ses poèmes : « Comment il avait abattu les vents par sa magie, rendu la vie à une femme qui ne respirait plus », et finalement disparu pour devenir un dieu[130]. On disait qu'il s'était jeté dans le cratère de l'Etna, laissant sur le bord, en témoignage, ses célèbres sandales d'airain...

La vision platonicienne, affirment les historiens, est avant tout une tentative de synthèse entre la science rationnelle et la religion, qu'il sentait menacée. Platon voulait non seulement stabiliser, mais aussi réformer l'édifice traditionnel des croyances grecques, en retenant trois propositions fondamentales : les dieux existent ; ils s'intéressent au sort de l'humanité ; ils ne se laissent pas acheter[131]. Mais l'idée principale, confortée par Platon, c'est que l'homme a une âme immortelle. L'homme a une double nature, spirituelle et corporelle. Son âme, tombée dans le corps physique (méprisable) se rappelle son existence antérieure (la réincarnation n'est pas loin !) et le « monde des Idées »... Citons au passage le célèbre mythe d'Er, rapporté par Platon dans *La République,* dont voici un résumé : Er, « laissé pour mort sur le champ de bataille, parti pour l'au-delà en même temps que bien d'autres âmes, fut le seul à se voir révéler les secrets de l'Univers et se réveilla dix jours plus tard, sur le bûcher funéraire, pour raconter ses visions »[132].

Platon adopte aussi, pour intégrer l'astronomie de l'époque, la théorie pythagoricienne de la divinité des astres : étant donné que les astres parcourent des orbites régulières, ils ne peuvent être que des êtres intelligents et ont donc une âme ! (Plus tard, on les imaginera plutôt poussés par des anges). Tout ceci revient donc à un modèle théologique de l'Univers qui, en attribuant l'existence du monde à la bonté divine, anticipe sur le christianisme.

Un autre aspect de cette période, tout à fait pertinent pour notre sujet, concerne le déplacement du paradis et de l'enfer, pour cause de prise de conscience de la sphéricité de la Terre. L'Hadès souterrain de

Homère, les « Îles des Bienheureux » qu'on imaginait situés dans l'Extrême-Occident, vont être transférés maintenant vers la région des étoiles. De même, l'âme est désormais d'origine céleste, et destinée à retourner aux cieux[133]. En fait, pour Platon, les hommes vivent au fond des « creux » de la Terre, dont ils ne peuvent s'échapper, et il existe une « Terre vraie » qui atteint les régions des étoiles. Les gens y habitent sur des îles flottantes, « entourées par l'océan de l'air », qui sont précisément les fameuses « Îles des Bienheureux »[134]. Qu'est-ce qui a pu amener un grand philosophe comme Platon à adopter une croyance aussi extraordinaire ? Il faut souligner ici que les Grecs, comme plus tard les Romains, voyaient beaucoup de phénomènes étranges, signes et prodiges dans le ciel, auxquels ils prêtaient la plus grande attention. Pline l'Ancien cite, par exemple, dans son *Histoire naturelle* (Livre II, 22), l'apparition d'un objet en forme de corne lors de la bataille de Salamine, entre les Perses et les Grecs, en 480 av. J.-C. Il décrit aussi une apparition en forme de poutre brillante lors de la bataille navale de Cnide, en 395 av. J.-C. (Livre II, 26). De telles visions expliquent-elles ce curieux mélange de haute philosophie et de « superstitions » ?

L'autre grand homme de la philosophie grecque, Aristote, développe et impose définitivement (du moins pour deux millénaires) la théorie de la Terre fixe centrale (excluant, on l'a vu, à la fois l'héliocentrisme dans lequel les planètes tournent autour du Soleil, et l'existence d'autres mondes). Il distingue, d'une part, le monde « sublunaire » (dont fait partie la Terre), où règnent le désordre et le hasard, et le monde « supralunaire », divin, où les corps célestes se meuvent dans l'éther sur des orbites parfaites. Une interprétation en tout point compatible, on le constate, avec la vision chrétienne du monde, même si l'on va abandonner l'idée de la Terre-sphère pendant un bon millier d'années.

Un pas supplémentaire, de la religiosité vers la religion, est franchi par Plutarque, dont la théologie, s'appuyant sur le *Timée* de Platon, fait resurgir un problème qu'avaient éliminé les stoïciens, celui de l'existence du mal, et de la justice divine (la « théodicée »). Au cours de la longue période hellénistique et romaine, qui va du IIIe siècle av. J.-C. au IIIe siècle ap. J.-C., va progressivement prédominer, dans le monde savant et cultivé, une religiosité mystique, dont la tendance majeure est le platonisme, évoluant finalement vers le « néo-platonisme » de Plotin. Mais redescendons sur Terre, justement en terre de Palestine, agitée de tensions politiques et religieuses intenses, à la suite de l'occupation romaine, et où l'on attend un « messie » pour libérer le pays…

5

Visions célestes de l'ère chrétienne

La période qui s'ouvre maintenant voit s'imposer des conceptions religieuses — christianisme, islamisme — qui ne sont pas totalement nouvelles, en ce qu'elles prennent leur source dans le fonds religieux antique, principalement judaïque. Pourquoi, alors, avons-nous le sentiment d'un grand changement d'époque ? Au niveau purement historique, il y a évidemment la fin de l'empire romain et les invasions « barbares » ; mais on peut observer également une énorme évolution idéologique, une vision différente, totalement religieuse, où la « foi » est supérieure à la raison. C'est précisément ce qui choquait les derniers philosophes grecs, pourtant emprunts de religiosité néo-platonicienne, mais hostiles par principe à une foi « révélée ». Ces réticences vont être balayées par le vaste succès populaire du christianisme, puis de l'islamisme, devenant religions officielles et s'imposant à une bonne partie de l'humanité. Pourquoi ? Comment ? Y aurait-il encore là un mystère à élucider ?

I. De l'angoisse pluraliste au christianisme

Jésus, « Fils de l'homme », Fils de Dieu

Pour un rationaliste classique, l'affaire est entendue d'avance : l'histoire de Jésus s'explique fort bien dans le contexte historique d'une attente « messianique ». Il est plus difficile, cependant, d'expliquer comment ce personnage qui est à peine mentionné à l'époque par les historiens romains, dont le supplice avait été ressenti comme un échec terrifiant pour ses rares fidèles, est pourtant à l'origine de l'un des plus grands mouvements religieux de l'humanité. Il est vrai que la vie n'a jamais été facile pour les prophètes fondateurs de religion, et que, au départ, leurs idées progressent lentement. Un « ratage » initial peut ainsi devenir un triomphe avec le temps. Mais il y a autre chose. Il y a cette dimension d'étrangeté et de mystère qui, naturellement, va nous intéresser particulièrement. Dans notre panorama des visions célestes et cosmiques, il est clair que nous devons placer au premier plan la figure de Jésus, suivie de près, dans l'iconographie chrétienne, par celle de sa mère, la Vierge Marie.

Essayons donc, une fois de plus, de mettre l'accent sur cette dimension « extraordinaire » des événements relatés. Soulignons, cependant, que cette approche n'est pas classique aujourd'hui, après plus d'un siècle d'étude critique, disons même rationaliste, des textes. L'histoire de Jésus, en effet, repose sur peu de documents, les quatre Évangiles ayant été rédigés longtemps après sa mort. À tel point que les historiens ont pu douter de son existence réelle. Mais cette contestation n'a plus cours aujourd'hui, et les faits essentiels de sa biographie sont admis.

En Palestine, l'ambiance de l'époque est celle d'un pays occupé, en attente d'une délivrance. Jésus était proche des opposants au régime collaborationniste, qui étaient, d'une part, les esséniens (non violents mais les textes de Qumrân montrent qu'ils attendaient et se préparaient à une guerre de libération, avec l'aide de l'armée des anges !), d'autre part les zélotes, activistes : on parlerait aujourd'hui de rebelles, ou de terroristes. Jésus trouva aussi des soutiens chez les intellectuels de l'époque, les pharisiens, qui le défendirent quelque temps, mais ils le rejetèrent finalement car ils le jugeaient sacrilège. En fait, il va décevoir les uns et les autres, et c'est le premier point étrange à débattre.

Le Messie que les Juifs attendaient devait, dans leur esprit, briser le joug de l'oppression romaine, et restaurer l'État juif. Or Jésus ne répond pas à leur attente sur ce plan, répétant que son « royaume n'est pas de ce monde ». Lors du fameux prêche au lac de Tibériade, où Jésus disperse les milliers de personnes enthousiastes qui voulaient le faire roi, il est alors abandonné par la foule frustrée, et seuls les apôtres lui restent fidèles.

Jésus ne veut pas être roi. En revanche, il pose une revendication extraordinaire, en se présentant comme... le Fils de Dieu ! Ambition qui dépasse radicalement l'espoir messianique, et déclenche le scandale : pour les pharisiens, c'est un blasphème, et c'est essentiellement pour cette raison qu'ils se sont opposés à lui. Il y a aussi ce nom mystérieux qu'il se donne, de « Fils de l'homme ». Que peut bien signifier cette expression énigmatique, dans son cas, alors que, on l'a déjà vu, elle s'applique, dans la tradition judaïque, à l' « ange du Seigneur », le chef des anges ? Voici ce que Jésus déclara lui-même à ses juges : « À la question du grand prêtre, lui demandant de dire s'il est " le Christ, le Fils du béni ", Jésus répond, en effet : " Je le suis et vous verrez le Fils de l'homme siéger à la droite de la Puissance et venir avec les nuées du ciel " » (Mc, XIV, 62). Il affirme ensuite qu'il est en rapport avec les anges de Dieu : « Je vous le dis, quiconque se déclarera pour moi devant les hommes, le Fils de l'homme à son tour se déclarera pour lui devant les anges de Dieu ; mais celui qui m'aura renié à la face des hommes sera renié à la face des anges de Dieu » (Lc, XII, *8* et *9*). Nuées du ciel, anges de Dieu : des visions célestes qui commencent à nous être familières dans leur étrangeté...

La question de savoir si Jésus était le Fils de Dieu, s'il était à la fois Dieu et homme, d'abord Dieu ou d'abord homme, ou seulement Dieu, ou seulement homme, a été fort débattue pendant les quelques siècles de formation de la doctrine chrétienne, causant au passage schismes et condamnations pour hérésie. Ion Couliano, dans son *Dictionnaire des religions,* a défini le schéma de cette interrogation « christologique » sous la forme d'un graphe, où apparaissent tous les cas de figure possibles, depuis les ébionistes (Jésus seulement humain) jusqu'au docétisme (Jésus seulement divin) [1]. Gardons-nous d'entrer plus avant dans ce dédale théologique !

Le point essentiel, qui « prouve », aux yeux des chrétiens, la nature divine du Christ, qui est l'événement fondateur du christianisme, c'est sa résurrection. Bien entendu, c'est un article de foi, qui ne repose que sur de fragiles témoignages humains. Mais nous sommes confrontés de nouveau à un certain goût de singularité, en ceci que les témoins, d'abord incrédules, ont été bouleversés par l'apparition de Jésus ressuscité. Il est évident que, s'ils n'avaient pas cru au plus profond d'eux-mêmes à cet événement stupéfiant, que les apôtres, complètement démoralisés par le supplice ignominieux de leur chef, se seraient rapidement dispersés. Mais qu'a-t-il bien pu réellement se passer ? Jean Guitton a souligné l'étrangeté de l'événement, tel que les disciples l'ont rapporté, dans les *Actes des Apôtres*. Au début, ils ne le reconnaissent pas : « Notons d'abord que Jésus est difficile à discerner. Il n'est pas reconnu d'emblée. Il y a de prime abord un doute, même chez ceux qui avaient vécu dans son intimité. Cette donnée constante des traditions évangéliques et qui est confirmée par l'Évangile johannique, est vraiment paradoxale. On dirait que les témoins ont une impression d'étrangeté, comme s'il était un intrus, un passager clandestin, un cosmonaute venu d'une autre planète. L'épisode des disciples d'Emmaüs est remarquable à cet égard. On se souvient que ces deux disciples ne reconnaissent pas Jésus, malgré une conversation de plusieurs heures sur le chemin. »[2] Pour bien assurer les témoins de sa réalité, Jésus propose même à Thomas, incrédule, de le palper. Autre aspect bizarre du Christ ressuscité, « il semble en état de lévitation virtuelle, qui deviendra actuelle au moment final de l'Ascension, il semble qu'il soit déjà dans une sphère d'existence d'apesanteur, que ce soit par une action volontaire qu'il repose sur Terre »[3]. Il y a aussi cette allure étrange du Christ lors de l'expérience de la Transfiguration, rapportée par les Évangiles synoptiques. Jésus avait emmené trois apôtres sur une haute montagne où ils assistèrent à une extraordinaire transformation. L'évangéliste Luc dit que « l'aspect de son visage devint autre » ; selon Matthieu, « son visage resplendit comme le Soleil », et les trois Évangélistes notent aussi la luminosité de ses vêtements.

Pour un critique rationnel, nous sommes en pleine légende. Très insolite légende, tout de même. Rappelons-en quelques autres aspects. Il y a, bien sûr, les miracles, mais, comme dit le théologien catholique Eugen Drewermann, Asclépios (Esculape) en faisait autant. Le théologien protestant Bultmann s'exprimait lui aussi sur la résurrection : « Un cadavre ne peut pas recouvrer la vie et sortir de sa tombe. »[4] (Il peut juste se retourner dedans.) Il y a aussi les apparitions d'anges, assez peu en comparaison avec l'Ancien Testament, soulignent les historiens, mais très importantes. Pour nous en convaincre, il suffit d'en rappeler deux : l'Annonciation, thème de tant de tableaux admirables ; l'annonce de « l'ange resplendissant », devant le tombeau, que le Christ est ressuscité.

Évoquons ici la plus grande figure du Nouveau Testament après Jésus, sa mère, la Vierge Marie. C'est peu à peu qu'elle a acquis cette position éminente, dans la théologie catholique, car sa place était discrète dans les textes sacrés. Le culte de « Notre Dame » grandit dès le Moyen Âge (combien d'églises et de cathédrales lui sont consacrées !), et il culmine à notre époque avec, d'une part, le dogme de « l'Immaculée Conception » en 1854 (il s'agit, non pas de sa virginité, mais de sa propre conception préservée du péché originel) puis en 1950, le dogme de son Assomption, c'est-à-dire de son enlèvement, corps et âme, au Ciel, vision grandiose s'il en est, ainsi qu'elle est décrite par le pape Pie XII : « La Vierge glorieuse est entrée triomphalement dans la patrie céleste, et s'est vue élevée à travers les hiérarchies bienheureuses et les chœurs angéliques jusqu'au trône de la Très Sainte Trinité qui apposa sur son front un triple diadème de gloire, la présenta à la cour céleste, assise à la droite du Roi immortel des siècles, et couronnée comme Reine de l'Univers. »[5] Pour l'historien rationaliste, il s'agit là, évidemment, d'un mythe, tout comme l'Ascension du Christ. Mais d'où viennent ces légendes ? Comment ont-elles pris naissance ?

La Pentecôte est d'un intérêt particulier pour nous, dans notre recherche des visions les plus insolites. Voici la scène : « Le jour de la Pentecôte étant arrivé, ils se trouvaient (les apôtres) tous ensemble dans un même lieu, quand, tout à coup, vint du ciel un bruit tel que celui d'un violent coup de vent, qui remplit toute la maison où ils se tenaient. Ils virent apparaître des langues qu'on eut dites de feu ; elles se partageaient, et il s'en posa une sur chacun d'eux. Tous furent alors remplis de l'Esprit-Saint et commencèrent à parler en d'autres langues, selon que l'Esprit leur donnait de s'exprimer » (Ac, 2, *1* à *4*). Cette citation et les suivantes sont tirées de la Bible de Jérusalem. Il s'agit du fameux phénomène de « glossolalie », fréquent dans les débuts de l'Église chrétienne, comme il l'était dans le prophétisme israélite.

Nous avons déjà relevé, d'autre part, de nombreux exemples, chez les prophètes juifs, d'irruption de ce mystérieux « Esprit-Saint », aussi appelé *pneuma,* qui s'abat sur l'individu, lui dicte les paroles divines à proclamer, et l'épuise physiquement.

Qu'est-ce que cette apparition bizarre de « langues de feu » ? Mircea Eliade souligne que « les épiphanies ignées de l'Esprit divin constituent un thème assez connu dans l'histoire des religions : on les retrouve en Mésopotamie, en Iran, dans l'Inde (Bouddha, Mahavira, etc.). Mais le contexte de la Pentecôte vise un but plus précis : le vent violent, les langues de feu et la glossolalie rappellent certaines traditions juives concernant la théophanie du Sinaï[6]. Sur ces phénomènes étranges, nous pouvons ajouter que de telles manifestations vont se perpétuer à travers les siècles, en particulier à notre époque avec la longue série d'apparitions de la Vierge (« épiphanies mariales »). À Fatima, par exemple, les visions sont entourées d'un halo lumineux (selon les petits bergers), et précédées de diverses perturbations atmosphériques (bourrasques, assombrissement du ciel, baisse de température) perçues, elles, par de nombreux témoins.

Dans le christianisme, le Saint-Esprit n'est rien moins que la troisième personne divine, pour former le fameux mystère de la « Sainte Trinité ». Plus concrètement, la Pentecôte constitue le véritable coup d'envoi de la prédication des apôtres, qui se mettent alors à accomplir de nombreux « signes » et « prodiges », provoquant la crainte des premiers chrétiens (Ac, 2, *43*). Insistons encore sur le caractère mystérieux du Saint-Esprit et de la « Sainte Trinité ». Comment Dieu peut-il être en trois personnes ? Cette interrogation a beaucoup préoccupé les premiers chrétiens, et le conflit « trinitaire » a été aussi vif que celui de la christologie, au IVe siècle.

Ainsi, les quarante jours qui suivent la mort de Jésus sont d'une importance décisive dans la formation du christianisme. Mais cette série d'événements extraordinaires ne s'arrête pas là. Trois ans plus tard, un certain Saul, juif riche et instruit, pharisien et citoyen romain, grand persécuteur de chrétiens (il a même assisté à la lapidation d'Étienne), est aveuglé par une vive lumière alors qu'il se dirigeait vers Damas avec des compagnons. Il voit Jésus lui apparaître, et se convertit trois jours plus tard. Voici le passage des *Actes des Apôtres* qui relate l'épisode :

« Il faisait route et approchait de Damas, quand soudain une lumière venue du ciel l'enveloppa de sa clarté. Tombant à terre, il entendit une voix qui lui disait : " Saul, Saul — pourquoi me persécutes-tu ? " " Qui es-tu, Seigneur ? ", demanda-t-il. Et lui : " Je suis Jésus que tu persécutes. Mais relève-toi, entre dans la ville, et l'on te dira ce que tu dois faire. " Ses compagnons de route s'étaient arrêtés, muets de stupeur : ils entendaient bien la voix, mais sans voir personne. Saul se releva de terre, mais, quoiqu'il eut les yeux ouverts, il ne voyait rien. On le conduisit par la main pour le faire entrer à Damas. Trois jours durant, il resta sans voir, ne mangeant et ne buvant rien » (Ac, 9, *3* à *9*). Il est alors guéri par un disciple, se convertit, et devient le plus ardent propagandiste chrétien... Que lui était-il donc arrivé ?

Il y a encore un aspect très insolite de la vie de saint Paul, auquel il fera allusion, avec réticence, dans sa deuxième épître aux Corinthiens, et qui n'est autre qu'un... voyage « dans l'au-delà » : « Je connais un homme dans le Christ qui, voici quatorze ans — était-ce en son corps ? je ne sais ; était-ce hors de son corps ? je ne sais ; Dieu le sait —... cet homme-là fut ravi jusqu'au troisième ciel. Et cet homme-là était-ce en son corps ? était-ce sans son corps ? je ne sais, Dieu le sait — je sais qu'il fut ravi jusqu'au paradis et qu'il entendit des paroles ineffables, qu'il n'est pas permis à un homme de redire » (2 Co, 12, *2* à *4*).

Voici donc un voyage extatique, un « ravissement mystique », dans la plus parfaite tradition biblique. L'hésitation de saint Paul sur la nature du voyage est caractéristique : on l'a déjà observée chez Ézéchiel et d'autres prophètes. Saint Paul dit qu'il ne peut révéler le message qu'il a reçu. À partir de là va naître, inévitablement, un texte apocryphe, *l'Apocalypse de Paul,* prétendant révéler les secrets de ce voyage, et qui aura un grand succès au Moyen Âge (bien que condamné par saint Augustin), pour tomber ensuite dans l'oubli.

L'attente du « Royaume de Dieu »

a) La parousie

L'une des raisons pour lesquelles les premiers chrétiens tardèrent à rédiger les Évangiles était qu'ils étaient convaincus de l'imminence de la « parousie », retour glorieux du Christ à la fin des temps. Ainsi, l'évangéliste Matthieu décrit l'événement attendu, dans le plus pur style apocalyptique : « ... le soleil s'obscurcira, la lune ne donnera plus sa lumière, les étoiles tomberont du ciel, et les puissances des cieux seront ébranlées. Et alors apparaîtra dans le ciel le signe du Fils de l'homme ; et alors toutes les races de la terre se frapperont la poitrine ; et l'on verra le Fils de l'homme venant sur les nuées du ciel avec puissance et grande gloire » (Mt, 24, *29-30*).

Il faut aussi citer comment saint Paul annonçait cette parousie, en l'an 51, dans sa première épître aux Thessaloniciens : « Nous, les vivants, nous qui serons encore là pour l'Avènement du Seigneur, nous ne devancerons pas ceux qui seront endormis. Car lui-même, le Seigneur, au signal donné par la voix de l'archange et la trompette de Dieu, descendra du ciel, et les morts qui sont dans le Christ ressusciteront en premier lieu ; après quoi nous, les vivants, nous qui serons encore là, nous serons réunis à eux et emportés sur des nuées pour rencontrer le Seigneur dans les airs » (1 Th 4, *15* à *17*).

Résurrection des morts, montée aux cieux : vision céleste prodigieuse ! L'ennui, c'est qu'elle n'a pas eu lieu : la parousie s'est fait attendre. Si nous essayons de nous mettre à la place des premiers chrétiens, l'attente a dû être pénible, on l'imagine sans peine, sur fond de persécutions. Plusieurs réponses furent envisagées successivement pour justifier ce retard de la parousie : « 1) on réaffirme encore plus fermement l'imminence de la parousie (*e. g.*, Épître de Pierre) ; 2) la parousie est reculée dans un avenir plus lointain, et on offre une justification théologique à cet intérim prolongé : c'est la période réservée à l'activité missionnaire de l'Église, (*e. g.*, les Évangiles de Matthieu et de Luc) ; 3) la parousie a déjà eu lieu, car la crucifixion et la résurrection de Jésus constituent en fait le véritable " événement final " (*eschaton*) et la " nouvelle vie " est déjà accessible aux chrétiens (*e. g.*, Évangile de Jean). »[7] C'est cette dernière explication qui finira par s'imposer. Ajoutons que l'on retrouvera un débat analogue à la fin du Moyen Âge, époque d'une ultime grande crise d'attente apocalyptique.

À la même période, le peuple juif subit, en 70, l'épreuve redoutable de la destruction de Jérusalem et du Temple par Rome, et de la dispersion à travers le monde. Malheur d'autant plus terrible qu'il était inattendu. Comment fut-il surmonté ? Par une nouvelle orientation de la religion, renonçant à ses visions apocalyptiques et messianiques qui annonçaient la victoire de Dieu sur les forces du mal, pour se recentrer sur l'enseignement des pharisiens[8]. Mais avant d'en arriver là, de nombreux écrits apocalyptiques avaient été produits, du Ier au IIIe siècle, déjà évoqués plus haut. Dans le christianisme, la déception de la parousie n'empêche pas l'apparition, au même moment, d'une abondante littérature apocalyptique, dont celle de Jean va devenir la plus célèbre, et va être intégrée dans le Nouveau Testament.

b) La plus célèbre apocalypse

La Bible de Jérusalem, dans son introduction à l'Apocalypse, la qualifie de « grande épopée de l'espérance chrétienne, le chant de triomphe de l'Église persécutée ». Cette expression fait penser, de très loin, à la grande épopée indienne du *Mahâbhârata,* ou plutôt à la partie de celle-ci qui raconte une guerre de fin du monde à laquelle sont mêlés hommes et dieux. Les hommes ont toujours rêvé de fin du monde grandiose. N'oublions pas, cependant, que pour un chrétien l'Apocalypse est un texte révélé, ce qui le rend évidemment beaucoup plus mystérieux ; par ailleurs, l'identité de l'auteur est controversée. L'Apocalypse a été écrite à une époque, la fin du Ier siècle, où les chrétiens étaient décimés par les persécutions. La haine contre Rome, « Babylone » vouée à la destruction, occupe une place importante dans ce texte, mais ce n'est qu'un des aspects d'une œuvre complexe et très hermétique, ce que soulignent tous les auteurs : « Peu de textes ont joui d'une influence comparable en dépit ou plutôt à cause même de son obscurité qui légitimait des lectures contradictoires. Suivant l'ancienne tradition juive et chrétienne, l'*Apocalypse* de Jean parlait non d'une seule, mais de deux fins consécutives. D'abord une première fin, la fin de l'histoire avec ses injustices et ses turbulences, puis l'instauration, pour mille ans, du royaume du Messie sur Terre (le millénium). Ce serait la première résurrection, celle des saints et des justes (au milieu d'une humanité qui continuerait à vivre). Après mille ans surviendrait la deuxième résurrection suivie du Jugement dernier, la fin absolue des temps. »[9]

C'est donc une vision amplifiée et dramatisée des prophéties sur la fin des temps, où l'on retrouve l'attente du Messie, le retour glorieux du Christ sur Terre (la parousie), et bien sûr les terrifiantes catastrophes ultimes annoncées à grands coups de trompe par des anges, et déchaînées par les quatre cavaliers de l'Apocalypse : chute de Babylone, la « prostituée fameuse », pluies de feu et de sang, montagnes tombant dans la mer, étoiles tombant du ciel, balayées par la queue d'un dragon, invasion d'énormes sauterelles, dévastation par les quatre anges exterminateurs, qui tueront un tiers de l'humanité. Les survivants seront alors terrorisés par « la Bête » — sept têtes, dix cornes, corps de panthère, pattes d'ours, gueule de lion — qui va corrompre l'humanité. On apprend plus loin que le dragon, c'est le Diable, Satan, mais un ange descend du ciel et l'enchaîne pour mille ans. C'est alors le moment de la première résurrection, et le règne du Christ pendant mille ans. « Les mille ans écoulés, Satan, relâché de sa prison, s'en ira séduire les nations des quatre coins de la Terre » (Ap, 20, *7*) ; mais tout va être détruit par le feu du ciel : Diable, Bête et aussi un faux prophète (l'Antéchrist)...

Après le jugement des nations et des morts ressuscités, apparaît enfin la « Jérusalem céleste », issue du Ciel : merveilleuse vision ! « Puis je vis *un ciel nouveau, une terre nouvelle* — car le premier ciel et la première terre ont disparu, et de mer, il n'y en a plus. Et je vis la Cité sainte, Jérusalem nouvelle, qui descendait du ciel, de chez Dieu ; elle s'est faite belle, comme une jeune mariée parée pour son époux » (Ap, 21, *1-2*).

L'ange qui fait ces révélations extraordinaires à Jean, sur l'île de Patmos, lui confirme que « le Temps est proche ». Ainsi est donc relancée, pour les chrétiens, l'attente et l'angoisse de la fin du monde, d'une manière si obscure et compliquée qu'elle va réussir surtout à les effrayer et les diviser. Pas seulement ceux des premiers siècles, d'ailleurs, car cette inquiétude va s'installer pendant tout le Moyen Âge, en particulier vers la fin, avec les révoltes contre l'Église de Rome, dénoncée comme la Babylone corrompue vouée à la destruction. Était-ce là le but de cette très étrange « révélation » ? En réalité, c'était alors l'Empire romain qui était visé, à l'époque où elle fut écrite, mais certains textes semblent parfois échapper à leurs auteurs. Il est essentiel de rappeler maintenant l'ambiance de cette période, qui est celle de l'Antiquité finissante, dont la décomposition va ouvrir la voie au christianisme.

De l'antiquité finissante au triomphe de l'Église chrétienne

a) Visions pessimistes dans un âge d'angoisse

Le sentiment d'inquiétude qu'exprime l'Apocalypse n'était pas confiné à une secte, celle des premiers chrétiens, en dissidence du judaïsme. C'était un état d'esprit très répandu, dans cet « âge d'angoisse », comme l'appelle l'hélléniste britannique Eric Dodds, marqué par l'insécurité à la fois matérielle et morale, où s'exprime un mépris grandissant pour le monde, ce monde sublunaire « nécessairement habité par le mal »[10]. Les philosophes et les savants étaient conscients de la petitesse physique de la Terre, une « pointe d'aiguille » sur la carte de l'Univers. D'où le pessimisme des cyniques et des sceptiques, deux écoles philosophiques pour qui le monde n'est que rêve et illusion. C'est aussi le sentiment de Plotin, dernier grand philosophe héritier de la tradition grecque, néo-platonicien plein de religiosité, et pourtant très pessimiste sur la condition humaine. Pour lui, Dieu tire les ficelles de ces « marionnettes belles et gracieuses que sont les êtres vivants »[11]. Sentiment que l'on retrouve chez les premiers penseurs chrétiens, comme Grégoire de Nysse et saint Augustin qui déclare que « cette vie n'est rien d'autre que la comédie de la race humaine »[12].

Il existe à cette époque un degré encore plus profond de pessimisme, qui va s'exprimer dans diverses doctrines, fondées sur l'idée de dualisme, c'est-à-dire accordant une place plus ou moins prééminente aux « forces du mal » dans le monde. Ce sont notamment les différentes écoles gnostiques, ainsi que la croyance manichéenne venue d'Iran, où avait déjà vu le jour l'idée assez funeste de « Dieu du mal ». Avant d'explorer ces noires visions, esquissons une vue d'ensemble des multiples mouvements de cette époque troublée, où se mêlent les conceptions égyptiennes et orientales, grecques et romaines, judéo-chrétiennes, pour former ce qu'on a nommé des doctrines « ésotériques ».

Il faut d'abord souligner le déclin prononcé des croyances religieuses gréco-romaines, auxquelles on accorde de moins en moins de foi. Le vide idéologique ainsi créé ouvre la voie à de nombreux cultes populaires (jusqu'à la victoire du christianisme), et un goût très net pour l'irrationnel : magie, divination, astrologie. Les pratiques les plus appréciées étaient les Mystères d'Isis et de Mithra, et aussi le culte du dieu solaire syrien, *Sol Invictus,* mais il en existait bien d'autres, comme le culte de la Grande Mère Cybèle, patronné par l'aristocratie romaine. Divinité d'Asie Mineure, Cybèle, selon la légende, rendit fou le jeune Attis, qui s'émascula et mourut. Attis est le héros central de rites célébrés par des prêtres appelés Corybantes — ou Galles — qui se livraient, au cours de cérémonies extatiques et orgiastiques, à des danses frénétiques. C'est sur ce terrain en décomposition que vont germer les étranges doctrines ésotériques. Voici un schéma résumé de leurs idées principales, d'après l'historien Antoine Faivre *(Accès de l'ésotérisme occidental).*

Pour le néo-platonisme païen, à l'époque de Philon d'Alexandrie (Ier siècle), il y a une séparation totale entre le monde d'en haut et le monde d'en bas : toute aide d'en haut est exclue. Philosophie sévère, donc, pour laquelle l'âme humaine doit se développer d'elle-même, pour s'échapper du monde des sens et accéder à celui des idées, afin d'obtenir le salut. Au contraire, dans la tradition de l'hermétisme alexandrin, il y a communication entre le haut et le bas : c'est le fameux canevas de la chute initiale de l'âme et de sa réintégration, avec l'aide des « intelligences spirituelles intermédiaires ». Le gnosticisme en dérive, en ajoutant le dualisme, c'est-à-dire la croyance pessimiste au règne du mal sur Terre. Le néo-platonisme évolue plus tard, avec Plotin puis Porphyre, Jamblique et Proclus, pour admettre le schéma alexandrin de la montée et de la descente, mais en refusant le dualisme gnostique. Jamblique introduit l'idée de « corporéité spirituelle », de « vêtement de lumière » et de corps « subtil », des expressions qui ne sont pas très loin, semble-t-il, du « paranormal » contemporain ! Philon et ses disciples croient aussi aux êtres intermédiaires, qui sont d'abord le Logos, ou Verbe, la Sagesse, mais aussi les anges ou démons, ignés ou aériens [13]. Dans l'ésotérisme chrétien, on évoquera des « intellect agents » ou « intelligences rectrices » [14]...

Avant de parler des gnostiques et des manichéens, précisons encore que leur notion centrale de « dualisme » n'est pas seulement originaire de la Perse et de l'Orient, elle existe aussi dans le judaïsme et le christianisme. Cette tendance au dualisme est déjà manifeste chez les esséniens, ainsi que chez les Samaritains et les pharisiens. Il y a aussi un courant ésotériste chrétien né de la croyance en un enseignement caché du Christ. La « gnose chrétienne » portait notamment sur les archanges et sur l'interprétation de l'Apocalypse. Les « Parfaits », ou ceux en train de le devenir, avaient droit à la révélation des « mystères de la descente et de l'ascension du Christ à travers les sept cieux habités par les anges »[15]. Quant à la conception que ce monde est dominé par Satan, elle est professée même par saint Paul, et par les apocalypses juives et chrétiennes.

Il est clair que les « forces du mal », les démons, sont présents dans toutes les religions de l'Antiquité. Ils prennent le nom de « démons planétaires », de « gardiens des sept portes » qui nous séparent du monde de Dieu. Ce sont aussi les « cosmocratores » de l'Épître aux Éphésiens, les sept gouverneurs d'Hermès Trismégiste, qui étaient aussi redoutés par les chrétiens que par les « païens »[16]. D'autre part, la notion de chute de l'âme et « d'incarnation comme punition » serait d'origine pythagoricienne ou orphique. On constate donc que les sombres idées gnostiques, qui vont être évoquées maintenant, ont puisé à toutes les sources, et sont l'aboutissement du pessimisme de l'époque.

b) Sombres visions des gnostiques et des manichéens

On connaît bien les idéologies des gnostiques, secte des débuts de l'ère chrétienne, grâce à la découverte de nombreux textes, en 1945, à Nag Hamadi en Haute Égypte. Leur conception essentielle est que le monde a été créé par un démiurge ignorant, orgueilleux et fou (c'est le Dieu de l'Ancien Testament !), « que le monde est, par conséquent, mauvais, et que l'homme est supérieur au monde pour détenir une étincelle d'esprit provenant du Père lointain et bon des générations divines. S'évader du cosmos sera donc le but du gnostique »[17]. À cette conviction centrale du gnosticisme, il faut immédiatement ajouter que la doctrine complète est d'une complexité étonnante et, soulignons-le, quelque peu délirante. Dans notre panorama des visions célestes et cosmiques, c'est une sorte de curiosité un peu monstrueuse. Il y a, comme toujours, des variantes entre les maîtres à penser, Simon le magicien, Ménandre, Saturnin, Basilide, Valentin et ses disciples. Toutes ces écoles furent combattues violemment par les Pères de l'Église, et dénoncées tout autant par un philosophe comme Plotin.

Les points communs de ces divers mouvements sont les suivants : du Dieu suprême et lointain émanent une série d'êtres, les *Éons,* qui remplissent le monde suprasensible, le *Plérôme* (plénitude), et qui constituent la vraie divinité. Le dernier de ces *Éons* célestes, Sophia, tombe dans le monde sensible à cause de sa concupiscence, où elle fabrique le fameux démiurge, lui-même créateur de notre pauvre monde. Quelle dégringolade, et ce n'est pas fini ! Le démiurge façonne d'abord les *archontes,* esprits néfastes chargés de l'assister dans la création d'Adam, le premier homme. Abrégeons cette histoire sinistre et calamiteuse. Grâce à une ruse de Sophia apitoyée, Adam conserve une parcelle d'esprit de lumière, qui le rend supérieur au démiurge. Les hommes, aidés par un Sauveur (le Christ) dépêché par le Dieu d'en haut, doivent entreprendre la « remontée à travers les sphères », voyage périlleux de l'âme, menacée par toutes sortes d'êtres hostiles : archontes, douaniers préposés à chaque sphère, « anges vengeurs, dont les armes font entendre un bruit menaçant »[18].

Parmi les variantes du mythe gnostique, celle de Basilide mérite une mention spéciale pour avoir élaboré une « vaste et complexe cosmologie, en multipliant d'une manière spectaculaire les cieux et les anges qui les gouvernent : il en dénombre 365 ! Basilide rejette totalement la Loi juive : Yahvé n'est qu'un des anges créateurs du monde, bien qu'il s'efforce de les dominer et de les soumettre tous »[19].

Le manichéisme, apparu en Iran au IIIe siècle, a pour fondateur un personnage intéressant, Mani, qui a reçu une éducation très religieuse, en Babylonie, dans une secte baptiste et gnostique. Selon la légende, un ange lui fit deux révélations, à l'âge de douze et de vingt-quatre ans, messages du « Roi du Paradis et des Lumières » qui transformeront « le jeune homme chétif en l'infatigable apôtre d'une nouvelle religion de salut »[20]. Il fut d'abord bien accueilli en Iran par le roi des Sassanides, qui le laissa prêcher dans tout l'Empire, jusqu'à son extrémité orientale, ce qui lui fit connaître l'hindouisme (auquel il emprunta l'idée de transmigration des âmes). Mais sous le règne suivant il se heurta à l'hostilité des Mages, hostiles à son ambition de créer une nouvelle religion nationale : il fut condamné et mourut en quinze jours, écrasé sous de lourdes chaînes.

La doctrine de Mani est l'aboutissement extrême de la vision dualiste. À l'origine, il y a deux mondes : celui de la Lumière avec le « Père des Grands », le Dieu bienveillant, et celui des Ténèbres avec le « Prince des Ténèbres » et les cinq *archontes* souverains[21]. Comme dans le gnosticisme, le monde a été façonné par un démiurge, puis l'homme apprend par le Rédempteur (« Jésus l'Éclatant ») l'origine divine de son âme... Le manichéisme est un dualisme absolu, c'est-à-dire la croyance au caractère mauvais, démoniaque, de ce monde. Rarement une philosophie a atteint un aussi tragique pessimisme, où « l'homme est l'œuvre des puissances démoniaques dans leur plus répugnante incarnation »[22].

L'influence du manichéisme fut loin d'être négligeable, si l'on songe que saint Augustin fut manichéen pendant neuf ans avant de devenir chrétien. Il a certainement contribué à introduire une dose de pessimisme dans le christianisme, ne serait-ce qu'avec sa doctrine de la prédestination : l'homme n'est qu'un misérable pécheur que seule la grâce peut sauver. Mais tout revers a sa médaille : la culpabilité humaine s'en trouvait notablement allégée, et Augustin, dit-on, en avait bien besoin !

Un autre grand penseur chrétien, Origène, avait défendu une vision plus optimiste, inspirée du néo-platonisme. C'était l'époque, dans la seconde moitié du IVe siècle, où les « Pères de l'Église » finissaient d'élaborer la doctrine chrétienne. Origène plaidait pour le libre arbitre, comme Pélage, et surtout il croyait au salut final de toutes les âmes. Il eut une grande influence mais fut quand même condamné, ainsi que Pélage, et ce fut la doctrine augustinienne qui s'imposa définitivement dans l'Église chrétienne, lui interdisant ainsi une ouverture ultérieure vers d'autres doctrines, comme la pensée religieuse indienne[23].

c) La victoire des chrétiens

Les chrétiens furent durement persécutés, de Néron jusqu'à la dernière vague de harcèlements, la plus dure, sous Dioclétien (303 à 305). Mais tout allait basculer peu après, grâce à la conversion de l'empereur Constantin, et aussi à cause d'un revirement de l'opinion publique, devenue moins hostile. Le christianisme allait devenir une réponse à l'angoisse, au sentiment d'être un étranger sur cette Terre, que ressentaient les païens. Le christianisme était aussi une religion ouverte à tous, sans aucune discrimination sociale ; il n'exigeait pas, comme le néo-platonisme, une éducation. L'Église chrétienne était encore, au IIIe siècle, une « armée de déshérités, qui se distinguait par ses pratiques charitables ». Le christianisme avait une dimension universaliste qui, non seulement intégrait le néo-platonisme en direction de l'élite (il avait su se rapprocher de la culture gréco-romaine), mais aussi les croyances populaires les plus archaïques, comme par exemple saint Georges tueur de dragons, dans une sorte de « christianisme cosmique ». Enfin, c'était une religion d'espérance. Le message chrétien tranche sur le pessimisme général par son optimisme, après le rejet des tendances gnostiques et ésotériques les plus négatives : « La théologie élaborée contre les gnostiques glorifie la Création, bénit la Vie, accepte l'histoire, même lorsque celle-ci se réduit à la terreur. »[24]

Ne manquons pas, avant d'affronter le Moyen Âge, d'évoquer une célèbre vision céleste, celle qui provoqua, selon les historiens, la conversion de l'empereur Constantin, vision qu'il aimait rappeler à la fin de sa vie. Mais il y a deux versions contradictoires. Selon Eusèbe : « Au milieu de la journée, le Soleil commençant à décliner, il a vu de ses propres yeux — lui-même Constantin l'a affirmé — le signe de la croix éclatant de lumière au milieu du ciel avec ces mots : par elle tu vaincras. » Selon un autre récit, rapporté par Lactance, il avait fait un rêve, la veille du combat (la bataille du pont Milvius), lui disant d'inscrire sur les boucliers le nom du Christ[25].

Ainsi, à un moment décisif de l'histoire de l'Occident, nous voilà confrontés de nouveau à un épisode insolite : que s'est-il passé ? Une première explication, d'ordre psychologique, tient à ce que Constantin était adepte du culte du dieu solaire *(Sol Invictus)* et considérait le Soleil comme le plus parfait symbole du Dieu suprême. Peut-être son imagination a-t-elle travaillé sur quelque phénomène lumineux rare. C'est l'opinion d'Eric Dodds : « Il est sûr que quelque chose d'inhabituel a été vu dans cet après-midi-là ; les phénomènes célestes (halos, parhélies, etc.) étaient, dans les temps de crise, observés avec anxiété, et sont souvent enregistrés comme des présages par Tite-Live. »[26] D'autres historiens, au XIXᵉ siècle, époque du rationalisme triomphant, se simplifièrent la tâche, jugeant cet épisode comme une simple invention pour impressionner les foules. Une chose est claire : supposons un instant que Constantin ait eu une vision étrange (dont la nature resterait à déterminer), aucun historien, à l'époque et encore moins aujourd'hui, ne pourrait en fournir une véritable preuve.

À ce sujet, il est opportun de rappeler ici encore que les historiens de l'Antiquité gréco-romaine ont souvent mentionné des visions célestes singulières, analogues aux nôtres : boules de feu, disques volants, que les Romains, peuple guerrier, nommaient des « boucliers ». *Errare humanum est !*

II. Visions du Moyen Âge, des béatitudes célestes aux tourments de l'enfer

Dans l'imaginaire occidental, le Moyen Âge est la période par excellence des visions fantastiques, mystiques, célestes ou infernales, du monde chrétien. C'est aussi une époque de survivance des mythes archaïques du monde « barbare » : héros, nains magiciens, dragons terrifiants, qui font encore rêver aujourd'hui. Les autres cultures de ce temps ne sont pas en reste, d'ailleurs, de l'Islam à l'Extrême-Orient, dans le prolongement des croyances antiques, elles-mêmes nourries des légendes les plus reculées, sans oublier le vaste monde dit « primitif », d'Afrique, d'Asie et des Amériques, déjà évoqué au premier chapitre. Nous limiterons cette fois notre tour d'horizon aux visions occidentales, avec une incursion de l'autre côté de la mer, vers l'Islam.

La vision religieuse du monde

Le Moyen Âge — plus d'un millénaire d'histoire — est aussi long que toute l'antiquité gréco-romaine. Or, cette longue époque est celle de la suprématie quasi totale, en Europe, d'une seule religion. Le christianisme ne fut plus concurrencé que par le vieux fonds de croyances « barbares », réapparues sur les ruines du paganisme antique, croyances qui furent en partie intégrées dans le christianisme[27]. L'archange saint Michel, tueur de dragons, est un exemple d'intégration de ces légendes. Une autre marque de survivance est celle des symboles solaires dans l'art du Moyen Âge, étudiés par Jurgis Baltrusaïtis *(Cosmographie chrétienne dans l'art du Moyen Âge).* Ainsi, une représentation de la Pentecôte, dans le *Livre des Péricopes* de la Bibliothèque de Munich (début du XIe siècle) montre les apôtres disposés autour d'une roue lumineuse qui projette vers eux des rayons : « Ce ne sont pas, du reste, des rayons véritables, mais des torches, d'où s'échappe une flamme divisée en trois langues. Elles sont liées entre elles, non seulement par le médaillon central formant un vrai moyeu, mais aussi par des cercles lumineux qui semblent constituer les jantes d'une roue, car c'est une roue qui naît d'un feu d'artifice jailli de l'image du Saint-Esprit, et c'est autour de ce soleil tournant, non dans la partie inférieure du tableau, mais de tous les côtés, que se groupent les disciples du Christ... »[28] On retrouve là un thème très ancien, à la fois chrétien (peut-être le char d'Élie) et païen, celui des anciens cultes astraux, où la lumière apparaît sous la forme d'une roue : « roue du Soleil » dans la poésie latine, « la roue brillante », « la belle roue » dans les Eddas scandinaves.

Ce curieux rapprochement entre Pentecôte (l'Esprit-Saint) et roue lumineuse, gardons-le en mémoire : il va resurgir au XXe siècle, puisque Fatima, en 1917, c'est à la fois des apparitions, des messages, et pour finir un disque lumineux ! Les « mythes » ont la vie dure...

Nous allons explorer le riche fonds d'épopées et de légendes relatives aux êtres célestes ou infernaux, tantôt admis, tantôt combattus par la chrétienté. Mais rappelons d'abord la vision médiévale du cosmos, qui va rester immuable pendant des siècles après avoir oublié la science antique. Au XVe siècle, on trouve encore des représentations de la Terre plate, selon diverses géométries. Il y a, par exemple, un modèle carré qui provenait de l'Apocalypse, dans laquelle l'heure du Jugement est annoncée par des anges placés aux quatre coins de l'Univers[29] ! Les esprits les plus avancés pourtant étaient bien conscients de la rotondité de la Terre, connaissance qui avait été conservée grâce à des savants comme Nicolas Oresme et Roger Bacon, mais on ne parvenait pas à se faire concrètement à cette idée. On cherche même encore le paradis en quelque point élevé de la Terre. Ainsi, Christophe Colomb, devant l'embouchure de l'Orénoque, crut avoir découvert l'un des fleuves du paradis terrestre : « La tiédeur de l'eau du fleuve et les effluves embaumés qui arrivaient jusqu'à lui lui en donnaient l'intime conviction. »[30]

Il y a quand même, dans l'imaginaire chrétien, une création de première importance, puisqu'elle va éviter à un certain nombre d'entre nous de brûler éternellement : le purgatoire, dont la genèse a été reconstituée par Jacques Le Goff *(La Naissance du Purgatoire)*. Selon lui, c'est aux alentours des XIIe et XIIIe siècles que cette utile croyance fut adoptée par le christianisme. Cependant, Le Goff fait remonter les origines de cette idée très loin dans le passé, puisqu'il en détecte déjà la trace chez Platon : les âmes se réincarnent, il y a des voies de statuts intermédiaires après la mort, des échelonnements de peine... Platon cite Pindare qui estimait à huit ans la durée de purification dans les enfers ! L'idée de purgatoire existe aussi dans les textes rabbiniques des deux premiers siècles de l'ère chrétienne : les hommes « ni tout à fait bons, ni tout à fait méchants » subiront un châtiment temporaire, dans une partie supérieure de la Géhenne, avant d'accéder à l'Éden. Cette conception du purgatoire fut opportune pour atténuer la terreur née de l'attente de l'Apocalypse et du Jugement dernier, sans pour autant la supprimer cependant, car on la verra s'intensifier de nouveau vers la fin du Moyen Âge, en même temps qu'une vague étonnante de peur du Diable qui aboutira à l'horreur des bûchers. Il y a eu, heureusement, des périodes plus sereines, dont témoignent avec splendeur l'art roman et l'art gothique.

L'art médiéval reflète deux tendances de l'esprit du temps : l'une, angoissée, obsédée par la mort et le mal, par la crainte de l'Apocalypse ; l'autre, mystique, tournée vers la vie, l'espérance du salut, l'apaisement et la raison. L'homme roman est imprégné de l'unité de l'Univers, auquel il appartient (rappelons-nous que pour les gnostiques, comme pour les derniers païens, l'homme était un étranger), dont il sent et admire la beauté, d'où un sentiment d'optimisme, superbement résumé par cette formule de Hildegarde de Bingen : « Ô homme ! regarde-toi ; tu as en toi le ciel et la terre. »[31] Il est tentant de rapprocher ce sentiment de la découverte, réalisée au XXe siècle par les astrophysiciens, que nous sommes tous faits (comme tout ce qui nous entoure) de « poussière d'étoiles », selon le mot de Hubert Reeves. Cependant, l'homme du Moyen Âge est tout aussi fortement imprégné par le sens de la souffrance et du « mal » : Dieu est partout, mais le Diable aussi !

L'artiste du Moyen Âge roman figure ainsi, sculptés dans la pierre, « tous les aspects de la vie et du travail des hommes, aussi bien que les personnages et les événements de l'Histoire sainte, les anges, les monstres et les démons. L'ornementation des cathédrales constitue un répertoire inépuisable de symboles cosmiques (le soleil, le zodiaque, le cheval, l'arbre de vie, etc.), à côté des thèmes bibliques et fabuleux (le diable, les dragons, le phénix, les centaures, etc.) ou didactiques (les travaux qui sont effectués chaque mois, etc.). On pourrait distinguer deux univers opposés : d'une part des êtres laids, difformes, monstrueux, démoniaques — d'autre part le Christ-Roi en gloire, l'Église (figurée comme une Femme) et la Vierge qui gagne, au XIIe siècle, une place considérable dans la piété populaire »[32].

L'architecture elle-même de l'église est symbolique. Elle représente l'Univers, où l'autel est le paradis, situé à l'est. Dans le christianisme oriental, la toiture en forme de coupole perpétue le symbolisme antique de la voûte céleste. Émile Mâle a célébré la cathédrale gothique dans son livre *L'Art religieux du XIIIe siècle en France,* la comparant à « une puissante nef en partance pour un long voyage », ou même encore à la Jérusalem céleste : « ... c'est un monde transfiguré où la lumière est plus éclatante que celle de la réalité, où les ombres sont plus mystérieuses. Déjà nous nous sentons au sein de la Jérusalem céleste, de la cité future »[33].

Visions angéliques et mystiques

Venons-en à une étape importante de notre exploration des visions d'êtres célestes, celle du monde des anges médiéval, plus précisément la doctrine des anges et des hiérarchies célestes, formulée par les Pères de l'Église. Mais situons d'abord ce monde des anges dans le cadre plus général des visions « mystiques », en nous gardant bien, cependant, de nous perdre dans le dédale des débats théologiques médiévaux, tels que celui de la nature du Christ, déjà évoqué plus haut.

Les historiens des religions insistent sur la richesse de la tradition mystique chrétienne, dont l'origine remonte aux premiers théologiens comme Denys l'Aréopagite, et prend une grande ampleur au cours du Moyen Âge, avec des visionnaires comme Thérèse d'Avila, Julienne de Norwich et Hildegarde de Bingen. Leurs extases mystiques ont été comparées à celles du yogi dans le *Râjâ Yoga* indien, et ils font penser à ces « états altérés de conscience » que l'on tente aujourd'hui d'étudier scientifiquement. Mais on devine que ces états, souvent accompagnés de phénomènes paranormaux, garderont longtemps leur mystère. Ils n'en sont pas moins essentiels pour notre histoire car, tout comme les chamans et les prophètes, les mystiques ont relaté beaucoup de visions célestes. Ce fut le cas notamment de sainte Hildegarde de Bingen, bénédictine allemande du XIIe siècle. Elle avait été « torturée », selon ses dires, dès son enfance, d'apparitions et de révélations, puis elle aurait reçu à l'âge de quarante-trois ans l'ordre d'écrire tout ce qu'elle avait vu et entendu. Ses visions, en particulier angéliques, ou « angélophanies », s'inscrivent dans la tradition des prophètes de l'Ancien Testament, et aussi de l'Apocalypse. Cela dit, Hildegarde subit aussi des visions diaboliques.

Avant d'en venir à ces visions angéliques ou diaboliques, il faut encore noter un autre thème qui ne cesse de se développer tout au long du Moyen Âge, celui des apparitions de la Vierge. Selon les témoignages de l'époque, il faut compter plus d'un millier de manifestations de la Vierge jusqu'au XVe siècle[34] ! Le point de départ fut sans doute la proclamation de son titre de « Mère de Dieu » au concile d'Éphèse, en 431, mais en fait il y avait déjà eu des visions auparavant, comme celle de saint Grégoire le Thaumaturge (mort en 270). Les apparitions de la Vierge ont été revendiquées comme étant à l'origine de la création de nombreux ordres religieux. Elles ont inspiré Robert de Molesme, fondateur de Cîteaux en 1098, et saint Bernard de Clairvaux (1090-1153). Au XIIIe siècle, la vague mariale devient si omniprésente que des théologiens comme saint Bonaventure essaient d'y mettre un frein. Mais une nouvelle série d'apparitions va balayer ces objections au cours du XIVe siècle. C'est finalement au XVIe siècle que les autorités religieuses feront face à ce phénomène étrange en instituant une procédure d'authentification, lors des conciles de Latran et de Trente.

La hiérarchie des anges du Ciel, étudiée savamment dans l'« angélologie », est assurément un des chapitres les plus fantastiques de la religion chrétienne. Le cheminement de son élaboration est aussi captivant. La notion d'ange est très ancienne et multiple. Il fallait réaliser une combinaison, acceptable pour l'orthodoxie chrétienne, des nombreuses croyances héritées du monde antique et oriental. C'est le philosophe grec Proclus, néo-platonicien, qui propose une première synthèse au Ve siècle, en tentant de concilier l'idée de Dieu unique avec la multiplicité des êtres divins : il suppose à cet effet que les dieux sont « inconnaissables » et que les anges sont leur « émanation »[35]. Il établit une classification des « dieux-anges » en neuf degrés répartis en trois ordres, proche en fait de celle de l'hermétisme égyptien, dans lequel existait une hiérarchie céleste en sept sphères. On constate ici la filiation entre cette angélologie et la vision du cosmos avec ses sept cieux planétaires. Ne croyait-on pas, d'ailleurs, que les planètes étaient mues par des anges ? La mise en ordre de ce foisonnement de croyances encore très païennes se constitue, dans l'Église chrétienne, du IVe au VIe siècle, après avoir imposé le Christ comme personnage central (dogme de l'Incarnation). Les Pères de l'Église établissent la synthèse entre les sept classes d'anges du Nouveau Testament, et deux classes, au sommet, issues de l'Ancien Testament : les Chérubins et les Séraphins. Enfin, c'est le Pseudo-Denys (l'Aréopagite) qui, dans sa *Hiérarchie céleste*, propose de « concilier les données chrétiennes traditionnelles et la philosophie platonicienne de Proclus, dans une synthèse caractérisée par l'immatérialité mystique »[36]. Cette œuvre va s'imposer dans le monde chrétien, mais sans reconnaissance officielle. Il existe d'ailleurs deux variantes de cette hiérarchie angélique : celle du Pseudo-Denys et celle de Grégoire le Grand, au VIe siècle, que voici résumée :

1er ordre : Séraphins, Chérubins et Trônes ;

2e ordre : Seigneuries (Dominations), Principautés (Archontes), Puissances-Autorités ;

3e ordre : Puissances-Vertus, Archanges, Anges.

En réalité, seuls les trois archanges nommément désignés dans les écritures sont officiellement reconnus par l'Église : Raphaël, Gabriel et Michaël (Michel). Il est fait mention, cependant, en plusieurs occasions, des « sept anges qui se tiennent devant Dieu », ou des sept archanges, à rapprocher de la tradition juive des « anges de la face »[37]. Michaël, ou saint Michel, prince des anges dans l'Ancien Testament, va susciter une dévotion particulière dans l'Europe moyenâgeuse. C'est lui, en particulier, qui « pèse les âmes » dans une balance, lors du Jugement dernier !

Bien entendu, ce monde des anges est abondamment figuré dans l'art médiéval. Dans le *Liber Scivias* de Heidelberg (fin du XIIe siècle), les anges apparaissent en neuf chœurs qui « se déroulent à l'intérieur des neuf sphères du monde céleste » : « Au centre, les Séraphins et les Chérubins, d'un rouge vif. Puis les cinq ordres mystérieux, les Trônes, les Dominations, casquées, les Puissances éblouissantes, dont le visage est indiqué par quelques traits, les Vertus. Enfin deux énormes cercles sont animées par les battements des ailes des Anges et des Archanges. Tout tourne autour d'un point fixe. Quand, près d'un siècle et demi plus tard, Dante aperçoit, au neuvième Ciel, les neufs chœurs angéliques se déplaçant avec des vitesses décroissantes en neuf cercles de feu autour de Dieu, point lumineux d'un éclat insoutenable, c'est la même vision. »[38]

Il ne s'agissait pas seulement de classifier les anges, il fallait encore préciser leur nature et leur aspect. Le concile de Nicée II, au VIIIe siècle, autorise leur représentation humaine. Quant à leur nature physique, on leur attribue un « corps subtil », même si les débats restent vifs à ce sujet. Ils reçoivent des ailes, et même deux ou trois paires suivant leur rang. Les Chérubins et les Séraphins sont parfois entièrement couverts de ces ailes, parsemées d'yeux, symboles de l'omniscience.

Jusqu'à l'âge gothique, les visions mystiques, cosmiques, angéliques, sont, nous dit Baltrusaïtis, en conclusion de son beau livre *Cosmographie chrétienne au Moyen Âge,* « des constructions d'une grandeur et d'une puissance sauvages. Le jeu des cercles suscite les plus étranges visions. L'astronomie est une science des monstres célestes. Le génie apocalyptique leur prête sa violence. C'est l'ère des roues de feu et du délire astrologique des grandes abbesses. Les vents entraînent les anges. La ronde des sept planètes apporte les dons du Saint-Esprit. Du jeu des éléments surgit le microcosme. Tout est surhumain et fantastique ». Cette tradition visionnaire, après une pose plus abstraite au XIIe siècle, reprend de la vigueur au XIVe : « mandorles célestes » (représentation du Christ en gloire), symboles hiératiques, où l'on retrouve des formes de la nature. « Tout semble naître comme par magie du tourbillon des roues cosmiques. »[39]

Quelle peut être la signification de toutes ces « roues de feu », ces « roues cosmiques » lumineuses ? Remarquons ici, en tout cas, l'insistance de ce grand spécialiste qu'était Baltrusaïtis sur ce thème étrange de l'iconographie médiévale.

La doctrine chrétienne des anges va continuer à évoluer tout au long du Moyen Âge, en particulier pour intégrer le problème des anges déchus (devenus les démons), et surtout, dans la scolastique, la pensée d'Aristote, commentée par le philosophe arabe Averroès, qui considère les anges comme les moteurs des sphères célestes. C'est l'œuvre notamment de saint Thomas d'Aquin au XIIIe siècle (surnommé le « Docteur angélique »), dans sa *Somme théologique*[40]. En réalité, c'est une poussée de rationalisme théologien qui « met à mal » la vision traditionnelle, et qui va finalement réduire la « connaissance visionnaire ». L'ange de l'âge gothique a tendance à s'humaniser : Cimabue (1240-1302) représente des anges qui pleurent et crient de douleur, comme des compagnons de l'homme. À cet égard, *La Divine Comédie* de Dante, au début du XIVe siècle, apparaît « comme le testament de la connaissance visionnaire médiévale. Les anges y sont, dans la grande tradition dionysienne, des cercles de lumière et de feu qui tournent au Paradis, autour de Dieu »[41].

Visions infernales et fantastiques

a) Visions d'apocalypse

Dans les premiers siècles chrétiens, l'Apocalypse était prise au pied de la lettre. On avait l'impression que la fin était proche, ou plus exactement l'avènement du règne messianique, le renouvellement de l'humanité, le millénaire promis de paradis sur Terre. On s'efforçait même de calculer la date de l'événement (ainsi que la date de la Création). Mais à partir du ve siècle, l'Église, ayant assis solidement son pouvoir, ne l'entendait plus du tout de cette oreille : elle en vint à condamner le millénarisme, qui finissait par menacer sa propre hégémonie, si bien établie. Le Jugement dernier pouvait attendre[42] ! Saint Augustin, dans la *Cité de Dieu,* se refuse à toute supposition. L'opinion qui domine est celle que l'Apocalypse doit être considérée comme une allégorie spirituelle, et l'on en arrive à penser que le millénium a commencé, en réalité, avec l'avènement du christianisme[43]. Cette attente du millénium n'avait donc plus de raison d'être. En tout cas, cette fin tardait vraiment à venir. Il y avait sans doute une bonne marge de sécurité, et l'on pouvait respirer. Une exception dans cet apaisement est fournie par l'Espagne du VIIIe siècle, inquiétée par la proximité des « Infidèles », sentiment dont témoigne l'Apocalypse de Béatus, richement illustrée, qui fera école en France au XIIe siècle.

Mais, direz-vous, et la grande terreur de l'an « mil » ? Eh bien, pas de grande terreur de l'an mil. « L'affaire des terreurs » est l'un des plus beaux canulars de l'histoire, monté par quelques historiens (dont Jules Michelet), en toute bonne foi, au XIXe siècle . En fait, ce furent des années ordinaires, qui n'interrompirent « ni le labourage des champs, ni le fracas des armes, ni l'élévation des cathédrales. »[44]

C'est surtout à partir du XIe siècle que vont recommencer à se développer des visions d'apocalypse, dans l'exaltation des croisades : la libération de Jérusalem ne devait-elle pas « préparer l'avènement des derniers temps, du royaume du Christ »[45] ? Quarante mille morts à Jérusalem : l'Apocalypse n'est belle qu'en peinture.

L'inquiétude, à l'époque, s'exprime d'abord par la peur du Diable, que l'on croit apercevoir partout. Au début du XIe siècle, par exemple, le moine bourguignon Raoul Glaber en donne une description digne de nos modernes manifestations d'extraterrestres... L'ayant vu trois fois la nuit, il le dépeint comme « une espèce de nain horrible à voir... Il était de stature médiocre, avec un cou grêle, un visage émacié, des yeux très noirs, le front rugueux et crispé, les narines pincées, la bouche proéminente, les lèvres gonflées, le menton fuyant et très droit, une barbe de bouc, les oreilles velues et effilées, les cheveux hérissés, des dents de chien, le crâne en pointe, la poitrine enflée, le dos bossu, les fesses frémissantes »[46].

On annonce aussi fréquemment la venue de l'Antéchrist. Il hante un songe de Hildegarde de Bingen, sous les traits d'un démon malfaisant : « animal monstrueux, d'un noir de charbon, aux yeux flamboyants, pourvu d'oreilles d'âne, la mâchoire ouverte ornée de crocs »[47].

Le moine calabrais Joachim de Flore, au XIIe siècle, est saisi d'illuminations qui le poussent à interpréter les Écritures et à prophétiser. Selon lui, le monde arrive à la fin d'un deuxième âge, en 1260 pour être précis ; mais avant l'instauration d'un troisième âge (de joie et de liberté spirituelle, dominé par l'Esprit-Saint), l'Antéchrist régnera pendant plus de trois ans, et les chrétiens subiront alors leurs plus terribles épreuves[48]. On continue à spéculer beaucoup sur cette date de la venue de l'Antéchrist : elle est reculée successivement à 1300, 1365, 1415. En 1494, Sébastien Brant l'annonce encore dans la *Nef des fous*.

Cette propension médiévale aux visions merveilleuses ou effrayantes se manifeste aussi dans une abondante littérature de « voyages dans l'au-delà » qu'il nous faut absolument explorer.

b) Voyages dans l'au-delà

Les anciens récits apocalyptiques avaient d'abord pour contenu des visions célestes. La littérature qui apparaît maintenant, à partir du XIIe siècle, manifeste un goût croissant pour la description, toujours plus réaliste, des supplices de l'enfer, qui prennent le pas sur les délices du paradis, et que l'on se complaît à dépeindre avec force détails crus : les âmes sont ainsi passées à la poêle, rôties à la broche, etc. ! Une légende célèbre est celle du *Purgatoire de saint Patrice,* connue en France comme la *Légende dorée* de Vincent de Beauvais, dans laquelle le chevalier Owein accède aux régions souterraines en se faisant enfermer dans la fameuse caverne Saint-Patrice. Suit une énumération de supplices plus horrifiques les uns que les autres : « âmes suspendues à des chaînes ardentes ou à des crochets qui leur transpercent les membres ; d'autres sont assises dans des poêles à frire ou encore embrochées puis grillées ». On retrouve plus loin l'image classique du pont étroit qui enjambe « un fleuve immense où baignent des démons ». Ce dernier obstacle franchi, le héros peut enfin goûter les « délices indicibles » du paradis terrestre[49].

Il y a quand même des voyages dans des contrées surnaturelles, qui font rêver. Le plus renommé est le *Voyage de saint Brendan,* abbé irlandais parti en bateau avec des compagnons à la recherche du paradis terrestre (qu'on croyait sur Terre, comme son nom l'indiquait !). Il le trouve, bien sûr dans les îles lointaines, au terme d'un périple fantastique rempli d'animaux fabuleux. Ces récits sont inspirés par l'Apocalypse de saint Paul, très répandue au Moyen Âge (bien que condamnée, on l'a vu, par saint Augustin) qui existait en plusieurs versions, rivalisant dans le réalisme aigu des effrayants tourments de l'enfer. En l'occurrence, même le *Voyage de saint Brendan* comporte, dans une autre variante, une visite en enfer, où l'abbé rencontre Judas, affligé de châtiments extrêmes six jours par semaine (il y a repos le dimanche, même en enfer). Bonne âme, saint Brendan lui obtient un court répit.

Il faut encore citer la *Vision de Tondale,* issue également d'Irlande (l'imagination celte a été prolifique au Moyen Âge). Le début de l'histoire est significatif, car c'est un scénario de sortie de l'esprit hors du corps, phénomène dont on parle beaucoup aujourd'hui. Le héros se retrouve en état de mort apparente, une situation qui nous est familière, dans le chamanisme, le taoïsme, et même chez les Grecs...

Un autre ouvrage qui nous incline à penser à un voyage chamanique, c'est la plus célèbre épopée initiatique du Moyen Âge, *La Divine Comédie* de Dante, écrite au XIVe siècle, et inspirée par les visions de Joachim de Flore. Il est évident, pour nous, que nous sommes là dans le domaine littéraire pur, mais ce n'était pas aussi clair à l'époque, car

Dante était un esprit profondément religieux. En tout cas, son œuvre est l'aboutissement de la vision médiévale du monde, où l'homme est sur terre à titre très provisoire, pour accomplir son salut : la lecture de *La Divine Comédie* doit l'y aider en lui faisant craindre l'enfer et désirer le paradis[50].

c) *Démons, monstres et légendes*

Les romantiques redécouvrirent ce Moyen Âge fantastique, grouillant de monstres et de démons, qu'avaient détesté les classiques. Mais il fallait alors, pour sortir du Moyen Âge, exorciser des peurs que nous n'avons plus : les tableaux de Jérôme Bosch nous enchantent, et nous admirons paisiblement le *Jugement dernier* de Michel-Ange alors que ces œuvres étaient encore imprégnées de crainte religieuse.

Donc, le Diable inspirait la peur, et en même temps excitait l'imagination. Justement, déjà au Moyen Âge, les excès d'un imaginaire débordant avaient provoqué des réactions, comme en témoigne cette diatribe de saint Bernard : « Que signifient ces monstres ridicules, cette étrange beauté laide ou cette belle laideur ? Et ces singes dégoûtants ? Et ces lions féroces ? Et ces centaures monstrueux ? Et ces moitiés d'hommes ? Et ces lignes tachetées ?... Ici on aperçoit un quadrupède à queue de serpent et là un poisson à tête de quadrupède ; ici une bête est cheval par-devant, chèvre par-derrière... »[51] On peut comprendre ce mouvement d'humeur à la lecture, par exemple, du livre de Claude Kappler, *Monstres, démons et merveilles à la fin du Moyen Âge*, qui récapitule l'incroyable galerie de monstres créés à l'époque, depuis les créatures antithétiques des humains (qui ont, ou font, tout à l'envers), jusqu'aux êtres les plus prodigieux et épouvantables, en passant par « celui à qui il manque quelque chose d'essentiel », ou les « monstres par modification du rapport des organes entre eux »[52], etc. Le Moyen Âge attrape tout monstres des légendes barbares, antiques, ou de l'Orient enchanteur. Tout cela ne manque pas d'humour, d'ailleurs, et l'on pourrait donner la palme à ces hommes aux grandes oreilles qui s'en servent comme couvertures pour dormir !

Baltrusaïtis a longuement étudié ce bestiaire prodigieux : dragons, griffons, licornes, centaures, basilics, sirènes, démons à ailes de chauves-souris (d'origine chinoise). À la fin du Moyen Âge, l'aile membraneuse est aussi adoptée pour les dragons, et l'on trouve même des hommes ailés chinois (ce qui cadre bien avec les croyances taoïstes). Un enrichissement supplémentaire est donné par l'hybridation de tous ces monstres, et la galerie s'allonge encore : sirène-oiseau, licorne-poisson, monstres à corps double et tête unique (ou dragons à plusieurs têtes !), etc. Ce sont « les êtres fabuleux et les prodiges de la nature qui représentent ici les puissances diaboliques sur lesquelles triomphent Jésus et ses disciples »[53].

Le Moyen Âge fantastique déborde largement le domaine de la religion, ouvrant sans discrimination la porte aux légendes les plus archaïques, et intégrant le tout : héros tueurs de dragons, nains, elfes et autres mystérieuses entités, dont l'origine se perd dans la nuit des temps et de l'ancienne mythologie indo-européenne : celte, slave, scandinave, germanique... *Le Cycle de la Table ronde* met en scène, au XIIe siècle, des héros chrétiens autour du fabuleux roi Arthur (ou Artus) à la recherche du Saint Graal, dans un monde extraordinaire et initiatique qui fait encore rêver aujourd'hui. Ces mythes ont une dimension ésotérique et initiatique : « Les épreuves qu'affronte le héros sont innombrables : il doit traverser un pont ; celui-ci plonge sous l'eau, ou est fait d'une épée tranchante, ou est gardé par des lions ou des monstres. En outre, à l'entrée des châteaux veillent des automates, des fées ou des démons. Tous ces scénarios rappellent le passage vers l'au-delà, les descentes périlleuses aux Enfers ; et lorsque de tels voyages sont entrepris par des êtres vivants, ils font toujours partie d'une initiation. En assumant les risques d'une telle descente aux Enfers, le héros poursuit la conquête de l'immortalité ou tel autre but aussi extraordinaire. »[54]

Les nains et les elfes ont particulièrement intrigué les spécialistes de la mythologie, car ils semblent refléter des croyances très primitives, déjà presque oubliées à l'époque lorsqu'elles furent incorporées dans les légendes écrites, à partir du XIIe siècle. Ce sont les fameux récits des nains (ou elfes) Aubéron et Huon de Bordeaux, Alberich et Siegfried, la chanson des Nibelungen... Selon Claude Lecouteux, qui a tenté de démêler les fils de ces histoires *(Les Nains et les elfes au Moyen Âge)*, il s'est produit une évolution intéressante de ces « superstitions » au cours du Moyen Âge, sous l'influence notamment de l'Église. Soulignons d'abord que, contrairement au bestiaire fantaisiste et débridé déjà évoqué, il s'agit ici d'entités à l'existence desquelles on a cru réellement, croyance dont l'origine remonte sans doute à la préhistoire. Avant le christianisme, les elfes étaient des êtres lumineux, positifs, auxquels on vouait un culte, alors que les nains étaient des créatures dangereuses, malfaisantes. Les elfes étaient des « génies tutélaires », beaux et étincelants. C'étaient des héros solaires, aux pouvoirs magiques, favorables aux humains. À l'inverse, les nains (qui n'étaient pas toujours petits : il y avait des liens de parenté avec des géants comme les trolls) sont pleins de malignité, trompeurs, ravisseurs, violeurs... : gardons en mémoire ces légendes, car elles vont resurgir ! Les nains sont velus, ils ressemblent aux satyres, aux sylvains et faunes, ou incubes, de l'Antiquité.

Par rapport à l'ancienne mythologie des Germains et des Scandinaves, les elfes seraient proches des Vanes, c'est-à-dire de la famille des dieux porteurs des valeurs de prospérité et de fécondité. Quant aux nains, à l'instar du mystérieux dieu *Loki,* on ne peut les rattacher à aucune divinité. On observe, en revanche, des traits communs entre les nains et les...géants : la connaissance, la magie, la mort. On voit que ce décryptage mythologique n'est pas simple ! Quoi qu'il en soit, quelques-uns des plus célèbres personnages légendaires sont plus proches des elfes que des nains : Aubéron (ou Obéron), le « petit roi de féerie » protecteur de Huon de Bordeaux, « plus beau que le Soleil d'été » ; et même Alberich, le fameux gardien du trésor des Nibelungen, qui sera vaincu par Siegfried malgré sa force considérable.

Au cours du Moyen Âge, l'image des elfes et des nains va être inversée, sous l'influence de l'Église, beaucoup plus hostile aux elfes qu'aux nains à cause du culte qui leur était consacré. Les elfes devinrent ainsi des êtres malfaisants, alors que les nains se métamorphosèrent peu à peu en ces êtres malicieux et folkloriques dont l'image a été préservée jusqu'à aujourd'hui. La légende des elfes a, elle, presque complètement disparu[55].

De cet ensemble de mythes très anciens où se mêlent des géants, des nains et des elfes de diverses sortes, il faut souligner que tous ces êtres mystérieux se connaissaient, communiquaient entre eux, au sein d'un même univers chimérique. Étaient-ils de purs produits de l'imagination humaine ? Faut-il rappeler encore que les mythes primitifs peuvent refléter quelque obscure vérité ?

Il y a de multiples survivances, en Europe, de la légende des nains, qui vont surnager presque jusqu'au XXe siècle, dans plusieurs pays d'Europe. Ce sont par exemple les *duses* (*duz* en Bretagne), souvent assez méchants, les *kobolds* (allemands), et surtout les lutins, dont la fable prend forme en France et dans le monde roman au XIIe siècle. Ils sont partout, espiègles et facétieux, ils changent de forme à volonté, se signalent par leur fameux bonnet rouge. On connaît aussi les « crieurs », tels que les braillards de Noirmoutier, les lupeux du Berry, les crieux du Maine et de l'Anjou. Selon Claude Lecouteux, on peut établir une relation avec le *schrat,* bien connu outre-Rhin, et le *Scrat* en Angleterre du Xe siècle. Ces entités étranges ont la très mauvaise réputation d'être des incubes, c'est-à-dire des esprits « qui se jettent sur vous » et vous violent, rejoignant ainsi la grande famille des démons de tous les pays et de toutes les époques, dont nous avons déjà vu des exemples, notamment en Orient et en Extrême-Orient.

Une autre croyance en d'étranges apparitions célestes s'impose ici. Elle fut rapportée par Agobard, évêque de Lyon au IXe siècle, dans un petit traité *Sur la grêle et le tonnerre.* Faites attention à cette légende très singulière. Agobard y dénonce des sorciers qui, non seulement provoquent des tempêtes, mais agissent en faisant des pactes avec des voyageurs aériens venus enlever des récoltes[56]. On pensait que ces navires aériens arrivaient d'une région nommée la Magonie. L'évêque Agobard raconte qu'il dut même intervenir pour protéger trois hommes et une femme que la foule voulait lapider, s'imaginant qu'ils étaient tombés de l'un de ces bateaux aériens. Ainsi, le Moyen Âge avait aussi ses « ovnis », et ce n'est pas par hasard si cette histoire a été relatée par l'ufologue Jacques Vallée, dans son livre *Visa pour la Magonie*[57] !

Il nous reste encore une importante catégorie d'êtres fantastiques à évoquer, les fées, dont la fable perpétue de très anciens mythes, comme ceux des nymphes et des déesses-mères. La fée se situe quelque part entre le ciel et l'enfer, entre l'ange et le démon. Elle appartient, avec les sylphes et les lutins, à toute une hiérarchie d'êtres mystérieux, plus ou moins immatériels[58]. La légende de la fée proviendrait de Perse, transmise par les Arabes, puis les Espagnols, puis les Provençaux, jusqu'aux troubadours, qui colportaient et enrichissaient l'histoire de ces êtres poétiques dont les noms nous sont encore familiers : Mélusine, qu'épouse Raimondin ; Morgane et son bien-aimé Ogier le Danois ; Viviane qui habitait le château du Lac, dans la forêt de Brocéliande, où elle éleva Lancelot du Lac, et séduisit aussi Merlin l'Enchanteur...

Dans de nombreux contes, surtout en pays celtiques, les fées (et les sylphes) semblent provenir d'un autre monde. Leur pouvoir magique leur permet d'apparaître et de disparaître, de changer de forme. Elles dansent la nuit dans les ronds des fées, charment et entraînent les humains dans leur univers, où le temps s'écoule plus lentement : une journée chez les fées équivaut parfois à un an chez les humains, une idée qui préfigure la théorie de la relativité ! Il arrive que l'une d'entre elles s'empare d'un nourrisson et l'échange en cachette avec le sien : c'est le *changeling* du folklore irlandais et écossais, très riche en histoires de fées. Toutes ces traditions ont été recueillies au XVIIe siècle par les pasteurs écossais Kirk et Graham, puis par Walter Scott, et le poète irlandais Yeats, au XIXe siècle. Kirk croyait vraiment aux fées, et la légende courut, longtemps après sa mort, qu'elles l'avaient enlevé...

Voici une superbe description d'un palais des fées, tirée d'un poème écossais, *Orphée et Eurydice,* qui mérite sa place dans notre panorama des visions célestes : « C'était un édifice d'une hauteur gigantesque ceint de cent tours crénelées et ayant pour coupole un seul morceau de cristal. À l'intérieur, il était divisé en vastes salles soutenues par des colonnades d'or et taillées chacune dans une pierre précieuse. Quand la lumière du jour faiblissait, toutes ces pierres précieuses, toutes ces colonnades flamboyaient, toute cette coupole rayonnait. Alors, le palais des fées devenait soleil. »[59]

Cependant, il y a aussi les méchantes fées, les sorcières, face obscure de ce monde idyllique. Là aussi il y a tout un historique de légendes anciennes, telles que les Parques latines, les Moires grecques, les Nornes germaniques, qui avaient tout pouvoir sur la destinée humaine. Mais ne confondons pas ces contes avec la sinistre réalité des procès en sorcellerie qui vont assombrir le début des temps dits « modernes ». On ne comprend pas bien, d'ailleurs, comment cette terrible page de l'histoire a pu exister. Avant d'aborder cette époque, elle aussi lourde d'étrangeté, il reste à évoquer d'autres visions du Moyen Âge, islamiques et judaïques, qui vont nous faire repartir vers les régions célestes.

Visions célestes islamiques et judaïques

Mahomet (Mohammed ou Muhammad) eut une vocation tardive de prophète, vers quarante ans, mais son enfance est auréolée de mystère. Des miracles et des signes accompagnèrent sa naissance. Un jour, dans sa jeunesse, deux anges le jetèrent à terre, lui ouvrirent la poitrine et retirèrent un « fardeau » de son cœur. Cette image symbolique figure dans le Coran : « Ne t'ouvrons-nous pas la poitrine pour te débarrasser de ton fardeau ? » (Cor 94 : 1-3). Mais l'événement décisif dans la vie de Mahomet fut, toujours selon le Coran, une apparition céleste mystérieuse, d'abord à l'horizon, puis qui se rapprocha :

« Lui qui appartient à la région la plus élevée !

« Puis il s'approcha et plana !

« Il était à la distance de deux arceaux ou plus près encore !

« Et il révéla à Son serviteur ce qu'il lui révéla ! » (Cor 53 : 1-10).

Ce n'est pas, cependant, le seul événement insolite à l'origine de la vocation de Mahomet. Selon sa biographie traditionnelle, c'est dans une grotte que se manifesta à lui, à plusieurs reprises, l'ange Gabriel, qui lui dicta le Coran, alors qu'il était plongé dans un état extatique, puis lui ordonna de l'enseigner, malgré sa réticence. Selon Mircea Eliade, la réalité de ces expériences est indubitable. La résistance initiale de Mahomet est d'ailleurs comparable à celle des autres prophètes, et c'est un indice d'authenticité[60].

Pour l'obliger à réciter le livre, l'ange Gabriel va jusqu'à le lui « presser sur la bouche et sur les narines », au risque de l'étouffer… Ainsi, nous rencontrons, une fois de plus, la description de phénomènes énigmatiques, auxquels semblent avoir été confrontés tous les prophètes et apôtres des grandes religions : apparitions célestes, anges messagers, état extatique, *pneuma* et « Saint-Esprit ». N'y a-t-il pas un lien dans tout cela ?

L'enseignement de Mahomet comporte, de manière analogue aux deux autres religions « abrahamiques », l'annonce de « l'imminence du Jugement et de la résurrection des morts », illustrée par des fresques apocalyptiques : « Les montagnes seront déplacées et, fondues toutes ensemble, deviendront cendres et poussière ; la voûte céleste éclatera, la Lune et les étoiles s'éteindront et s'affaisseront. Le prophète parle aussi d'un incendie cosmique, et des jets de feu et d'airain fondu seront lancés sur les hommes (55 :35). »[61] Il y a une dimension très singulière dans cette constance des visions apocalyptiques, qui, en tout cas, ont pour but d'impressionner, d'effrayer. Cette dimension n'apparaît-elle pas, encore une fois, au XXe siècle, dans les fameuses révélations de Fatima (jamais complètement divulguées) ?

Sur notre thème des visions célestes et cosmiques, l'Islam apporte surtout, dans la grande tradition prophétique, la relation de l'ascension céleste de Mahomet (*Mirâj*), que les musulmans commémorent chaque année dans la fête de « la nuit du voyage nocturne et de l'ascension ». Cette mystérieuse ascension est surtout relatée dans la *sunna,* ou Tradition du Prophète. Mahomet traverse les sept cieux, où il rencontre les grands prophètes, les uns après les autres. Mais il les dépasse tous, jusqu'à connaître la « proximité avec son Créateur », suscitant même la jalousie de Moïse !

Le voyage nocturne, ou ascension céleste de Mahomet, a engendré toute une littérature au cours du Moyen Âge, dont l'ouvrage le plus connu est *Le livre de l'échelle de Mahomet,* traduit en latin au XIIIe siècle. On y retrouve de nombreux éléments de la tradition biblique, non seulement les prophètes, mais aussi des descriptions symboliques, à commencer par l'échelle qui évoque la fameuse échelle des anges, comme dans le rêve de Jacob où ils montent et descendent du ciel. « Le trône de Dieu dans la lumière (la lumière intense est caractéristique du genre) est un thème parallèle à celui du char-trône contemplé par Ézéchiel ; les porteurs du char aux quatre visages du chapitre XXI sont comparables aux quatre vivants de la vision de la gloire biblique. »[62] Ainsi, nous rencontrons de nouveau ce monde d'insolites entités : anges multiformes, mi-animaux, mi-humains, qui rappellent la mythologie orientale, égyptienne, assyrienne et gnostique. Une particularité, originale et étrange, de ce texte est la description du « coq cosmique », figure immense aux ailes colorées : « Ce coq avait aussi des ailes qui étaient si grandes que lorsqu'il les ouvrit, elles traversaient tous les cieux et toutes les terres qui vont de l'Orient à l'Occident » (Chapitre XXIX). Cette description du mystérieux « coq cosmique » ne manque pas de piquant. Ne ressemble-t-elle pas aux flamboyants levers de Soleil que peuvent contempler les astronautes en orbite ?

Les anges jouissent, dans la tradition islamique, d'une place comparable à celles du judaïsme et du christianisme : ils sont messagers de Dieu, ils sont « des guides exemplaires dans la fidélité à la loi divine, des protecteurs contre les démons, des êtres qui apparaissent aussi bien pendant le sommeil qu'à l'état de veille »[63]. On trouve également la croyance, non seulement aux démons, mais au Diable lui-même, appelé *Shaitân* (Satan) ou *Iblîs.*

Il y a dans l'Islam un problème particulier qui est la nature des *djinns,* tantôt assimilés à des démons, tantôt considérés comme des entités différentes. Le *djinn,* bien qu'il en semble parfois proche, n'est pas un démon : « Vis-à-vis de Dieu, il paraît être dans les mêmes conditions que l'homme. Il diffère foncièrement d'Iblîs en ce sens qu'il n'est ni rebelle à Dieu, ni adversaire déterminé de l'homme, avec lequel il paraît être en compétition soutenue. »[64] La légende des *djinns* est donc assez mystérieuse. Ils ont des points communs avec les lutins et autres « êtres intermédiaires ». On ne sera pas surpris d'apprendre qu'ils ont aussi la réputation d'entretenir des rapports sexuels avec les humains (en les enlevant), ces croisements contre nature pouvant produire des créatures monstrueuses... Comment se fait-il que de telles « superstitions » aient existé partout, à toutes les époques ? Y compris à la nôtre, comme on le constatera plus loin...

L'Islam a aussi ses tendances mystiques, ésotériques, comme dans certains mouvements chiites où se manifestent des croyances de type gnostique. Ce sont par exemple l'idée que l'homme est d'émanation divine par étapes successives, et la notion de métempsycose, ou réincarnation, qui surgissent à l'époque dans le soufisme, mouvement le plus notoire de l'ésotérisme musulman. Le soufisme était mal vu des autorités, car certains aspects de sa doctrine, comme la conception d'un rapport intime avec Dieu, étaient contraires à l'orthodoxie. Cela n'a pas empêché son développement dans plusieurs pays, de l'Égypte à l'Iran, en dépit des persécutions.

Tout en évitant, une fois de plus, les méandres de la métaphysique, il faut quand même souligner l'ambiance d'expériences « surnaturelles » et de révélations qui a entouré la vie de certains grands noms, comme Ibn Arabi, « l'un des génies les plus profonds du soufisme »[65], et Sohrawardi au XIIe siècle, le « mystique de la lumière », qui voulut réactualiser l'ancienne sagesse iranienne et la gnose hermétique. Il décrivit un monde de lumière et des « êtres de lumière » d'une grande complexité, que l'on a comparés aux visions extatiques du chamanisme[66].

Un autre aspect de l'ésotérisme musulman est plus connu en Occident : c'est la confrérie des derviches tourneurs, fondée par Rûmî au XIIIe siècle, en Iran, qui doit son nom à ces cérémonies où des danseurs tournent sur eux-mêmes de plus en plus rapidement, pour réveiller l'esprit. Il s'agit de se rappeler, et de symboliser par la danse, le mouvement de descente des âmes dans la matière, puis de remontée vers Dieu. Quand la danse devient très rapide, le scheik se place au centre du cercle, où il représente le Soleil : « C'est le moment suprême de l'union réalisée. »[67] Au Moyen Âge, néanmoins, en Occident, ce soufisme ésotérique fut totalement ignoré. En revanche, les écrits arabes firent connaître, par l'Espagne, à partir du XIIe siècle, en même temps que la philosophie grecque, l'hermétisme et l'alchimie, qui vont resurgir dès la Renaissance.

N'oublions pas que les visions apocalyptiques étaient populaires chez les Juifs dans les premiers siècles de notre ère : *La Vie d'Adam et Ève,* l'*Apocalypse d'Abraham,* le *Testament d'Abraham,* les *Livres d'Énoch,* d'*Esdras,* de *Baruch,* textes pseudépigraphiques composés aux Ier et IIe siècles, qui annoncent tous l'avènement de la Jérusalem céleste « où les Justes retrouveront les couronnes, les trônes et les vêtements de gloire qui y ont été déposés pour eux depuis la création du monde ». Rappelons aussi la *mystique du Trône* ou Char (*Merkabah*) céleste qui était apparu à Ézéchiel. C'est toute une littérature visionnaire qui se développe également, dès les premiers siècles. La *Merkabah* est généralement contemplée après une ascension périlleuse à travers sept palais (*hekhalot*) peuplés d'êtres célestes, ou sept cieux planétaires gardés par des « portiers ». On décèle, dans ces descriptions, des éléments très insolites, par exemple l'idée saugrenue que les anges ne peuvent s'asseoir car ils n'ont pas d'articulations[68] !

N'entrons pas, ici non plus, dans de vastes débats théologiques, sauf pour évoquer le mouvement de la Kabbale, école mystique et ésotérique juive dans le prolongement de l'héritage gnostique, en y ajoutant une « religiosité cosmique » et des éléments néo-platoniciens. On y retrouve la contemplation mystique avec des techniques de méditation analogues au yoga, les visions prophétiques, et même la métempsycose (*Gilgul*) [69] dans la « Nouvelle Kabbale » d'Isaac Luria, à l'époque de la Renaissance, alors que s'amorcent de nouveaux bouleversements...

III. Visions étranges de la Renaissance

La Renaissance, c'est d'abord la prise de conscience de l'immensité de l'Univers, résumée par Alexandre Koyré dans le titre de son livre *Du monde clos à l'univers infini.* La Terre, avec Copernic, tourne autour du Soleil, et en plus elle tourne sur elle-même. Ensuite, le Soleil perd à son tour sa position centrale, et c'est la confortable coquille des sphères célestes, protégeant notre cosmos à l'antique, qui explose : plus de sphères protectrices, peuplées d'anges ! Et où va-t-on, maintenant, situer le paradis ? À la place, apparaît l'Univers infini, ou illimité, on ne sait, avec ses myriades d'étoiles. Les atomistes ioniens avaient bien imaginé ce monde, par la seule force de leur pensée, mais ils étaient restés isolés dans l'Antiquité, et furent ensuite oubliés.

La question qui vient naturellement, à l'esprit, est alors : se peut-il que nous soyons seuls dans cet Univers infini ? Les théologiens du Moyen Âge se l'étaient posée eux aussi, mais c'était alors une question de nature purement théologique. Maintenant, l'interrogation est concrète, et c'est une cause supplémentaire de trouble et d'inquiétude. Giordano Bruno va être condamné et brûlé en 1600 pour avoir soutenu cette idée de pluralité des mondes avec d'autres conceptions jugées hérétiques. Il va suffire d'un siècle, cependant, pour que ces nouvelles visions cosmiques soient acceptées par le plus grand nombre, l'héliocentrisme comme une réalité, la pluralité des mondes comme une hypothèse digne d'être discutée. Celle-ci va même devenir très populaire, avec le fameux livre de Fontenelle, *Entretiens sur la pluralité des mondes,* à la fin du XVIIe siècle. Cependant, il y a loin encore, au début du XVIe siècle, entre ces idées d'avant-garde et la vision courante du monde. Même la rotondité de la Terre rentre mal dans les esprits, et d'ailleurs Copernic n'a pas encore publié son *De Revolutionibus* (1543) qui fait tourner la Terre autour du Soleil. En fait, la Renaissance, c'est d'abord la dernière grande crise du Moyen Âge, une sorte d'apogée des visions et des angoisses apocalyptiques, et aussi un retour de l'ésotérisme.

Les derniers feux de l'Apocalypse

Il règne à la fin du Moyen Âge, à partir du XIVe siècle, une atmosphère de fin du monde, de pessimisme de plus en plus accentué. Le Moyen Âge avait commencé dans l'attente de l'Apocalypse, et il s'achève de même. Pourquoi cela ? D'abord, sans doute, parce que ce fut une époque de calamités à travers toute l'Europe : guerres et massacres, famines et épidémies, dues non seulement à la guerre, mais à de mauvaises récoltes résultant d'une dégradation climatique. C'est aussi une période de décadence morale des institutions, au premier rang desquelles se distingue l'Église catholique romaine. C'est enfin, sans surprise, une ère de grande contestation sociale, visant particulièrement l'Église régnante et décadente. La virulence atteint son apogée au moment de la Réforme, et elle ne vise pas que le haut clergé. Burckhardt cite Massuccio qui parle des frères mineurs parcourant le pays : « Ils trompent, volent et paillardent, et, quand ils sont à bout d'expédients, ils prennent des airs de saints et font des miracles, l'un montrant l'habit de saint Vincent, l'autre un écrit de saint Bernardin, un troisième la bride de l'âne de Capistrano. »[70] (Capistrano était un moine prédicateur connu au XVe siècle.) Cependant, c'était surtout la papauté qui était visée, ainsi que toute la hiérarchie ecclésiastique, qui semblaient s'enfoncer de plus en plus dans la corruption[71]. Voilà le cadre dans lequel est apparu un mouvement puissant de prophétisme millénariste qui va aboutir à la Réforme. Mouvement de révolte d'abord, contre l'ordre établi.

Mouvement d'espoir qu'enfin va se réaliser la promesse du Christ et de ses apôtres : la chute de la Babylone diabolique, désormais identifiée à Rome, et l'avènement d'un millénaire de règne du Christ sur Terre, prédit par l'Apocalypse. Il y a aussi la crainte des événements terribles qui doivent le précéder, mais ne sont-ils pas déjà en partie réalisés ? Et puis il y a le Jugement dernier, et là les versions varient, d'autant plus, comme on l'a déjà observé, que les textes ne sont pas d'une parfaite limpidité. Peut-être le « millenium » a-t-il déjà eu lieu, après la chute de la Rome-Babylone antique et le triomphe de l'Église ? Dans ce cas, c'est le Jugement dernier qui ne saurait tarder, et telle était bien l'opinion de Luther. Savonarole, lui, hésitait entre les deux interprétations. Au début de sa carrière prophétique, il annonçait le Jugement, avec « la vision de l'épée de Dieu sortant des nuées, prête à frapper », mais il pencha ensuite en faveur de la venue sur Terre de la Jérusalem céleste [72].

Angoisse, obsession du salut. Toute la vie de Luther se passe dans l'attente de l'Apocalypse et de la défaite prochaine des forces démoniaques : « Outre la maladie et l'hérésie, les menaces de guerre et les apparitions célestes suffisaient à le convaincre qu'il ne terminerait jamais sa traduction de la Bible avant l'effondrement de l'Univers ; zébré de flammes, celui-ci craquait de toutes parts comme un édifice irrémédiablement lézardé. » [73] Quelles apparitions célestes ? Eh bien, si l'on en croit les chroniqueurs, il y eut beaucoup de manifestations étranges dans le ciel à cette époque troublée. Il y eut d'abord, comme toujours, la peur des comètes, et la description de celle de 1527, par Ambroise Paré, prend l'allure d'un spectacle dantesque : « Cette comète était si horrible et épouvantable qu'elle engendrait si grand terreur au vulgaire, qu'il en mourut aucuns de peur, les autres tombèrent malades... Elle apparaissait être de longueur excessive, et était couleur de sang. À la sommité d'icelle on voyait la figure d'un bras coupé tenant une grande épée en la main, comme s'il eut voulu frapper. Au bout de la pointe, il y avait trois étoiles... Aux deux côtés des rayons de cette comète, il se voyait grand nombre de haches, couteaux, épées colorées de sang, parmi lesquels il y avait grand nombre de faces humaines hideuses, avec les barbes et cheveux hérissés. » [74]

On apercevait à cette période bien d'autres signes insolites dans le ciel, signes de mauvais augure comme les comètes. Carl Jung cite deux de ces visions, qu'il compare aux observations contemporaines de soucoupes volantes, dans son fameux livre *Un mythe moderne* (1960). L'une de ces manifestations eut lieu en 1566, relatée par la *Gazette de Bâle :* « On a vu dans l'air beaucoup de grosses boules noires qui se dirigeaient à grande vitesse et très rapidement vers le Soleil, puis qui firent demi-tour, s'entrechoquant les unes les autres comme si elles menaient un combat ; un grand nombre d'entre elles devinrent rouges et ignées, et par suite elles se consumèrent et s'éteignirent. » Jung cite aussi la *Gazette de Nuremberg,* qui raconte une vision semblable en 1561 : « L'apparition a été vue par " beaucoup d'hommes et de femmes ". Elle était faite de " boules " de couleur rouge sang, bleuâtre ou noire, et de " disques circulaires " en grand nombre... » Il y a aussi la vision de grands tuyaux, analogues à certaines apparitions contemporaines : « En outre " on vit deux grands tuyaux " (peut-être trois) " dans lesquels petits et grands tuyaux se trouvaient trois boules, également quatre ou plus. Tous ces éléments commencèrent à lutter les uns contre les autres ". Cela dura environ une heure. Alors, " comme c'est mentionné ci-dessus, du Soleil et du ciel c'est tombé sur la Terre comme si tout brûlait et avec une grande vapeur tout s'est consumé ". En même temps fut observée parmi les boules une forme allongée " qui était semblable à une grande lance noire ". Naturellement, cette vision fut interprétée comme un avertissement divin. »[75]

On sait combien les visions d'apocalypse ont inspiré les artistes de l'époque : les tableaux étranges de Jérôme Bosch, Grünewald et son Rétable d'Issenheim, Cranach, Schongauer, quinze planches gravées de Dürer en 1498, la fresque de Michel-Ange dans la chapelle Sixtine en 1536, ou encore celle de Signorelli à Orvieto, en Ombrie, qui montre l'apparition de l'Antéchrist représenté avec les traits du Christ, avec Satan à ses côtés et la foule tout autour ! On y assiste à la fin du monde : on voit les monuments s'écrouler, les hommes s'entre-tuer, la mer inonder la Terre, et les démons lancer des flammes vers la foule terrifiée[76].

Il y a, à l'époque de la Renaissance, une intense aspiration prophétique qui va aboutir à la naissance de courants extrémistes comme celui de Thomas Müntzer, visionnaire millénariste qui lance un appel au soulèvement des paysans, au nom du Christ, annonce son retour sur Terre et l'avènement de la Nouvelle Jérusalem. Müntzer et ses semblables furent pourchassés, torturés, exécutés. En revanche, ce prophétisme violent est à l'origine des tendances radicales de la Réforme, qui mèneront au siècle suivant à la révolution de Cromwell en Angleterre. Les visions célestes ne font pas que des saints contemplatifs. Elles fabriquent aussi des révolutionnaires ! Mais il en sortira aussi le mouvement puritain, qui exportera en Nouvelle-Angleterre un prophétisme sévère et millénariste dont est encore marquée l'Amérique d'aujourd'hui. L'historien Norman Cohn a étudié, dans *Les Fanatiques de l'Apocalypse,* ce phénomène du millénarisme révolutionnaire et mystique, qui semble prospérer sur la décomposition sociale, là où existe une population « inorganisée et atomisée » ; or ces causes sont présentes dans le monde contemporain : verrons-nous apparaître de nouvelles crises millénaristes ?

Sorcières, démons et autres mystères

Contrairement à une idée préconçue, héritée du XIXe siècle romantique, comme les fausses terreurs de « l'an mil », ce n'est pas au Moyen Âge que la sorcellerie et sa répression ont connu leur apogée, mais bien en pleine Renaissance et au XVIIe siècle, jusqu'à ce que la sinistre « chasse aux sorcières » finisse par cesser dans la lassitude générale et parce qu'on n'y croyait plus : l'âge de la science et de la raison était arrivé.

Au Moyen Âge la sorcellerie était restée un phénomène assez marginal. Au VIIIe siècle, le concile de Liptine (743) ne punit le sorcier que d'une amende de quinze sous. Mieux encore, un homme est condamné à mort pour avoir tué et mangé une sorcière, pensant qu'elle dévorait elle-même les hommes[77]. Aux XIe et XIIe siècles encore, les condamnations à mort de sorcières sont très rares si l'on en croit les archives. C'est au XIIIe siècle que l'Inquisition, créée en 1229, définit les crimes de magie et de sorcellerie, tout en les nuançant. Les seuls peines étaient alors l'amende et le fouet, jamais la mort, sauf pour le sorcier relaps, c'est-à-dire refusant toute pénitence. Les horreurs commencent au XIVe siècle : il suffit de mentionner les procès des Templiers, et de Jeanne d'Arc. C'est alors que se déclenchent les premières épidémies et les premiers grands procès de sorcellerie, bientôt confiés au bras séculier, qui va donner toute sa mesure au XVIe siècle. Pour s'en faire une idée, citons seulement Nicolas Rémy, grand juge puis procureur général de Lorraine, qui envoya au bûcher environ trois mille sorcières et sorciers. « Il raconte qu'il épargna un jour des enfants qui avaient accusé leurs parents de s'être rendus au Sabbat. Mais il les fit fouetter nus et tourner autour du bûcher où leurs pères et mères venaient de mourir brûlés. »[78] Il y a dans tout cela une terrifiante leçon d'histoire à méditer : peut-être ne sera-t-on jamais à l'abri, définitivement, de telles monstruosités ? Mais comment savoir ce qui les met en route ? Il y a, selon les historiens, de multiples explications, que nous allons brièvement exposer. Mais rappelons d'abord en quoi consistait cette fable des sorcières, encore une légende bizarre, en vérité.

Elle prend sa source dans un ensemble de croyances relatives au Diable et aux démons, elles-mêmes tirées de la Bible. Nous avons déjà observé le goût croissant, à partir du XIIIe siècle, pour les descriptions littéraires de l'enfer, de ses démons et de ses supplices. À la fin du Moyen Âge, cette tendance s'est transformée en une affreuse peur du diable. À l'époque des premiers chrétiens, Satan n'était encore qu'un ange déchu, Lucifer, jadis l'ange préféré du Créateur. L'ascension du Diable, si l'on ose s'exprimer ainsi, débute à partir des XIe et XIIe siècles, mais il ne devient vraiment effrayant qu'à partir du XIVe siècle, où s'amorce alors, selon tous les historiens, un phénomène collectif de peur panique des démons, dans toute l'Europe. Le décor est ainsi installé pour cet épisode sinistre de la chasse aux sorcières, accusées d'avoir passé un pacte avec le Diable. Même l'élite intellectuelle y succombe, comme le grand humaniste Jean Bodin, auteur d'un ouvrage contre la sorcellerie, *La Démonomanie des sorciers.* On a calculé qu'un minimum de 230 000 volumes sur le monde démoniaque ont été diffusés en Allemagne dans la seconde moitié du XVIe siècle. Vive l'imprimerie ! L'histoire du Docteur Faust eut à elle seule vingt-quatre éditions en douze ans.

On ne croyait pas seulement au Diable, mais à une fabuleuse multitude de démons. Ainsi, par exemple, le théologien espagnol Alfonso de Spina dénombrait 133 306 668 démons ! Un autre auteur bien renseigné, Sigmund Feyerabend, va encore plus loin, avec

26 trillions de démons. La moyenne des estimations se situait vers six à sept millions[79]. Que faisaient tous ces démons ? Les théologiens scolastiques du Moyen Âge avaient mis au point une conception qui allait être à la base de la chasse aux sorcières : « Selon ces penseurs, les démons, comme les anges, étaient de purs esprits, ne possédant ni chair ni sang. Ils pouvaient toutefois prendre l'apparence d'un corps humain ou animal en mêlant l'air et diverses vapeurs sortant de la Terre, créant ainsi un corps aérien et non matériel. Un tel corps, composé d'éléments purement naturels, possédait cependant une réalité physique et pouvait assumer certaines fonctions corporelles, comme la danse ou l'acte sexuel. Selon ces démonologues, le Diable pouvait aussi procréer en utilisant la semence d'un autre homme, mais cela fut encore l'objet de nombreuses controverses. »[80] C'étaient les fameux incubes et succubes, censés avoir des rapports nocturnes avec les humains. Une autre aptitude attribuée au Diable et aux « démons inférieurs » était de s'emparer du corps d'un homme et de l'habiter : c'était le phénomène de la « possession ». Le Diable avait encore le pouvoir de créer des illusions, la première étant de prendre la forme d'un être humain. Il était capable de transporter les gens dans les airs grâce à « des pouvoirs extraordinaires de locomotion »[81].

Résumons maintenant les traits typiques du mythe des sorcières. Ce sont : le pacte avec le Diable ; le sabbat nocturne, où se pratiquent des parodies de messes et des orgies sexuelles avec les démons ; les sorcières s'y rendent en grand nombre, en volant vers des lieux éventuellement très éloignés (on a même imaginé un sabbat de 100 000 sorcières à Terre-Neuve : pourquoi pas sur l'Ile de Wight !) ; ce sont enfin, bien sûr, tous les mauvais sorts et maléfices, pain quotidien de la sorcellerie ou magie noire. La superstition, particulièrement bizarre, du vol des sorcières, a des origines populaires très anciennes. On croyait notamment, dans l'Antiquité, que les femmes participaient à des cavalcades nocturnes en compagnie de Diane, déesse de la fertilité, ou Hécate, déesse du monde souterrain et de la magie. On pense aussi au mythe germain de la chevauchée des Walkyries... Mentionnons encore cet « additif au stéréotype », la marque du Diable, que l'on va chercher sur le corps de la sorcière à partir du XVIe siècle.

Évoquons le vif débat qu'animent les historiens sur cette chasse aux sorcières, et qui se poursuit encore actuellement. Le fait que les procès visent surtout des femmes, suggère déjà un sérieux problème de société ; ensuite les procès ont lieu surtout en Europe du Centre et du Nord, l'Europe de la Réforme ; enfin, le caractère dominant est celui d'une panique irrationnelle. Pourquoi cette panique ? On a assigné la chasse aux sorcières à toutes sortes de causes contradictoires : « Pour s'en tenir à notre siècle, la chasse aux sorcières a été attribuée, pour une part ou en totalité, à la Réforme, à la Contre-Réforme, à l'Inquisition, à l'usage de la torture dans le cours de la procédure, aux guerres de religion, au zèle religieux du clergé, à la naissance des États modernes, au développement du capitalisme, à la diffusion de l'usage des narcotiques, aux mutations du savoir médical, aux conflits sociaux et culturels, aux tentatives d'éradication des derniers restes du paganisme, au besoin des classes dominantes de distraire les masses de leurs intérêts immédiats, à la haine des femmes, etc. »[82] Le débat reste ouvert sur les raisons de cette folie collective, qui produisit, en un siècle, 110 000 procès et 60 000 condamnations à mort, le plus souvent sur le bûcher. Des travaux historiques ont écarté l'opinion qu'avait formulée notamment Michelet au XIXe siècle, selon laquelle la sorcellerie fut une contre-religion populaire et le sabbat une réalité. En revanche, d'autres historiens soutiennent qu'il subsistait bien des rites « païens », héritage de la « religion populaire européenne ». L'historien italien Carlo Ginzburg s'est livré à une étude approfondie de toute l'histoire de ces croyances depuis l'Antiquité et à travers toute l'Europe[83]. Il a étudié particulièrement le phénomène italien des *benandanti,* vagabonds dont les pratiques ressemblaient fort à l'ancienne tradition chamanique. Ils formaient des « associations » qu'un « ange du Ciel » leur avait demandé de rejoindre, pour lutter contre les sorciers maléfiques et les démons. Comme les chamans, ils tombaient dans un état de grande prostration, et pensaient alors quitter leur corps pour « voyager » en esprit. Le but était de descendre en extase dans le monde souterrain pour protéger la communauté, et en particulier les récoltes. Les *benandanti* subirent l'Inquisition, et lui résistèrent pendant cinquante ans, avant de se conformer finalement au schéma de sorcellerie qu'on voulait leur faire avouer.

D'autres énigmes ont encore troublé l'époque, comme cette

légende des « loups-garous » qui étaient, selon la tradition populaire, des sorciers errant la nuit, transformés en loups et menaçant les enfants, et que Ginzburg compare aux *benandanti.* On croyait aussi aux revenants, et à bien d'autres êtres comme les démons des carrières et autres lieux souterrains, auxquels le médecin Ambroise Paré a consacré un chapitre dans son livre *Des monstres et prodiges.* Burckhardt a épinglé toutes ces superstitions de la Renaissance, ces mythes attachés au « monde des spectres ». En Italie comme ailleurs on était persuadé que les revenants possédaient en général des intentions malfaisantes, qu'ils venaient tuer les petits enfants. « Pour se délivrer de ces apparitions, on ouvrait la tombe du mort, on mettait le cadavre en morceaux, on brûlait le cœur et l'on en jetait la cendre aux quatre vents. »[84]

Ces croyances à un monde des « esprits », cette conception animiste de l'Univers, étaient alors partagées aussi bien par les hommes les plus cultivés que par les populations les plus archaïques. Nous allons explorer cette vision magique et ésotérique de la Nature qui est caractéristique de l'esprit renaissant, mais avant de remonter vers ces sphères intellectuelles, faisons place ici à une autre légende, celle des célèbres vampires, épidémie de terreur qui affecta presque toute l'Europe de l'Est à la fin du XVIIe siècle et au début du XVIIIe siècle : Hongrie, Silésie, Bohême, Moravie, Pologne, Grèce... Tout le monde connaît ce mythe, encore vivace en Roumanie au XIXe siècle. Une légende de plus à expliquer ! Mais terminons cette évocation des démons et autres êtres mystérieux de la Renaissance sur une note moins sinistre. De même qu'au Moyen Âge, où l'on croyait à toutes sortes de créatures — nains, elfes et fées — les gens de la Renaissance étaient aussi attachés à ces nombreux êtres « spirituels », qui n'étaient pas tous forcément diaboliques. Peut-être seulement des joueurs de mauvais tours : « On accordait une grande place aux esprits ignés, ou supra-aériens, aux rôdeurs de l'air, fauteurs de prodiges et de bourrasques ou aux farfadets qui mènent à l'abîme le voyageur égaré dans la nuit, aux esprits aquatiques dont les clameurs, soulevant la tempête, épouvantent frère Jean des Entomeures, et enfin à la troupe infernale et souterraine qu'offusque la lumière du clair Soleil, et qui se plaît à jouer de mauvais tours aux humains. »[85]

Comment des hommes, même les plus cultivés, ont-ils pu accorder foi à d'aussi primitives légendes, refoulées depuis un millénaire par le christianisme : qu'étaient donc ces esprits aériens et farfadets « rôdeurs de l'air », auxquels on croyait si fortement ? Tout cela ne nous rappelle-t-il pas les mystérieuses apparitions d'aujourd'hui ? C'est la question sur laquelle nous reviendrons à la fin de ce livre.

Nature magique, rêves et utopies

Les visions utopiques et magiques de la Renaissance vont nous reposer et nous paraître plus conformes à l'idée habituelle que nous nous faisons de cette époque d'art merveilleux. Les humanistes de la Renaissance aimaient la Nature et croyaient à l'unité vivante de l'Univers, dans la tradition de l'ésotérisme antique, néo-platonicien et chrétien. Il faut comprendre cette appréhension magique du monde, à une époque où les papes eux-mêmes consultent leur horoscope : « Le monde est conçu comme un tissu de correspondances secrètes, de sympathies et d'aversions occultes, comme un jeu de miroirs qui se répondent, comme un dialogue d'étoile à étoile et entre les étoiles et l'homme. »[86] Vision à la fois traditionnelle mais novatrice aussi, car cette magie est vue comme naturelle, une attitude qui est liée à la redécouverte de l'Antiquité païenne en Italie, et qui est en revanche hostile à la magie noire et à la sorcellerie : « Pic de la Mirandole et Giordano Bruno eussent été horrifiés qu'on les taxât d'irrationalisme sous prétexte qu'ils faisaient appel aux connaissances occultes. »[87]

Il est intéressant, pour enrichir encore notre thème des visions célestes, de résumer cette nouvelle étape des idées ésotériques qui renaissent alors et vont se maintenir, avec des hauts et des bas, jusqu'à aujourd'hui. Si l'on peut dire qu'elles renaissent, c'est qu'en effet elles ont subi des éclipses durant le Moyen Âge, notamment sous l'impulsion du « nominalisme », courant de théologie rationnelle qui a contribué à l'effacement des spéculations ésotériques, y compris le monde des visions angéliques, dont le déclin est déjà bien engagé. En revanche, la fin du Moyen Âge fut aussi l'époque d'un renouveau de l'alchimie, avec Nicolas Flamel (1330-1418) qui, selon la légende, vit un ange lui apparaître et lui présenter un livre mystérieux dont personne ne connaît le sens, mais qu'il sera, un jour, capable de déchiffrer. Plus tard, Flamel met la main sur un ouvrage qui ressemble à celui du songe et parvient, raconte-t-on, après bien des tribulations (dont un pèlerinage à Saint-Jacques-de-Compostelle !) à y décrypter le secret de la transmutation des métaux...

Le mouvement ésotérique de la Renaissance commence au milieu du XVe siècle, lorsque Cosme de Médicis demande à Marsile Ficin de créer à Florence une académie, qui sera imprégnée de néo-platonisme, et de traduire le fameux *Corpus hermeticum,* opportunément retrouvé par un moine en Macédoine. Ce sera le *Pimandre,* titre du premier traité du Corpus, qui redonne ses lettres de noblesse à l'hermétisme. En ce qui concerne le néo-platonisme, il faut aussi préciser que c'est alors le même Ficin qui traduit Platon et Plotin.

Le trait principal de cet ésotérisme renaissant est sans doute son ouverture d'esprit syncrétique, reconnaissant toutes les anciennes traditions, celles de « Zoroastre, Moïse, Hermès Trismégiste, David, Orphée, Pythagore, Platon »[88]. Autre personnage renommé de l'époque, Pic de la Mirandole va avoir de sérieux ennuis avec l'Église en donnant une égale valeur à l'hermétisme, à la Kabbale juive et au christianisme. L'espoir était alors de percer les mystères les plus profonds. Il faut aussi souligner le sentiment de la Nature vivante, d'un « panvitalisme magique » dont le médecin viennois Paracelse va être l'un des principaux promoteurs. « La Nature est pleine de " signatures " qu'il faut déchiffrer et qui révèlent les mystères de la création — idée que l'on retrouvera au XVIIe siècle sous le nom de *pansophie.* »[89] Les conceptions proprement hermétiques sont surtout la divinité de l'homme, le microcosme qui est la synthèse de toute création, et qui est le but final du macrocosme : cette pensée ressemble à la récente théorie « anthropique », selon laquelle l'Univers, dans toute son étendue, a été façonné pour que nous puissions exister... Dans le bouillonnement des idées de l'époque, certains tendent déjà au panthéisme (Dieu identique à l'Univers infini) ; d'autres, comme Marsile Ficin, ont de l'Univers une vision très complexe, se déployant dans une quadruple hiérarchie : depuis l'Intellect cosmique, domaine supracéleste des idées et des intelligences (les anges), puis l'univers céleste translunaire avec ses neuf sphères, puis le Règne de la Nature, c'est-à-dire l'univers sublunaire, terrestre et vivant, puis enfin le Règne de la Matière qui est sans forme et sans vie [90].

Ces intellectuels étaient aussi épris de science et d'étude de la Nature, comme Paracelse et Jérôme Cardan, tous deux médecins. Cardan était aussi un brillant mathématicien. Cependant, l'un comme l'autre s'intéressaient beaucoup aux anges et aux démons, étaient attentifs « aux signes merveilleux, aux visions et aux songes étranges » [91]. Jérôme Cardan a rapporté une apparition qu'aurait vue son propre père, le philosophe Facius Cardan, en 1491. Un soir, lui apparurent sept personnages, vêtus de très beaux habits, qui se présentèrent comme « des hommes faits d'air et soumis à la naissance et à la mort », mais dont l'existence pouvait durer trois cents ans. Au cours de l'entretien, qui se prolongea plus de trois heures, ils discutèrent notamment de cosmologie, et ils n'étaient pas d'accord entre eux, l'un refusant de croire que Dieu avait créé l'Univers de toute éternité, un autre croyant « que Dieu le créait petit à petit, de sorte que s'Il s'arrêtait de le faire, ne fut-ce qu'un instant, le monde périrait... » [92] Un débat bien dans le ton des spéculations de l'époque, et qui nous plonge dans ce monde magique où il semble que tout puisse arriver !

Il serait impardonnable, enfin, de ne pas évoquer la dimension littéraire et artistique de ces rêves et utopies de la Renaissance. Des utopies littéraires, il y en eut beaucoup, qui sont restées célèbres : *L'Utopie* de Thomas More (1516), le *Pantagruel* de Rabelais (1532), La *Nouvelle Atlantide* de Francis Bacon (1627), et pour conclure sur une note céleste, *La Cité du Soleil* du moine italien Campanella, qui prophétisait bruyamment au point d'importuner l'Église, ce qui lui valut de passer vingt-sept ans en prison. Les papes eux-mêmes n'étaient pas indemnes de toutes ces rêveries. Outre leur goût pour les horoscopes, l'un d'eux, Paul III, « avait acheté à Raguse, pour douze mille pièces d'or, une corne de licorne, à la vertu merveilleuse contre les fièvres, sur le conseil d'un médecin juif, bon connaisseur du mouvement des sphères » [93]. Erwin Panofsky s'est intéressé à l'influence de la pensée néo-platonicienne, par exemple sur l'œuvre de Michel-Ange, qui a cherché « des symboles visibles de la vie et de la destinée humaines » [94], comme dans le Tombeau de Jules II et la Chapelle des Médicis. Des thèmes ésotériques apparaissent dans de nombreuses œuvres, souvent énigmatiques, sur le sens desquelles on s'interroge encore de nos jours...

IV. L'avènement de la raison et la persistance des visions spirituelles

C'est l'âge de la science et de la raison qui commence au XVIIe siècle. Que vont devenir les rêveries célestes d'antan, cette multitude d'êtres surnaturels dont les hommes avaient peuplé les cieux ? Oubliés, éliminés ? Nous allons découvrir que la réponse est moins simple qu'on pourrait le penser. Il y a bien un effacement de la mythologie religieuse des êtres célestes, remplacée par un Dieu des philosophes de plus en plus abstrait. Cependant, des réactions de résistance vont contredire cette évolution, dans les religions constituées ou en marge d'elles, dans des sectes et mouvements ésotériques qui vont se multiplier.

Visions baroques et Dieu des philosophes

Nous savons que le choc de la nouvelle astronomie et de la science rationnelle a été terrible pour la religion. Aussi brutale a été la condamnation par l'Église de cette nouvelle vision qui semble déraciner la sienne. Mais ce qui ressort également de cette crise, c'est, après le durcissement de la Contre-Réforme, l'effort des théologiens et des philosophes pour rationaliser, autant que cela était possible, la religion. Un processus analogue, au fond, à celui des théologiens médiévaux qui avaient voulu concilier la religion et la science d'Aristote. Le résultat de cette douloureuse mutation va être, en tout cas au niveau de la théologie philosophante, l'éloignement ou la disparition des êtres célestes (ou diaboliques) qui avaient peuplé si abondamment les cieux.

À partir du concile de Trente (1545-1563), l'Église a entrepris, d'autre part, de faire face aux Réformateurs qui voient en Rome la

« Grande Prostituée » de l'Apocalypse : la chute annoncée de Babylone, c'est celle de l'Empire romain et non pas de la Rome catholique ! Il s'agit maintenant de glorifier l'Église de Rome, de faire de la ville des papes, qui était encore un champ de ruines vers l'an 1500, la « Ville éternelle ». Ainsi naît l'art baroque, nouvelle page des visions célestes dans la religion, se signalant par son goût du grandiose et de l'illusion. Avec le Bernin comme chef de file, l'art baroque, d'abord lourd et sévère, « échappe peu à peu à sa pesanteur première », devient aérien et céleste pour arriver à une dissolution des formes dans le rococo[95]. Les coupoles des églises et les plafonds des palais expriment une sorte d'ivresse et d'apothéose céleste, « une fête tourbillonnante du sacré qui ne se lassait pas d'accumuler les saints de ses hiérarchies paradisiaques et les symboles des victoires de la foi »[96].

Les anges s'effacent dans la théologie rationnelle, mais ils sont là, partout, pour le peuple. C'est un ange qui transperce le cœur de sainte Thérèse en extase, dans la célèbre sculpture du Bernin. Dans l'art baroque, les anges reprennent chair, mais pour être ensuite ravalés, avec le rococo, au rang d'angelots, les *putti,* au milieu d'une foule de dieux, de faunes et de diablotins dans une sarabande qui mélange allègrement les mythologies antiques et chrétienne. C'est, en fait, une dégradation totale de l'image éblouissante, voire terrifiante, des anges d'origine ! Les elfes lumineux des légendes mystérieuses avaient déjà subi, eux aussi, ce genre d'oubli. Ce que révèle surtout, finalement, cette imagerie rococo, n'est-ce pas la fin de la croyance dans tous ces « êtres surnaturels » qui peuplaient les cieux ?

Non seulement le Ciel se vide de ses anges, mais c'est maintenant le Dieu de la Bible qui s'éloigne et se transforme en un Dieu lointain, abstrait, philosophique. On cherche à démontrer par le raisonnement l'existence de Dieu, aussi bien chez les savants comme Newton et ses disciples que chez les métaphysiciens, quand ils ne cumulent pas les deux rôles, comme Leibniz.

En science, la théorie de la gravitation de Newton triomphe sur celle des « tourbillons de Descartes », très attachée à une vision rationnelle et « mécaniste ». L'action de forces à distance, à travers les immensités de l'espace vide, n'a pas manqué d'intriguer et d'être suspectée d'ésotérisme, ce que Descartes avait cru pouvoir éviter avec son espace plein et ses tourbillons : il fallait bien une substance pour propager les forces ! Or, voilà que Newton gomme tout cela. On sait effectivement qu'il était féru d'ésotérisme et d'alchimie, et c'est peut-être cette tournure d'esprit qui lui a permis de concevoir cette théorie, plus fantastique encore que celle de Descartes. Si bien que, n'en déplaise aux rationalistes purs et durs, la science moderne est « le résultat du mariage de la tradition hermétique et de la philosophie mécanique »[97] !

Newton, cependant, se heurte à une grosse difficulté, bien connue des astronomes contemporains : pourquoi les étoiles ne finissent-elles pas par tomber les unes sur les autres, du fait de la fameuse gravitation, qui se propage sans limites même si elle s'affaiblit de plus en plus ? Newton n'avait pas de réponse autre que métaphysique : il supposa que le Dieu Tout-Puissant devait sans doute donner un coup de pouce de temps en temps. Une idée qui déclencha la moquerie chez son grand rival Leibniz : « Monsieur Newton et ses Sectateurs ont encore une fort plaisante opinion de l'Ouvrage de Dieu. Selon eux Dieu a besoin de remonter de temps en temps sa Montre : autrement elle cesserait d'agir. »[98] Le modèle de Leibniz était purement métaphysique, ce qui l'autorisait à régler bien des problèmes : Dieu avait créé un monde parfait, sur lequel il n'avait pas besoin d'intervenir. En fait, l'espace « devint progressivement le vide des atomistes, ni substance, ni accident, néant infini incréé, cadre de l'*absence* de tout être, par conséquent, aussi de l'absence de Dieu »[99]. Le célèbre astronome Laplace, interrogé un siècle plus tard par Napoléon sur le rôle de Dieu dans son *Exposition du système du monde,* lui répondra : « Sire, je n'ai pas eu besoin de cette hypothèse. »

Les résistances « spirituelles »

En deux siècles, nous sommes passés du bûcher de Giordano Bruno à la science « normale » de Laplace. La religion chrétienne a été secouée par la Réforme, les conflits internes, puis la montée de la science rationaliste. Or, elle n'est pas pour autant abattue, pas plus, d'ailleurs, que les croyances « irrationnelles » et ésotériques, qui vont même resurgir, renforcées, avec le romantisme du XIXe siècle. C'est un vaste monde de croyances qui se perpétue, et qu'il nous faut maintenant évoquer pour l'intérêt de notre sujet... L'évolution est désormais si contradictoire et conflictuelle que ces deux tendances, rationnelle ou mystique, ne peuvent être présentées séparément.

a) Le catholicisme entre la raison et le mysticisme

Pour comprendre ce qui suit, il faut d'abord rappeler cette mutation, déjà constatée au niveau de la métaphysique classique, vers une religion rationnelle. Dans le catholicisme, il s'agit de réfuter les tendances apocalyptiques ravivées par les protestants. C'est le rôle de Jacques Bossuet, dans son édition commentée de l'Apocalypse, en 1689, qui vide celle-ci de tout contenu historique. Ce catholicisme « désormais apaisé » s'emploie d'autre part à concilier science et religion, tâche de ses intellectuels comme Mersenne et Gassendi, ecclésiastiques savants, dans une synthèse entre atomisme et finalisme.

La réaction ne pouvait manquer de se produire, et elle arrive sous la forme du jansénisme, qui veut revenir à la religion la plus traditionnelle, celle de saint Augustin. Le jansénisme réaffirme la doctrine augustinienne de la grâce : l'homme, dégradé par le péché originel, est impuissant à se racheter. Il ne peut l'être que par Dieu qui accorde Sa grâce à qui lui plaît[100]. Plus généralement, c'est l'époque d'un retour au mysticisme d'esprit médiéval, avec saint Ignace de Loyola (*Exercices spirituels*), saint Jean de la Croix (*La Nuit obscure*), saint François de Sales (*Traité de l'amour de Dieu*).

Enfin, il y a aussi des visions célestes ! C'est une grande période de miracles, de stigmates et d'apparitions. Le culte du Sacré-Cœur de Jésus (encore très visible à Paris avec la basilique de Montmartre) est relancé à cette époque, à la suite d'une manifestation de Jésus à une jeune et innocente visitandine de Paray-le-Monial, Marguerite-Marie Alacoque. Soulignons cet intéressant « modèle » d'apparition, dans une sorte de bulle lumineuse, typique également des visions de la Vierge... Celles-ci n'ont jamais cessé depuis le Moyen Âge, mais nous connaissons surtout, aujourd'hui, la grande série des apparitions qui commence en 1830, à Paris, dans la chapelle des sœurs de Saint-Vincent-de-Paul, rue du Bac. Puis c'est la manifestation de La Salette, en 1846 à deux enfants en pleine montagne. Après Lourdes (1858), la fréquence augmente, avec notamment Pontmain en 1871, Fatima en 1917, Beauraing en 1932, Banneux en 1933, etc. On peut même parler d'une importante vague d'apparitions au XXe siècle, qui se poursuit encore aujourd'hui. Beaucoup ne sont pas reconnues par l'Église. Le livre *Vraies et fausses apparitions dans l'Église* donne une liste de 210 visions non reconnues, de 1928 à 1971, dans trente pays[101] ! Nous retrouvons bien là une constante de l'histoire humaine, et un mystère, peut-être, à élucider...

b) Les ramifications, et les crises analogues, du protestantisme

La décentralisation inhérente au mouvement de la Réforme protestante, fait apparaître, mieux encore que dans le catholicisme, la crise du modernisme et les tensions qui en résultent. Il est essentiel de rappeler brièvement les nombreuses branches et sectes protestantes qui ne cessent de se diversifier à partir du XVIe siècle, et qui produisent éventuellement des « non-conformismes » religieux. Ceux-ci commencent d'ailleurs dès l'origine de la Réforme, notamment avec le mouvement anabaptiste, violent chez Thomas Müntzer (et réprimé de même) ou pacifique chez Zwingli, qui voulait faire table rase et restituer l'Église « telle que le Christ l'avait conçue et les apôtres fondée »[102]. Mais les trois branches principales du protestantisme sont, dès la seconde moitié du XVIe siècle, les églises luthériennes, réformée et anglicane. Chez toutes, domine la question du salut, l'homme, pauvre pécheur, étant sauvé par la grâce de Dieu. On est plus près du jansénisme que du catholicisme éclairé, et pourtant le processus de rationalisation va aussi marquer profondément le protestantisme, avec le « christianisme éclairé » prôné par John Locke en Angleterre, qui est un déisme rationaliste. Puis le mouvement de théologiens protestants appelé « théologie libérale » va viser à restaurer la foi, mais en admettant la critique biblique et la mise en question du dogme. Ces idéologies diverses vont rendre le protestantisme bien plus vivant que le catholicisme, jusqu'au XXe siècle. C'est ainsi que David Strauss écrit dès 1835 *La Vie de Jésus,* présentant les Évangiles comme un « tissu de mythes »[103], donc bien avant le célèbre livre de Renan, lui aussi intitulé *La Vie de Jésus* (1863). Cela dit, la polémique fut aussi violente pour l'un que pour l'autre. Cette voie de la « démythologisation » se perpétue au XXe siècle, avec Rudolf Bultmann notamment.

Venons-en à l'étonnante prolifération de sectes protestantes « non-conformistes », animées généralement d'une foi populaire, millénariste et radicale, à cent lieues des savants débats théologiques. Ce sont des *congrégationalistes,* dissidents de l'Église anglicane, qui vont fonder la démocratie américaine, à bord du « Mayflower » en 1620. Le *baptisme,* qui pratique le baptême volontaire des adultes, date de la même époque. D'autres sectes surgissent, toujours millénaristes, dans une ambiance de visions et de révélations : les *Hommes de la Cinquième Monarchie,* pour qui le « millenium » va bientôt s'ouvrir, selon une prophétie de Daniel, et qui menacèrent le gouvernement de Cromwell ; les *levellers* (ou niveleurs), les *diggers* (ou terrassiers) ; les *quakers* de John Fox, seule secte de l'époque à avoir survécu. Les tribulations de la réforme radicale, cette fois en Allemagne, donnent naissance au *méthodisme,* mouvement d'évangélisation des masses populaires qu'avait négligées l'église anglicane[104]. On peut citer encore les *shakers,* ou *shaking quakers* (trembleurs dansants), ou enfin les *mormons,* « saints du dernier jour », qui constituent en fait, au XIXe siècle, une nouvelle religion aux États-Unis.

Et nous retrouvons ici nos visions. La religion des mormons est née, en effet, à la suite d'apparitions de l'ange Moroni à un employé de ferme jeune et innocent, Joseph Smith ; devinez comment : dans un halo lumineux. L'ange Moroni lui fit découvrir un livre sacré, le *Livre de Mormon,* qu'il fallut traduire d'une sorte de langue « égyptienne réformée » et qui fut publié en 1830. Cette révélation étrange « affirmait une prétendue origine juive des Indiens et exhortait les fidèles à se rassembler dans l'Église des saints du dernier jour autour du prophète Smith dans l'attente de la parousie »[105]. Cette nouvelle secte, enfermée et très isolée dans sa croyance, subit de grandes difficultés : Smith fut tué en 1844, et les mormons s'enfuirent jusqu'à Salt Lake City, où ils sont devenus, on le sait, une communauté très prospère.

Il faut encore mentionner au moins les sectes *adventistes,* également millénaristes, au XIXe siècle, le mouvement du *réveil* au pays de Galles au début du XXe siècle, à la suite de phénomènes insolites d'extase, de voix et de visions, et le *mouvement de Pentecôte,* ou *pentecôtisme,* répandu aux États-Unis et un peu partout dans le monde, dont les convertis prétendent pratiquer la « glossolalie » (don de parler des langues inconnues) et faire des miracles. Il y a, on le constate, un très large éventail de convictions et de doctrines religieuses dans le protestantisme, des pentecôtistes aux théologiens bultmanniens ! Ces dimensions « irrationnelles » du christianisme nous ramènent vers cette face cachée du monde des croyances et des visions, l'ésotérisme qui, retranché par force dans la clandestinité au XVIIe siècle, à la suite de la condamnation de Bruno, va refaire surface progressivement, pour être de plus en plus prisé au XVIIIe siècle et cela jusqu'à nos jours, où il fournit même d'abondants rayons en librairie !

c) Permanence des visions ésotériques

Que deviennent les visions et croyances ésotériques, si en vogue à la Renaissance ? Après la condamnation de Giordano Bruno, notamment pour ses croyances magiques et hermétiques, l'ésotérisme est déconsidéré au XVIIe siècle. Un coup sévère est porté à l'hermétisme : on pensait que cette tradition égyptienne était la plus ancienne (et donc la meilleure !), or cette antériorité est réfutée par Isaac Casaubon, qui démontre que les *Hermetica* datent probablement du début de l'ère chrétienne. La primauté de celle-ci se trouve ainsi préservée.

L'hermétisme et l'alchimie survivent cependant (Newton en sera un fervent adepte), et c'est dans ce cadre de pensée que se forment au XVIIe siècle la franc-maçonnerie spéculative, la rose-croix, puis l'illuminisme au XVIIIe siècle. Né en Allemagne au début du XVIIe siècle, le mouvement ésotérique de la rose-croix va se répandre dans toute l'Europe pendant plus de deux siècles, malgré l'hostilité, tant du calvinisme que de la Contre-Réforme. Les textes fondateurs sont riches de révélations et d'illuminations, de messages divins accessibles seulement aux initiés, de prédications sur le devenir du monde, avec des « âges cosmiques » qui rappellent ceux du moine italien Joachim de Flore. Le but suprême des rose-croix, dans la tradition de l'hermétisme, est la possession de la gnose, c'est-à-dire de la connaissance, la « science de tous les secrets »[106].

Un autre aspect non négligeable de l'ésotérisme au XVIIe siècle est la théosophie, qui vise « à la connaissance de Dieu par l'approfondissement intérieur, et à l'action sur le monde par des moyens surnaturels »[107]. Dans ce mouvement imprégné de magie, nous retrouvons en bonne place nos êtres célestes et intermédiaires, les anges « messagers » et les démons que le catholicisme « rationnel » tend à oublier : chassez les anges (par la grande porte de la religion cartésienne), ils reviennent au galop (par la porte de derrière de l'ésotérisme).

Le grand homme du mouvement théosophique est l'Allemand Jacob Boehme (1575-1624), « prince des ésotéristes chrétiens » bien que simple cordonnier de son état, qui eut une influence considérable. Son œuvre, empreinte de rêveries et d'obscurités, n'en a pas moins contribué à une évolution spirituelle de l'Allemagne, en crise à cette époque[108], celle de la guerre de Trente Ans et d'une vague d'intolérance religieuse dont le résultat fut la multiplication des sectes protestantes, comme on l'a vu.

Le Siècle des lumières est aussi celui de... l'illuminisme, qui veut réagir contre le matérialisme et le pragmatisme. La théosophie (nom qui devient courant au début du XVIIIe siècle) s'épanouit alors dans la « philosophie de la Nature » *(Naturphilosophie)* qui va inspirer le romantisme allemand, et qui tend à diviniser la Nature, tout en s'intéressant à son étude scientifique.

Le mouvement théosophique au XVIIIe siècle est représenté surtout par le Suédois Swedenborg (1688-1772), savant, philosophe et théosophe, dont l'influence fut grande dans toute l'Europe. Dans le système d'idées complexe de Swedenborg, où l'on retrouve les courants traditionnels de l'ésotérisme — néo-platonisme, Kabbale et hermétisme — l'aspect sur lequel nous allons nous arrêter, pour notre revue des visions cosmiques, est sa « communication » avec le monde céleste des esprits et des anges, à la suite d'expériences psychiques étranges, relatées dans ses livres, *Les Arcanes célestes* et *La Nouvelle Jérusalem.* Dans les visions célestes et angéliques de Swedenborg règnent l'amour, la paix, la charité, l'intelligence, la félicité. Il distingue dans le ciel des « variétés infinies », car « aucune société n'est semblable à une autre, ni même un ange à un autre ange »[109]. Il existe selon lui deux sortes d'anges, pour deux sortes de royaumes : le royaume céleste et le royaume spirituel. Ses visions complexes prennent éventuellement un tour réaliste : « Le visionnaire suédois décrit volontiers le monde céleste, le séjour des Justes, dans lequel il prétend s'être longtemps promené. Il en peint les villes, les maisons, les musées. Comme sur Terre, les hommes qui y séjournent ont besoin de se loger, de se nourrir, de se vêtir. Mais notre monde matériel n'est que la représentation de notre monde spirituel »[110]. Ces images pacifiques de Swedenborg ont eu un succès considérable, qui s'est prolongé au XIXe siècle, et elles ont inspiré de grands écrivains : Balzac, Baudelaire, Nerval, George Sand, Strindberg...

Les historiens de l'ésotérisme citent beaucoup d'autres noms de théosophes des XVIIIe et XIXe siècles, par exemple le Français Louis-Claude de Saint-Martin, maître d'une école mystique et théosophique qui se répandit à travers toute l'Europe jusqu'à Saint-Pétersbourg et Moscou ; c'est aussi Frantz von Baader, disciple de Boehme, qui spécule sur les mythes de la Genèse, de la chute et de la réintégration. Un autre grand théosophe du XVIIIe siècle fut l'Allemand Oetinger, dont la philosophie était plus concrète que celle de Swedenborg, en ce sens qu'il s'efforçait de donner une dimension physique au monde « spirituel », qu'il imaginait habité de corps de « matière subtile » : une idée familière à l'ésotérisme contemporain, mais aussi une théorie ancienne, qui avait déjà été formulée par Jamblique ! Il va même jusqu'à proposer une interprétation « électrique » des premiers jours de la Création, à partir de l'enseignement de la Kabbale, ce qui « lui permet d'interpréter comme un " feu électrique " le " Chasmal ", c'est-à-dire le nuage lumineux igné entourant le trône de Dieu (*Ézéchiel,* 1, 4 sq). Pour Oetinger, le feu contenu dans la Nature aspire ainsi à se réaliser dans un règne à la fois matériel et spirituel »[111]. Curieuse idée ! C'est aussi l'époque du célèbre Mesmer, médecin viennois « magnétiseur », qui était convaincu de l'existence d'un sixième sens : après avoir soigné avec des aimants, il crut ensuite pouvoir le faire par la seule imposition des mains : encore une conception qui a fait son chemin. Les philosophes et écrivains du romantisme allemand, comme Schelling et Novalis, sont influencés par cette vision théosophique de la Nature et des relations entre la divinité, le monde et l'homme. Schelling était attiré par la mythologie, comme le seront plus tard Mircea Eliade ou Henri Corbin[112].

Après cette époque très imaginative, poétique et exaltée, les péripéties ultérieures de l'ésotérisme peuvent paraître de moindre envergure. Mais l'ésotérisme se trouve lui aussi confronté, comme les religions, à la suprématie de la connaissance scientifique, et cherche alors, maladroitement, à s'allier à ces fascinantes découvertes : électricité, magnétisme, et plus tard rayons X, qui ne font que renforcer l'idée d'un monde caché et mystérieux, d'où l'expression nouvelle de « sciences occultes », ou occultisme, qui tend à remplacer l'ésotérisme traditionnel. Évidemment, l'occultisme exaspère les rationalistes. S'amorce alors l'époque, qui nous est familière, de la guerre perpétuelle contre l'irrationnel et les fausses sciences, dont le fer de lance en France est l' « Union rationaliste ». Déjà, au XVIIIe siècle, les Encyclopédistes vitupéraient contre Mesmer, Cagliostro et les charlatans qui commençaient à pulluler ! Pourtant, certains savants, et non des moindres, abordent eux aussi ces zones obscures de la Nature, telles que les croyances aux « esprits » et aux revenants, en vogue au XIXe siècle. Le physicien anglais Crookes, inventeur du premier tube à vide, et l'astronome Flammarion se passionnent pour ces phénomènes « psychiques », théorisés par le spiritisme d'Allan Kardec. Il est piquant de noter que celui-ci, qui était un homme instruit — médecin et linguiste distingué — avait étudié des manifestations comme les tables tournantes... à la demande de l'Académie des sciences. Il en devint un ardent propagandiste !

À cette évolution para-scientifique que revêt alors l'ésotérisme, s'ajoute un intérêt croissant pour les philosophies et religions orientales, de l'Inde et de la Chine, que l'on découvre à peine. C'est une sévère concurrence pour l'ésotérisme chrétien, ce que déplorent les historiens des religions et de l'ésotérisme, qui semblent très réticents vis-à-vis de cette vague d'occultisme, empruntant à tort et à travers aux anciennes traditions, dans une totale confusion... Une personnalité connue et très contestée de cet occultisme orientaliste est Helena Petrovna Blavatsky, fondatrice de la « Société théosophique », et auteur d'un vaste ouvrage en six volumes, *La Doctrine secrète,* qui est une sorte de somme de tous les ésotérismes. Pour appréhender l'échafaudage impressionnant qui en résulte, citons par exemple la croyance en une « constitution septénaire » de notre planète, qui signifie qu'il existe sept terres (7 est un grand chiffre ésotérique depuis l'Antiquité où l'on connaissait sept planètes), « mais les six autres

“ terres ” ou globes, ne se trouvant pas sur le même plan objectif que notre Terre, nous ne pouvons pas les voir »[113]. Ne nous esclaffons pas trop, car une hypothèse analogue, celle d'un Univers « fantôme », existe dans certaines théories physiques récentes, comme les « supercordes » !

Parasciences, parapsychologie, paranormal vont continuer à prospérer au XXe siècle, en marge des « vraies » sciences, au grand dam des rationalistes, et le succès des philosophies orientales ne va pas faiblir non plus : les unes et les autres vont même intéresser des scientifiques non conformistes. Ce panorama des visions et des doctrines sur les êtres et les mondes « célestes » nous amène à une constatation importante : la permanence, à travers tous les pays et toutes les époques, de ces étranges apparitions. Et il est légitime d'affirmer, comme nous y a déjà conduits le « Soleil » de Fatima, que les visions contemporaines d'ovnis et de leurs mystérieux occupants font pleinement partie de cette histoire, quelle qu'en soit la signification. C'est à la recherche de celle-ci qu'est consacré le dernier chapitre.

6

Extraterrestres, dieux, anges, démons et autres entités

Il y a encore quelques années, la question des « soucoupes volantes » était très peu prise au sérieux dans le monde intellectuel et scientifique. Quelques astronomes et physiciens s'étaient bien attelés au sujet, mais le psychanalyste Carl Jung avait écrit un livre de réflexion qui avait été compris, à tort, comme une interprétation purement psychique de ces visions. Malgré l'abondance de témoignages de première main, collectés non seulement par des chercheurs indépendants mais même, en France, par la gendarmerie, l'usage demeurait de déclarer un « non-lieu ». Les psychologues et ethnologues avaient élaboré des théories, qui seront rappelées plus loin. D'un autre côté, de nombreux chercheurs indépendants et marginaux avaient tenté, dès les années 50, des rapprochements historiques entre les anciennes et les nouvelles visions, en supposant qu'elles reposaient sur une réalité mystérieuse, à décrypter. Mais ces tentatives étaient régulièrement tournées en ridicule par les sommités scientifiques. Il semble que, depuis quelques années, le vent a tourné. En France, par exemple, les astrophysiciens Jean-Claude Ribes et Guy Monnet ont rouvert ce dossier dans leur livre *La Vie extraterrestre,* paru en 1990. Aux États-Unis, un psychologue, Kenneth Ring, un professeur de psychiatrie, John Mack, un historien, David Jacobs, et pas mal d'autres chercheurs à la compétence reconnue, publient des études et ouvrages de plus en plus audacieux sur ce mystère des ovnis. Un bon exemple, qui sera présenté plus loin, est le livre de Richard Thompson, *Alien Identities,* sorti en 1993, qui établit une relation entre les anciennes visions, principalement de l'Inde antique qu'il a spécialement étudiées, et le « phénomène ovni ». Cet auteur est docteur en mathématiques de l'Université de Cornell et chercheur scientifique depuis vingt ans, notamment pour la NASA. Nous voilà, avec ce livre, au cœur du sujet de ce dernier chapitre où nous allons essayer de cerner les idées et hypothèses qui ont été proposées dans cette perspective historique.

Les récits d'ovnis nous font apparaître de mystérieux « visiteurs », qui semblent être, à première vue, de deux sortes. Les uns sont plutôt inquiétants, procédant à des enlèvements, se moquant des hommes et se livrant sur eux à toutes sortes d'exactions. Leur description physique, telle qu'elle est rapportée souvent, de manière concordante, par les victimes d'enlèvements, rappelle vaguement l'archétype des diables médiévaux ! En revanche, il y a aussi un certain nombre de témoignages, notamment ceux des « contactés », qui nous dépeignent des personnages bienveillants à notre égard, soignant les maladies, délivrant des messages pacifiques, voire religieux. Il y a même des êtres bienveillants dans des cas d'enlèvements, rapportés par des enquêteurs comme les psychologues Leo Sprinkle et Edith Fiore, et le docteur Mack. Ces êtres sont-ils les « anges » d'autrefois ?

Il y a encore des témoignages qu'on pourrait qualifier d'intermédiaires, tel celui de l'Américaine Betty Andreasson-Luca, très croyante, et dont nous allons reparler plus loin. Pour cette « victime » de nombreux enlèvements (racontés dans trois livres par l'investigateur Raymond Fowler), ses ravisseurs sont des anges ! Son cas est peut-être le plus étrange qu'on ait révélé dans le cadre des histoires d'ovnis, et il est très imprégné de spiritualité. Un épisode comparable, étrange et ambigu, est celui de l'écrivain américain Whitley Strieber, qui a lui-même rédigé son histoire dans deux livres d'un grand retentissement aux États-Unis, *Communion* et *Transformation* (traduits à la sauvette en France) également présentés plus avant.

Il faut mentionner, d'autre part, les mystérieuses apparitions « angéliques » décrites par les témoins d'expériences de sortie du corps, aussi appelées OBE *(Out of Body Experiences)*, et plus précisément les expériences « proches de la mort », ou NDE *(Near Death Experiences)*, qui font renaître de très anciennes visions religieuses ou ésotériques. En effet, un certain nombre d'histoires d'ovnis présentent des aspects analogues, comme on va le constater.

Nous allons ainsi être confrontés de nouveau à la question du « surnaturel » ou, si l'on préfère, tout au moins du monde « paranormal ». Ce sont bien, d'ailleurs, ces aspects « irrationnels » qui maintiennent encore la réflexion aux limites de la science...

Les visions célestes du passé n'ont pas toujours été de type religieux. Rappelons-nous les manifestations grecques de phénomènes étranges, notamment au-dessus des champs de bataille. Un conservateur à la Bibliothèque nationale, Jean-Pierre Seguin, a retrouvé une centaine de bulletins décrivant des apparitions insolites dans le ciel : objets variés et effrayants, notamment figures d'hommes, d'animaux et de monstres. Il y a même le cas de Sarlat où, le 11 septembre 1587, « on put observer une grande armée équipée qui livra bataille dans le ciel, au-dessus de la paroisse de Carsac »[1]. Qui s'amuse donc à nous offrir de tels spectacles ? Cet exemple ne doit-il pas nous inciter à la plus grande prudence dans nos tentatives d'interprétation ? Demeure cependant l'interrogation « de base », et qui reste pertinente en dépit de toutes les complications : avons-nous été visités, depuis des temps immémoriaux, par des êtres venus de l'espace, qu'on a vus comme des « dieux », ou des « anges », ou encore des « démons » ? À moins qu'ils ne soient issus d'un « ailleurs », qui serait l'au-delà pour les croyants, ou de mystérieux mondes parallèles et éthérés des doctrines ésotériques ? Autre question : ces différentes interprétations s'excluent-elles forcément les unes les autres ?

Pour éviter de nous perdre dans un dédale de versions, nous allons les ordonner en quatre familles : d'abord l'hypothèse classique des « dieux » extraterrestres venus à bord de leurs astronefs ; ensuite les nombreuses interprétations à caractère religieux ou ésotérique, qui sont aujourd'hui, contrairement à ce que l'on pourrait croire, en plein développement ; puis nous reviendrons sur le point de vue rationaliste de stricte obédience, où règnent anthropologues, psychologues et folkloristes ; enfin nous évoquerons de nouveau l'hypothèse de visiteurs extraterrestres, mais en supposant qu'ils maîtrisent une « superphysique » qui, selon le mot du romancier Arthur Clarke, nous apparaît comme de la « magie », nous conduisant ainsi sur un terrain où se mêlent les concepts scientifiques et religieux.

Les « dieux » extraterrestres

a) Nouvelle lecture des mythes

L'éventualité de visiteurs extraterrestres, dans l'Antiquité ou même dans un passé beaucoup plus lointain, a émergé au début des années 50, c'est-à-dire à l'époque où l'on commençait à envisager sérieusement les voyages dans l'espace, sous l'impulsion des premiers pionniers comme von Braun, Oberth et le Russe Tsiolkovski. Il y avait aussi, bien sûr, les apparitions de soucoupes volantes et autres engins mystérieux qui excitaient beaucoup les imaginations. En dressant une bibliographie sur le sujet, on s'aperçoit d'un engouement assez considérable dans les années 60 et 70, période des vols sur la Lune, et aussi d'un intérêt pour les ovnis, malgré le constat officiel de « non-lieu » aux États-Unis.

C'est justement l'astronome Donald Menzel, grand pourfendeur de soucoupes volantes, qui prétend avoir lancé le premier l'idée de visiteurs du passé, pour la réfuter aussitôt, naturellement : « Quand, en 1953, je soulignai que les soucoupes volantes sont mentionnées dans la Sainte Bible, j'ouvris sans y prendre garde une boîte de Pandore. La plupart des écrivains connus en ufologie passèrent à l'action et firent des affirmations analogues, sans me citer, bien entendu. Leurs ovnis étaient des machines pilotées d'une supercivilisation, faisant irruption dans les affaires des hommes ignorants. »[2] Nous avons déjà vu avec quelle désinvolture Menzel « expliqua » les visions du prophète Ézéchiel, comme des phénomènes de parhélie (halo solaire dans une fine couche nuageuse) ; Menzel a proposé ainsi des interprétations naturelles pour de nombreux événements bibliques, par exemple un mirage pour la traversée de la mer Rouge. Notons que pour Daniel-Rops, c'était plutôt un effet du *qâdim,* le vent du désert ! Mais la boîte de Pandore, en effet, était désormais ouverte, pour ne plus se refermer, à des spéculations hardies, souvent naïves ou extravagantes, mais partant toutes d'une même idée simple et forte : les croyances et légendes du passé ne reflètent-elles pas, d'une manière déformée, le souvenir de visiteurs de l'espace, que l'on vit (ou qui se présentèrent) comme des « dieux » ?

À partir de cette hypothèse se déploie tout un éventail de théories. La première est celle de simples visites d'extraterrestres, qui provoquent l'apparition de cultes sans y prendre garde, puis s'en vont, laissant le souvenir ému des dieux qui ont regagné les cieux. On a vu qu'un tel schéma existe dans les mythes primitifs tels que ceux des aborigènes australiens. On pense aussi au fameux « culte du cargo » des indigènes de Nouvelle-Guinée qui, voyant passer bateaux et avions, crurent que les dieux allaient leur apporter de précieuses cargaisons. L'étape suivante est celle des extraterrestres éducateurs et fondateurs de religions, dispensateurs des premières connaissances scientifiques et techniques, d'où l'apparition « rapide » de civilisations, à Sumer et en Égypte, le même scénario étant également envisagé en Amérique indienne. L'escalade des hypothèses continue : on imagine que les « dieux extraterrestres » sont responsables de la naissance de l'homme intelligent, différents scénarios étant alors envisagés : fécondation directe ou artificielle, ou manipulation génétique... Laissons de côté pour le moment la discussion scientifique sur ce thème, qui sera reprise en fin de chapitre.

Jusqu'ici, nous sommes encore dans les limites d'une vision tout à fait « matérialiste », qui irrite particulièrement les historiens des religions. En réalité, à la lecture de toute cette littérature sur les *Space Gods* (dieux extraterrestres), on est frappé par le mélange fréquent entre ces vues matérialistes et des hypothèses plus ésotériques, à des degrés divers. C'est par exemple la croyance à d'anciennes civilisations disparues dans de grandes catastrophes : Atlantide, Lémurie (dans le Pacifique), qui auraient été punies par les « dieux », ou mêlées à des conflits du type « guerre des étoiles » de l'Antiquité. Souvent aussi sont évoquées des doctrines ésotériques favorables à l'existence d'entités « spirituelles », anges ou esprits issus d'autres dimensions, mais là nous basculons dans le domaine du « surnaturel » qui sera repris plus loin. Pour le moment, examinons d'un peu plus près cette thèse première des « anciens astronautes ».

Rappelons ce qu'on a désigné par l' « archéologie spatiale », c'est-à-dire les spéculations sur les anciens monuments ou traces qui « prouveraient » le passage d'antiques extraterrestres. Personne n'ignore la liste de ces vestiges, qui sont effectivement assez mystérieux, au moins pour certains d'entre eux, mais qui n'ont jamais constitué une preuve décisive : les pyramides égyptiennes et mexicaines ; les dessins de la plaine de la Nazca, au nord du Pérou ; la dalle funéraire de Palenque sur laquelle on a cru voir gravé un extraterrestre aux commandes de son astronef ; la carte du navigateur turc Piri Reis ; les énormes blocs de pierre de Baalbek, etc. Passons également sur les théories autour de la naissance des premières civilisations : il fallait bien qu'elles apparaissent un jour !

Certaines thèses, comme celles de Maurice Chatelain, ingénieur et mathématicien non conformiste, sont pourtant assez impressionnantes. Dans son livre *Nos ancêtres venus du cosmos* (1975), il se livre à une jolie démonstration selon laquelle la « constante de Ninive », nombre colossal (195 955 200 000 000, converti dans le système décimal actuel) gravé sur des tablettes assyriennes vieilles de 3 000 ans, tablettes découvertes au XIXe siècle puis longtemps oubliées dans les caves du British Museum, serait tout simplement la durée, exprimée en secondes, au bout de laquelle tous les corps célestes (du système solaire, et connus à l'époque) se retrouveraient dans la même position. Cette durée, de 6 209 578 années, serait, avance Chatelain, cette fameuse grande constante du système solaire que les alchimistes, les astrologues, et les astronomes ont essayé de découvrir depuis près de 2 000 ans, alors que leurs ancêtres la connaissaient déjà il y a plus de 3 000 ans. Mieux encore, en jouant sur la différence entre le nombre de jours de l'année tropique et le nombre de jours utilisé par les astronomes professionnels, poursuit Chatelain, différence infime de douze millionièmes de jour par an, il en découle que cette constante, « retrouvée par hasard dans les ruines de la bibliothèque du roi Assurbanipal à Ninive, avait dû être calculée il y a 64 800 ans, à quelques années près »[3]. Conclusion évidente : les hommes encore très poilus de cette époque n'avaient pu trouver ça tout seuls ; les extraterrestres étaient passés par là ! Ce genre de démonstration a évidemment été aisément brocardée par les scientifiques. L'archéologue et architecte Jean-Pierre Adam s'en est donné à cœur joie pour ridiculiser toutes ces pseudo-découvertes, dans son livre *L'Archéologie devant l'imposture* (1975). N'insistons pas et tournons-nous plutôt vers une source de réflexion beaucoup plus intéressante, celle des textes : mythes, textes sacrés, légendes et épopées, déjà bien cernés dans deux précédents chapitres. Remettons en scène maintenant tous ces êtres célestes, notamment du fonds biblique, mais sans oublier d'autres sources, comme les légendes védiques de l'Inde antique, remises en avant par le mathématicien et chercheur Richard Thompson. Gardons cependant pour la fin son analyse, qui propose une synthèse de différentes interprétations.

Revenons donc aux êtres célestes de la Bible. La Genèse se prête à de nombreuses spéculations, surtout la version (car il y en a deux) dite « élohiste », dans laquelle Dieu est appelé *Élohim,* nom pluriel.

L'origine de ce mystérieux pluriel était peut-être dans le culte de Baal, dont le dieu *El* était entouré d'une cour céleste. Il n'en demeure pas moins un dialogue troublant dans la Bible, quand Dieu dit : « Faisons l'homme à notre image, comme notre ressemblance... » (Gen, 1-26). Dans son commentaire, la Bible de Jérusalem précise : « Ce pluriel peut indiquer une délibération de Dieu avec sa cour céleste (les anges) ». Très vite, surgit un autre problème : pourquoi les choses tournent-elles si mal au jardin de l'Éden ? Quel est ce serpent qui vient jeter le trouble, quel est cet arbre de connaissance auquel veulent goûter Adam et Ève, qui sont ces Chérubins armés d'un « glaive fulgurant », envoyés par Élohim pour les chasser, et « garder le chemin de l'arbre de vie » ? (Gen, 3-24). Le deuxième chapitre, sur le déluge, est amené par ce paragraphe particulièrement obscur, intitulé « Les fils de Dieu et les filles des hommes », qualifié d'épisode difficile par la Bible de Jérusalem. Que sont ces *Nephilim,* ces géants « tombés du ciel », et ces *Gibbôrim,* « héros » qui dépassent l'humanité ordinaire ? La spéculation sur des visiteurs extraterrestres est-elle si ridicule, face à de tels passages, et si l'on veut bien garder à l'esprit l'étrange « Soleil » de Fatima, l'ovni de Fatima ?

Certains mythes et légendes évoqués plus haut, de même, ne paraissent pas non plus incompatibles, bien au contraire, avec l'hypothèse de « visiteurs extraterrestres. C'est d'abord le mythe très répandu de l'Âge d'or, de cette époque très lointaine où la communication était facile avec les dieux du Ciel, qui avaient offert aux hommes toutes sortes de bienfaits. Puis c'est le mythe, non moins universel, de la rupture : par suite d'une faute des hommes, les dieux irrités sont partis. N'oublions pas, non plus la légende du démiurge, chargé par le grand Dieu de façonner les hommes, de les surveiller : un dieu inquiétant... Un mythe proche est celui du *Trickster,* le joueur de mauvais tours, où apparaît un aspect négatif des dieux. Il y a ainsi des dieux dont il faut se méfier, et aussi des démons et des esprits négatifs, qui rôdent et que combat le chaman... Que penser encore de ces mythes primitifs de dieux très bizarres : les dieux à pied d'émeu (trois gros doigts) des tribus Aranda en Australie ; du dieu à l'allure de mante religieuse, des Hottentots ; des dieux sans bouche, des dieux androgynes : ne ressemblent-ils pas un peu aux étranges ET de multiples histoires contemporaines d'enlèvements ? Les ET de Betty Andreasson ont d'ailleurs trois gros doigts ! Mais le mythe principal, c'est celui des dieux qui font peur, lumineux et effrayants, surgissant dans une lumière aveuglante et souvent représentés dans un disque solaire ailé. Cela nous ramène à la Bible, à son Dieu terrifiant et à ses anges.

Gardons en mémoire l'histoire du plus ancien des prophètes, Abraham, qui conclut une mystérieuse « alliance » avec Yahvé, un soir, alors que passe dans la nuit un mystérieux « four fumant et un brandon de feu » (Gen, 15-17). L'ange de Yahvé vient le voir et lui annonce une nombreuse progéniture alors que sa femme et lui-même sont très âgés... Puis c'est l'apparition de trois « hommes » au chêne de Mambré, qui mangent de bon appétit lait caillé, veau et galettes, après quoi deux d'entre eux vont devoir repousser les assauts des Sodomites ! À leur arrivée à Sodome, ce sont maintenant des anges, si beaux qu'ils sont convoités et repoussent les assaillants en les « frappant de berlue » (Gen, 19-11). C'est en 1960 que le professeur soviétique Agrest lance l'hypothèse célèbre d'une bombe nucléaire, qui aurait détruit la ville et même la végétation, à moins que les « anges » n'aient fait exploser sur place un « entrepôt de carburant nucléaire » ! On décèle ici le défaut majeur de nombreux auteurs, qui ont voulu fignoler des explications techniques fort prématurées, dont la naïveté a été rapidement exposée et ridiculisée. Et pourtant, quelle étrange histoire !

Revenons à ce qu'il faut bien nommer les ovnis bibliques : après tout, nous ne faisons là que prendre au mot l'astronome Donald Menzel. Ils font leur grande entrée en scène lors de l'Exode, et figurent, comme on l'a déjà vu (cf. chapitre 4) dans les trois grandes traditions bibliques : la colonne de feu ou de nuée, lumineuse la nuit (tradition yahviste) ; nuage obscur et nuée (tradition élohiste) ; feu dévorant de la « gloire de Yahvé » (tradition sacerdotale), qui apparaît au milieu de la nuée, qui vient se poser sur la « Tente du Rendez-vous et remplir la Demeure »... La nuée écarte la mer Rouge, la colonne de feu guide les Hébreux dans le désert et leur dispense la manne céleste. Faut-il souligner que la colonne de nuée, lumineuse la nuit, est un classique des apparitions ufologiques ? Puis c'est la grandiose théophanie du mont Sinaï, où descend l'Éternel au milieu des éclairs, du tonnerre, du feu et de la fumée. Sans doute un orage, ou une éruption volcanique, nous proposent les savants. Mais les ovnis, y a-t-il vraiment des descriptions d'ovnis, de « soucoupes volantes » ? Non, bien sûr, car de toute façon les témoins de l'époque ne disposaient pas d'un vocabulaire moderne pour les décrire comme aujourd'hui. Il y a pourtant de curieuses apparitions, par exemple le tourbillon lumineux qui enleva le prophète Élie sous les yeux de son compagnon Élisée, stupéfait et terrifié. Mais venons-en aux très étranges visions, célèbres entre toutes, d'Ézéchiel, déjà commentées au chapitre 4 : ces roues planantes aux jantes épaisses, à l'éclat vitreux, animées par des êtres bizarres à têtes d'animaux, surmontés d'une voûte éclatante comme le cristal, ce ne sont pas des roues de char, ce sont des roues volantes. Encore un effort : ce sont des soucoupes volantes ! Est-ce tomber dans le défaut dénoncé ci-dessus ? Moins, sûrement, que les commentateurs qui y ont vu un engin avec des rétrofusées, ou mieux encore, un hélicoptère ! Nous retrouvons ici le débat sur les insolites ovnis : finis les engins avec des tôles et des boulons ; maintenant, il faut faire preuve de beaucoup plus d'imagination pour aborder ces grands mystères, autrement qu'avec un ricanement, ou au contraire la face contre terre.

Un prophète la face contre terre, ce fut Ézéchiel, entendant la voix qui l'appelait. Ce fut aussi Énoch qui, selon la légende, eut l'extraordinaire privilège, non seulement d'être enlevé aux cieux — c'est arrivé à d'autres — mais d'être présenté au Tout-Puissant ! Outre la description fantastique du palais céleste, avec ses murs de « pierre de grêle » et de feu, c'est la très bizarre histoire des « Veilleurs » qui nous intrigue, racontée dans la plus ancienne des apocalypses juives, le *Livre d'Énoch,* dans sa première partie, le *Livre des Veilleurs.*

Celle-ci a déjà été évoquée, mais rappelons cette singularité des anges déchus, les « Veilleurs », qui demandent au sage Énoch d'intercéder en leur faveur ! Compliquée, cette légende...

Il est peut-être opportun de souligner ici que les manifestations « angéliques » sont très diverses dans la Bible (sans parler des théories angéliques qui suivront). On voit apparaître au moins trois types d'anges ou d'entités : les anges d'allure humaine, comme les trois « hommes » venus visiter Abraham ; les « vivants » et les *Kérubîm* à têtes d'animaux, comme dans la vision d'Ézéchiel, censés représenter la diversité de la vie cosmique ; enfin les entités lumineuses et éblouissantes, terrifiantes et « numineuses » selon le mot de Rudolf Otto, comme l'ange habitant le buisson ardent de l'Horeb (Ex, 3, 2). Ce sont les visions de *Serafîm* (les brûlants), Chérubins animés à six ailes couvertes d'yeux, ou de reflets... Ou ce sont encore les « Vigilants » descendus du Ciel, comme dans le *Livre de Daniel* (Dn, 4, 10), qui nous rappellent les « Veilleurs » d'Énoch. La Bible de Jérusalem commente ainsi cette apparition d'un Vigilant : « C'est-à-dire un ange, toujours en éveil au service de Dieu. Comparer les roues " pleines d'yeux (ou de 'reflets') tout autour ", Ez, 1, 18 ; les anges " yeux du Seigneur ", Za, 4, 10b. Le terme " Vigilant ", propre à Daniel dans la Bible, est très fréquent dans les Apocryphes, notamment le *Livre d'Énoch,* les *Jubilés* et les *Testaments des Patriarches,* et le " Document de Damas " : il désigne les archanges, souvent les archanges déchus. Dans la tradition postérieure, les Vigilants sont les anges gardiens. »[4] Le moins que l'on puisse dire, c'est que ces croyances sont d'une grande complexité, et d'une interprétation fort délicate, surtout depuis l'ovni de Fatima !

Plus difficile encore à interpréter, on l'a vu, est la nature du Christ, divin ou humain, ou les deux à la fois, une question qui causa de nombreux schismes et hérésies. Qu'était cette « étoile » qui guida les Rois mages jusqu'à la grotte de Bethléem ? On comprend l'irritation des historiens des religions et des théologiens devant cette foule d'interrogations. Mais les visionnaires de l'archéologie spatiale furent moins gênés pour se lancer dans les spéculations les plus hardies, comme on va le découvrir à présent.

b) Les « dieux » volants et leurs drôles de machines

Un film amusant sur les débuts de l'aviation a pour titre *Ces fous volants sur leurs drôles de machines.* L'ennui, avec de nombreux livres sur les *Space Gods,* les dieux extraterrestres, c'est qu'ils ressemblent un peu à ces fous volants. Leurs engins nous paraissent déjà terriblement rustiques : fusées à trois étages, par exemple, dont les quatre minarets ottomans, rajoutés autour de la cathédrale Sainte-Sophie au XVe siècle, seraient des symboles[5] : ce n'est pas avec ce genre de quincaillerie que l'on voyage dans le cosmos. De même, les premiers scénarios imaginés jusque dans les années 70 faisaient venir souvent les ET des autres planètes du système solaire : nous savons maintenant que, si ET il y a, ils arrivent de beaucoup plus loin (ou d'« ailleurs », disent certains). À côté de ces naïvetés technologiques, on trouve en revanche des emprunts aux spéculations des traditions ésotériques les plus folles, le tout formant un étrange capharnaüm. Mais, ces réserves étant faites, rendons un juste hommage aux pionniers du genre.

Les Russes semblent particulièrement portés sur les visions célestes et cosmiques. En l'occurrence, le théoricien des vols dans l'espace, Constantin Tsiolkovsky (1857-1935), qui inventa le premier, soulignons-le, la formule de la fusée à plusieurs étages, fut aussi un pionnier de la théorie des spationautes extraterrestres. Selon Jacques Vallée (*UFO Chronicles of the Soviet Union*), « il était arrivé à la conclusion, dès 1920, que la Terre était observée par des êtres intelligents (*alien forms of intelligence*) et il supposait qu'ils avaient cherché à nous contacter en secret, ou même influençaient déjà l'humanité, par des voies inconnues de nous ». Vallée souligne qu'il ne se limitait pas à une interprétation du type « boulons et écrous (*nuts and bolts*), spéculant même sur des vues ésotériques »[6]. D'autres Soviétiques poursuivirent sur cette lancée, comme Alexandre Kazantsev, qui exprima en 1946, dans la *Literatournaïa Gazeta,* l'idée que des êtres de l'espace avaient pu venir sur Terre dans le passé, « l'auteur supposant même que les dieux de nos religions sont des extraterrestres divinisés par les hommes ». Notons aussi que pour Jean-Bruno Renard, sceptique sur les ovnis, « on voit que les mentalités étaient en quelque sorte “ préparées ” au phénomène “ soucoupes volantes ” »[7]. Cette voie de recherche fut maintenue, bien avant von Däniken et de manière bien plus scientifique, par des chercheurs comme Zaïtsev, Chlovsky (coauteur d'un livre avec Carl Sagan, postulant la visite d'extraterrestres il y a 20000 ans!), et enfin l'historien Agrest, l'homme de l'explosion atomique à Sodome.

Aux États-Unis, si nous mettons Donald Menzel hors concours, c'est son collègue astronome Morris Jessup qui écrivit le premier ouvrage sérieux, en 1956 (*UFO's and the Bible*), mais la littérature fantaisiste l'avait déjà devancé, avec le livre célèbre de Desmond Leslie et du « contacté » George Adamski, *Les Soucoupes volantes ont atterri,* en 1953. Leslie, qui avait une culture ésotérique, a lancé alors pas mal de thèses reprises ensuite par d'autres, mais il s'inpirait lui-même de vieilles idées ésotériques comme celles de la théosophie de Mme Blavatsky, au XIXe siècle. Il commence par une affirmation tirée de la *Doctrine secrète* selon laquelle les premiers êtres humains furent créés sur la Terre par les dieux, il y a environ 18 millions d'années. Ces « dieux » étaient plutôt des hommes parfaits, des êtres admirables, venus sur Terre au nombre de « trois fois trente-cinq » à bord d'un « immense vaisseau étincelant », qui créèrent l'homme à partir d'un « monstre hermaphrodite sans âme et sans intelligence »[8] !

Quelques noms sont encore à citer, pour la petite histoire de la théorie des « dieux extraterrestres ». Le plus connu d'entre eux est incontestablement Erich von Däniken, dont le livre *Présence des extraterrestres* (1968) a été traduit dans de nombreuses langues et s'est vendu, dit-on, à plus de trente millions d'exemplaires dans le monde entier. Von Däniken est arrivé au bon moment (l'époque de la conquête de la Lune), mais on lui a reproché d'avoir emprunté pas mal d'idées à d'autres auteurs, sans les citations d'usage, comme le signale l'Anglais Ronald Story dans un livre virulent contre toutes ces théories, *The Space Gods Revealed* (1976) : « Les plus notables des prédécesseurs de von Däniken, qu'il ne cite presque pas, sont les auteurs français Louis Pauwels, Jacques Bergier, et Robert Charroux. Le livre de Pauwels et Bergier, *Le Matin des magiciens,* publié en France en 1960, contenait des références aux batteries électriques du musée de Bagdad, aux mystères de la Grande Pyramide, de l'île de Pâques, de Tiahuanaco, des Mayas, de la plaine de la Nazca, et de la carte de Piri Reis. Charroux, dont le livre *Histoire inconnue des hommes depuis cent mille ans* précédait de cinq ans le livre de von Däniken, discutait de la carte de Piri Reis, de la Grande Pyramide, de l'Arche d'Alliance comme condensateur électrique, du " chandelier des Andes " (une grande figure en forme de trident sur une colline au-dessus de la baie de Pisco au Pérou) comme un ancien sismographe, de la destruction atomique supposée de Sodome et Gomorrhe (une spéculation attribuée à M. M. Agrest), les " Martiens " des Tassili, et beaucoup d'autres " preuves " citées par von Däniken. »[9] Cela dit, il avait une qualité à lui, partagée par peu d'autres auteurs de la même veine, celle de rester, si l'on ose dire, assez « réaliste », et même très « matérialiste » dans ses spéculations, l'un des facteurs, sans doute, du succès énorme de son livre. Ce n'était pas le cas, par exemple, de l'Anglais Le Poer Trench qui, dans son ouvrage *Le Peuple du Ciel* (1960), proposait une extraordinaire théorie, sur fond biblique et gnostique, d'une double création de l'homme par les dieux, avec une double descendance d'Adam 1 et Adam 2. Le premier Adam est le bon : c'est l' « homme galactique » créé par Dieu à son image, et géniteur avec la première femme des « Êtres célestes » qui visitent la Terre depuis des millions d'années. Ces Êtres célestes sont les Elohim, et Iahvé est l'un d'eux. C'est lui qui, par un acte « illégal », a créé le deuxième homme, l' « homme chimique » ou « homme animal », pour servir les Elohim. Mais l'expérience était prématurée. Elle « échappa à leur contrôle, échoua, et ses assistants et lui (Iahvé) furent chargés de s'occuper de la confusion qui suivit, jusqu'à ce qu'on pût y mettre bon ordre. Il paraît évident que quiconque a créé l'homme-animal s'est rendu responsable des difficultés qui l'accablent. C'est ce que l'on entend par l'aspect " Satan " de Iahvé »[10]. Tout cela nous rappelle les antiques théories gnostiques, plus ou moins perpétuées dans les doctrines ésotériques, auxquelles Le Poer Trench se réfère souvent. Dans cet esprit, les ovnis ne sont guère surprenants, comme manifestations modernes de tous ces dieux ! Ainsi, se référant d'ailleurs à *La Doctrine secrète* de Héléna Pétrovna Blavatsky, il n'a pas peur de situer l'Éden sur Mars.

Dans le même ordre d'idées, de nombreux auteurs ont spéculé sur la nature artificielle des deux satellites de Mars, Phobos et Deimos (une idée lancée par le Soviétique Chlovsky), jusqu'à ce que des photos rapprochées nous montrent leur allure de bolides cabossés. On rencontre pas mal d'hypothèses amusantes, également, chez l'Italien Kolosimo, qui nous dépeint, par exemple, dans *Archéologie spatiale,* les spéculations de petites sectes millénaristes américaines telles que les Fils de Giared, « les ennemis jurés des *Watchers* (les Veilleurs) qui depuis un très lointain passé expédient sur la Terre de cruels automates de chair pour nous réduire en esclavage »[11]. Les *Watchers,* bien entendu, sont les anges déchus de la Bible ! Kolosimo cite aussi les ouvrages de Richard Shaver et George Hunt Williamson, pour qui « la Race Antique possédait en même temps une colonie sur notre planète et une autre dans les entrailles de celle-ci. T. Lobsang, dans *Le Troisième Œil,* raconte qu'il a vu les momies de trois personnages appartenant à cette race dans une grotte tibétaine »[12]. Le journaliste scientifique Martin Gardner a fait le portrait de Lobsang Rampa (*The New Age,* 1988) qui prétendait être un moine tibétain initié, auquel on avait ouvert le troisième œil à l'âge de huit ans. Mais dans ses textes, de multiples erreurs sur le Tibet éveillèrent des soupçons. Il s'avéra après enquête que c'était un employé londonien, fils de plombier, qui n'avait jamais mis les pieds au Tibet, mais qui s'était lancé dans une lucrative supercherie, au point d'émigrer au Canada pour éviter les lourds impôts anglais[13]. Gare aux farceurs !

Du côté de la quincaillerie volante évoquée plus haut, un exemple connu est la thèse d'un ingénieur de la NASA, Josef Blumrich, qui proposa, en 1973, une version très technologique de la vision d'Ézéchiel, après avoir été enthousiasmé par le livre de von Däniken. Il s'agissait, selon lui, d'une sorte de nef spatiale cônique soutenue à la base par quatre hélicoptères (les roues !), dont il a même calculé les caractéristiques : 100 tonnes au décollage, impulsion spécifique du moteur (2 080 secondes), etc. Quant aux « personnages » qu'Ézéchiel a cru voir, c'étaient les rotors des hélicoptères : « Dans ce tableau flamboyant et rapide, Ézéchiel remarque les rotors en mouvement et il voit les béquilles d'atterrissage et les bras mécaniques attachés aux hélicoptères. Sa première réaction est de comparer les hélicoptères à des silhouettes de forme humaine, mais il trouve dans le terme " créatures vivantes " une expression admirablement vague pour traduire son incertitude. »[14] Admirable précision !

Une autre vision, également inspirée de la technologie des fusées des années 60, a été avancée en 1966 par Zecharia Sitchin, qui connaît l'hébreu et les langues anciennes du Proche et du Moyen-Orient. À partir de l'étude de textes cunéiformes des anciens Mésopotamiens, il a pensé pouvoir échafauder une autre hypothèse extraordinaire, exposée en détail dans son livre *La Douzième Planète*. Résumée en quelques mots, elle se ramène à ceci : il existe une douzième planète orbitant autour du Soleil, mais elle est inconnue car son orbite extrêmement décentrée fait qu'elle ne passe « près » du Soleil (entre Mars et Jupiter), que tous les 3 600 ans. La présence d'un corps aussi déstabilisant — un chien dans le jeu de quilles des planètes — a joué justement un rôle dans la mise en place des planètes, selon une théorie digne de Velikovsky. Ce dernier, dans son ouvrage *Mondes en collision* (1950), expliquait les miracles bibliques (traversée de la mer Rouge, théophanie fumante du mont Sinaï) par le passage répété d'une comète, laquelle avait surgi de Jupiter pour finalement devenir la planète Vénus ! Une théorie qui mit en rage tous les astronomes, comme le raconte Martin Gardner[15]. Sitchin suppose de son côté, en interprétant hardiment la légende babylonienne de la création (la victoire du dieu *Mardouk* contre le terrible monstre *Tiamat*), qu'elle narre symboliquement la création de la Terre par le choc de la douzième planète (*Mardouk*) avec une autre, plus ancienne (*Tiamat*) : celle-ci, fendue par *Mardouk,* produit d'un côté la Terre, et de l'autre la ceinture des astéroïdes ! Mais ce n'est pas tout : la douzième planète est habitée ! Ce sont les mystérieux *Nefilim* de la Bible qui, à bord de leurs fusées à étages, profitent des passages successifs de leur planète pour nous rendre visite, la première ayant eu lieu il y a 450 000 ans ! En fait, dans la Genèse, les *Nefilim* sont les fruits du croisement entre les « fils de Dieu et les filles des hommes ». Cela dit, comment font-ils pour ne pas geler pendant leur orbite lointaine de 3 600 ans ? Parce que, répond Sitchin, la douzième planète est « une planète rougeâtre, rayonnante, engendrant et irradiant sa propre chaleur, fournissant avec sa propre atmosphère les ingrédients indispensables à la chimie de la vie »[16]. Sitchin est, malheureusement, moins versé en sciences physiques qu'en lecture des écrits cunéiformes, et nous avons là un superbe cas de tentative d'explication aussi héroïque que vouée à l'échec. Il a écrit, en revanche, des pages très intéressantes sur les nombreuses images, curieuses, évoquant de manière très convergente des véhicules aériens, sous la forme symbolique d'un globe ailé : « Les souverains de Sumer, d'Akkad, de Babylone, d'Assyrie, d'Elam et Ourartou, de Mari et Nouzy, de Mitanni et Canaan le vénéraient tous. Les rois hittites, les pharaons égyptiens, les *Shar's* perses, tous proclamèrent le symbole et ce qu'il représentait, suprême. Il en fut ainsi pendant des millénaires. »[17]

Rendons enfin hommage à Paul Misraki, qui a présenté une synthèse d'une clarté et d'une logique remarquables, dès 1962, dans son livre *Les Extraterrestres* (réédité en 1978 sous le titre *Des signes dans le ciel*). Misraki a su, le premier peut-être, brosser un tableau complet de l'hypothèse des « visiteurs » extraterrestres, fondateurs de religions, sans chercher le moins du monde à choquer les convictions des uns et des autres. Il est important de signaler que Misraki est un croyant, ce qui ne l'a pas empêché de traiter une hypothèse aussi dangereuse, à première vue, pour la religion. Il faut une certaine largeur d'esprit, que l'on peut saluer ici, pour accepter de placer les hommes dans un rôle de primitifs évangélisés ! D'un autre côté, cela n'ouvre-t-il pas de vastes perspectives ? Nous voici arrivés, en tout cas, à l'examen des points de vue religieux et ésotériques.

Visions religieuses et ésotériques

Afin de mieux appréhender le sens des mystérieuses apparitions aériennes de notre époque, évoquons les points de vue religieux (il y en a plusieurs), et plus généralement les opinions admettant une dimension « surnaturelle », c'est-à-dire hors du monde soumis aux lois naturelles. Accordons-nous un instant pour essayer de préciser cette distinction entre naturel et surnaturel. Une des difficultés tient à ce que la science n'est pas finie. Mieux, même, elle ne fait que commencer, nous dit le prix Nobel Ilya Prigogine ! De sorte qu'une science très supérieure à la nôtre pourrait nous inciter à y voir de la magie, des phénomènes « surnaturels », de la même manière que notre moderne technologie a pu confondre des esprits primitifs. Ainsi, confrontés à des cas incompréhensibles, les uns ou les autres adoptent deux attitudes fondamentalement différentes : invoquer le surnaturel et la magie, ou supposer l'existence de phénomènes réels, soumis aux lois physiques de la Nature, mais restant à découvrir. La physique actuelle, dans ses théories les plus avancées, nous ouvre déjà des perspectives extraordinaires : interactions « non locales » (impliquant une unité de la matière), énergie du vide, forces méconnues, monde « parallèle », raccourcis dans l'espace-temps... Admettons qu'à ce niveau de spéculation, la distinction entre naturel et surnaturel s'avère ardue ! En revanche, l'idée que de mystérieux « visiteurs » viennent de l'*au-delà* comme les revenants et les « êtres intermédiaires » des traditions ésotériques, ou tout simplement sont des anges et des démons, semble rester attachée à la notion de surnaturel, monde hors de la Nature et radicalement supérieur à elle. Nous allons constater que certaines spéculations récentes, comme celle de Kenneth Ring aux États-Unis, relèvent nettement de ce type de pensée. D'autres idées semblent s'y rattacher aussi, mais avec une certaine ambiguïté, comme dans le cas de Jacques Vallée, qui envisage l'existence d'un obscur « système de contrôle », tout en refusant l'éventualité extraterrestre, « trop simple » à ses yeux. Une nouvelle interprétation, proposée en 1993 par Richard Thompson, peut être aussi classée dans la famille des doctrines ésotériques, mais elle présente l'originalité d'admettre *aussi,* contrairement à Jacque Vallée, l'hypothèse extraterrestre : gardons-la donc pour la fin de ce chapitre ! Avant d'aborder les thèses plus ou moins ésotériques, en marge des religions établies, il est convenable de rappeler d'abord le point de vue de celles-ci, ou plus précisément cette approche très répandue aujourd'hui qui consiste à voir dans les apparitions célestes des récits symboliques.

a) Les symboles et le « sacré »

L'attitude religieuse classique vis-à-vis des apparitions célestes, ainsi d'ailleurs que des phénomènes dits « paranormaux », ressemble assez, en fait, à la non moins classique attitude rationaliste. Nous en avons déjà vu un exemple avec l'opinion de l'abbé, et psychiatre, Marc Oraison, au sujet des visions de la Vierge. C'est au fond l'aboutissement logique d'une longue marche vers la religion « rationnelle », amorcée dès la fin du Moyen Âge. En évitant autant que possible de caricaturer ou simplifier à l'excès ce point de vue, disons que la religion, dans sa forme rigoureuse actuelle, est devenue une foi très épurée, intériorisée, abstraite, qui n'a que faire, en vérité, des manifestations de foi populaires que sont les miracles et autres « prodiges solaires ». Cela ne convient pas, bien entendu, aux croyants traditionalistes, dont certains, on le sait, continuent à affirmer la vérité de la Bible à la lettre (l'homme créé il y a quatre mille ans), contre vents et marées. Laissons-les de côté pour un temps, et concentrons-nous sur la religion modernisée : pour elle, les miracles, les visions bibliques, apocalyptiques, n'ont de signification que *symbolique*. Il semble qu'il y ait cependant une volonté, que l'on trouve par exemple, très fortement, chez Mircea Eliade, de restaurer un sens du « sacré », qui surgirait dans toutes sortes de hiérophanies révélant la dimension cachée du surnaturel. Mais ce qui est sûr, c'est que les uns et les autres détestent toutes ces théories ridicules sur les prétendus « dieux extraterrestres », faisant ainsi front commun avec les « rationalistes » !

Voici ce qu'en dit, par exemple, Philippe Faure, professeur d'histoire, dans son ouvrage *Les Anges :* « Cette vaste entreprise de démythification prend donc la forme d'un matérialisme grossier. Elle consiste en une projection fantasmatique, vers le passé le plus lointain, des concepts et des réalisations scientifiques les plus avancés. Il s'agit, en définitive, de détruire le sens traditionnel des Écritures et des mythes, au profit d'un sens créateur d'une sorte de mystique rationaliste capable de dynamiser les consciences dans la pespective de la poursuite de l'aventure technologique et de la rencontre espérée, au IIIe millénaire, des civilisations extraterrestres. » [18] Voici une autre sentence sans appel, du sociologue Jean-Bruno Renard (*Les Extraterrestres*) : « Aucun théologien n'a pris au sérieux l'interprétation extraterrestre de la Bible. Ses partisans sélectionnent de toute évidence les épisodes qui se prêtent à leur " grille de lecture ", écartant le reste, c'est-à-dire l'essentiel, le message religieux. A l'exemple des croyants qui s'attachent à une lecture littérale de la Bible, ils placent la lettre avant l'esprit et leur interprétation systématique devient vite ridicule : ainsi le serpent tentateur serait un haut-parleur relié par câble à un poste émetteur ! » [19] Concédons volontiers ce dernier point. En revanche, il y a des théologiens qui se sont intéressés à cette hypothèse extraterrestre (ou de « visiteurs » d'un autre monde...).

On trouve la même réaction très hostile chez les protestants et aussi les spécialistes de l'ésotérisme. Aux États-Unis, le Dr Robert Ellwood, professeur de religion à l'Université de Californie du Sud, a critiqué sévèrement cette littérature « désespérante ». Il se demande pourquoi il est « si important pour certains de voir des ovnis dans la Bible et dans les anciens mythes et symboles du monde entier », et il avance une réponse en trois arguments : d'abord un besoin de réconcilier la vision scientifique de l'univers avec la religion ; les ovnis deviennent alors les « anges technologiques », « envoyés de la vie cosmique », aussi merveilleux que les anges de la religion traditionnelle ; ces « théologies ovnis » aboutissent à la création de nouveaux mythes expliquant la condition humaine[20]. Ellwood cite cependant un auteur nettement « au-dessus du lot », le pasteur protestant Barry Downing, dont nous allons parler.

On trouve la même hostilité chez un historien de l'ésotérisme, Antoine Faivre (*Accès de l'ésotérisme occidental*) : « Ces nouvelles formes d'évhémérisme s'agrémentent d'une science-fiction moins servante de l'Imaginaire qu'alliée d'un grossier réductionnisme. »[21] Mircea Eliade a lui aussi fustigé ce qu'il considère comme de pauvres succédanés du sacré oublié *(Images et symboles)* : « Une partie au moins de ce public essaie de satisfaire sa légitime curiosité en lisant de très mauvais livres sur les mystères des Pyramides, les miracles du Yoga, les " révélations primordiales " ou l'Atlantide — bref, il s'intéresse à l'effroyable littérature des dilettantes, des néo-spiritualistes ou des pseudo-cultistes. »[22]

Ces multiples mises en garde sont impressionnantes. Cependant, aucun de ces auteurs éminents ne nous apporte une explication sur ce qui s'est vraiment passé, par exemple, à Fatima le 13 octobre 1917. Que nous dit l'abbé Oraison ? « Il y a cinquante ans, on voyait beaucoup la Sainte Vierge, aujourd'hui on voit plutôt des soucoupes volantes. C'est le même phénomène. »[23] C'est merveilleux : à Fatima, on a observé les deux ! Et les grands mystiques du Moyen Âge, comme Hildegarde de Bingen, apercevaient les anges dans des cercles de feu..

b) Le retour des anges et des démons

Certains prêtres et théologiens « croient aux ovnis ». On en trouve d'abord dans des paroisses un peu reculées, comme le père Jean-Marie Corbe, de Sens-de-Bretagne, pour qui les ovnis sont pilotés par des anges[24] ! Il y a, semble-t-il, une petite minorité d'ecclésiastiques et de croyants qui sont prêts à intégrer le phénomène ovni à leurs croyances traditionnelles. Mais cela pose bien des questions, à commencer par celle-ci : sommes-nous confrontés à des anges ou à des démons ? Aussi étonnant que cela puisse paraître, un tel débat existe, notamment aux États-Unis. Commençons par un partisan des bons anges.

Le révérend Barry Downing, pasteur presbytérien à New York et docteur en théologie de l'Université d'Édimbourg, est l'auteur d'un livre de référence sur ce sujet délicat, *The Bible and Flying Saucers* (« La Bible et les soucoupes volantes ») (1968), et il a depuis de nombreuses autres publications à son actif. Voici comment il résume lui-même sa position : « Je crois que les ovnis sont réels, qu'ils sont des objets physiques d'un autre monde, que notre gouvernement connaît la réalité de ces objets depuis la fin des années quarante, et a caché leur existence. [...] Je soupçonne que les ovnis sont présents depuis des siècles, et qu'ils sont impliqués dans le développement de la religion biblique, à la fois de l'Ancien et du Nouveau Testament. La réalité ovni a peut-être stimulé aussi d'autres religions dans le monde. »[25]

Il faut se montrer très prudent, car il y a en somme, à partir du moment où la « réalité » des ovnis est acceptée dans le cadre des croyances religieuses, deux sortes d'interprétations : les unes de type « surnaturel », apparitions miraculeuses, divines, angéliques, ou au contraire diaboliques ; mais une autre exégèse semble ici naître, selon laquelle la religion aurait bien été apportée sur Terre par des extraterrestres qu'on aurait pris pour des « anges »... Est-ce la position de Barry Downing ? En fait, il s'en défend, et affirme que « les ovnis transportent les anges de Dieu ». Des objets physiques, oui, mais qui véhiculent des êtres surnaturels ! Downing avoue ensuite qu'il est le seul théologien protestant à adopter une telle théorie, mais que les catholiques paraissent « plus ouverts à la possibilité que les anges fassent leur apparition ». La position de Downing est ainsi assez ambiguë, proche de cette idée des « missionnaires d'un autre monde », selon ses propres termes, mais guidés par l'inspiration divine... Downing signale qu'il n'a pas été accusé d'hérésie par son Église presbytérienne, mais que « quelques sourcils se sont levés », et conclut pour sa part que le phénomène ovni est un enjeu considérable pour la religion occidentale, à tel point que les dirigeants politiques ont eu bien raison de maintenir le secret : « Si notre gouvernement révélait la vérité sur les ovnis, je ne suis pas sûr de ce que pourraient être les conséquences pour les bases sociales et religieuses-spirituelles de notre société. »[26]

L'hypothèse en soi de la vie extraterrestre intelligente n'est pas sans poser quelques questions théologiques, comme le souligne Downing : « Ont-ils subi la Chute ? Si oui, par quels moyens sont-ils sauvés ? Ont-ils un christ ? Leur christ est-il notre Christ ? »[27] Rappelons que Guillaume de Vorilong s'était déjà interrogé de la même façon au Moyen Âge (Cf. chapitre 1). Downing a réalisé une enquête sur les ovnis dans des séminaires protestants et catholiques, et selon lui, curieusement, ce sont les catholiques qui sont les plus ouverts (ou les moins fermés...) sur ces problèmes. Il cite une réponse intéressante de l'ancien président du séminaire catholique Notre-Dame, Edgar Bruns, qui accepte l'idée des anges bibliques comme créatures extraterrestres, si toutefois ils n'ont pas « perdu la Grâce » (*fallen from Grace*). Ce qui nous amène justement au point suivant, celui des anges déchus, les démons !

Selon Barry Downing, les protestants, qui sont moins versés dans les spéculations angéliques, seraient plutôt enclins à considérer les ovnis comme des manifestations démoniaques. Tout au moins les tendances conservatrices : « Le protestantisme conservateur a exploré la relation possible entre les ovnis et le christianisme, et a généralement conclu que les ovnis sont des démons, et qu'ils sont le prélude à la Seconde venue du Christ. John Weldon et Zola Levitt, dans leur livre *UFO's : What on Earth is Happening ?* (1975), et Clifford Wilson dans son livre *UFO's and Their Mission Impossible* (1974), ont présenté cet argument. » On voit bien resurgir ici la vieille vision apocalyptique d'où est né le protestantisme. À ce sujet, l'idée que les ovnis sont les signes annonciateurs de l'Apocalypse a été avancée plus d'une fois. L'un des auteurs a été, en France, Raymond Veillith, ancien directeur de la revue *Lumières dans la nuit,* consacrée aux ovnis. En 1965, il écrivait déjà, dans une plaquette intitulée *Fin des temps et retour du Christ,* que les « soucoupes volantes » étaient peut-être les signes dans le ciel, annoncés dans l'Évangile de Luc ; et il rappelait les dates révélées par des « prophètes » pour la fin des temps : 1982 ou 1992 (Ulrich de Mayence) ; 1991 (Mother Shipton, qui vivait au XVIe siècle) ; 1987 (Moggridge) ; 1999 (Nostradamus) !

Un professeur de lettres américain, G. Cope Schellhorn, a lui aussi évoqué ce thème dans son ouvrage *Extraterrestrials in Biblical Prophecy* (1989). Spéculant sur une phrase de l'Évangile selon saint Matthieu (Mt, 24, 28), il compare les nombreuses apparitions d'ovnis à un « rassemblement d'aigles » dont parle, selon lui l'évangéliste, pour annoncer le retour du Christ : « Il semble que la mission actuelle d'un grand nombre d'extraterrestres opérant près de la Terre est une mission d'attente, ou comme dit l'Évangile de Matthieu, un rassemblement d'aigles, " Où que soit le corps, là seront rassemblés les aigles ". Ceci devrait nous dire que le retour prophétisé du Messie est proche, et qu'il devrait avoir lieu, selon Jean, lors de la bataille de l'Armagedon. »[28] Mais d'autres auteurs lui font observer qu'il s'est trompé dans la traduction : il ne s'agit pas d'aigles, mais de vautours ! (C'est en effet le mot dans la Bible de Jérusalem.) Le « parti » des ovnis diaboliques n'a pas manqué de relever cette bourde, par exemple Gordon Creighton, dans la revue anglaise *Flying Saucer Review,* qui exprime des vues très pessimistes depuis plusieurs années, à la suite des histoires impressionnantes d'enlèvements déjà évoquées.

C'est dans le même état d'esprit que l'Américain John White, éditeur et auteur d'ouvrages de spiritualité New Age (comme *The Meeting of Science and Spirit*), a épinglé non seulement l'infortuné Schellhorn, mais aussi les vues, à ses yeux beaucoup trop idylliques, de Barry Downing. Dans un article paru dans le *MUFON UFO Journal* (février 1992), très remarqué des lecteurs, il présente la thèse d'un complot terrifiant de ces extraterrestres diaboliques pour prendre le contrôle de la Terre ! Cependant, rassurons-nous, il y a aussi, pense-t-il, des *Aliens* bienveillants (*benign and benevolent « alien intelligences »*) qui essaient de nous assister dans notre lutte contre les forces obscures. Bien que White s'en défende, ses vues semblent proches de celles des chrétiens fondamentalistes... Sachons aussi que ce genre de visions a moins de prise en Angleterre : le même article, publié dans la *Flying Saucer Review*, n'a reçu aucun écho, remarque Creighton.

Un angle de discussion assez intéressant évoqué par John White, qui nous ramène à l'histoire du peuple hébreu et de ses prophètes, est la nature des relations avec Dieu et ses anges. Ces ET qui rôdent et enlèvent les humains comme des vampires, ce sont des démons car ils sont trompeurs et dissimulateurs, alors que Dieu et ses anges ont toujours joué franc-jeu : « Il n'y a rien dans la Bible qui indique que Dieu ou les messagers de Dieu utilisent la tromperie (*deceit*) comme une procédure normale. [...] Les messagers de Dieu montrent du respect pour la sainteté de la vie humaine et ne s'imposent pas à la volonté humaine. » Sur ce point au moins, l'argumentation de White est contredite par des exégètes bibliques compétents, comme nous l'avons déjà constaté. Les prophètes sont mis en transe par leurs visions, comme frappés de stupeur, et se retrouvent dans un état d'extrême fatigue les jours suivants. Leur rôle est passif et leur mission prophétique est dictée : « Je collerai ta langue à ton palais ; tu seras muet... Mais quand je te parlerai, j'ouvrirai ta bouche et tu leur diras : Ainsi parle le Seigneur » (Éz, 3, 26-27). Et c'est un véritable endoctrinement dans un isolement complet que subit le peuple hébreu pendant toute la traversée du désert... Justement, Jacques Vallée a observé que les « contactés » fondateurs de sectes se sont souvent trouvés, avec leurs fidèles, dans un semblable isolement, si bien que l'idée vient à l'esprit d'un scénario qui se répète, une méthode de *manipulation des esprits*. Jean-Marie Van Cangh, dans son livre *La Mystique* (1988), avance un exemple de ce qu'il appelle une véritable « désinformation », à l'époque du prophète Isaïe : « Dieu a décidé " à huis clos " de châtier définitivement le peuple infidèle. Il donne une mission de " désinformation " à Isaïe comme à Michée ben Yimla, c'est-à-dire qu'il veut empêcher le destinataire de percevoir la vérité d'un jugement de condamnation déjà prononcé. Mais, d'autre part, il permet l'indiscrétion du prophète qui ira répéter la décision du conseil céleste aux auditeurs infidèles auxquels elle n'était pas directement destinée », laissant ainsi, dit Van Cangh, « la porte ouverte à une conversion de dernière minute »[29]. Une histoire bien tortueuse, en vérité.

Les historiens des religions soulignent, aussi, on l'a vu, la « cruauté » des dieux anciens, dieux célestes terrifiants, s'imposant aux hommes, à commencer par le grand Dieu Yahvé des Hébreux... Cette vision pessimiste des puissances célestes culmine avec les conceptions dualistes du monde dominé par Satan et les forces maléfiques, chez les gnostiques et les manichéens, conceptions qui vont être plus ou moins perpétuées dans certaines traditions occultes et de sorcellerie. Dans *Le Matin des magiciens,* Pauwels et Bergier ont évoqué les avatars de cet occultisme au XXe siècle, représentés notamment par une société initiatique anglaise, la *Golden Dawn,* issue en 1867 de la société rosicrucienne anglaise, et dont l'un des adeptes, Bulwer Lytton, croyait à l'existence d'un monde infernal et d'êtres « doués de pouvoirs surhumains », qui allaient nous supplanter et conduire « les élus de la race humaine vers une formidable mutation ». C'est aussi, à Berlin, « La Loge Lumineuse » ou « Société du Vril » : « Le Vril, c'est l'énorme énergie dont nous n'utilisons qu'une infime partie dans la vie ordinaire, le nerf de notre divinité possible. Celui qui devient maître du Vril, devient maître de lui-même, des autres et du monde. »[30] Il n'est pas très surprenant que Hitler se soit attaché à de telles idées, à la venue de « Supérieurs Inconnus » : « L'homme nouveau vit au milieu de nous ! Il est là ! s'écria Hitler d'un ton triomphant. Cela vous suffit-il ? Je vais vous dire un secret. J'ai vu l'homme nouveau. Il est intrépide et cruel. J'ai eu peur devant lui. »[31] La plus grande circonspection semble appropriée vis-à-vis de toute théorie analogue, annonçant la venue d'entités supérieures aux pouvoirs effrayants, et autres visiteurs inquiétants, d'allure et de comportement plutôt diaboliques. Pauwels et Bergier évoquent d'ailleurs l'inquiétude du philosophe René Guénon qui, dans son étude *Le Théosophisme, histoire d'une pseudo-religion* (1921), « voit monter les périls derrière la théosophie et les groupes initiatiques néo-païens plus ou moins en rapport avec la secte de Mme Blavatsky »[32]. Les nazis croyaient aussi aux théories extravagantes de Hans Horbiger, qu'ils appelaient le « Copernic du XXe siècle », selon qui la Lune allait s'écraser sur la Terre, après trois autres lunes précédentes ; convictions adoptées également par Gurdjieff et ses disciples...[33]

Cette incursion dans l'occultisme de notre époque nous ramène encore une fois au « phénomène ovni », et à notre question des... démons. C'est ainsi qu'un auteur français versé dans l'ésotérisme, Jean Robin, pressent avec anxiété une sorte de religion « soucoupiste », qui serait le résultat d'une vaste entreprise de « manipulation des masses ». Dans *Les Objets volants non identifiés ou la grande parodie* (1979), Robin dénonce les agissements d'une puissance invisible et, pour lui, de nature diabolique ! S'appuyant sur les textes de René Guénon, il présente une vision très ésotérique, dans laquelle l'esprit humain s'est fermé à la communication avec les domaines supérieurs (à cause du matérialisme et du « néo-spiritualisme »), mais il reste ouvert vers le bas, « permettant aux forces dissolvantes du psychisme inférieur — qui sont symboliquement les hordes de Gog et de Magog — de s'engouffrer dans le milieu humain ». Les ovnis, selon lui, font partie de ces forces maléfiques, et sont les signes annonciateurs de l'Antéchrist[34] !

Il y a ainsi un certain nombre d'adeptes d'une nature menaçante, maléfique, des ovnis, au sein de l'orthodoxie religieuse ou chez des ésotéristes. Plus curieusement, on trouve cet état d'esprit chez des ufologues, souvent parmi les plus chevronnés, comme John Keel et Jacques Vallée, dont les théories fort subtiles seront évoquées plus loin. Mais citons d'abord un autre chercheur assez proche d'eux, qui est revenu, après avoir été lui aussi très pessimiste, à une appréhension beaucoup plus sereine : Salvador Freixedo, ancien jésuite en rupture de ban et caractère très indépendant. Après avoir écrit un livre intitulé « Défendons-nous des dieux ! » *(Defendamonos de los diosos !),* Freixedo a présenté, dans un autre ouvrage en 1992, « Visionnaires, mystiques et contactés » *(Visionarios, Misticos y Contactos Extraterrestres)* une vision apaisée dans laquelle les ovnis sont annonciateurs d'une sorte de nouvelle religion, réalisant la synthèse de la physique, de la théologie et de la... parapsychologie : « Une foi optimiste dans le cosmos et en nous-mêmes... avec l'espoir de rencontrer un plus haut niveau d'existence. »[35]

Il y a une sorte de concordance, d'autre part, entre la représentation généreuse et même enthousiaste de Salvador Freixedo (en dépit des aspects inquiétants, qu'il n'ignore pas, des histoires d'ovnis) et la vision de certaines victimes d'enlèvements (et de « contactés ») dont nous allons maintenant parler. Plusieurs enquêteurs dans ce domaine, notamment le Dr John Mack et Budd Hopkins, déjà cités, ont observé un élargissement spectaculaire de leur vision du monde et du cosmos, de leurs préoccupations sur la vie et l'environnement, avec une dimension *religieuse.* Mais comment ce sentiment peut-il être compatible avec ces histoires effrayantes d'enlèvements ? Le Dr John Mack suggère, dans sa préface au livre de David Jacobs *(Secret Life),* qu'il pourrait s'agir d'une entreprise de préservation, voire même de sauvetage : « Cela ne serait pas nécessairement pour “ notre ” bien si cette planète, sur laquelle l'humanité a brisé l'harmonie de l'existence, n'existe pas juste pour notre plaisir, mais avec le but d'arrêter la destruction de la vie et rendre possible la poursuite de l'évolution de la conscience ou de ce que l'âme du monde a en réserve. Je ne dis pas que ceci est vrai et je ne l'offre pas comme théorie. Je suggère simplement que, si nous pouvions accepter de réintroduire la possibilité d'une intelligence supérieure dans l'Univers, et ressentir le mystère numineux de la création, ce scénario serait compatible avec les données du phénomène des enlèvements. »[36]

Ces quelques lignes du Dr John Mack sont, si l'on veut bien y prêter l'attention nécessaire, lourdes de sens : la vie dans le cosmos se déploie par des voies et des moyens qui nous dépassent et que nous devons accepter, même si nous les éprouvons comme agressifs et hostiles ! N'est-ce pas là un point de vue que l'on peut qualifier de religieux ? Les voies des extraterrestres sont impénétrables !

John Mack, qui est, rappelons-le, un professeur réputé de psychiatrie à l'école de médecine de Harvard, aux États-Unis, a présenté ses propres enquêtes dans un livre qui a fait du bruit, dès sa parution en avril 1994 *(Abduction. Human Encounters with Aliens).* Ce livre est un événement important, étant donné l'autorité scientifique considérable de John Mack, car il renforce ainsi la crédibilité de ce dossier si controversé des histoires d'enlèvements. Il a fait l'objet, néanmoins, de vives critiques dès sa parution : son objectivité scientifique pourrait-elle être mise en doute ?...

Dans son dernier chapitre, John Mack réfléchit à l'influence que peuvent avoir ces *Aliens* sur l'évolution humaine, dans tous les domaines, et il insiste sur l'élargissement de notre conscience, ainsi que sur notre avenir en tant qu'espèce : « Le phénomène des enlèvements, cela paraît clair, se rapporte à ce qui est *encore à venir.* Il présente, très littéralement, des visions de futurs possibles, mais il nous laisse le choix. »[36bis] Ce qui est certain, en tout cas, tant dans les enquêtes de Mack que dans celles d'autres chercheurs, c'est qu'une dimension cosmique, quasi religieuse, est manifeste chez bien des victimes d'enlèvements et des « contactés », un phénomène qu'il paraît important d'illustrer maintenant. Il nous restera ensuite à évoquer encore d'autres approches relevant plus ou moins nettement de l'ésotérisme, c'est-à-dire, pour simplifier, de l'idée d'un monde « surnaturel ». Nous y trouverons, d'une part des chercheurs d'esprit New Age, et d'autre part des ufologues, comme John Keel et Jacques Vallée. Quant au point de vue de Richard Thompson, il constitue une synthèse si globale des diverses théories qu'il paraît préférable de le garder pour la fin de ce livre.

c) Visions de victimes d'enlèvements, de contactés et de channels

De nombreux récits d'enlèvements présentent une dimension religieuse ou assez comparable. Voici deux cas très connus aux États-Unis (et pratiquement pas en France), ceux de Whitley Strieber et Betty Andreasson-Luca, qui vont dans le sens, on va le constater, proposé par le Dr Mack.

Whitley Strieber est un auteur de romans fantastiques à succès, tournant autour du thème des hommes menacés par des entités issues d'ailleurs et rôdant dans la nuit. En 1987, son nouveau « roman » *Communion* remporte un succès immédiat, avant même d'avoir bénéficié d'une quelconque publicité. C'est une histoire d'enlèvements par d'étranges ET à tête un peu diabolique, esquissée avec un réalisme saisissant en couverture. Strieber y affirme, dès le début, que c'est un récit authentique. Le fait que cet ouvrage soit resté pendant des mois en tête sur la liste des best-sellers du *New York Times* s'explique sans doute par le talent de l'auteur, mais aussi par cette affirmation que l'histoire est vraie. La lecture du livre est impressionnante, et c'est ce qui a décidé le journaliste Ed Conroy à mener une enquête très poussée sur Strieber, sa vie et sa famille, d'où a résulté un excellent ouvrage,

Report on Communion (1990), dans lequel il admet la sincérité de l'auteur, tout en soulignant des aspects non crédibles de sa narration.

Celle-ci commence le 26 décembre 1985, par un premier enlèvement, en pleine nuit dans sa chambre d'un chalet perdu dans les bois, où il séjourne avec sa femme et son fils. Il ne se rappelle que partiellement cet enlèvement qui l'a terrorisé, mais il est sûr de la réalité de l'événement, bien que sa femme et son fils n'aient rien entendu, et que les ravisseurs aient apparemment franchi des portes fermées ! Un spécialiste de ce genre d'aventures, l'ethnologue Eddie Bullard, questionné par Conroy, admet que le cas de Strieber, bien qu'il comporte certains aspects atypiques (par exemple la pièce où il se retrouve dans l'ovni est en désordre et même assez sale : une totale hérésie !), semble globalement assez compatible avec le « modèle », qu'il soit réel ou imaginaire [37]. Or, il faut rappeler ici que l'analogie, dans le détail, d'épisodes rapporté par des gens qui ne se connaissent nullement et ne savent rien, à l'évidence, du sujet, reste l'argument le plus fort en faveur de la « réalité » de ces histoires, avec la très intense émotion des victimes interrogées sous hypnose. En l'occurrence, Strieber s'avoue terrifié par cette aventure, au point qu'il songera à se suicider. C'est, dit-il, grâce à l'aide de Budd Hopkins, déjà connu à l'époque pour son premier livre paru en 1981, et aux soins d'un psychiatre réputé, le Dr Donald Klein, qu'il va surmonter ce choc psychologique [38]. Notons que Strieber a été soupçonné de souffrir de troubles mentaux, à la suite de nombreux tests que lui a fait passer le Dr Klein, en particulier avec la technique d'image par résonance magnétique qui fit apparaître des points lumineux dans son cerveau. Mais celui-ci a écrit dans un appendice à l'ouvrage que Strieber n'était pas un malade mental : « J'ai examiné Whitley Strieber et trouvé qu'il ne souffre pas de psychose. Il n'a pas d'hallucinations caractéristiques de la psychose. Je ne vois pas non plus de preuve d'un état d'anxiété, de troubles du caractère ou de la personnalité [...] Il m'apparaît s'être très bien adapté à une vie comportant un haut niveau d'incertitude. » Il est vrai, cependant, que le Dr Klein avait envisagé la possibilité d' « épilepsie du lobe temporal », mais c'était pour lui un facteur mineur ne pouvant mettre en question l'équilibre mental de Strieber, et c'est bien ce que signifie son attestation écrite. Cela n'a pas découragé les critiques du sceptique Philip Klass qui, dans son livre

UFO-Abductions : A Dangerous Game, va même jusqu'à contester la sincérité de la déclaration du Dr Klein : « Manifestement, Strieber n'a pas invité le Dr Klein à offrir une déclaration sincère et complète. »[39] Une insinuation bien dans la manière de Klass, à laquelle le Dr Klein a répondu dans une lettre au journaliste Ed Conroy : « Je regrette que Philip Klass persiste encore à croire faussement que ma déclaration n'était pas écrite par moi-même mais plutôt par Whitley Strieber. »[40] En réalité, la lecture du livre de Strieber, ainsi que du suivant, *Transformation,* frappe par l'intelligence, la lucidité, le doute systématique de l'auteur ! Mais plutôt que d'être fou, n'a-t-il pas tout inventé, en excellent écrivain qu'il est ? Cette accusation *n'est pas portée* par Klass, ce qui nous donne une bonne raison de penser qu'elle n'est pas soutenable ! Il y a en fait un argument avancé par Conroy et par Klass lui-même dans ce sens. Strieber affirme se souvenir d'avoir assisté à un événement tragique, une fusillade sur le campus de l'Université du Texas, à Austin en 1966, tout en reconnaissant que ce n'est pas vrai ! Comment un auteur à succès, père d'une heureuse famille, reconnu sain d'esprit par un psychiatre renommé, peut-il s'embourber de la sorte ? Ceci nous ramène à la très grande étrangeté des histoires d'ovnis, et à celle de Strieber en particulier, l'hypothèse étant, sur cette affaire d'Austin, celle d'une mémoire artificiellement implantée. Par qui, pourquoi ?

Voici en quoi réside l'intérêt essentiel du cas Strieber, qui l'érige en affaire exceptionnelle avec celle de Betty Andreasson : il y a, lors de nombreux enlèvements, dont l'aventure commence dès l'enfance, et implique sans doute d'autres membres de sa famille, un véritable dialogue qui se développe avec les mystérieux « visiteurs », comme il les appelle. Une relation très spéciale semble s'instaurer, un sentiment presque « familial », comme il dit le ressentir à un moment, et malgré la crainte que lui inspirent ces personnages[41]. Il y en a, d'ailleurs, de plusieurs sortes, comme on l'a déjà observé dans d'autres histoires. Le personnage principal, qui a l'apparence « classique », si l'on peut s'exprimer ainsi, de l'ET d'environ 1,50 m de haut (et non de 2,50 m comme dans la traduction française[42] !), le corps très mince et fragile, avec une tête ovale, de grands yeux noirs en amande, un nez et une bouche minuscules, une peau de couleur grise, lui semble être du sexe féminin. Très impressionné par cette créature, il va jusqu'à la comparer à la... déesse Ishtar, l'une des plus anciennes divinités, déesse akkadienne de l'amour (évoquée au chapitre 4). Elle lui confirme d'ailleurs qu'elle est très vieille !

Il est impossible de résumer le récit complexe de Whitley Strieber, parsemé de visions étranges et initiatiques, par exemple celle où on lui refuse l'entrée d'une « université » dans un désert : « Il n'est pas encore prêt ! »[43] Impossible également de tenter un tri entre des épisodes réels et des visions fantastiques, peut-être implantées, ou simplement rêvées. Ce qui reste très attachant, malgré cette incertitude qui plane en permanence, c'est ce sens « cosmique » des visions, cette impression générale d'un champ de conscience élargi, d'une confrontation avec un monde très insolite.

Ces ET, sont-ils hostiles ou bienveillants ? Quel type de lien pourrait-il y avoir entre eux et nous ? Strieber insiste sur ce qui semble être un curieux désir de contact : ce sont eux, dit-il, qui lui ont donné le nom du livre, *Communion* ! Lorsque la « femme » ET, lors d'un examen médical, lui annonce qu'elle va procéder à une opération, il s'affole et crie : « Vous n'avez pas le droit », mais elle lui répond : « Si, nous avons le droit » (*We do have a right*). « Cinq mots énormes. Mots stupéfiants », commente Strieber[44]. Il est tentant d'oser ici un rapprochement, avec une autre vision très ancienne. Il s'agit d'un texte trouvé à Qumrân, les « Visions d'Amran », cité par Florentino Garcia-Martinez dans le livre *Apocalypses et voyages dans l'au-delà :* dans un songe, Amran voit deux anges se disputer à son sujet. « Je les interrogeai : " Depuis quand avez-vous pouvoir sur moi de cette manière ? " Et ils me répondirent et me dirent : " Nous avons reçu pouvoir et nous avons pouvoir sur tous les hommes. " Et ils me dirent : " Lequel d'entre nous choisis-tu ? " Je levai mes yeux et regardai : l'un d'eux avait l'aspect terrifiant, comme un serpent, et son habit était teint de couleurs... »[45] Ce pouvoir, c'est, selon la légende d'Énoch, celui qu'ont reçu les anges déchus, les « Veilleurs », de s'occuper des humains... Strieber a refusé d'appeler ses « visiteurs » des anges ou des démons, préférant souligner leur « force très réelle et immensément complexe »[46]. Cependant, il a avoué en 1993 avoir traversé une période de profonde dépression à partir de 1989, dont il se remettait à peine, évoquant la terreur que lui ont inspirée ces êtres mystérieux, qui ressemblent fort à l'image traditionnelle des démons...

L'atmosphère quasi religieuse, et ésotérique, est peut-être plus présente encore dans l'histoire d'une autre victime célèbre d'enlèvements, Betty Andreasson-Luca, racontée en détail par l'enquêteur Raymond Fowler, dans trois livres : *The Andreasson Affair* (1979), *The Andreasson Affair — Phase Two* (1982), et *The Watchers. The Secret Design Behind UFO Abduction* (Les « " Veilleurs ". Le dessein caché des enlèvements d'ovnis ») (1990). Voici le résumé de ce cas. Le premier événement étrange a lieu un soir de janvier 1967. Betty est mariée, avec sept enfants (elle est née en 1937 et a donc trente ans). Ses parents vivent aussi avec elle dans une maison entourée de champs et de bois dans le Massachusetts. Alors qu'elle est dans sa cuisine, les lampes s'éteignent et elle aperçoit, venant de la fenêtre, une lumière pulsante rouge-orange. Son mari est alors à l'hôpital, mais son père a témoigné, dans une déposition signée, qu'il a vu s'approcher de la maison des créatures humanoïdes étranges qui semblaient s'amuser à... jouer à saute-mouton ! « Lorsqu'ils me virent les regardant, ils s'arrêtèrent... Celui qui était devant me regarda et j'eus une sensation bizarre. C'est tout ce que je sais. »[47] Les autres témoins distinguent alors clairement les êtres entrer dans la maison en passant *à travers* la porte en bois, comme si elle n'existait pas. Ils se ressemblent et sont petits, sauf le « leader » qui a l'air d'être plus grand. Ils ont la peau grise et une grosse tête en forme de poire renversée, avec de grands yeux, des trous à la place du nez et des oreilles, une bouche fixe comme une cicatrice. Ils portent un uniforme bleu-noir brillant, avec un insigne sur la manche gauche en forme d'oiseau aux ailes déployées. C'est tout ce dont se souviennent Betty et ses enfants, et elle leur demande de ne pas en parler. Betty est une chrétienne très croyante et, ignorant tout des histoires d'ovnis, elle interprète alors, nous explique le narrateur Raymond Fowler, ces apparitions comme des *anges* ! Elle ne va se livrer à des révélations que *huit ans plus tard* à des chercheurs ufologues, après que l'astronome Allen Hynek, qui avait fondé son centre de recherches sur les ovnis en 1975, ait passé des annonces dans les journaux, pour susciter des témoignages. Hynek demanda en 1977 à Raymond Fowler de s'occuper du cas, et c'est ainsi que s'amorça cette enquête extraordinaire.

Il fallut déjà quatorze séances d'hypnose pour dévoiler cet événement de 1967 comme un enlèvement à bord d'un ovni : un petit engin qui alla ensuite rejoindre un plus grand, dans lequel Betty put observer d'étranges installations (que par la suite elle a reproduites de mémoire, étant douée pour le dessin), et subit bien entendu un examen médical. Il semble, selon Fowler, qu'on lui ait alors fait voir une sorte de spectacle holographique, avec la traversée d'une ville bizarre, et la vision d'un grand oiseau d'abord consumé par le feu puis renaissant de ses cendres, comme le Phénix légendaire. Whitley Strieber s'est déclaré très impressionné par cette apparition symbolique qu'il considère comme chargée d'une grande signification pour l'humanité, alors que Betty avoue ne l'avoir pas comprise. L'aspect religieux de l'événement est alors marqué par un chœur de voix qui éclate et lui dit qu'elle a été « choisie » ! Choisie pour porter un message aux humains !

Les trois livres de Fowler racontent l'histoire du dévoilement progressif de nombreux enlèvements et visions avec, d'un côté cette dimension religieuse-ésotérique, mais aussi le déroulement d'un très « classique » (si l'on ose dire) récit de multiples opérations gynécologiques. Qu'est-il arrivé, si elle n'a pas tout rêvé, à Betty Andreasson-Luca ? Whitley Strieber, dans une intéressante préface au troisième livre, avance des arguments en faveur de la *réalité* de ces expériences, dont la première remonterait à 1944, quand Betty avait sept ans, et se poursuivait encore en 1988 alors qu'elle était âgée de cinquante et un ans. Il y a, chose rare dans ce genre d'épisode, un témoin extérieur, son propre père. Surtout, il y a les très nombreux recoupements avec d'autres attestations de victimes d'enlèvements, et cela sur des détails précis et insolites, sur lesquels aucune concertation n'était concevable entre des témoins très éloignés, et généralement ignorants de ces histoires. Elle doit par exemple revêtir un vêtement blanc, ce qui, avance-t-il, lui est aussi arrivé ainsi qu'à d'autres témoins. Il cite aussi l'observation répétée d'hélicoptères au-dessus de sa maison, sans aucune identification. En ce qui concerne les messages, il y a là également un air de famille : l'annonce de prochaines épreuves et catastrophes pour l'humanité ! Une constante, décidément, dans toute l'histoire des prophètes anciens et modernes... En l'occurrence, les *Aliens* de Betty Andreasson lui racontent qu'ils sont chargés de sauvegarder la vie terrestre, menacée par la pollution ! Ainsi, les hommes vont devenir stériles, et ils sauvent l'espèce en prélevant des embryons et des fœtus... L'ennui, c'est que cette « explication » des enlèvements ne cadre pas avec les témoignages, aussi bien de Betty que des autres victimes supposées d'enlèvements, qui toutes décrivent la « fabrication », il faut bien le reconnaître terrifiante, de fœtus bizarres qui ont tout l'air d'être des produits hybrides d'on ne sait quelles manipulations génétiques. Certains ont avancé d'ailleurs une autre interprétation : les femmes des *Aliens,* en tout cas de cette espèce-là, ne seraient plus capables de procréer, et il faudrait donc utiliser (depuis combien de temps ?) des mères porteuses humaines, au moins au début de la gestation, celle-ci se poursuivant dans des bouteilles de « nursery », comme l'avait imaginé Huxley dans *Le Meilleur des mondes* ! Betty Andreasson-Luca rapporte effectivement cela. Elle décrit avec précision les tests et les appareils. Elle les dessine aussi, ce qui rend le livre *The Watchers* fascinant. Elle dépeint aussi de nombreuses expériences de nature paranormale, telles celles de « sortie du corps », dont l'une avec son second mari, Bob Luca, qui leur fait vivre une vision aussi ahurissante que chargée de mysticisme « cosmique », où ils sont transformés en êtres lumineux, de pure énergie ! Et l'on apprend que ces « anges » s'occupent de nous, devinez depuis quand, depuis les origines de l'humanité[48] ! Il faut préciser ici que Betty, de même que Whitley Strieber et d'autres témoins, reconnaît avoir vu plus d'une fois, à côté des petits *Aliens,* des êtres d'apparence humaine...

The Watchers, dont le titre est évidemment une allusion aux « Veilleurs » du *Livre d'Énoch,* est sans doute la plus extraordinaire histoire d'ovnis. Même dans les meilleures dispositions d'esprit, le lecteur ne peut croire certaines scènes. Même si nous supposons que Betty est sincère et que son expérience est authentique, on peut aussi penser que certaines visions sont imaginaires, implantées dans son esprit ; ainsi cette scène où elle se voit entourée, dans un jardin, de tout petits « enfants » hauts comme trois pommes ! Aucune explication n'est d'ailleurs donnée à cette scène à « haute étrangeté ». À la fin du troisième livre, notre crédulité est encore mise à dure épreuve par l'aveu de l'auteur, Raymond Fowler qui avance qu'il a lui aussi été sans doute victime d'enlèvements, et que l'histoire de sa famille est riche en événements bizarres, « paranormaux ». Fowler, lui aussi croyant et pratiquant, partage l'interprétation très religieuse de Betty sur ces événements. À la fin de l'ouvrage, il répond dans une lettre à Betty sur sa conviction que ce sont des anges et que les ovnis sont liés à la tradition judéo-chrétienne. Il lui fournit une longue liste de citations des écritures venant à l'appui de cette thèse, et lui dit qu'à son avis : « S'il y a un véritable lien entre les ovnis et la Bible, alors je supposerais que les anges/messagers étaient des missionnaires extra-terrestres sur cette planète. »[49] Encore un mot sur le problème de la crédibilité d'une telle aventure : l'astronome Allen Hynek l'a tenue pour authentique dans sa préface au premier livre : « Dans le domaine des ovnis, l'approfondissement de l'étude révèle un sujet qui a des aspects importants, non seulement scientifiques, mais aussi sociologiques, psychologiques et même théologiques. Le cas Andreasson comprend tous ces aspects... Il n'est pas absurde... Il n'y a pas non plus la moindre preuve d'une supercherie ou d'une invention... De plus en plus de cas de ce genre à haute étrangeté font surface. Comme le cas Andreasson, ils portent atteinte au bon sens et... et constituent un défi à nos systèmes de croyances existants. »[50]

La psychologue américaine Edith Fiore rapporte dans son livre *Encounters* (1989) quatorze cas d'enlèvements qu'elle a étudiés avec régression sous hypnose. Ces histoires sont fascinantes car elles se situent, comme pour Strieber et Andreasson, à mi-chemin entre le modèle brutal d'enlèvement, décrit par Hopkins et Jacobs, et les récits très pacifiques des contactés. On y trouve les messages classiques de paix, d'élargissement de la vision planétaire et cosmique. Plusieurs cas décrivent le traitement des maladies des témoins, et l'accroissement de leurs facultés parapsychiques : certains sont même appelés à devenir guérisseurs ! L'un des protagonistes, Linda, assiste à une étrange « cérémonie » de « guérison », avec d'autres témoins, dont des membres de sa famille, autour d'un cristal lumineux... Il y a aussi, comme pour Betty Andreasson, des épisodes de sortie du corps, de téléportation à travers des parois solides, et même une allusion à un changement de corps... Mais on trouve aussi, dans nombre de ces attestations, les aspects inquiétants étudiés par Hopkins et Jacobs, en particulier les examens et manipulations, dont les prélèvements d'ovules et de sperme, suggérant d'obscures expériences. Le témoin James, lui-même médecin, apprend qu'il existe déjà sur Terre des êtres hybrides qui leur servent à étudier la résistance aux maladies !

On lui dit même qu'il est observé pour savoir comment il a survécu à une inoculation qui lui a été faite vingt ans auparavant [51] ! Et tous ces examens constituent, pour ces chers « visiteurs », un projet à haute priorité. Incidemment, ils ne seraient pas tous, faut-il espérer, de cet acabit : les récits décrivent plusieurs sortes d'*Aliens*, certains d'apparence quasi humaine, ou au contraire très différents, comme ce « modèle » classique de la mante religieuse... Le type prédominant est celui du nain à grosse tête, mais il y a aussi de grands personnages, minces et à long nez, qui semblent être les plus bienveillants ! Il reste que certains de ces visiteurs se font franchement menaçants, on pourrait presque les qualifier de diaboliques, en cas de résistance : « Vous savez que nous gagnerons toujours... Un jour, nous vous posséderons totalement », disent-ils à Victoria qui résiste à leur volonté de prendre possession de son esprit [52]. Quels sont les objectifs de ces divers visiteurs ? Aucun témoin ne le sait vraiment. On leur déclare que les hommes ne sont pas prêts à l'apprendre. Pour le témoin James, ils se présentent comme pacifiques, mais ils pourraient avoir d'autres motivations. Ne perdons pas de vue, d'autre part le caractère éminemment fragile de ces témoignages, qui sont en toute hypothèse affectés par la psychologie des individus.

Les chercheurs qui se sont trouvés confrontés à ces histoires (il y en a d'autres, venant de différents pays — Europe, Russie, Amérique du Sud, etc.) se sont alors rappelés avec un regain d'intérêt les récits plus anciens de « contactés », remontant aux années 50 (déjà signalés dans l'historique des ovnis (chapitre 2). Était-il pensable que certaines, au moins, de ces aventures jugées ridicules à l'époque, aient eu une part d'authenticité ? Une hypothèse nouvelle est venue à l'esprit, dans les années 70, celle d'une vaste entreprise de manipulation des esprits. Encore une fois, par qui, pourquoi ? En fait, il est manifeste qu'un certain nombre de contactés, comme Menger et Angelucci aux États-Unis, ou Siragusa en Italie, croyaient à leur histoire. Mais ils ont été trompés, comme le montrent les messages qu'ils avaient reçus, venant de soi-disant habitants de Vénus (Menger, Adamski), de Mars (Helen et Betty Mitchell), de Saturne (George King), ou encore de planètes très mystérieuses : l'une située entre Mars et Jupiter (Orfeo Angelucci), l'autre toujours invisible car toujours localisée de l'autre côté du Soleil : c'est la fameuse planète Clarion, dont la très belle ambassadrice, Aura Rhanes, rencontra en 1954 l'ouvrier américain Truman Bethurum. Il y a des cas encore plus douteux, qui sentent fort l'affaire juteuse, et sur lesquels il vaut mieux passer. Mais, en d'autres occurrences les contactés ont souffert de ce qui leur est arrivé en devenant la risée du public, perdant leur emploi, leurs amis, leur famille. Les messages reçus sont stéréotypés. Ces « frères de l'espace » *(Space Brothers)* sont tous écologistes et pacifistes, et ils nous mettent en garde contre les catastrophes qui nous attendent. Mais pourquoi donc n'ont-ils pas envoyé leurs messages à l'Organisation des Nations unies ou tout gouvernement responsable, par le moyen si pratique de la radiotélégraphie sans fil ? On les aurait peut-être écoutés.

Les sceptiques, comme Hilary Evans et Martin Gardner, ont souligné l'analogie entre cet épisode de contactés modernes et, pour ne remonter qu'au XIXe siècle, les phénomènes très contestés de « spiritisme ». Hilary Evans cite le cas de Catherine Élise Muller (1861-1929), mieux connue sous son pseudonyme d'Hélène Smith, qui fut longuement étudiée par le psychologue suisse Théodore Flournoy. Ses expériences psychiques comportaient des messages de la planète Mars (très en vue à l'époque), qu'elle prétendit même avoir visitée. Elle se mit à parler un langage martien, mais Flournoy put démontrer que c'était un pseudo-langage basé sur le français. Elle fournit même une carte confirmant la « découverte » des fameux canaux[53] ! Ce cas nous amène à mentionner le phénomène des *channels,* très à la mode aux États-Unis.

Les *channels* sont ces personnes qui entrent en transe, en catalepsie, et reçoivent alors des messages que l'on suppose venus de l'au-delà, répondant à des questions de l'auditoire. Le cas le plus célèbre au XXe siècle est celui d'Edgar Cayce, modeste employé sans grande éducation qui se transformait, dit-on, en médecin très performant, en état de transe. Il prophétisait également, et beaucoup sont convaincus de l'authenticité de ses propos, dont la lecture n'est pas facile, mais qui comportent, cela va sans dire, une forte dimension millénariste et apocalyptique. Les nombreux médiums apparus dans les années 70 et suivantes, surtout aux États-Unis, ressemblent assez à ce modèle d'Edgar Cayce. Le lien avec les histoires de contactés est que ces *channels* évoquent souvent, plutôt que le monde des morts à la manière des spirites du siècle dernier, un monde étrange d'entités cosmiques, de fantômes d'un autre Univers, de toute une hiérarchie d'êtres célestes et de frères de l'espace, qui nous veulent tous le plus grand bien, et souhaitent nous aider sur la voie de l'élévation spirituelle.

À vrai dire, le petit monde des *channels* est devenu aussi un *business* très lucratif aux États-Unis, avec quelques émules ailleurs. Martin Gardner s'est amusé à les épingler dans son livre *The New Age* (1988), visant particulièrement une adepte enthousiaste du mouvement, l'actrice Shirley MacLaine. C'est ainsi que son nouveau *channel* préféré, J.Z. (Judy Zebra) Knight, qui « channelise » l'entité Ramtha, entre en transe dans des séances publiques qui ne sont pas gratuites ; 400 dollars l'entrée, et 1 500 dollars pour un séminaire de week-end[54]. Selon le psychologue Jon Klimo, Shirley MacLaine a joué un rôle important dans la promotion de ce mouvement : « Trois des channels américains les plus connus sont J. Z. Knight, Kevin Ryerson et Jach Pursel. Kevin Ryerson, J. Z. Knight et leurs sources respectives ont bénéficié d'un extraordinaire coup de publicité quand Shirley MacLaine, l'actrice bien connue, les a présentés dans ses livres autobiographiques, *L'Amour foudre* et *Danser dans la lumière,* comme des professeurs extraordinaires qui lui avaient beaucoup appris. »[55]

d) Autres spéculations ésotériques

Il existe de nombreuses théories, impliquant les ovnis, qui relèvent elles aussi, à des degrés divers, de l'ésotérisme. Quelques-unes vont être présentées ici, à commencer par le point de vue de Jon Klimo, que l'on vient de citer. Dans un livre très documenté et intéressant, *Les Médiateurs de l'invisible* (1987), Klimo dresse un panorama historique des phénomènes médiumniques, dans lequel les lecteurs du présent ouvrage ne seront pas surpris de voir figurer le chamanisme. Le titre américain de la deuxième édition (1991) souligne bien cette synthèse historique : *Psychics, Prophets ans Mystics. Receiving Information from Paranormal Sources* (« Médiums, prophètes et mystiques. Informations venant de sources paranormales »). Le point de vue de Klimo est difficile à caractériser. Croit-il au surnaturel ? Il semble plutôt tenter une synthèse, comme un certain nombre de scientifiques aujourd'hui, entre un monde « transcendant », « paraphysique », et le monde de la science physique, bien entendu à ses plus extrêmes limites spéculatives ! Et les ovnis, les « frères de l'espace », les « extraterrestres » font partie du voyage : « ... dans la majorité des cas, les " *Aliens* " disent venir de régions vibratoires plus subtiles que les nôtres, en général du plan éthérique situé entre le plan physique et le plan astral des esprits des humains décédés. Ils disent que leur technologie leur permet de transformer leur fréquence vibratoire pour pouvoir entrer dans notre champ de perception, nous donnant parfois l'occasion de " rencontres rapprochées " avec les ovnis. Mais, quand ils s'expriment à travers un channel, ils disent qu'ils le font depuis leur niveau vibratoire natal. »[56]

Sur ce terrain où se croisent des spéculations de paraphysique et d'ésotérisme caractérisé, un autre psychologue américain, le Dr Scott Rogo, semble pencher nettement vers l'ésotérisme, dans son livre *Miracles. A Scientific Exploration of Wondrous Phenomena* (« Miracles. Exploration scientifique des phénomènes du merveilleux ») (1983). Pour lui, il y a une réalité spirituelle dans l'Univers qui peut se manifester par des miracles, ou par... des ovnis[57] ! Un autre psychologue encore, le Dr Kenneth Ring, exprime des vues comparables, dans son livre *The Omega Project* (1992), où il opère un rapprochement pour le moins audacieux entre les fameuses expériences proches de la mort (NDE : *Near Death Experiences*) et les récits d'enlèvements à bord d'ovnis. Kenneth Ring, professeur de psychologie à l'Université du Connecticut, est l'un des spécialistes de l'étude des NDE, dans lesquelles les témoins croient s'être approchés des rivages lumineux de l'au-delà... Kenneth Ring pense avoir établi une analogie entre NDE et rencontres avec des ovnis, et plus précisément un même profil psychologique des témoins, après enquête menée dans les règles de l'art. Il soutient alors l'idée que toutes ces expériences sont des messages adressés aux hommes par une sorte de « superconscience planétaire » (*Mind at Large*) pour signaler les dangers écologiques et la nécessité d'une évolution spirituelle de l'espèce humaine. Quelle est la nature de cette superconscience ? C'est, suppose Ring, qui dit s'inspirer d'Aldous

Huxley et du philosophe Michael Grosso, « une sorte d'esprit planétaire ou collectif qui est à la fois l'expression des aspirations les plus profondes de l'humanité, et qui les transcende »[58].

Les réflexions récentes du Dr John Mack, qu'il a présentées en 1993, et en 1994 dans son livre *Abduction,* sont proches de celles de Kenneth Ring, car il met l'accent ouvertement sur les « dimensions spirituelles » des expériences d'enlèvements ; il ne cache pas, cependant, que les victimes d'enlèvements ont subi des traumatismes très profonds, et c'est précisément cette constatation qui l'a conduit, lui qui est professeur de psychiatrie et clinicien de longue expérience, à admettre la véracité de leurs récits. Mais, malgré le caractère effrayant de ceux-ci, il est surtout impressionné par cette dimension spirituelle qui en ressort et qui a bouleversé sa propre vision, en quelques années d'investigations. Pour John Mack, les victimes d'enlèvements perçoivent les *Aliens* comme des « intermédiaires, des êtres qui sont proches d'une sorte de source spirituelle, d'une âme du monde »[59]. Ils ont le sentiment d'être remis en contact avec leurs origines spirituelles, de nature divine... Certains semblent même revivre, lors de régressions hypnotiques, des vies antérieures ! Edith Fiore cite un tel cas, qui sollicite très fortement notre crédibilité. C'est celui d'un homme (Dan) qui croit avoir été, dans une vie antérieure, un impitoyable guerrier extraterrestre ! Il serait prudent, face à de tels récits, de garder bien en tête le danger très inquiétant de manipulation des esprits. Strieber se *souvient* d'avoir assisté à la fusillade de l'Université d'Austin, tout en sachant qu'il n'y était pas...

Sur un mode non moins spéculatif, notons un autre point de vue se situant en pleine tradition ésotérique des rose-croix et de la théosophie, pourtant exprimé par trois scientifiques : Rupert Sheldrake, biologiste, Ralph Abraham, mathématicien, et Terence McKenna, ethnologue et spécialiste du chamanisme. Dans leur livre commun *Trialogues,* ils spéculent sur les « entités parahumaines » et les « intelligences désincarnées » que seraient les elfes, fées, djinns, sylphes, gnomes et autres : les ET désincarnés ne sont pas loin ! Il y a aussi une touche écologique dans cette vision : c'est « l'âme du monde qui nous parle », la Nature qui est, « par magie, consciente d'elle-même », et qui est à l'œuvre derrière ces entités[60]. Nous retrouvons là l'idée de la Terre vivante, de l'Anglais Lovelock, et aussi les messages écologiques reçus par les contactés.

Après avoir survolé l'histoire des idées ésotériques, nous sentons bien une filiation entre ces notions de conscience planétaire, de Nature vivante, d'êtres désincarnés, et la tradition ésotérique, néo-platonicienne et théosophique, qui fait ainsi peau neuve. Nous sommes là, encore une fois, dans le monde des esprits, qu'il est convenu d'appeler « surnaturel ». Mais il y a maintenant, par rapport à toutes ces conceptions traditionnelles, un aspect nouveau, dans le « phénomène ovni », qui est sa dimension très concrète, très matérielle. N'oublions pas que plus de deux cents témoins, dont plusieurs anciens officiers, affirment avoir participé à la récupération d'un véhicule d'origine non humaine ; bizarre, certes, mais tout ce qu'il y a de plus palpable avec son champ de débris sur le terrain du fermier Brazel ! Alors, les ovnis, véhicules matériels ou manifestations surnaturelles ?

Voici désormais des points de vue qui nous ramènent au centre du « phénomène ovni », principalement ceux de deux ufologues chevronnés, John Keel et Jacques Vallée. Ce dernier est bien connu en France, Américain certes mais d'origine française et ses ouvrages ont été presque tous traduits. En revanche, aucun des livres de l'Américain John Keel n'est, sauf erreur, paru en français à ce jour. Or, le rapprochement entre les deux s'impose car ils ont exprimé, à la même époque, des idées très comparables. Les livres de Vallée ont déjà été évoqués ; citons aussi les principaux de Keel : *UFOs. Operation Trojan Horse* (1970), *The Eighth Tower* (1976, republié en 1978 sous le titre *The Cosmic Question*), *The Mothman Prophecies* (1975 et 1991), et *Disneyland of the Gods* (1988).

En bref, pour Keel comme pour Vallée, les apparitions d'ovnis et d' « ufonautes » ne sont pas des visites d'extraterrestres : ce sont des manifestations provenant d'autres dimensions de l'espace et du temps. Allons droit à la conclusion de Vallée, dans *Dimensions :* « La théorie extraterrestre n'est pas suffisamment étrange pour expliquer les faits. » De quoi s'agit-il donc ? « Je crois plutôt que le phénomène ovni *est une indication d'existence d'autres dimensions au-delà de l'espace-temps ;* il se peut que les ovnis ne viennent pas de l'espace mais d'un *multivers* qui nous entoure et dont nous avons persisté à refuser la réalité troublante malgré les preuves que nous détenons depuis des siècles. »[61] John Keel, quant à lui, a proposé dans *The Cosmic Question* une théorie très ésotérique sur l'existence d'un « superspectre » (ce mot rappelant le spectre des ondes électromagnétiques), « fait d'énergies biologiques avec la gravité figurant au bas de l'échelle. Au-delà de la gravité, il y a d'autres forces biologiques qui produisent toutes les manifestations psychiques et occultes »[62]. Le cadre général étant ainsi posé, la question suivante est évidemment : que sont les entités qui nous apparaissent, depuis la nuit des temps et si mystérieusement, et que nous veulent-elles ? Les idées de Keel et Vallée rejoignent ici les spéculations déjà évoquées sur l'origine des religions, sur la nature des anges et des démons, mais elles prennent chez eux un tour original et avouons-le assez inquiétant.

Pour Keel et Vallée, les entités de ce monde « paraphysique » ne ressemblent pas du tout à ces *Space Brothers* bienveillants des contactés et des *channels*. Ce sont des êtres assez hostiles et menaçants, malins aussi, au sens de toute la tradition diabolique. À quoi s'amusent-ils sur cette Terre ? Pour Keel, ce sont des joueurs cosmiques (*Cosmic Jokers*), et la Terre est une sorte de terrain de jeu, de « Disneyland des dieux » ! C'est d'ailleurs le titre de son dernier livre, qui se termine sur une vision d'un total pessimisme : « Nous sommes des robots biochimiques sous contrôle et à la merci de forces qui peuvent s'emparer de nos cerveaux, détruire notre mémoire et nous utiliser comme bon leur semble. »[63] Cette très noire perspective nous en rappelle une autre, celle des gnostiques et des manichéens de la fin de l'Antiquité ! L'optique de Vallée est peut-être moins sombre, mais passablement pessimiste elle aussi. Pour lui, nous sommes soumis à une puissante « force de contrôle », plus précisément « un système de contrôle spirituel », qui prépare peut-être, en répandant la « croyance » aux ovnis, l'avènement d'une... nouvelle religion : « Je pense que tout est prêt pour qu'apparaissent de nouvelles croyances centrées sur celle des ovnis. De tous les phénomènes auxquels la science moderne est confrontée, ce sont les ovnis qui inspirent le plus de crainte et évoquent le mieux la petitesse de l'homme et la possibilité d'un contact avec l'incommensurable. »[64] Et la conclusion de Vallée ne diffère guère de celle de Keel : c'est la méfiance vis-à-vis de forces obscures qui nous manipulent. A la fin de son livre

Révélations (1991), Vallée imagine un cauchemar : « ... la grande clameur des multitudes délirantes se préparant à accueillir leurs nouveaux maîtres venus de l'espace dans leurs belles fausses soucoupes » ; et il termine ainsi son ouvrage : « Ne comptez pas sur moi pour être au premier rang et pour applaudir. »[65]

Vallée n'est pas le seul à s'être inquiété de la sorte : en France, Aimé Michel et Pierre Guérin ont exprimé la même crainte d'une manipulation occulte aboutissant à diverses croyances suspectes. On pense aussi aux analyses de Dodds sur l'Antiquité, de Norman Cohn sur le fanatisme millénartiste de la fin du Moyen Âge.

Quels sont les arguments, le cheminement de Keel et de Vallée pour en arriver à d'aussi sombres conclusions? L'axe principal, semble-t-il, c'est la conviction croissante, au fil des années d'enquêtes, que nous sommes *manipulés,* induits en erreur par des mises en scène de toutes sortes, depuis les manifestations grotesques et monstrueuses dont se délecte John Keel, jusqu'aux montages complexes et sophistiqués comme l'affaire Ummo. Selon Jacques Vallée, tous ces camouflages auraient pour but... de nous persuader de l'hypothèse extraterrestre ! Pourquoi cela ? Pour cacher la vraie nature de ces entités, venues d'un espace « multidimensionnel, au-delà de l'espace-temps lui-même ».

L'astrophysicien Pierre Guérin s'est vivement opposé à cette thèse étrange et, au fond, assez incompréhensible. Selon lui, c'est le contraire qui est probable : ces extraterrestres masquent leur vraie nature ; à quoi est venu s'ajouter une sorte de « *debunking* nouveau », apparu ces dernières années et qui serait, lui, le travail des services secrets, renforçant ainsi celui des extraterrestres eux-mêmes. Rappelons qu'on nomme *debunking* la réfutation systématique des observations d'ovnis, une politique qui avait été recommandée dès 1953 par la commission Robertson aux États-Unis, et qui semble avoir encore quelques beaux jours devant elle. Vallée admet l'existence d'un camouflage par les services secrets, mais il poursuit obstinément son idée que le véritable objectif de tout cela est de nous cacher, en nous incitant à croire aux extraterrestres, l'origine mystérieuse de ces entités. Ainsi, les Américains inventeraient, dans ce but, des histoires de soucoupes écrasées ! Guérin lui répond ceci, qui est la voix du bon sens : « Qu'il y ait manipulation, d'accord, je suis le premier à le dire.

Mais que cette manipulation ait pour raison d'être d'induire la croyance aux extraterrestres, alors que depuis quarante-cinq ans la CIA, secondée par une majorité de scientifiques ignorants du dossier, n'a cessé de bloquer cette croyance aux extraterrestres en accumulant commissions et déclarations, cela me paraît totalement surréaliste. »[66]

Cette critique, qui s'imposait, étant faite, cédons au plaisir de citer quelques exemples de ces camouflages supposés, de ces spectacles de farces et attrapes, pas toujours du meilleur goût, que ces bizarres extraterrestres nous auraient joués : pour nous tromper, ou bien seulement pour s'amuser ? Comment imaginer l'état d'esprit d'êtres civilisés depuis, peut-être, des millions d'années ? John Keel est intarissable sur les apparitions abominables. L'une des premières du genre (à notre époque) a eu lieu en 1952, près de Sutton (Virginie occidentale), au lieu-dit de Flatwoods, durant la vague de soucoupes volantes de cette année-là. Les témoins virent d'abord une boule de feu dans le ciel, qui alla s'écraser au sommet d'une colline. Les gens accourus, pensant à un accident d'avion, aperçurent alors, flottant au milieu d'une sorte de brouillard, un monstre terrifiant avec deux grands yeux lumineux qui émettaient de puissants faisceaux de lumière bleu pâle. La scène dégageait en outre une odeur nauséabonde qui leur irrita les yeux et la gorge. Cette puanteur planait encore quand des journalistes vinrent quelques heures après[67]. Ce genre d'émanation est un trait typique de tous ces épisodes : odeur soufrée, ou d'œufs pourris caractéristique de l'hydrogène sulfuré. Mais, n'était-ce pas le soufre qu'on associait autrefois aux apparitions diaboliques ? Keel raconte aussi la célèbre manifestation du monstre, familièrement baptisé « Momo », en 1972, et encore toute une série de phénomènes, assez effroyables, ceux-là, d'hommes volants avec des ailes de chauves-souris et d'énormes yeux rouges, lumineux et protubérants, qu'il a baptisés « hommes-mites », sans doute pour les distinguer du fameux héros de bande dessinée ! Dans le livre où il raconte cette histoire (*The Mothman Prophecies*), et dans *The Cosmic Question,* Keel développe la thèse que ces visions se produisent dans des régions hantées depuis toujours, ce qui serait le cas de la Virginie occidentale, seule partie de l'Amérique du Nord que n'habitaient pas les Indiens ! Pour Keel, pas de doute, ces créatures sont des métamorphoses (*transmogrifications*), des chimères créées de toutes pièces par les « ultraterrestres » ou par une force mystérieuse qui a « une intelligence d'enfant capricieuse, souvent irrationnelle »[68]. Le monstre du Loch Ness, et les apparitions de *Big Foot* dans les montagnes Rocheuses, feraient partie de cette galerie de fantômes... Une thèse soutenue aussi par l'Anglais Ted Holiday (*The Goblin Universe*), et par l'Américain Ivan Sanderson, qui considère le monde comme un organisme vivant, et soutient même, dans *Invisible Residents,* qu'il existe une vie intelligente au fond des mers !

Jacques Vallée, de son côté, cite par exemple des apparitions qui rappellent celles des fées, des sylphes et lutins médiévaux. C'est le cas, selon lui, de l'histoire du vieux fermier Joe Simonton, qui vivait seul dans une petite maison près de Eagle River, dans le Wisconsin. Il trouva un jour, en 1961, une soucoupe volante planant dans sa cour. Par une écoutille, il aperçut trois hommes à l'intérieur, qui ressemblaient à des Italiens, mais de petite taille : il leur apporta de l'eau et, en échange, ils lui offrirent trois galettes qu'ils venaient de cuire ! Ces galettes, dûment analysées, s'avérèrent contenir du sarrasin, qui est intimement lié aux légendes de Bretagne, peuplées de fées et de korrigans. L'échange de nourriture appartient à la tradition des fées des pays celtiques, ce qui amène Vallée à penser que l'incident de Eagle River pourrait être compris, dans un sens symbolique, comme « une cérémonie simple et cependant grandiose »[69]... Établissons un lien avec un détail intéressant de l'histoire de Betty Andreasson, que s'est plu à souligner Whitley Strieber : lors de l'une de ses premières sessions d'hypnose, elle dit quelques mots d'un langage inconnu, qu'elle entendait dans sa tête. On s'aperçut, des années plus tard, qu'il s'agissait d'ancien gaélique, et que la phrase signifiait : « Enfants des pays du Nord, vous errez dans une nuit impénétrable. Votre mère est affligée »[70]...

Que peut bien signifier tout cela ? Avons-nous des ancêtres extraterrestres ? Est-ce un message de la Vierge ? Ou bien sommes-nous tout simplement en présence d'un moderne folklore qui relève de l'étude ethnologique et historique ? C'est le point de vue rationnel orthodoxe que nous allons présenter. Référons-nous encore, auparavant, à deux ufologues, français cette fois, qui soutiennent des vues ésotériques. La première, proposée par Pierre Viéroudy dans les années 70 (*Ces ovnis qui annoncent le surhomme*), supposait l'existence d'un « processus d'automanipulation de la collectivité humaine par elle-même ». C'est l'humanité qui serait génératrice d'une sorte de champ « psi » (au sens de parapsychique), responsable des apparitions d'ovnis, tout comme les spectres du spiritisme au XIXe siècle ! Récemment, un autre ufologue, Jean Sider, s'est converti lui aussi à des conceptions ésotériques, après avoir pourtant étudié la question des accidents d'ovnis et du secret aux États-Unis. Il croit désormais à l'existence de « créatures aux pouvoirs fantastiques », émanation d'une intelligence supérieure qui, sans doute, « circule partout sur notre planète sous forme d'un fluide, comme la couche d'air qui entoure la Terre »[71]. Une vision, on le constate, s'inscrivant elle aussi dans la tradition ésotérique, et très proche des idées de Keel et Vallée.

Ces conceptions impliquent la réfutation de l'hypothèse des ovnis extraterrestres, ce à quoi n'ont pas manqué de s'employer ces auteurs, avec des arguments évidemment très affutés, émanant d'ufologues avertis. Nous examinerons ces arguments, en revenant sur l'hypothèse extraterrestre pour conclure. Mais il nous reste encore à présenter le point de vue rationaliste classique, pour lequel les ovnis ne sont qu'un nouveau mythe.

Mythes, folklore et illusions

Les idées des psychologues, psychiatres, ethnologues et historiens sur les ovnis, ont déjà été abordées à plusieurs reprises. Mais soulignons encore une fois qu'il n'y a pas unanimité du monde scientifique et intellectuel pour réfuter l'hypothèse de l'existence des ovnis. Nous avons vu un professeur de psychiatrie de l'école de médecine de Harvard se prononcer en faveur de cette réalité, y compris des histoires d'enlèvements !

Les explications psychologiques, psychanalytiques, du « phénomène ovni » s'apparentent aux analyses faites par ailleurs sur les mythes primitifs, sur les croyances populaires, sur les rêves, les interprétations des religions en ethnologie. On pourrait citer aussi le psychanalyste Géza Roheim (*La Panique des dieux, Les Portes du rêve*), et la théorie « ethnopsychiatrique » de Laplantine ; interprétations qui s'inscrivent toutes, bien entendu, dans un strict rationalisme. C'est pourquoi il faut mettre à part Carl Jung qui, on l'a vu, élaborait sur les traditions religieuses et ésotériques, et admettait, pour revenir à notre sujet, la probable réalité des ovnis ! Le professeur Gilbert Durand a souligné l'apport de Jung, ainsi que d'historiens des religions comme Eliade et Corbin, en faveur d'une « remythologisation », d'une redécouverte du « paradigme perdu »[72], mais il s'agit là d'un monde visionnaire essentiellement religieux, hostile à l'évhémérisme des « dieux extraterrestres » (Jung mis à part, encore une fois). Hostilité partagée, bien sûr, par le monde intellectuel des « sciences humaines ».

Deux auteurs ont étudié particulièrement les aspects psychologiques du phénomène ovni, le Français Bertrand Méheust et l'Anglais Hilary Evans. Commençons par l'Anglais, qui, d'abord spécialiste de l'étude des phénomènes dits « paranormaux », s'est finalement rangé, semble-t-il, à un point de vue rationaliste classique sur ces manifestations, y compris les apparitions d'ovnis. Dans deux livres très appréciés (*Visions, Apparitions, Alien Visitors,* 1984, et *Gods, Spirits. Cosmic Guardians,* 1987), Evans opère un vaste rapprochement entre les visions religieuses les plus anciennes et les modernes visions d'ovnis et d'étranges « entités », s'attachant surtout à l'examen des « contactés ». Il résume lui-même sa démarche, à la fin de son second ouvrage : « Je suppose que vous avez, comme moi, commencé cette enquête avec le soupçon qu'un certain nombre, peut-être beaucoup, peut-être la plupart, peut-être toutes les expériences de “ rencontres ” (*encounter experiences*) sont des mensonges. Et nous avons trouvé que nos pires soupçons sont confirmés. Oui, en vérité, ce sont des mensonges. Mensonges, par définition, car ce que le témoin voit n'est pas “ vrai ” à l'aune de la réalité conventionnelle. »[73] De quoi s'agit-il, alors ? Evans cite le modèle, que nous avons déjà mentionné, de l'Américain Scott Rogo, celui d'une sorte de « supercerveau » (*supermind*) mystérieux, attentif aux besoins inconscients des humains, et façonnant en conséquence ces scénarios de contact et d'enlèvement. De cette théorie, Evans élimine l'intervention extérieure, pour en arriver à la conclusion que toutes les histoires de contacts (y compris religieuses) sont des inventions inconscientes des témoins : « Leurs rencontres n'ont pas lieu avec des dieux, ni avec des esprits, ni avec des gardiens cosmiques, mais avec des aspects plus élevés de leur propre moi. »[74]

Le point de vue de Bertrand Méheust, professeur de philosophie et chargé de cours d'ethnologie, a déjà été évoqué. Selon lui, nous observons une mythologie en formation, nourrie au départ des légendes et du merveilleux scientifique véhiculés par la science-fiction : « Les récits des témoins contemporains apparaissaient comme constitués d'un " prêt-à-porter symbolique " élaboré par les écrivains et les illustrateurs de science-fiction un demi-siècle auparavant ; et leurs expériences devenaient autant d'échos vécus d'anciens mythes littéraires. »[75]

Dans le texte de préface de la nouvelle édition de son livre *Soucoupes volantes et folklore,* rebaptisé *En soucoupes volantes* (1992) pour mettre l'accent sur les histoires d'enlèvements qui, on l'a constaté, se sont multipliées aux États-Unis (et peut-être ailleurs ?), Bertrand Méheust affirme que son analyse s'applique bien aussi à ce nouvel épisode du « légendaire soucoupiste », qui, malgré son décor technologique, évoque de plus en plus le légendaire diabolique : « À l'insu des acteurs et de la plupart des commentateurs américains, l'imaginaire des enlèvements, malgré son décor technicien, se rapproche peu à peu de celui de la sorcellerie et du chamanisme. »[76]

Il est bien évident qu'on ne peut pas trancher, à l'heure actuelle, avec une totale certitude, sur le caractère réel ou imaginaire des récits d'ovnis, tant que personne n'aura produit publiquement une véritable « pièce à conviction ». Rien n'empêche donc de continuer à fignoler des théories psychologiques sur toutes ces aventures. Plus de deux cents témoins américains affirment savoir qu'on a effectivement récupéré un ovni écrasé en 1947, mais cela serait couvert par le plus haut niveau de secret : il n'y a donc aucune preuve ! De même, des centaines d'hommes et de femmes, jugés sains d'esprit par les psychiatres, revivent sous hypnose, avec terreur, d'inquiétantes histoires d'enlèvements et de manipulations génétiques, qui semblent dévoilées peu à peu selon un programme bien contrôlé ; mais cela ne constitue pas une preuve indubitable, et l'on peut encore penser qu'il s'agit de phénomènes purement psychiques. Il reste quand même, cependant, à expliquer tous les aspects physiques des observations d'ovnis.

Bertrand Méheust n'ignore pas la difficulté qu'il y a à justifier dans un cadre purement psychologique les aspects physiques des études d'ovnis : il s'y efforce mais, là, on le sent à la peine. C'est ainsi qu'il compare les nombreux incidents de calage de moteur, à l'approche d'un ovni, aux vieilles histoires de charrettes dont le cheval était soudain paralysé, juste avant l'apparition du Diable : « Lorsque l'on connaît ce corps de légendes, on ne peut plus guère porter le même regard sur les histoires de moteurs calés qui préfacent de nombreux enlèvements. Le motif apparaît assez clairement comme une autre variante contemporaine du sortilège, recyclée par l'imaginaire du merveilleux scientifique. »[77] Et si, en effet, c'étaient les mêmes « diables » qui étaient responsable de toutes ces « légendes »? L'argument peut se retourner, et la légende prend alors un poids imprévu.

Méheust compare ensuite les modernes ovnis aux visions antiques : « Piliers de lumière solide, sphères incandescentes ravisseuses de prophètes, pinceaux de lumière dardés sur le mystique choisi », ou encore cette descente du Feu divin rapportée par le père Festugière : « Un ange surgit devant saint Georges et l'entraîne sur une montagne, où l'homme voit converger, venues de plusieurs points de l'horizon, des roues lumineuses... »[78] Saint Georges aperçoit encore une nuée lumineuse, des colonnes de feu, etc. À l'évidence on a toujours *imaginé* ce genre de choses ! Mais les traces au sol ? Eh bien, il y en a aussi dans les légendes du Diable, comme celles de l'Ankou en Bretagne et en Normandie : on découvre le lendemain les marques des roues de son équipage macabre. « Dans certaines variantes, plus spectaculaires, il descend du ciel dans une épouvantable lumière puis redécolle en laissant sur le sol les traces de son passage. » N'oublions pas non plus de mentionner les empreintes circulaires des fées et des lutins ! Ainsi, conclut Méheust : « Les traces des ovnis, comme on le voit, ressemblent fort aux marques laissées jadis sur le sol par les êtres surnaturels. L'ancien motif s'est pratiquement redéployé tel quel dans le légendaire soucoupique. »[79]

Bertrand Méheust n'est pas le seul partisan d'une explication psychologique des ovnis. C'est tout un mouvement, baptisé « nouvelle ufologie », qui s'est formé il y a une vingtaine d'années, surtout en Europe, particulièrement en Grande-Bretagne, en France et en Italie, et qui a produit encore en 1993 un livre collectif, dont le titre résume un long discours : *Ovnis. Vers une anthropologie d'un mythe contemporain*[80]. L'un des principaux arguments, développé longuement, est qu'on a toujours distingué, à toute époque, sinon des ovnis, du moins des apparitions mystérieuses : il s'agirait donc d'une constante de l'esprit humain. Or, cet argument n'est-il pas *réversible* ? Si les ovnis existent, et qu'ils nous visitent depuis longtemps, ils doivent avoir suscité des mythes ! En plein xxe siècle, bien des contactés ont cru voir des anges. Ainsi, la thèse historique et psychologique peut être retournée comme un gant.

Terminons justement sur une note féerique, une histoire de bottes de cristal. Dans son livre *Communion,* Whitley Strieber reproduit un dialogue entre plusieurs victimes supposées d'enlèvements, réunies par Budd Hopkins dans un groupe d'entraide, et auquel Strieber avait participé. Voici le témoignage de Sally, cadre commercial de trente-six ans, qui, comme beaucoup d'autres, ne voulait pas croire à son aventure, révélée sous hypnose : « Vous savez, la première fois que j'ai compris que quelque chose m'était arrivé qui n'était pas un pur produit de mon imagination, n'était pas un produit de mon subconscient ou une création de mon esprit, j'étais en train de lire l'histoire de Betty Andreasson (*L'affaire Andreasson,* de Raymond E. Fowler) ; elle décrivait en détail des sortes de bottes de cristal qu'on lui avait fait mettre. Le fond de ces bottes était transparent, c'était comme une épaisse semelle, dans laquelle se trouvait une sorte de circuit électrique. Et c'était exactement ce qu'on m'avait fait mettre. Exactement. Je me suis dit que je ne pouvais croire qu'une autre femme ait eu exactement la même chose aux pieds, qu'elle ait imaginé exactement la même chose que moi. Je me suis dit : " rien à faire ", et les larmes ont commencé à couler sur mon visage, et je me suis dit : " c'est ça ". J'étais complètement bouleversée. Je n'ai pas pu dormir, me tournant et me retournant, j'étais dans un état lamentable. Je voulais me cacher quelque part. Horrible. »[81]

Il est difficile de ne pas être touché par un tel témoignage, comme par bien d'autres, qu'ont rapportés des enquêteurs sérieux. Les témoins s'inventent-ils ces aventures pour se faire « plaisir » ? Il faut une bonne dose d'inconscience pour l'affirmer ! De même que le juge doit se forger son « intime conviction », la lecture de ces récits avec un esprit ouvert emporte la conviction que ces témoins ont vécu un événement *réel,* qui les a bouleversés. Mais bien sûr, le résumé condensé dans les pages précédentes ne saurait remplacer la lecture des livres cités.

Nous avons passé en revue tout un éventail d'opinions sur la signification de cet insaisissable « phénomène ovni », qui intrigue, irrite et décourage les esprits les mieux disposés. Tout cela est-il un tissu d'erreurs, de mensonges et d'absurdités ? À ce point du débat, il faut revenir aux faits. Or, l'étude honnête du dossier des ovnis oblige à admettre la présence, sur notre planète, de « visiteurs » aériens non-humains, plus ou moins cachés, du fait de leur propre comportement mais aussi, semble-t-il, d'une politique de secret appliquée avec beaucoup d'efficacité par tous les grands pays. Un autre aspect du problème est que ces apparitions semblent défier les lois physiques connues, au point de ressembler à de la magie. Mais nous savons bien que notre science terrestre a encore beaucoup à découvrir, et qu'il est donc difficile d'imaginer ce que serait capable d'accomplir une science beaucoup plus avancée que la nôtre. Cependant, les spéculations les plus hardies de la physique actuelle nous laissent déjà apercevoir ce que pourrait être une telle « superphysique ».

« *Superphysique* », *manipulations et vision historique*

a) D'étonnantes perspectives en physique

Il paraît opportun de tenter ici un petit aperçu de quelques perspectives assez étonnantes dans le domaine de la physique contemporaine, ne serait-ce que pour nous rendre compte de l'état très provisoire de la science d'aujourd'hui, et de nouveaux bouleversements qui, sans doute, se préparent. Rappelons d'abord un débat qui a opposé longtemps Albert Einstein, père de la théorie de la relativité, aux adeptes, très majoritaires, de la notion d'incertitude en physique quantique, l'autre grande théorie, régissant le monde des particules. Einstein rejetait cette idée d'incertitude, préférant supposer l'existence de « variables cachées », c'est-à-dire d'effets encore inconnus, par lesquelles le monde serait complètement déterminé. Or, des expériences récentes, dont celle du physicien Alain Aspect en France, ont tranché en faveur de l'indéterminisme quantique. Cela est clairement expliqué, incidemment, dans un livre de vulgarisation, *Le Cantique des quantiques : Le monde existe-t-il* de Sven Ortoli et Jean-Pierre Pharabod, qui soulignent le caractère mystérieux de cette théorie : « La physique quantique porte en elle les germes d'une immense révolution culturelle, qui pour le moment n'a été réalisée qu'à l'intérieur d'un petit cénacle de grands scientifiques. »[82]

Cette expérience d'Aspect, qui avait été proposée par Einstein lui-même (sous le nom de « paradoxe EPR »), a non seulement établi la démonstration de l'indétermination, mais elle a en plus démontré que deux particules jumelles, en l'occurrence deux photons émis ensemble, restent liés entre eux-mêmes après s'être séparés à la vitesse de la lumière ! C'est la notion de « non-séparabilité », qui est aussi mystérieuse que celle de l'indétermination. Ajoutons que les physiciens qui prennent acte de cette propriété mystérieuse, cette « non-localité » des particules, qui semble défier la barre réputée infranchissable de la vitesse de la lumière, s'empressent de souligner que cela ne signifie pas la possibilité de voyager plus vite que la lumière... Mais cela s'avérerait peut-être possible, selon d'autres théories !

Une autre façon d'évoquer les arcanes profonds de la matière est celle du physicien Bernard d'Espagnat, qui nous met en garde contre une vision trop simpliste telle qu'on l'enseigne en présentant le « modèle standard » des forces et des particules. Un modèle qui paraît clair et de bon aloi, mais attention, nous dit-il, la réalité profonde nous échappe, est comme « voilée » et ne peut être réduite à une panoplie de particules indépendantes : « On est conduit à reconnaître que la réalité a des aspects holistes essentiels : on ne peut, même par la pensée, la réduire à de petits grains et à des champs localement bien définis. »[83]

À ces notions étranges de « non-séparabilité » des particules, de nature holistique et voilée de la réalité, il faut ajouter encore un autre aspect, une autre interrogation célèbre de la physique quantique, qui est celle de l'interférence entre l'esprit et la matière. Que diable vient faire cette notion métaphysique en physique avancée ? Elle est apparue à propos de la question, très discutée, de l'influence de l'observateur, qui fait une mesure, sur le résultat de cette mesure, au niveau de l'état quantique du phénomène étudié, supposé non déterminé avant la mesure : serait-ce l'esprit de l'observateur qui provoque, consciemment ou non, le choix, jusque-là aléatoire, de l'état pris par l'objet mesuré ? Aussi incroyable que cela puisse paraître, ce sujet a été longuement débattu, avec un autre paradoxe à l'appui, celui du chat de Schrödinger, l'un des pères de la physique quantique. Il en est sorti deux « écoles », l'une « idéaliste » et l'autre « réaliste », qui semblent redonner vie à de vieilles discussions métaphysiques. L'attitude la plus répandue (et la plus commode) est de ne pas choisir entre matérialisme et idéalisme, suivant en cela l'école de Copenhague, de Bohr et Heisenberg. Mais il y a encore une autre voie, « le " syncrétisme " qui tente la synthèse du matérialisme et de l'idéalisme en postulant l'existence d'une réalité plus profonde dont la matière et l'esprit ne seraient que deux aspects complémentaires »[84]. Se présentent alors plusieurs interprétations : ce sont aussi bien David Bohm, partisan d'une théorie à « variables cachées non locales », que d'autres physiciens qui s'en tiennent strictement à la théorie quantique, tels Fritjof Capra aux États-Unis et Bernard d'Espagnat en France.

Pour le physicien anglais David Bohm, « il existe dans l'espace un " potentiel quantique " en plus des champs de force reconnus par la physique classique et par la physique quantique ; à la différence de ces champs de force, le potentiel quantique ne transporte pas d'énergie et nous ne pouvons pas le détecter directement, mais les particules en subissent les effets et s'en servent en quelque sorte pour *communiquer entre elles* »[85]. Ce potentiel est ainsi une « variable cachée non locale », dont les variations se propagent à une vitesse infinie. Cependant, cette thèse se heurtait à des difficultés, étant notamment incompatible avec la théorie de la relativité ; à la suite de quoi Bohm « s'est lancé dans une entreprise très ambitieuse de reconstruction de la physique, fondée sur l'idée que l'ordre " déployé " du monde, celui que nous voyons, exprimé par exemple par le mouvement des planètes, serait en fait l'expression d'un ordre " impliqué " où les notions d'espace et de temps n'auraient plus cours »[86]. Dans cette conception, chaque partie de l'espace-temps, aussi petite soit-elle, contiendrait une image de l'Univers entier, à la manière d'un hologramme. Dans *La Plénitude de l'Univers* (*Wholeness and the Implicate Order,* 1980), Bohm soutient que « la réalité profonde n'est ni l'esprit, ni la matière, mais une réalité d'une dimension supérieure qui est leur base commune et dans laquelle prévaut l'ordre impliqué »[87].

Il existe une interprétation encore plus « idéaliste », celle du physicien américain Jack Sarfati, pour qui ces « variables cachées non locales », pourraient être responsables des phénomènes parapsychiques, comme la télépathie et la psychokinésie (action supposée de l'esprit sur la matière)[88]. Dans le même genre d'idées, mais cette fois au sein de la physique quantique, se situe l'hypothèse originale du physicien français Costa de Beauregard, qui met en cause la notion de temps : il peut exister des ondes remontant le cours du temps. Le principal handicap de sa théorie, avouent Ortoli et Pharabod, est qu'il est un fervent partisan de la parapsychologie, si bien que les autres physiciens « ont peur de passer pour des illuminés » ! Il est notoire, cependant, que bien des scientifiques, et non des moindres, se sont intéressés, et s'intéressent toujours, à ces étranges phénomènes, auxquels la physique quantique apporterait ainsi, peut-être, une base théorique. Parmi ces scientifiques, Robert Jahn, doyen du département d'ingénierie de l'Université de Princeton, où il dirige des recherches dans ce domaine depuis plusieurs années (présentées dans son livre *Aux frontières du paranormal,* avec Brenda Dunne), s'appuie lui aussi sur la physique quantique, mais il la considère plutôt comme un formalisme, « une métaphore globale pour toutes les formes d'interaction de la conscience »[89].

Dans cette escalade aux extrêmes de la spéculation scientifique, figure la théorie peut-être la plus extravagante de toutes, celle des Univers parallèles de Hugh Everett (1957) aussitôt soutenue par John Wheeler : à chaque réduction d'onde d'un système, toutes ses virtualités donnent naissance à des mondes parallèles, ce qui fait qu'on arriverait rapidement à une infinité de ces mondes ! Il est piquant de noter que ce même Wheeler s'est opposé avec virulence aux recherches en parapsychologie... Il n'est pas le seul, d'ailleurs, car en France ces idées sont, bien entendu, pourfendues par l'Union rationaliste.

Il ne faudrait pas s'imaginer que, à côté des mystères de la physique quantique, l'autre grande théorie de la physique, la relativité d'Einstein, serait plus facile à comprendre car, même sans entrer dans les débats très complexes de la cosmologie, il faut au moins savoir que l'espace selon Einstein est fort éloigné de notre perception naturelle : il « peut être déformé, courbé, étiré, comme dans le cas de l'expansion de l'Univers, et même tordu, voire déchiré, comme au cours de l'effondrement catastrophique d'une étoile massive sur elle-même, conduisant à un trou noir ; le temps peut, lui aussi, être étiré »[90]. Le grand problème de la physique, on le sait, est d'arriver à faire la synthèse des deux principales théories, question que les physiciens n'espèrent pas résoudre de sitôt, bien que certains y travaillent d'arrache-pied. Les solutions envisagées impliquent généralement l'idée d'autres dimensions de l'Univers : c'est le cas de toute une famille de théories dites des « supercordes » dont il est très intéressant de dire ici quelques mots.

L'un des plus brillants physiciens actuels, Abdus Salam (prix Nobel en 1979), explique l'origine de cette théorie, dans *la Grande Unification.* L'objectif d'Einstein, qu'il poursuivit pendant trente-cinq ans, était l'unification de la gravité et de l'électromagnétisme. Or, dès 1919, une hypothèse de Kaluza-Klein la rendait possible, mais à condition de se placer dans un Univers... à cinq dimensions, solution que refusa Einstein. La cinquième dimension était imaginée comme une boucle infiniment petite, de 10^{-33} cm (longueur de Planck : échelle à laquelle devaient s'unifier les forces). Cette théorie fut longtemps oubliée, mais elle est maintenant revenue en force, cette fois dans un espace à dix dimensions, avec la théorie des supercordes. Quatre dimensions sont les dimensions familières de l'espace-temps. Les six autres « sont " compactifiées " jusqu'à des tailles de l'ordre de la longueur de Planck soit 10^{-33} cm, de façon à englober l'électromagnétisme *aussi bien* que les forces nucléaires. De cette manière, toutes ces forces pourraient se combiner avec la gravitation en *une seule* force fondamentale »[91].

Selon Richard Morris *(Aux confins de la science),* cette thèse est très prometteuse (en particulier, on ne s'est pas encore confronté à des grandeurs infinies), mais « elle se heurte à des problèmes parfois si démesurés qu'il faudra peut-être plusieurs décennies avant d'en venir à bout, si tant est que cela soit possible »[92]. Cette idée d'espace à dix dimensions est particulièrement choquante pour l'esprit. Or, certains travaux récents montrent que c'est peut-être une vue théorique, et la réalité pourrait être tout autre : « En fait, Edward Witten (théoricien renommé de Princeton) a réussi à reformuler la théorie à l'aide de quatre dimensions seulement. Les six autres sont encore présentes, mais elles n'ont plus un caractère spatial. Toutefois, on ne comprend pas encore précisément ce que représenteraient ces six " choses " supplémentaires. Tout ce qu'on peut dire jusqu'à présent, c'est que la théorie requiert six variables supplémentaires d'une nature inconnue. »[93] Voilà qui rendrait peut-être celle-ci moins fantasmagorique ? Quoi qu'il en soit, plusieurs physiciens de renom ont exprimé leur scepticisme, comme Feynman et Glashow. Mais pour Steven Weinberg, autre prix Nobel de physique, pour juger cette théorie, il faut attendre de voir ce qui va en sortir. Et il ajoute : « Je crois qu'on a de quoi bien s'amuser pendant les années à venir. »[94]

Un aspect extraordinaire, justement, de la théorie des supercordes, est l'hypothèse de l'existence d'un double de notre Univers, une sorte d'Univers « fantôme », dont la présence ne se ferait sentir que par des effets gravitationnels. Selon une variante de cette thèse, présentée par la très sérieuse revue *Nature,* l'ensemble des particules existant dans l'Univers se serait scindé en deux grandes familles déconnectées : d'une part les particules de notre Univers, y compris les particules exotiques recherchées actuellement ; d'autre part un « monde entièrement nouveau ». « Il s'agirait de particules analogues sans doute à celles que nous connaissons mais sans interactions possibles avec elles (sinon gravitationnelles) : une sorte de " matière-fantôme ". Ce monde occuperait le même volume que le nôtre, si bien que nous pourrions nous trouver sans le savoir à l'intérieur d'une montagne ou au fond d'une mer " fantôme " ! »[95]

Il est intéressant de mentionner ici un autre aspect des débats actuels entre physiciens et astrophysiciens : la rotation des galaxies, observée par les astronomes, implique la présence de beaucoup plus de matière que la masse des étoiles visibles. Cette matière noire ou masse cachée serait considérable, de l'ordre de 90 % de la masse totale de l'Univers. Pire encore, dans le cadre de la théorie du big-bang, il manquerait 99 % de la masse totale ! Bien entendu, cette hypothèse est très controversée, comme d'ailleurs la théorie du big-bang elle-même, qui pose des problèmes théoriques redoutables (comment croire que l'Univers tout entier est sorti d'un point mathématique ?). En revanche, l'existence d'une quantité considérable de masse cachée, c'est-à-dire invisible mais repérée par ses effets gravitationnels sur les galaxies, est indubitable. De nombreuses hypothèses sont avancées sur sa nature : étoiles brunes (on en a déjà repéré) ; nuages d'hydrogène interstellaire ; neutrinos (mais on ignore leur masse) trous noirs ; particules exotiques et encore méconnues, dont l'existence est supposée dans les théories d'unification, et qui auraient une forte masse. Et s'il s'agissait de cet Univers fantôme évoqué plus haut ? Voilà encore matière à rêver.

Jusqu'où vont nous emmener les spéculations de la physique ? Parmi les idées insolites avancées récemment a resurgi l'éventualité des voyages dans l'espace plus vite que la lumière, qui impliquent aussi la possibilité de voyages dans le temps, en passant par des « trous noirs », ou des « trous de ver » : « ... il y aurait à l'intérieur du trou noir un trou de ver connecté à un autre Univers ou à une région éloignée de notre Univers. Ce trou de ver pourrait déboucher dans notre Univers, mais à une époque différente. Ces résultats semblent indiquer que le voyage à travers les trous noirs pourrait théoriquement être utilisé pour des déplacements instantanés à une vitesse supérieure à celle de la lumière vers des régions de l'Univers, ou vers le passé, ou vers le futur. »[96]

Ce genre de spéculation se situe évidemment aux limites de la science actuelle. Tout d'abord, un spationaute assez fou pour se lancer vers un trou noir ne serait-il pas anéanti par les forces gravitationnelles ? Mais, nouveau rebondissement, il pourrait y avoir des « trous de ver » sans « trou noir », c'est-à-dire des voies de passage sans risquer cet écrasement ! Ils furent imaginés par l'astronome allemand Schwarzschild, à partir des équations de la relativité générale. L'idée a été reprise en 1988 par les physiciens américains Morris, Thorne et Yurtsever, qui ont imaginé « la possibilité qu'aurait une civilisation technologique extrêmement évoluée de pêcher des trous de ver microscopiques de Schwarzschild dans le chaos quantique, et de les agrandir à l'échelle macroscopique. Si cela était réalisable et que ces trous de ver pouvaient être conservés, il serait alors possible d'y voyager »[97]. Bien entendu, il s'agit là de réflexions purement théoriques, mais qui pourraient être permises, nous dit-on, par les lois connues de la physique... On a envie d'ajouter : que nous réservent dans l'avenir les lois encore inconnues ? Ou mieux encore : qu'autorisent-elles à d'autres civilisations qui les ont déjà découvertes ? Voici encore un exemple annonciateur de nouveaux bouleversements : les physiciens nous déclarent désormais que le « vide », loin d'être vide, contient sans doute une grande quantité d'énergie, bien supérieure à celle de la matière connue[98]. A quand la « superphysique » du futur ?

b) Le retour de l'hypothèse extraterrestre

La petite incursion qui précède, sur le territoire de la physique avancée, nous invite à envisager avec plus d'assurance l'hypothèse de civilisations extraterrestres beaucoup plus anciennes que la nôtre (et à l'échelle de l'Univers, cela peut signifier des millions, ou des centaines de millions d'années !), maîtrisant depuis longtemps une science qui, pour nous, ressemblerait à de la magie. Qui ferait même, peut-être, communiquer ce que nous nommons communément le monde « matériel » et le monde « spirituel » ? Ainsi, il serait alors vain de vouloir opposer ces deux mondes, à l'instar des rationalistes qui vitupèrent tant et plus contre les « fausses sciences » et la parapsychologie.

Revenons à certaines critiques qui sont émises contre l'hypothèse extraterrestre (HET), particulièrement celles de Jacques Vallée, qu'il a lui-même résumées ainsi, en cinq points :

« 1) Les rencontres rapprochées sont beaucoup plus nombreuses que ne l'exigerait toute exploration physique de notre planète ; 2) La morphologie humanoïde des prétendus “ visiteurs ” a peu de chances d'être apparue sur une autre planète, et d'un point de vue biologique elle est mal adaptée au voyage dans l'espace ; 3) Le comportement rapporté dans des milliers de récits d'enlèvements est en contradiction avec l'hypothèse d'expérimentations génétiques ou scientifiques menées sur des humains par une race plus avancée ; 4) La présence du phénomène tout au long de notre histoire prouve que les ovnis ne constituent pas une manifestation propre à notre époque ; 5) L'apparente aptitude des ovnis à manipuler l'espace et le temps suggère des hypothèses radicalement différentes et plus riches, dont trois seront suggérées en guise de conclusion. »[99] Ajoutons tout de suite ces trois hypothèses : la première, très bizarre, est celle des « lumières sismiques », qui a été avancée en 1982 par l'Anglais Paul Devereux : un phénomène physique mal connu, reconnaît Vallée, qui pourrait « agir sur la conscience des témoins en créant des images mentales ayant peut-être un contenu mythologique ». Une théorie qu'on nous permettra de trouver assez problématique : pourquoi faire simple quand on peut faire compliqué ! La deuxième hypothèse de Vallée est celle d'un « système de contrôle » qui pourrait être, ajoute-t-il, de nature humaine, extrahumaine ou simplement naturelle : nous voici embarqués en plein ésotérisme. La troisième hypothèse est celle des voyages plus rapides que la lumière, par des raccourcis de l'espace-temps, ces fameux « trous de ver » déjà évoqués plus haut : cette idée, loin d'exclure l'HET, la renforce ! Elle contredit d'ailleurs le premier des cinq arguments de Vallée contre l'HET, celui du trop grand nombre d'observations, qui perd beaucoup de sa force si l'on suppose qu'il existe des moyens de déplacements plus « faciles » qu'on ne le croyait naguère encore. Et puis que savons-nous des visées et des objectifs de ces mystérieux « visiteurs » ?

Sur cette question du dépassement de la vitesse de la lumière, Robert Wood, docteur en physique de l'Université de Cornell, a développé ce point dans une réfutation des cinq arguments de Vallée. En plus des trous de ver, il fait état de plusieurs autres théories actuelles qui pourraient autoriser selon lui le dépassement de la vitesse de la lumière, et qui sont explorées depuis une dizaine d'années[100]. En France, le physicien Jean-Pierre Petit a travaillé sur l'hypothèse des « Univers jumeaux », étudiée également par le savant Sakharov. Sur ces thèses de « raccourcis temporels », Pierre Guérin dit ceci : « Nous ne savons pas si elles déboucheront un jour, ni quand. Mais elles ouvrent d'immenses horizons. Les ovnis sont là, il semble bien qu'ils puissent apparaître et disparaître sur place, ce qui implique qu'ils soient conçus pour utiliser des propriétés de l'espace-temps que nous ignorons et qui transcendent celles de notre science. »[101]

Robert Wood évoque, de même que pour le dépassement de la

vitesse de la lumière, des théories physiques récentes comme celle de Misner, Thorne et Wheeler sur « l'énergie du vide au point zéro » (1973), selon laquelle « l'énergie de la matière ne représenterait qu'une fraction infime de celle du vide. Dans ces conditions, l'idée d'objets se fondant l'un dans l'autre ou traversant des parois solides (Fowler, 1979), n'a plus rien de très surprenant, nos objets solides n'étant guère que de minuscules rides de cohérence sur un océan d'énergie autrement plus dense »[102]. Si l'on s'attache à la même ligne directrice, peut-être serait-il opportun de rappeler ici le mystère de la matière manquante de l'Univers (un point controversé), et cette extraordinaire hypothèse d'un Univers parallèle, dans des théories des supercordes, déjà mentionnée. Spéculations, certes, mais spéculations scientifiques et non pas ésotériques ! Il y a là un brassage de concepts qui, manifestement, commence à ébranler les esprits, même dans les rangs des sceptiques. Ainsi, l'astrophysicien Pierre Kohler était-il cité, en 1993 (par la revue *Mystères* !) : « Peut-être que de temps en temps, pour des raisons que l'on ignore encore, certaines dimensions interfèrent. À ce moment-là, on peut visualiser des choses qui n'appartiennent pas à notre univers actuel. »[103]

L'argument de Jacques Vallée sur la forme humanoïde (n° 2) a déjà été discuté. Rappelons le principe de convergence des formes dans l'évolution des espèces, vers la configuration la mieux adaptée, principe admis par tous les biologistes, même Michael Denton, critique acharné de la théorie de l'évolution ! La forme humaine est très bien adaptée à une vie terrestre active, comme l'a expliqué Fred Hoyle il y a longtemps. Reste la critique n° 3 sur le comportement des « médecins ufonautes » dans les histoires d'enlèvements. Leurs techniques d'opérations gynécologiques seraient déjà dépassées, soutient Vallée : ce point a déjà été discuté et, à y regarder de plus près, paraît peu convaincant. Quant à la nature même des manipulations supposées, le corpus de récits recueillis à ce jour, tel qu'ils sont exposés notamment par David Jacobs dans son livre *Secret Life*, n'est pas suffisant pour trancher sur ce point, s'agissant d'un domaine que les hommes commencent seulement à explorer. Jacobs renvoie là-dessus aux analyses du biologiste Michael Swords, que nous allons tenter de résumer.

c) Des manipulations génétiques ?

La question d'éventuelles interférences entre la vie terrestre et la vie sur d'autres mondes a fait l'objet de nombreuses spéculations, l'une d'entre elles, et non des moindres, étant celle du prix Nobel Francis Crick, qui découvrit l'ADN avec James Watson : ne s'expliquant pas l'apparition d'une molécule aussi extraordinaire, il supposa qu'elle avait peut-être été apportée de l'espace ! Mais ce n'était là que reporter ailleurs le problème, comme l'a justement observé le généticien Albert Jacquard. Autre donnée de base, Carl Sagan ne s'est pas privé de souligner l'impossibilité des croisements génétiques entre espèces différentes, surtout si celles-ci viennent d'un autre monde ! Pouvons-nous donc écarter d'un revers de main les récits d'opérations gynécologiques et génétiques, avec fabrication d'êtres hybrides ? Pas si vite, car naît tout un nouveau domaine de spéculations, celui des manipulations génétiques, qui permettent déjà, sur Terre, de fabriquer pas mal de « monstres » hybrides : c'est l'histoire récente du veau avec des gènes humains, qui fait resurgir le mythe du Minotaure ! Le biologiste américain Michael Swords s'est efforcé, pour calmer les esprits à ce sujet, de poser les limites des possibilités théoriques en la matière.

L'hybridation entre des humains et des extraterrestres est-elle envisageable, par manipulation génétique ? Plusieurs cas de figure se présentent, nous explique Michael Swords [104] :

— Il y a eu évolution indépendante. Même si, par extraordinaire, nous avons une biochimie identique, des gènes identiques et des séquences de codage identiques, il faudrait encore, pour être compatibles génétiquement, que ces séquences soient disposées dans les chromosomes exactement au même endroit, bref, c'est l'hypothèse tout à fait impossible. Il reste l'éventualité de l'hybridation artificielle par manipulation.

— Si les ET sont capables de modifier à leur guise les chromosomes et les gènes, ils n'ont pas besoin de sortir de leur laboratoire car alors ils peuvent y créer toute forme de vie.

— En revanche, il existe une hypothèse qui ressemble aux histoires d'enlèvements, mais qui n'est pas vraiment une hybridation. L'opération consisterait à provoquer, par manipulation génétique in vitro sur un œuf déjà fécondé, des changements génétiques spécifiques. Dans *Secret Life,* David Jacobs résume ce scénario, qui se poursuit par l'implantation de l'œuf, fertilisé et génétiquement modifié, dans l'utérus, ceci pour assurer sa gestation, jusqu'à l'opération de retrait du fœtus qui sera ensuite placé en incubateur. Ces récits d'enlèvements nous décrivent des « enfants » qui ont l'air de produits hybrides, ressemblant à ces ET. Il est même dit, dans l'une de ces histoires, que ces êtres sont destinés à peupler un autre monde [105] !

Michael Swords spécule ensuite sur la possibilité d'une origine génétique commune entre ces ET et nous : extrêmement improbable, étant donné notre appartenance au monde de la vie terrestre : il faudrait que ces ET aient créé la vie sur la Terre, il y a quatre milliards d'années ! Swords évoque pour terminer quelques autres hypothèses plus étranges :

— Il ne se passe rien de biologique ; ce sont de pures mises en scène des ET pour étudier notre psychisme.

— Ce sont nos descendants venus du futur pour se régénérer !

— Nous ne comprenons rien à ce qui se passe et cela n'a rien à voir avec des extraterrestres...

Une telle analyse nous invite à la prudence. Mentionnons quand même une spéculation très répandue, selon laquelle des extraterrestres se seraient penchés, au temps jadis, sur le berceau de l'homme, avec quelques judicieuses manipulations génétiques de leur cru ; une hypothèse évidemment inspirée de la légende biblique : « Créons l'homme à notre image ! » Ce ne sont pas les *Greys,* si c'est cela dont il s'agit, car ils ne nous ressemblent guère ! Mais il est important d'admettre que la sévère leçon du professeur Swords n'exclut pas cette éventualité d'interventions extérieures.

Une autre spéculation, très bizarre, est avancée par Raymond Fowler dans *The Watchers,* sur la base d'une théorie biologique appelée néoténie (*neoteny*). C'est le phénomène par lequel le développement fœtal normal d'une espèce est bloqué pour ouvrir la voie à une nouvelle forme de vie. Ainsi, l'homme serait un fœtus de singe parvenu à maturité. Or, souligne Fowler, le portrait qui est fait des ET, auteurs supposés d'enlèvements et de manipulations, ressemble étrangement à un... fœtus humain ! Sont-ils des descendants de l'homme, voyageant dans l'espace-temps [106] ? Quoi qu'il en soit, selon Betty Andreasson, les *Watchers* lui ont révélé que ces fœtus hybrides deviennent... *eux* [107] ! Mais alors, s'ils se perpétuent ainsi par eux-mêmes, à partir de notre génome modifié, qui donc les a « créés » à l'origine ? Est-ce le même « Dieu créateur » que le nôtre ? Sont-ils les « Veilleurs » créés pour nous assister et nous surveiller ?

Il existe encore d'autres hypothèses, beaucoup plus inquiétantes, rapportées notamment par John Mack dans son livre *Abduction,* mais qui ne l'empêchent pas d'être globalement optimiste, car il ne les prend pas forcément à son compte. Elles sont d'ailleurs assez confuses et contradictoires. Selon le témoin Scott, qui a été emmené dans une vaste caverne rocheuse (sur Terre ?), les *aliens* sont venus d'un autre système solaire où leur planète n'est plus habitable, et ils sont en train de se transformer pour pouvoir vivre sur Terre. Ils attendent aussi, pour s'installer, que nous soyons moins nombreux, à la suite d'épidémies de formes nouvelles de Sida, beaucoup plus contagieuses ! Selon Scott, « l'intention des *aliens* est de vivre sans nous, « à moins que les humains ne changent » [108] ! Une autre vision, tout aussi apocalyptique, est celle du témoin Peter, qui raconte qu'il y a une « bataille en cours » pour savoir qui va « prendre le contrôle de la terre », où s'affrontent des êtres venus « de tout l'univers »... Elle dure depuis 2000 ans, et le processus d'hybridation en cours s'inscrit dans ce conflit. Il s'agit de provoquer une nouvelle étape de notre évolution et d'ouvrir un « nouveau millénium sur la terre » [109]. Le témoin découvre d'ailleurs, comme d'autres, qu'il est déjà lui-même à moitié *alien* ! Ces témoignages effrayants sont le fait de témoins crédibles, sincères et sains d'esprit, souligne le Dr Mack. Mais on a envie d'ajouter : se pourrait-il qu'ils soient, une fois de plus, des victimes de messages trompeurs ?

Heureusement, le livre de John Mack est aussi porteur de messages et de visions de type plus « spirituel », et même mystique. L'objectif de ces visiteurs serait ainsi de nous faire évoluer vers un plus haut niveau de conscience pour nous rapprocher d'eux. Le témoin Carlos décrit des expériences qui rappellent celles de Betty Andreasson, dans lesquelles son corps est converti en « énergie lumineuse », lui permettant de se déplacer dans l'espace et de communiquer pleinement avec ces étranges visiteurs...

d) Pour une vision historique

De tout ce qui précède, une idée au moins semble se dégager : on ne pourra commencer à comprendre quoi que ce soit à l'histoire des très insolites visions célestes de l'humanité, depuis les dieux à pied d'émeu des aborigènes australiens, jusqu'aux ET à trois gros doigts de Betty Andreasson, que si on l'étudie dans son ensemble, d'un seul tenant. Car n'y a-t-il pas de troublantes analogies dans tout cela ?

Songeons par exemple au mythe, très ancien, des « dieux malins ». C'est le mythe du *Trickster* que les anthropologues ont découvert chez de très nombreux peuples primitifs : c'est le tricheur, le joueur de mauvais tours, dont il faut se méfier, mais c'est aussi un démiurge qui crée la vie... Georges Dumézil a consacré un livre entier à *Loki,* le dieu malicieux des Germains ; Jung et Eliade l'ont étudié aussi. Les dieux des Grecs étaient capricieux, et dans toutes les religions antiques, ou en marge d'elles, se profilent une myriade de démons plus ou moins dangereux et dont il faut se protéger. Il est important de se garder, notamment, des rapports sexuels avec les faunes et satyres, les démons et les vampires indiens, les djinns, les incubes et les succubes, les gnomes et les lutins, et pour finir, les ET malins !

Nos ancêtres « barbares » croyaient à différents êtres surnaturels, dont les nains, ou gnomes, auxquels il fallait faire très attention et aux elfes ou sylphes, qui étaient lumineux et bienveillants, et que l'on vénérait donc. On a vu comment le christianisme avait altéré ces croyances au point de les inverser, dans le but d'effacer le culte païen des sylphes, qui a effectivement disparu sans presque laisser de traces. Mais que sont donc devenus les elfes et les sylphes ? Et les anges ? Apparemment, la succession des démons serait, en revanche, bien assurée, mais tout le monde ne partage pas ce point de vue. Pour Betty Andreasson-Luca, ces visiteurs sont des anges. Rappelons-nous aussi les opinions globalement optimistes de John Mack, Kenneth Ring, Scott Rogo, sur la nature et les intentions de ces « entités ». En revanche, Whitley Strieber les voit plutôt, à présent, comme des démons : « S'ils ne sont pas des démons, ils pourraient bien l'être, car on ne peut pas les en distinguer. »[110] Il reconnaît cependant qu'une expérience comme celle de Betty Luca « laisse la porte ouverte à l'espoir »...

Gordon Creighton, qui est l'un des chercheurs les plus chevronnés sur cette extraordinaire question des ovnis, note qu'il y a aussi, dans le vaste répertoire des apparitions d'ovnis et d'ufonautes, des épisodes plus souriants, comme cette manifestation en Norvège, en 1954, d'un être visiblement non terrestre qui, selon le témoin, donnait une impression d'authentique amitié[111]. Nous pouvons encore rêver que l'espace n'est pas peuplé que de personnages inquiétants. Soulignons l'élargissement de la vision des contactés, et n'oublions pas notre hypothèse initiale des visiteurs « missionnaires », fondateurs de religions : peut-être y a-t-il dans le ciel, comme en témoignent toutes les traditions, à la fois des anges et des démons !

Il reste encore à débattre du thème le plus mystérieux, celui de la nature de ces « entités » célestes. Encore une fois, s'agit-il d'êtres vivants bien réels, ou d'entités éthérées ? À moins que celles-ci soient capables de s'incarner partiellement, comme on le pensait pour les anges et les démons ? Et si c'étaient des êtres vivants, mais venus d'autres niveaux cosmiques, dans la meilleure tradition ésotérique ? À moins, encore, que plusieurs de ces cas de figure coexistent ! C'est justement l'opinion d'un écrivain très original, déjà cité plus haut, l'Américain Richard L. Thompson, auteur d'un livre surprenant, paru en 1993 : *Alien Identities*[112].

Richard L. Thompson est un personnage encore assez rare en ufologie car, non seulement il a sérieusement étudié le dossier ovni, avec un œil scientifique compétent (étant chercheur depuis vingt ans, et docteur en mathématiques de Cornell), mais en plus il s'est passionné pour le monde étrange des croyances de l'Inde antique, ce qui lui permet d'opérer des rapprochements impressionnants entre les anciennes et les nouvelles visions. Tout cela le conduit à une position originale qui est de cumuler, et non pas opposer, l'hypothèse extraterrestre avec des conceptions de type ésotérique. De l'examen du dossier ovni, il retient le fait de leur réalité, et la grande probabilité qu'il s'agit de visiteurs interstellaires. Mais de l'étude des textes anciens, rapprochés des histoires d'ovnis les plus bizarres, notamment de victimes d'enlèvements et de contactés, ainsi que des versions modernes de chamanisme que semblent être les *channels* et les témoins de NDE, il tire également l'idée de « visiteurs » venus d'autres niveaux d'existence : tout cela, affirme-t-il, est conforme aux croyances et légendes de l'Inde védique. On trouve en effet, dans ces mythes, les deux aspects, matériels et « spirituels », ou « mystiques », continuellement liés. Souvenons-nous de ces fameuses *vimanas,* véhicules aériens dont certaines descriptions rappellent fortement les ovnis, déjà évoqués plus haut (chapitre 4), et la guerre épouvantable que se livrent à la fois les humains et les dieux (les bons *Devas* contre les mauvais *Asuras*), dans l'épopée du *Mahâbhârata.* Mais, d'un autre côté, il y a, bien sûr, tout le domaine mystique, surnaturel, ésotérique que recèlent ces doctrines, sur fond de philosophie panthéiste.

Voici, résumés, quelques aspects de ces croyances, qui inspirent à Richard Thompson des rapprochements avec le phénomène ovni. Il y a d'abord une grande diversité d'êtres célestes, et en eux coexistent les trois modes essentiels de pensée : la bonté, ou la clarté (*Sattva*), la passion (*Raja*) et l'ignorance (*Tamas*). Certains d'entre eux, sans doute, ne sont pas mieux lotis que nous ! Mais d'autres nous sont très supérieurs sur la voie de la sagesse : ce sont les *Risis,* qui se consacrent à la méditation et ont autorité sur les administrateurs universels que sont les *Devas*... À l'autre bout de l'échelle sont les ignorants, les *Bhutas,* c'est-à-dire les démons dont il existe une immense variété. Tous ces êtres vivent et se déplacent à la fois dans notre Univers et à d'autres « niveaux » célestes. On retrouve ici l'idée des sept ciels, présente dans toutes les traditions ésotériques, et dont l'origine remonte aux premières observations du ciel, notamment chez les Babyloniens, qui avaient repéré sept planètes. Une remarque utile ici, pour relativiser ces croyances !

Il y a ainsi trois sortes de voyages possibles : le premier avec des astronefs « mécaniques » ; le deuxième avec des machines capables de manipuler l'espace-temps ; le troisième est d'ordre « spirituel », utilisant l'énergie « subtile » de l'esprit[113]. Nous retrouvons ici les voyages hors du corps, ou voyages avec le corps « astral » des traditions chamaniques, jusqu'aux récits de certaines expériences d'enlèvements à bord d'ovnis qui semblent avoir été réalisées par le témoin hors de son corps !

Les « humanoïdes védiques », comme ose les appeler Richard

Thompson, possèdent de nombreux pouvoirs (que certains humains peuvent aussi acquérir), parmi lesquels figurent : la communication mentale et la faculté de lire la pensée ; la capacité de voir et d'entendre à une grande distance ; la possibilité de lévitation ou, inversement, de créer un très grand poids (on retrouve ici des pouvoirs mystiques dans le christianisme) ; la faculté de changer la dimension d'objets matériels et de corps vivants sans altérer leur structure ; la force de déplacer les objets, liée à la capacité de voyager dans d'autres dimensions ; le pouvoir de transférer les objets à une grande distance, par l'action de l'esprit ; celui aussi de contrôle hypnotique à grande distance ; celui d'invisibilité ; et celui d'apparaître sous différentes formes ; le pouvoir d'entrer, au moyen de son « corps subtil », dans le corps d'une autre personne et de le contrôler [114].

Franchissons un cran de plus de cette escalade : de nombreuses races d'« humanoïdes védiques » vivent dans des dimensions parallèles, plus élevées, de la Terre et de son proche voisinage, mais cela est vrai aussi d'autres planètes, dans d'autres systèmes solaires, de sorte que nous pourrions être visités par des êtres éthérés en provenance de mondes lointains !

L'histoire des visions célestes contient des aspects tantôt positifs, tantôt négatifs ou inquiétants, tantôt matériels, tantôt « spirituels ». Si l'on admet que certaines au moins d'entre elles sont réelles, c'est-à-dire ne sont pas le pur produit de l'imagination des témoins, se pose alors la question de la nature de toutes ces manifestations. Ces êtres célestes appartiennent-ils au monde physique que la science connaît et mesure avec ses instruments, ou à des « dimensions » encore inconnues de ce monde physique, où s'apparentent-ils au contraire au domaine « surnaturel », au monde des « esprits » ? Les débris de soucoupe volante que l'ancien commandant Jesse Marcel, de l'unité d'élite de Roswell, affirme avoir récupérés pendant toute une journée, nous donnent une première réponse : il y a bien des véhicules matériels non terrestres, avec, sans nul doute, des pilotes très concrets eux aussi. Ces appareils viennent, par des voies et moyens que nous ignorons, des étoiles. Mais, de tout le dossier qui vient d'être présenté, ressort l'impression que ce n'est pas tout : il y a aussi, sans doute, des manifestations d'une autre nature que celle du monde matériel que nous pouvons appréhender. Quant à savoir si elles appartiennent à une « supernature » restant à découvrir, ou à un Univers radicalement différent, « spirituel », nous ne risquerons pas ici une réponse ! Il serait encore intéressant de savoir, dans cet ordre de pensée, si les êtres qui font ces mystérieuses apparitions sont des anges ou des démons !

Apprendrons-nous un jour la vérité sur ces étranges visions célestes de notre époque ? Il serait prudent, là-dessus, de ne point parier. Si, finalement, le « légendaire soucoupiste », comme l'avance Bertrand Méheust, devait entrer tel quel dans l'histoire des mythes, il n'en garderait pas moins une aura de mystère, comme toutes les légendes, car on pourrait toujours imaginer que ces « visiteurs » seraient repartis aussi discrètement qu'ils étaient venus, entraînant leurs secrets avec eux. Il y a peut-être des précédents. Pourquoi pas les diables séducteurs de « sorcières » ? Carlo Ginzburg, historien italien réputé, a passé une bonne partie de sa vie à étudier l'histoire des sorcières, qu'il relie à toute la tradition chamanique qui émane des temps les plus reculés. Lors d'une présentation à la télévision de son livre *Le Sabbat des sorcières,* paru en 1992, le journaliste Bernard Rapp observait avec surprise qu'il semblait croire à ces aventures. Ginzburg lui répondit en citant Hamlet : « Il y a plus de choses sur la Terre et dans le ciel, Horatio, que n'en rêve votre philosophie. »

Dans son avant-propos au livre de Mircea Eliade, *Images et symboles,* Georges Dumézil note comme exemple de symbole religieux mystérieux, dont on ignore la signification, un dessin de la Crète antique : « Les anciens Crétois figuraient sur leurs murs un bouclier bilobé, une bipenne, qui semblaient flotter en l'air ». Était-ce le souvenir d'étranges visions célestes ?

NOTES BIBLIOGRAPHIQUES

CHAPITRE 1

1. Isaac Asimov, *Civilisations extraterrestres,* Presses Pocket, Éditions L'Étincelle, 1981, p. 66. (Trad. de l'américain par C. Allègre. Éd. orig. New York, 1979).

2. Steven J. Dick, *La Pluralité des mondes,* Actes Sud, 1989, p. 17. (Trad. de l'anglais par M. Rolland. Éd. orig. Cambridge University Press, 1982).

3. Ibid., p. 32.

4. Mircea Eliade, *Histoire des croyances et des idées religieuses,* tome 3, Paris, Payot, 1983, p. 108.

5. Steven J. Dick, op. cit., p. 64.

6. Ibid., pp. 111 à 117.

7. Ibid., p. 124.

8. Ibid., p. 162.

9. Lucian Boia, *L'Exploration imaginaire de l'espace,* Paris, Éditions de la Découverte, 1987, pp. 24-25.

10. Isaac Asimov, op. cit., p. 66.

11. Ibid., p. 117.

12. Albert Jacquard, *Voici le temps du monde fini,* Paris, Seuil, 1991, p. 77.

13. Michael Denton, *Évolution. Une théorie en crise,* Paris, Flammarion, 1992, pp. 338 et 366. (Trad. de l'anglais par N. Nalbo. Éd. orig. 1985).

14. *Sciences et Avenir,* juin 1991, *Le Film de la vie,* p. 36.

15. Michael Denton, op. cit., p. 168.

16. John Carew Eccles, *Évolution du cerveau et création de la conscience,* Paris, Fayard, 1992, p. 315. (Trad. de l'anglais. Éd. orig. 1989).

17. Ibid., p. 317.

18. Martin Olomucki, Entretien dans *Sciences et Avenir,* octobre 1991, p. 56.

19. Jean-François Robredo, Questions à Bernard d'Espagnat. *Les Révélations de l'atome,* dans *Ciel et Espace,* janvier 1992, p. 39.

20. René Lenoir, *Une science pour les hommes de ce temps,* dans *L'Homme en danger de science ?, Le Monde diplomatique,* N° spécial, mai 1992, p. 13.

21. Evry Schatzman, *Les Enfants d'Uranie : à la recherche des civilisations extraterrestres,* Paris, Seuil, 1986, p. 34.

22. Jean-Claude Ribes et Guy Monnet, *La Vie extraterrestre. Communications interstellaires et colonisation de l'espace,* Paris, Larousse, 1990, p. 30.

23. Isaac Asimov, *Frontières. Les plus récentes découvertes de la science sur l'homme, la Terre et l'Univers,* Paris, Acropole, 1991, p. 305. (Trad. de l'américain par J. Guiod, Éd. orig. 1987).

24. Carl Sagan, *Cosmic Connection ou l'appel des étoiles,* Paris, Seuil, 1975, p. 10. (Trad. de l'américain par V. Bardet. Éd. orig. *The Cosmic Connection. An Extraterrestrial Perspective,* 1973).

25. Evry Schatzman, *Les Enfants d'Uranie,* op. cit., p. 121.

26. Jean-Claude Ribes et Guy Monnet, *La Vie extraterrestre,* op. cit., p. 56.

27. Stephen Jay Gould, *La Vie est belle. Les Surprises de l'évolution,* Paris, Seuil, 1991, p. 322. (Trad. de l'américain par M. Blanc. Éd. orig. 1989).

28. Evry Schatzman, op. cit., p. 145.

29. Frank Tipler, Entretien avec M.-O. Monchicourt, dans *L'Homme et le Cosmos,* Paris, Radio France-Éditions Imago, 1984, p. 64.

30. Ibid., p. 64.

31. Jean Heidmann, *La Vie dans l'Univers,* Paris, Hachette, 1990, p. 43.

32. Frank Drake, *The Drake Equation : A Reappraisal,* dans *First Contact. The Search for Extraterrestrial Intelligence,* édité par Ben Bova et Byron Preiss, New York, NAL Books, Penguin Group, 1990, p. 116.

33. John Casti, *Paradigmes perdus. La Science en question,* Paris, Interéditions, 1991, p. 372 et p. 443. (Trad. de l'américain. Éd. orig. *Paradigms Lost. Images of Man in The Mirror of Science,* New York, 1989).

34. David Brin, *Mystery of The Great Silence,* dans *First Contact,* op. cit., p. 123.

35. Ibid., p. 130.

36. Hubert Reeves, *Le Silence des espaces infinis,* dans *Le Nouvel Observateur,* 23 décembre 1983, p. 48.

37. Michael Denton, *Évolution. Une théorie en crise,* op. cit., p. 268.

38. John Casti, op. cit., p. 310.

39. Ronald Story, *The Space Gods Revealed,* Londres, New English Library, 1976, pp. 62-63. (Book Club Associates Edition, 1977).

40. Jean-François Revel, *La Connaissance inutile,* Paris, Grasset, 1988, pp. 190 à 194.

41. Evry Schatzman, op. cit., p. 179.

42. Carl Sagan, *Cosmic Connection,* op. cit., p. 244.

43. Emmanuel Davoust, *Silence au point d'eau,* Tecnea, 1988, p. 127.

44. Evry Schatzman, op. cit., p. 212.

45. Carl Sagan, dans *Libération* du 18 septembre 1991. Propos recueillis par D. Leglu, pp. 24-25.

46. Pierre Kohler, *Espace. Le Nouveau Rêve américain,* dans *Ciel et Espace,* février 1992, p. 27.

47. Robert Rood et James Trefil, *L'Univers : sommes-nous seuls ?,* Paris, Belfond, 1985, p. 172. (Trad. de l'américain. Éd. orig. *Are We Alone ?,* New York, 1980).

48. Jean-Claude Ribes et Guy Monnet, *La Vie extraterrestre,* op. cit., p. 87.

49. Jean-Pierre Petit, *Enquête sur les OVNI. Voyage aux frontières de la science.* Paris, Albin Michel, 1900, Annexes scientifiques : le générateur MHD, p. 269.

50. Jacques Sadoul, *Histoire de la science-fiction moderne,* Paris, Robert Laffont, 1984, p. 22.

51. Alexis Lecaye, *Les Pirates du paradis. Essai sur la science-fiction,* Paris, Denoël-Gonthier, 1981, pp. 194 à 197.

52. Ibid., p. 193.

53. Ibid., p. 202.

54. Hubert Reeves, Entretien dans *L'Express* du 1er novembre 1990, p. 134. Propos recueillis par S. O'Dy.

55. Carl Sagan, *Cosmic Connection,* op. cit., p. 61.

56. Ibid., p. 220.

57. Frank Drake, *Is Anyone Out There ?,* Delacorte, 1992, cité dans *Newsweek* du 12 octobre 1992, p. 52.

58. Fred Hoyle, *Hommes et Galaxies,* Paris, Dunod, 1969, p. 37. (Trad. de l'anglais par C. de Richemont).

59. John Casti, *Paradigmes perdus,* op. cit., p. 356.

60. Joël de Rosnay, Entretien dans *L'Express* du 11 août 1989.

61. Carl Sagan, *Cosmic Connection,* op. cit., p. 64.

CHAPITRE 2

1. Evry Schatzman, Entretien dans la revue *Ciel et Espace,* Paris, avril 1992.

2. Hubert Reeves, dans l'émission de télévision *Ovnis Tender* (Canal+), cité par S. Cazenave dans *Libération* du 13-14 avril 1991, p. 44.

3. Donald Menzel, *UFO's-The Modern Myth,* dans *UFO's A Scientific Debate,* édité par C. Sagan et Thornton Page, (c) Cornell University, New York et Londres, Norton & Company, 1972, pp. 142-143.

4. Jean-Claude Bourret et Jean-Jacques Velasco, *Ovnis. La Science avance,* Paris, R. Laffont, 1993, p. 95.

5. Carl Sagan, *UFO's : The Extraterrestrial and Other Hypotheses,* dans *UFO's. A Scientific Debate,* op. cit., p. 266.

6. Frank Tipler, *L'Homme et le Cosmos,* Entretien avec M.-O. Monchicourt, Paris, Radio France, Éditions Imago, 1984, p. 65.

7. Arthur Clarke, *Chronicles of The Strange and Mysterious,* Londres, Grafton Books, 1989, p. 179. (c) A. Clarke, J. Fairley et S. Welfare, 1987.

8. Carl Sagan et Thornton Page, *Addendum : Discussion,* dans *UFO's A Scientific Debate,* op. cit., p. 292.

9. Pierre Guérin, *Thirty Years after Kenneth Arnold,* dans *Flying Saucer Review,* Volume 25, N° 1, janvier-février 1979, p. 11.

10. Bertrand Méheust, *En soucoupes volantes,* Préface de la nouvelle édition, Paris, Éditions Imago, 1992, p. IV.

11. Aimé Michel, *Mystérieux objets célestes,* Paris, Arthaud, 1958, pp. 319 à 323. (Nouvelle édition, Seghers, 1977, pp. 253 à 256).

12. Lester Grinspoon et Alan Persky, *Psychiatry and UFO Reports,* dans *UFO's A Scientific Debate,* op. cit., p. 234.

13. James McDonald, cité par D. Price-Williams, *Psychology and Epistemology of UFO Interpretations,* dans *UFO's A Scientific Debate,* op. cit., p. 228.

14. Jean-Claude Bourret, *OVNI, l'armée parle,* Paris, France-Empire, 1979, pp. 47 à 52.

15. Evry Schatzman, *La Grande Démystification,* dans *Ciel et Espace,* avril 1992, p. 38.

16. Jean-Claude Bourret, op. cit., p. 50.

17. Philip Klass, *UFO's. The Public Deceived,* Buffalo, Prometheus Books, 1983, p. 79.

18. Ed Conroy, *Report on Communion,* New York, Avon Books, 1990, pp. 210-211.

19. Paul Laberenne, *Irrationalisme pour l'élite et irrationalisme pour le peuple,* dans *La Pensée,* N° 192, avril 1977, p. 134.

20. Carl Jung, *Un mythe moderne,* Paris, Gallimard, 1961, coll. Idées, pp. 24-25. (Trad. de l'allemand. Éd. orig. *Ein moderner Mythus*).

21. Jean-Yves Casgha, *Les Dossiers de Jean-Yves Casgha,* Paris, R. Laffont, 1990, pp. 40 à 47.

22. Arthur Clarke, op. cit., p. 179.

23. Edward Ruppelt, *Face aux soucoupes volantes,* Paris, France-Empire, 1958, pp. 28-29. (Trad. de l'américain par R. Jouan. Éd. orig. *The Report on Unidentified Flying Objects,* New York, Doubleday, 1956).

24. James McDonald, *Objets volants non identifiés. Le plus grand problème scientifique de notre temps?* N° spécial de la revue *Phénomènes spatiaux,* Paris, G.E.P.A., 1969, p. 3. (Trad. de l'américain par R. Fouéré. Texte orig. de 1967, présenté à la réunion annuelle de la Société Américaine des Directeurs de Journaux, Washington, 22 avril 1967).

25. Edward Ruppelt, op. cit., p. 17.

26. Général de Division Nathan Twining, Lettre du 23 septembre 1947 au général George Schulgen, Commandant des forces aériennes à Washington, intitulée *Opinion du commandement du matériel aérien concernant les « disques volants »* (AMC *Opinion Concerning « Flying Discs »*). Document déclassifié et déposé aux Archives Nationales. Cité par Allen Hynek dans *Le Nouveau Rapport sur les ovnis,* Paris, Belfond, 1979, p. 15. (*The Hynek UFO Report,* 1977) ; reproduit intégralement dans

Timothy Good, *Above Top Secret,* Londres, Grafton Books, 1987, pp. 472 à 474, et dans Jean Sider, *Ultra Top Secret,* Paris, Axis Mundi, 1990, pp. 122 à 124.

27. Edward Ruppelt, op. cit., p. 55.
28. Ibid., p. 45.
29. Ibid., p. 61.
30. Ibid., p. 67.
31. Philip. Klass, *UFO's. The Public Deceived,* op. cit., p. 281.
32. Edward Ruppelt, op. cit., p. 80.
33. Ibid., p. 85.
34. Allen Hynek, *Nouveau rapport sur les ovnis,* Paris, Belfond, 1979, et Éditions J'ai Lu, p. 19. (Trad. de l'américain par M. Sissung. Éd. orig. *The Hynek UFO Report,* New York, 1977).
35. Edward Ruppelt, op. cit., pp. 89 et 91.
36. Ibid., pp. 203-204.
37. Allen Hynek, op. cit., p. 73.
38. Edward Ruppelt, op. cit., p. 83.
39. Pierre Lagrange, *L'Homme au livre bleu,* dans *Ovni Présence,* janvier 1991, p. 30.
40. Martin Gardner, *Fads and Fallacies in the Name of Science,* New York, 1952 et 1957, p. 60.
41. Donald Keyhoe, *Les Étrangers de l'espace,* Paris, France-Empire, 1975, pp. 94 à 98. (Trad. de l'américain par J. Joba. Éd. orig. New York, Doubleday, 1973, *Aliens from Space, the Real Story of Unidentified Flying Objects*).
42. Allen Hynek, op. cit., pp. 23 à 26.
43. Frank Scully, *Le Mystère des soucoupes volantes,* Paris, Les Éditions Mondiales, 1951, pp. 121 à 131. (Trad. de l'américain. Éd. orig. *Behind the Flying Saucers,* 1950).
44. Hilary Evans, *Gods. Spirits. Cosmic Guardians. Encounters with Non-Human Beings,* Wellingborough, Northamptonshire, The Aquarian Press, 1987, p. 144.
45. *Télérama,* 12 août 1993, p. 58.
46. Aimé Michel, *Mystérieux objets célestes,* op. cit., p. 62 à 66. (R. Laffont, 1977).
47. Donald Menzel, *Flying Saucers,* Harvard University Press, 1953.
48. Allen Hynek, op. cit., pp. 250 à 254.
49. Donald Hanlon, *Questions on The Occupants,* dans *The Humanoïds. A Survey of World-Wide Reports of Landings of Unconventional Aerial Objects & Their Alleged Occupants,* édité par C. Bowen, Londres, Neville Spearman, 1969, p. 181.
50. Allen Hynek, op. cit., p. 31.
51. Allen Hynek et Jacques Vallée, *Aux limites de la réalité,* Paris, Albin Michel, 1978, p. 223. (Trad. de l'américain par F.-M. Watkins. Éd. orig. *The Edge of Reality,* Chicago, Henry Regnery, 1975, p. 204).
52. James McDonald, op. cit., p. 45.
53. Selon Evry Schatzman, *Ciel et Espace,* avril 1992, p. 38.
54. Edward Condon, Section 1, *Conclusions and Recommendations,* dans *Scientific*

Study of Unidentified Flying Objects, dirigée par E. Condon et éditée par D. Gillmor, (c) University of Colorado, Londres, Vision Press, 1969, p. 1.

55. Ibid., pp. 28-29.

56. Timothy Good, *Above Top Secret. The World UFO Cover-up,* Londres, Grafton Books, 1989, p. 215.

57. Jacques Vallée, *UFO Chronicles of the Soviet Union. A Cosmic Samizdat,* New York, Ballantine Books, 1992, p. 79.

58. Timothy Good, op. cit., p. 227.

59. Timothy Good, op. cit., p. 226.

60. Jacques Vallée, op. cit., pp. 82-83.

61. Ibid., pp. 28 à 30.

62. *Ovni Présence.* Entretien avec Shi Bo, N° 48, août 1992, pp. 30 à 33.

63. Allen Hynek et Jacques Vallée, *Aux limites de la réalité,* op. cit., p. 73.

64. Claude Poher, dans *Lumières dans la nuit,* N° 166, juin-juillet 1977. Voir aussi *Ovni Présence,* N° 47, mai 1992, p. 4.

65. *International Herald Tribune* du 16 octobre 1973 : *Two Anglers See Spaceman and It's Called No Fish Story,* par J. Kendall.

66. Claude Poher, *Études et réflexions à propos du phénomène ovni,* dans *Lumières dans la nuit,* N° 152, février 1976. Adresse : BP 3, 77123, Le Vaudoué. Voir aussi J.-C. Bourret, *Le Nouveau Défi des ovnis,* Paris, France-Empire, 1976, pp. 242 à 258 : *Deux questions essentielles,* par Claude Poher du CNES.

67. Jean-Pierre Petit, *Enquête sur les ovnis. Voyage aux frontières de la science,* Paris, Albin Michel, 1990, pp. 132-133.

68. Allen Hynek, *Nouveau rapport,* op. cit., p. 15. Voir aussi note 31.

69. Jerome Clark, *The Fall and Rise of the Extraterrestrial Hypothesis,* dans *MUFON 1988 International UFO Symposium Proceedings,* p. 59 à 72.

70. James McDonald, op. cit., p. 34. (voir note 28).

71. Allen Hynek, *Les Objets volants non identifiés : mythe ou réalité ?,* Paris, Belfond, 1974, p. 129. (Trad. de l'américain par M. Sissung. Éd. orig. *The UFO Experience. A Scientific Inquiry,* Chicago, Henry Regnery, 1972, p. 103).

72. James McDonald, op. cit., pp. 33 à 35.

73. Allen Hynek, op. cit., pp. 134-135. (Éd. orig., pp. 107-108).

74. Evry Schatzman, *La Grande Démystification,* dans *Ciel et Espace,* avril 1992, p. 38.

75. Donald Menzel, op. cit. (note 3), p. 124.

76. Ibid., p. 177.

77. James McDonald, op. cit., p. 18

78. Ibid., p. 50.

79. Donald Menzel, op. cit., p. 130.

80. James McDonald, op. cit., p. 52.

81. Allen Hynek, *Les Objets volants non identifiés : mythe ou réalité ?,* op. cit., p. 205.

82. Ibid., pp. 175 à 180.

83. Donald Menzel, op. cit., p. 149.

84. James McDonald, *Science in Default : Twenty-two Years of Inadequate UFO Investigations,* dans *UFO's A Scientific Debate,* op. cit., p. 70. (voir note 3).

85. Ibid., pp. 86 à 88.

86. Philip Klass, *UFOs Explained,* New York, Vintage Books, 1976, pp. 273-274.

87. Allen Hynek, *Nouveau rapport sur les ovnis,* op. cit., p. 158.

88. James McDonald, *Science in Default,* op. cit., p. 56.

89. Ibid., p. 62.

90. Jean-Pierre Petit, *Enquête sur les ovnis,* op. cit., p. 66.

91. Allen Hynek, *Les Objets volants non identifiés,* op. cit., p. 99.

92. James McDonald, *Science in Default,* op. cit., p. 118.

93. Ibid., pp. 37-38.

94. Allen Hynek, *Nouveau rapport sur les ovnis,* op. cit., pp. 109 à 111.

95. James McDonald, *Objets volants non identifiés. Le plus grand problème scientifique de notre temps ?,* op. cit., p. 21.

96. Allen Hynek, *Les Objets volants non identifiés,* op. cit., p. 151.

97. Janet Bord et Colin Bord, *Life Beyond Planet Earth ? Man's Contacts with Space People,* Londres, Grafton, 1991, pp. 63 à 65.

98. Jean-Claude Ribes et Guy Monnet, *La Vie extraterrestre,* Paris, Larousse, 1990, pp. 121 à 123.

99. Joël Mesnard, revue *Lumières dans la nuit,* B.P. 3, 77123, La Vaudoué, N° 299, p. 31.

100. Allen Hynek, *Nouveau rapport sur les ovnis,* op. cit., p. 288.

101. Donald Menzel et L. G. Boyd, *The World of Flying Saucers. A Scientific Examination of a Major Myth of the Space Age,* New York, Doubleday, 1963, p. 215.

102. Janet et Colin Bord, op. cit., p. 63.

103. Pierre Guérin, Les Photos du lac Chauvet, dans la revue *Lumière dans la nuit* N° 316, mars 1993.

104. *MUFON UFO Journal,* 103, Oldtowne Road, Seguin, TX 78155-4099, Janvier 1993, pp. 9 à 13.

105. *Science et Vie,* N° 889, Octobre 1991, p. 81.

106. Allen Hynek, *Les Objets volants,* op. cit., pp. 144-145.

107. Philip Klass, *UFOs Explained.* New York, Vintage Books, 1976, chapitre 12, pp. 124 à 134.

108. Jean-Claude Bourret, *La Nouvelle Vague des soucoupes volantes,* Paris, France-Empire, 1974, pp. 113 à 123.

109. Michel Bounias, *Trans-en-Provence : le bilan scientifique... dix ans après !,* dans *Ovni Présence,* N° 46, août 1991, p. 11.

110. Jean-Claude Ribes et Guy Monnet, op. cit., pp. 127-128.

111. *Lumières dans la nuit,* N° 300 et 301.

112. Ibid., N° 302, et *Ovni Présence* N° 45, janvier 1991.

113. Pierre Fliecx, *Ovnis. Ils ont tous vu ça !,* dans *Le Figaro Magazine,* 13 avril 1991, p. 82. Voir aussi le livre de la SOBEPS : *Vague d'OVNI sur la Belgique,* SOBEPS, Avenue Paul Janson, 74, B-1070, Bruxelles, 1991.

114. Jean-Claude Bourret et Jean-Jacques Velasco, op. cit., p. 163.

115. Wilfried de Brouwer, Entretien dans la revue *Phénomèna,* N° 16, juillet-août 1993, pp. 16-17.

116. Jean-Gabriel Greslé, *Objets volants non identifiés. Un pilote de ligne parle,* Paris, Guy Trédaniel Éditeur, 1993, p. 16.

CHAPITRE 3

1. Jean Sider, *Ultra Top Secret. Ces ovnis qui font peur,* Paris, Éditions Axis Mundi, 1990, pp. 53 à 55.

2. Timothy Good, *Above Top Secret. The Worldwide UFO Cover-up,* Londres, Grafton Books, 1987, pp. 178 et 393. Copie du mémo de Wilbert Smith ; pp. 460 à 462. Copie également dans Jean Sider, op. cit., pp. 97 à 99.

3. Timothy Good, op. cit., pp. 521-522. Jean Sider, op. cit., pp. 101-102.

4. *Lumières dans la nuit,* N° 297, p. 6. (Trad. de l'américain. Éd. orig. Leonard Stringfield, Status Report V, 1989).

5. Charles Berlitz et William Moore, *Le Mystère de Roswell,* Paris, France-Empire, 1981. (Trad. de l'américain. Éd. angl. Londres, Granada, 1980. Special overseas edition, 1981, p. 94).

6. Ibid., p. 80.

7. Philip Klass, *UFO's The Public Deceived,* Buffalo, Prometheus Books, 1983, p. 280.

8. Cette précision n'est pas dans le livre de Moore. Elle est donnée par d'autres enquêteurs, notamment Kevin Randle et Donald Schmitt dans *UFO Crash at Roswell,* New York, Avon Books, 1991, pp. 57 et 139.

9. Entretien avec le général Thomas DuBose, *MUFON UFO Journal* N° 273, janvier 1991 et N° 276, avril 1991.

10. Charles Berlitz et William Moore, op. cit., p. 70.

11. Philip Klass, op. cit., p. 280.

12. Charles Berlitz et William Moore, op. cit., p. 79.

13. Ann MacFie, *Return to Roswell, MUFON UFO Journal,* N° 288, avril 1992, p. 55.

14. Charles Berlitz et William Moore, op. cit., pp. 57 à 59.

15. *MUFON UFO Journal* N° 288, avril 1992, p. 4 ; *Lumières dans la nuit,* N° 312.

16. Kevin Randle et Donald Schmitt, *UFO Crash at Roswell,* New York, Avon Books, 1991, p. 106.

17. Ibid., pp. 90 et 96.

18. Ibid., pp. 100-101.

19. Ibid., p. 111.

20. Bernard Thouanel, *L'Ovni, c'est lui !,* dans *Science et Vie,* juin 1990, p. 89.

21. Kevin Randle et Donald Schmitt, *The Truth About the UFO Crash at Roswell,* New York, M. Evans, 1994.

22. Timothy Good, *Above Top Secret,* op. cit., p. 250. Copie intégrale, pp. 540 à 547. Jean Sider, *Ces ovnis qui font peur,* op. cit., pp. 353-354 ; Jean Sider, *Lumières dans la nuit,* N° 296, p. 19 ; *MUFON UFO Journal* N° 256, août 1989.

23. *MUFON UFO Journal,* N° 274, février 1991.

24. Leonard Stringfield, *UFO Crash/Retrievals : The Inner Sanctum. Status Report VI,* juillet 1993, p. 74. Diffusé par le MUFON.

25. John Fuller, *The Interrupted Journey,* New York, Dell Publishing, 1966, pp. 204 à 206.

26. Richard Neal, *Generations of Abductions — A Medical Casebook,* dans *UFO Magazine,* Vol. 3, N° 2, 1988. Cité par Raymond Fowler, *The Watchers, the Secret Design Behind UFO Abductions,* New York, Bantam Books, 1990, p. 236.

27. Gordon Creighton, *Le Cas stupéfiant d'Antonio Villas Boas,* dans *Enquête des humanoïdes,* Paris, J'ai Lu, 1974, p. 243. (Trad. de l'anglais par A. Bruelle. Éd. orig. *The Humanoïds,* Neville Spearman, 1967, p. 202).

28. Benjamin Simon, Introduction de *The Interrupted Journey,* op. cit., p. 10.

29. Philip Klass, *UFO Abductions. A Dangerous Game,* Buffalo et New York, Prometheus Books, 1988, p. 10.

30. John Fuller, op. cit., pp. 30 à 32.

31. Allen Hynek et Jacques Vallée, *Aux limites de la réalité,* Paris, Albin Michel, 1978, p. 91. (Trad. de l'américain. Éd. orig. *The Edge of Reality,* Chicago, Henry Regnery, 1975, p. 110).

32. *International Herald Tribune,* 16 octobre 1973.

33. Raymond Fowler, *The Watchers, The Secret Design Behind UFO Abduction.* New York, Bantam Books, 1990.

34. Budd Hopkins, *Missing Time,* New York, Ballantine Books, 1981. *Afterword* by A. Clamar, Phd, pp 233 à 238.

35. Ibid., p. 137.

36. Ibid., p. 78.

37. Ibid., p. 182.

38. Edith Fiore, *Encounters. A Psychologist Reveals Case Studies of Abductions by Extraterrestrials.* New York, Ballantine Books, 1989, p. 235.

39. Budd Hopkins, *Intruders. The Incredible Visitations at Copley Woods.* New York, Ballantine Books, 1987, p. 201.

40. David Jacobs, *Secret Life. Firsthand Accounts of UFO Abductions.* New York, Simon & Schuster, 1992, IIe partie.

41. Ibid., p. 103.

42. Ibid., p. 128.

43. Ibid., p. 153.

44. Ibid., p. 316.

45. Revue *Lumières dans la nuit,* N° 314, décembre 1992, et MUFON 1993 International UFO Symposium Proceedings : *The Most Significant UFO Sightings in Germany,* par Illobrand von Ludwiger.

46. John Mack, Md, Préface au livre de D. Jacobs, op. cit., p. 10.

47. Scott Rogo, *Beyond Reality,* The Aquarian Press, Wellingborough, Grande-Bretagne, 1990, p. 150.

48. *Unusual Personal Experiences. An Analysis of the Data from Three National Surveys,* conducted by the Roper Organization (« Roper Report »), Bigelow Holding Corporation, 4640 South Eastern, Las Vegas, 1992. (Diffusé gratuitement sur demande).

49. *MUFON UFO Journal,* N° 293, septembre 1992; N° 296, décembre 1992; N° 303, juillet 1993. Voir aussi revue *Phénomèna,* N° 14, mars-avril 1993.

50. Jacques Vallée, *Autres dimensions. Chronique des contacts avec un autre monde.* Paris, Robert Laffont, 1988, p. 294. (Trad. de l'américain. *Dimensions. A Casebook of Alien Contact,* New York, Ballantine Books, 1988, p. 240).

51. *Encyclopédie médico-chirurgicale* (EMC), Paris, Éditions Techniques, volume Gynécologie, Article Cœlioscopie, 71 A^{10}, par P. Madelenat et al., 12-1987.

52. David Jacobs, op. cit., p. 310.

53. Timothy Good, *Alien Liaison. The Ultimate Secret,* Londres, Century, 1991, p. 22.

54. Ibid., p. 31.

55. Charles Fort, *Le Livre des damnés,* Paris, E. Losfeld, 1967, p. 53. (Trad. de l'américain par R. Benayoun. Éd. orig. 1919).

56. Jacques Vallée, *Révélations. Contact avec un autre monde ou manipulation humaine?,* Paris, Robert Laffont, 1992. (Trad. de l'américain par Janine Vallée. Éd. orig. *Revelations. Alien Contact and Human Deception,* New York, Ballantine Books, 1991). Jean Sider, *Ultra Top Secret. Ces ovnis qui font peur,* Paris, Éditions Axis Mundi, 1990. Timothy Good, *Alien Liaison. The Ultimate Secret.* Londres, Century, 1991.

57. Jacques Vallée, *Révélations,* op. cit., p. 272.

58. Casimir Barthas (chanoine), *Fatima, Merveille du XXe siècle,* Toulouse, Fatima-Éditions, nouvelle édition 1952, pp. 332 à 336. (Ire édition : *Fatima, Merveille inouïe,* 1942). Texte du Dr. José Proënça de Almeida Garret, professeur à l'Université de Coimbra, également reproduit dans le livre *Témoignages sur les apparitions de Fatima,* par le R.P. De Marchi, 4e édition 1982, Diffusion Pierre Tequi, Paris. (Trad. de l'italien).

59 Jean-Claude Bourret, *Le Nouveau Défi des OVNI,* Paris, Éditions France-Empire, 1976, pp. 223-224.

60. Casimir Barthas, op. cit., pp. 136-137.

61. Ibid., p. 113.

62. Jacques Vallée, *Autres dimensions,* Paris, Robert Laffont, 1988, pp. 219 à 232. (Trad. de l'américain. *Dimensions. A Casebook of Alien Contact,* New York, Ballantine Books, 1988, pp. 173 à 185).

63. Gérard De Sède, *Fatima, enquête sur une imposture,* Paris, Éditions Alain Moreau, 1977, p. 11.

64. Marc Dem, *Le Troisième Secret de Fatima,* Paris, Éditions du Rocher, 1993

65. Gérard De Sède, op. cit., p. 116.

66. Ibid., p. 117.

67. Henri Fesquet, *Fatima devant la critique religieuse, Le Monde* du 11 mai 1967, p. 10.

68. Marc Oraison, Le point de vue du médecin psychiatre clinicien sur les apparitions, dans *Vraies et fausses apparitions dans l'Église,* Paris, Éditions P. Lethielleux, (c) Dessain et Tolra, Paris, 1973, p. 125.

69. Ibid., p. 132.

70. Ibid., p. 138.

71. R.P. Joao De Marchi, *Témoignages sur les apparitions de Fatima,* op. cit., p. 76.

72. Mary Craig, *Spark from Heaven,* Sevenoaks, Kent, Hodder & Stougton, 1988.

73. Anna-Maria Turi, *Pourquoi la Vierge apparaît aujourd'hui,* Paris, Éditions du Félin, 1988, p. 375. (Trad. de l'italien).

74. Ibid., p. 19.

75. Émile Tizané, *Les Apparitions de la Vierge : un enquêteur laïc s'interroge,* Paris, Tchou, 1977, p. 211.

CHAPITRE 4

1. André Leroi-Gourhan, *Les Religions de la préhistoire,* Paris, Presses Universitaires de France, 1964, p. 147.

2. Steven Mithen, *L'Art des chasseurs paléolithiques,* La Recherche, juillet/août 1991.

3. Henri de Saint-Blanquat, *Mémoires de l'humanité. Enquêtes en préhistoire,* Paris, Seuil, 1991, pp. 128-129.

4. Henri Lhote, *À la découverte des fresques du Tassili,* Paris, Arthaud, 1958, pp. 77-78.

5. Jean-Loïc Le Quellec, *Les Martiens du Sahara. Naissance et postérité d'une légende,* dans *Ovni Présence* N° 51, août 1993.

6. Mircea Eliade, *Histoire des croyances et des idées religieuses,* tome 1, Paris, Payot, 1976, p. 53.

7. Mircea Eliade, *Aspects du mythe,* Paris, Gallimard, 1963, p. 16.

8. Edward Evans-Pritchard, *La Religion des primitifs,* Paris, Payot, 1971, p. 9. (Trad. de l'anglais. Éd. orig. *Theories of Primitive Religions,* Oxford University Press, 1965).

9. Claude Lévi-Strauss, Entretien avec A. de Gaudemar, *Libération* du 5 septembre 1991.

10. Mircea Eliade, *Traité d'histoire des religions,* Paris, Payot, 1949, pp. 63-64.

11. Ibid., p. 50.

12. Ibid., p. 54.

13. Mircea Eliade, *Images et symboles,* Paris, Gallimard, collection Tel, 1952, renouvelé en 1980, p. 51.

14. Mircea Eliade, *La Nostalgie des origines,* Paris, Gallimard, 1971, p. 139 et suivantes. (Trad. de l'américain. Éd. orig. *The Quest,* Chicago, The University of Chicago, 1969).

15. Mircea Eliade, *Histoire des croyances et des idées religieuses,* tome 1, p. 43.

16. Alexander Eliot, *L'Univers fantastique des mythes,* Paris, Les Presses de la connaissance, 1976, p. 121. (Coédition Mc Graw-Hill : *Myths,* 1976).

17. Helmer Ringgren et Ake Ström, *Les Religions du monde,* Paris, Payot, 1986, p. 415. (Trad. de l'allemand. *Die Religionen der Völker,* Stuttgart, Alfred Kröner Verlag).

18. Ibid., p. 350.

19. Ibid., p. 415.

20. Ibid., pp. 392 et 420.

21. Mircea Eliade, *Traité d'histoire des religions,* p. 68.

22. Mircea Eliade, *Histoire des croyances et des idées religieuses,* tome 1, p. 108.

23. Mircea Eliade, *Traité d'histoire des religions,* pp. 73-74.

24. Pierre Grimal, *La Mythologie grecque,* chapitre II : Les Grands Mythes théogoniques, P.U.F., coll. « Que sais-je ? », 1953.

25. Mircea Eliade, *Traité d'histoire des religions,* p. 81.

26. Ibid., p. 83.

27. Pierre Grimal, op. cit., p. 32.

28. Helmer Ringgren et Ake Ström, op. cit., p. 194.

29. Ibid., p. 64.

30. Mircea Eliade, *Traité d'histoire des religions,* p. 88.

31. Helmer Ringgren et Ake Ström, op. cit , p. 196.

32. Mircea Eliade, *Histoire des croyances et des idées religieuses,* tome 1, p. 181.

33. Helmer Ringgren et Ake Ström, op. cit., p. 53.

34. Helmer Ringgren et Ake Ström, op. cit., p. 38.

35. Mircea Eliade, *Images et symboles,* p. 47.

36. Mircea Eliade, *Traité d'histoire des religions,* p. 353.

37. Mircea Eliade, *Histoire des croyances et des idées religieuses,* tome 1, p. 216.

38. Helmer Ringgren et Ake Ström, op. cit., pp. 38-39.

39. Mircea Eliade, op. cit., pp. 113 à 126

40. Ibid., p. 89.

41. Ibid., p. 92.

42. Paolo Xella, *Baal et la mort,* dans Claude Kappler et coll., *Apocalypses et voyages dans l'au-delà,* Paris, Éditions du Cerf, 1987, pp 84 et 94.

43. Mircea Eliade, *Traité d'histoire des religions,* p. 93.

44. Mircea Eliade, *Cosmologie et alchimie babyloniennes,* Paris, Gallimard, 1991, p. 25. (Ed. Vremea, Bucarest, 1937, pour la 1re édition).

45. Mircea Eliade, *Images et symboles,* p. 53.

46. Ibid., p. 54

47. Marcel Gauchet, *Le Désenchantement du monde. Une histoire politique de la religion,* Paris, Gallimard, 1985, p. 42.

48. André Caquot, *La Religion d'Israël des origines à la captivité de Babylone,* dans *Histoire des religions,* vol. I, Encyclopédie de la Pléiade, Paris, Gallimard, 1970, p. 372.

49. *La Bible de Jérusalem,* Paris, Cerf, nouvelle éd. 1988, p. 98.

50. Mircea Eliade, *Histoire des croyances et des idées religieuses,* tome 1, Paris, Payot, 1976, p. 194.

51. Ibid., p. 194.

52. *La Bible de Jérusalem,* op. cit., p. 111.

53. Daniel-Rops (Henri Petiot, dit), *Histoire sainte. Le Peuple de la Bible,* Paris, Fayard, 1943, p. 109.

54. André Caquot, op. cit., p. 376.

55. Ibid., p. 376.

56. Ibid., p. 377.

57. Helmer Ringgren et Ake Ström, *Les Religions du monde,* op. cit., p. 77.

58. Mircea Eliade, *Histoire des croyances,* op. cit., tome 1, p. 198.

59. *La Bible de Jérusalem,* p. 1083.

60. André Caquot, *Histoire des religions,* vol. II, Encyclopédie de la Pléiade, Paris, Gallimard, 1972, p. 123.

61. *Dictionnaire des religions,* sous la dir. de Paul Poupard, Paris, PUF, 1984, p. 563.

62. Antonio Piñero-Sáenz, *Apocalypses et voyages dans l'au-delà,* sous la dir. de Claude Kappler, Paris, Les Éditions du Cerf, 1987, p. 160.

63. Ibid., pp. 174-175.

64. Mircea Eliade, *Histoire des croyances,* op. cit., tome 1, p. 354.

65. Ibid., p. 355.

66. Ernest-Marie Laperrousaz, *Les Manuscrits de la mer Morte,* dans *Pour la science.* (Édition française de *Scientific American*), N° 170, déc. 1991, p. 108.

67. Michael Baigent et Richard Leigh, *La Bible confisquée,* Paris, Plon, 1992. (Trad. de l'anglais. Éd. orig. *The Dead Sea Scroll Deception,* 1991).

68. Claude Kappler, *Apocalypses et voyages dans l'au-delà,* Paris, Cerf, 1987, p. 17.

69. André Caquot, *Génies, anges et démons,* chap. *Anges et démons en Israël,* Paris, Seuil, 1971, p. 134.

70. Philippe Faure, *Les Anges,* Paris, Les Éditions du Cerf, 1988, p. 26.

71. André Caquot, op. cit., p. 133.

72. Philippe Faure, op. cit., p. 24.

73. Ibid., p. 30.

74. André Caquot, op. cit., p. 127.

75. Alan Segal, *The Risen Christ and The Angelic Mediator Figures in The Light of Qumran,* dans *Jesus and The Dead Sea Scrolls,* sous la dir. de James Charlesworth, New York, Doubleday, 1993, pp. 308 et 311.

76. André Caquot, *La Bible. Écrits intertestamentaires,* Paris, Gallimard, 1987. Introduction générale. Pseudépigraphes de l'Ancien Testament, p. LXIX.

77. Ibid., p. LXX.

78. Florentino Garcia-Martinez, *Apocalypses et voyages dans l'au-delà,* dir. Claude Kappler, op. cit., pp. 211-212.

79. Helmer Ringgren et Ake Ström, *Les Religions du monde,* op. cit., p. 221.

80. Louis Renou, *L'Hindouisme,* coll. « Que sais-je ? », Paris, PUF, 1951, p. 11.

81. Ibid., p. 11.

82. Ibid., p. 42.

83. Ion Couliano, *Dictionnaire des religions,* Paris, Plon, 1990, pp. 186-187.

84. Mircea Eliade, *Histoire des croyances et des idées religieuses,* tome 2, Paris, Payot, 1978, p. 70.

85. Ibid., p. 83.

86. *Dictionnaire de la sagesse orientale,* trad. de l'allemand par M. Thiollet, Paris, R. Laffont, 1989, p. 70.

87. Ion Couliano, op. cit., pp. 72-73.

88. Mircea Eliade, *Histoire,* op. cit., tome 2, p. 78.

89. Ion Couliano, *Out of This World,* Boston, Shambhala Publications, 1991, p. 92.

90. Mircea Eliade, *Histoire des croyances et des idées religieuses,* op. cit., tome 2, p. 105.

91. Ibid., p. 227.

92. Richard Thompson, *Alien Identities. Ancient Insights into Modern UFO Phenomena,* San Diego, Govardhan Hill Publishing, 1993, pp. 363 et 365.

93. Jean Herbet, *La Mythologie hindoue. Son message,* Albin Michel, 1953 et 1980, p. 364.

94. Richard Thompson, op. cit., pp. 225, 226, 272, 273, 276.

95. Mircea Eliade, *Histoire,* op. cit., tome 2, pp. 19-20.

96. Ibid, p. 34.

97. Ibid., p. 35.

98. Ibid., p. 37.

99. Ion Couliano, *Dictionnaire des religions,* op. cit., p. 286.

100. Jacques Vallée, *Autres dimensions,* Paris, R. Laffont, 1989, p. 30. (Trad. de l'américain. Éd. orig. *Dimensions,* 1988).

101. *Génies, anges et démons,* Paris, Seuil, 1971. Jean Varenne, *Anges, démons et génies dans l'Inde,* pp. 265-266.

102. Ibid., p. 266.

103. Ibid., pp. 273-274.

104. Ibid., p. 282.

105. Ibid., p. 284.

106. Rudolf Wittkower, *L'Orient fabuleux,* Paris, Thames & Hudson, 1991, p. 24.

107. Ion Couliano, *Out of This World,* op. cit., p. 73.

108. Mircea Eliade, *Histoire,* op. cit., tome 1, p. 316.

109. Ibid., p. 231.

110. Helmer Ringgren et Ake Ström, op. cit., pp. 177-178.

111. Ibid., p. 294.
112. Mircea Eliade, *Histoire,* op. cit., tome 1, p. 276.
113. Helmer Ringgren et Ake Ström, op. cit., p. 286.
114. Jean Cazeneuve, *Les Mythologies à travers le monde,* Paris, Hachette, 1986, p. 136.
115. Mircea Eliade, *Histoire,* op. cit., tome 1, pp. 282-283.
116. Eric Dodds, *Les Grecs et l'irrationnel,* trad. de l'anglais par M. Gibson, Paris, Flammarion, 1977. (*The Greeks and The Irrational,* University of California Press, Berkeley, USA), p. 13.
117. Ibid., pp. 139 et 143.
118. Ion Couliano, *Expériences de l'extase,* Paris, Payot, 1984, p. 41.
119. Eric Dodds, op. cit., p. 79.
120. Claude Kappler, *Apocalypses et voyages dans l'au-delà,* op. cit., pp. 158-159.
121. Mircea Eliade, *Histoire,* tome 1, p. 315.
122. Marie-Laure Freyburger, Gérard Freyburger, Jean-Christian Tautil, *Sectes religieuses en Grèce et à Rome dans l'Antiquité païenne,* Paris, Les Belles Lettres, 1986, p. 45.
123. Mircea Eliade, *Histoire,* op. cit., tome 1, pp. 379 et 386.
124. *Sectes religieuses en Grèce et à Rome,* op. cit., p. 75 et suivantes.
125. Helmer Ringgren et Ake Ström, *Les Religions du monde,* op. cit., pp. 301-302.
126. Mircea Eliade, *Histoire,* op. cit., tome 2, p. 187.
127. Ion Couliano, *Dictionnaire des religions,* op. cit., p. 146.
128. Jean-François Revel, *Histoire de la philosophie occidentale, Penseurs grecs et latins,* Paris, Stock, 1968, p. 53.
129. Ibid., p. 98.
130. Eric Dodds, op. cit., p. 149.
131. Ibid., p. 217.
132. Claude Kappler, op. cit., p. 120.
133. Mircea Eliade, *Histoire,* op. cit., tome 2, p. 194.
134. Ion Couliano, *Expériences de l'extase,* op. cit., pp. 42-43.

CHAPITRE 5

1. Ion Couliano, *Dictionnaire des religions,* Paris, Plon, 1990, p. 129.
2. Jean Guitton, *Christ est ressuscité,* dans *Jésus,* Paris, Chêne, 1986, p. 210.
3. Ibid., p. 211.
4. Werner Harenberg et Manfred Müller, Entretien avec E. Drewermann, dans *L'Autre Journal,* N° 21, février 1992, p. 53.
5. *Dictionnaire de la Bible,* op. cit., p. 1365.
6. Mircea Eliade, *Histoire des croyances et des idées religieuses,* tome 2, Paris, Payot, 1978, p. 328

7. Mircea Eliade, *Histoire des croyances,* op. cit., tome 2, pp. 343-344.

8. Ibid., p. 343.

9. Lucian Boia, *La Fin du monde. Une histoire sans fin,* Paris, La Découverte, 1989, p. 45.

10. Eric Dodds, *Païens et chrétiens dans un âge d'angoisse,* Paris, La Pensée sauvage, 1979, p. 26. (Trad. de l'anglais par H. D. Saffrey. Éd. orig. *Pagan and Christian in an Age of Anxiety,* Cambridge University Press, 1965).

11. Eric Dodds, *Païens et chrétiens,* op. cit., p. 2.

12. Ibid., p. 25.

13. Antoine Faivre, *Accès de l'ésotérisme occidental,* Paris, Gallimard, 1986, p. 53.

14. Ibid., p. 65.

15. Mircea Eliade, *Histoire des croyances,* op. cit., tome 2, p. 352.

16. Eric Dodds, *Païens et chrétiens,* op. cit., p. 27.

17. Ion Couliano, *Dictionnaire des religions,* Paris, Plon, 1990, p. 147.

18. Madeleine Scopello, *Les Gnostiques,* Paris, Cerf, 1991, p. 88.

19. Mircea Eliade, *Histoire des croyances,* op. cit., tome 2, p. 359.

20. Ibid., p. 366.

21. Helmer Ringgren et Ake Ström, *Les Religions du monde,* Paris, Payot, 1986, p. 186.

22. Mircea Eliade, op. cit., tome 2, p. 374.

23. Mircea Eliade, *Histoire des croyances et des idées religieuses,* tome 3, Paris, Payot, 1983, p. 53.

24. Mircea Eliade, op. cit., tome 2, p. 378.

25. Mircea Eliade, op. cit., tome 2, p. 391.

26. Eric Dodds, op. cit., p. 62.

27. Jacques Le Goff, *Le Christianisme médiéval en Occident du concile de Nicée à la Réforme,* dans *Histoire des religions,* tome 2, Paris, Gallimard, 1972, p. 749.

28. Jurgis Baltrusaïtis, *Cosmographie chrétienne dans l'art du Moyen Âge,* Paris, La Gazette des Beaux-Arts, 1939, p. 7.

29. Claude Kappler, *Monstres, démons et merveilles à la fin du Moyen Âge,* Paris, Payot, 1980, p. 23.

30. Ibid., p. 23.

31. Marie-Madeleine Davy, *Initiation à la symbolique romane,* Paris, Champs Flammarion, 1977, p. 41.

32. Mircea Eliade, *Histoire des croyances,* op. cit., tome 3, p. 108.

33. Émile Mâle, *L'Art religieux du XIIIe siècle en France,* Paris, Armand Colin, 1948, p. 713. (1re édition en 1898).

34. Sylvie Barnay, *Les Apparitions de la Vierge,* Paris, Cerf, 1992, p. 58.

35. Philippe Faure, *Les Anges,* Paris, Cerf, 1988, p. 39.

36. Ibid., p. 41.

37. André-Marie Gerard, *Dictionnaire de la Bible,* op. cit., p. 99.

38. Jurgis Baltrusaïtis, *Cosmographie chrétienne,* op. cit., p. 36.

39. Jurgis Baltrusaïtis, op. cit., p. 60.
40. Philippe Faure, op. cit., p. 52.
41. Ibid, p. 56.
42. Lucian Boia, *La Fin du monde. Une histoire sans fin,* Paris, Éditions La Découverte, 1989, p. 50.
43. Ibid, p. 51.
44. Ibid., p. 67.
45. Ibid., p. 69.
46. Jacques Le Goff, *Le Christianisme médiéval,* dans *Histoire des religions,* tome 2, op. cit., p. 809.
47. Marie-Madeleine Davy, op. cit., p. 55.
48. Mircea Eliade, *Histoire des croyances,* op. cit., tome 3, p. 119.
49. Herman Braet, *Les Visions de l'invisible (VIe-XIIIe siècles),* dans *Apocalypses et voyages dans l'au-delà,* op. cit., p. 411.
50. Mircea Eliade, op. cit., p. 111.
51. Jacques Le Goff, op. cit., p. 829.
52. Claude Kappler, *Monstres, démons et merveilles à la fin du Moyen Âge,* Paris, Payot, 1980, chap. Typologie du monstre.
53. Jurgis Baltrusaïtis, *Réveils et prodiges. Les Métamorphoses du gothique,* Paris, Flammarion, 1988, p. 105.
54. Mircea Eliade, op. cit., p. 114.
55. Claude Lecouteux, *Les Nains et les elfes au Moyen Âge,* Paris, Éditions Imago, 1988, p. 149.
56. Henri Platelle, dans *Problèmes d'histoire des religions,* édités par Alain Dierkens, 2/1991, *Apparitions et miracles.* Éditions de l'Université de Bruxelles.
57. Jacques Vallée, *Chroniques des apparitions extraterrestres,* Paris, Denoël, 1972, p. 30. (Trad. de l'américain. Éd. orig. *Passport to Magonia,* 1969).
58. Henri Durville, *Sorts et enchantements,* 1, Les Fées, Paris, Éditions H. Durville, 1950, p. 68.
59. Ibid., pp. 75-76.
60. Mircea Eliade, op. cit., p. 75.
61. Ibid., pp. 76-77.
62. Isabelle Weill, *Le Livre de l'Échelle et l'Occident judéo-chrétien du XIIIe siècle,* dans *Le Livre de l'Échelle de Mahomet,* Livre de poche, Paris, Librairie Générale Française, 1991, p. 33.
63. Philippe Faure, *Les Anges,* op. cit., p. 72.
64. Toufy Fahd, *Anges, démons et djinns en Islam,* dans *Génies, anges et démons,* op. cit., pp. 195-196.
65. Mircea Eliade, *Histoire des croyances,* op. cit., tome 3, p. 148.
66. Ibid., p. 154.
67. Ibid., pp. 156-157.
68. Ion Couliano, *Dictionnaire des religions,* op. cit., pp. 236-237.
69. Mircea Eliade, op. cit., p. 185.

70. Jacob Burckhardt, *Civilisation de la Renaissance en Italie,* Paris, Plon, tome 3, p. 64. (Trad. de l'allemand. Éd. orig. 1860).

71. Jean Delumeau, *La Peur en Occident, XIVe-XVIIe siècles,* Paris, Fayard, 1978, p. 213.

72. Franco Cardini, Note sur la tradition apocalyptique dans l'Italie médiévale (XIIe-XVe siècles), dans *Apocalypses et voyages dans l'au-delà,* dir. par Claude Kappler, Paris, Cerf, 1987, pp. 441-442.

73. Jacques Solé, *Les Mythes chrétiens de la Renaissance aux Lumières,* Paris, Albin Michel, 1979, p. 60.

74. Ambroise Paré, *Œuvres,* 1579. Cité par Lucian Boia dans *La Fin du monde. Une histoire sans fin,* Paris, La Découverte, 1989, p. 82.

75. Carl Jung, *Un mythe moderne,* Paris, Gallimard, 1961, pp. 223 à 225. (Trad. de l'allemand sous la dir. du Dr R. Cahen. Éd. orig. *Ein moderner Mythus,* Rasher Verlag, Zurich).

76. Lucian Boia, *La Fin du monde. Une histoire sans fin,* Paris, La Découverte, 1989, pp. 83-84.

77. Jean Palou, *La Sorcellerie,* coll. « Que sais-je ? », Paris, PUF, 1957, p. 49.

78. Ibid., p. 64.

79. Brian Levack, *La Grande Chasse aux sorcières,* Paris, Champ Vallon, 1991, p. 41. (Trad. de l'anglais par J. Chiffoleau. Éd. orig. Longman, 1987).

80. Ibid., p. 42.

81. Ibid., p. 56.

82. Ibid., p. 14.

83. Carlo Ginzburg, *Le Sabbat des sorcières,* Paris, Gallimard, 1992. (Trad. de l'italien. Éd. orig. 1989).

84. Jacob Burckhardt, op. cit., p. 164.

85. Jean Delumeau, *La Civilisation de la Renaissance,* Paris, Arthaud, 1973, p. 483.

86. Ibid., p. 489.

87. Jean-François Revel, *Histoire de la philosophie occidentale. La philosophie classique,* Paris Stock, 1970, p. 175.

88. Mircea Eliade, *Histoire des croyances et des idées religieuses,* tome 3, Paris, Payot, 1983, p. 263.

89. Jean-Paul Corsetti, *Histoire de l'ésotérisme et des sciences occultes,* Paris, Larousse, 1992, pp. 207-208.

90. Erwin Panofsky, *Essais d'iconologie,* Paris, Gallimard, 1967, p. 205.(Trad. de l'anglais, Éd. orig. 1939).

91. Jacques Solé, op. cit., 189.

92. Jacques Vallée, *Autres dimensions,* Paris, R. Laffont, 1988, pp. 38-39. (Trad. de l'anglais. Éd. orig. *Dimensions,* 1988).

93. Jacques Solé, op. cit., p. 226.

94. Erwin Panofsky, op. cit., p. 266.

95. Henri Wölfflin, *Renaissance et baroque,* Éd. du Livre de Poche, Bâle, Benno Schwabe et Co., 1961, pp. 41-42. (Trad. de l'allemand. Éd. orig. 1888).

96. Jacques Solé, op. cit., p. 99.

97. Mircea Eliade, *Histoire des croyances,* tome 3, op. cit., p. 272.

98. Alexandre Koyré, *Du monde clos à l'Univers infini,* Paris, Gallimard, 1973, p. 285. (Trad. de l'américain par R. Tarr, Éd. orig. *From the Closed Worlds to the Infinite Universe,* 1957).

99. Ibid., p. 336.

100. Jean-Louis Dumas, *Histoire de la pensée,* tome 2, *Renaissance et siècle des Lumières,* Paris, Tallendier, 1990, p. 103.

101. Société française d'études mariales (ouvrage collectif), *Vraies et fausses apparitions dans l'Église,* Éditions P. Lethielleux, Paris, et Éditions Bellarmin, Montréal, 1973, pp. 9 à 20.

102. Jean Séguy, *Les Non-conformismes religieux d'Occident,* dans *Histoire des religions,* tome 2, Encyclopédie de la Pléiade, Paris, Gallimard, 1972, p. 1274.

103. Richard Stauffer, *La Réforme et les protestantismes, Histoire des religions,* tome 2, Pléiade, op. cit., p. 999.

104. Jean Séguy, op. cit., p. 1288.

105. Ibid., p. 1292.

106. Jean-Paul Corsetti, *Histoire de l'ésotérisme,* op. cit., p. 247.

107. Jean-Louis Dumas, op. cit., p. 164.

108. Antoine Faivre, *L'Ésotérisme chrétien du* xvie *au* xxe *siècles,* dans *Histoire des religions,* tome 2, Encyclopédie de la Pléiade, pp. 1326 et 1329.

109. Emmanuel Swedenborg, *Le Ciel et ses merveilles et l'Enfer, d'après ce qui a été entendu et vu,* Paris, 1973, p. 27. (Éd. orig. Londres, 1758).

110. Antoine Faivre, *L'Ésotérisme chrétien du* xvie *au* xxe *siècles,* dans *Histoire des religions,* Pléiade, op. cit., p. 1338.

111. Antoine Faivre, *La Philosophie de la nature dans le romantisme allemand,* dans *Histoire de la philosophie,* tome 3, Encyclopédie de la Pléiade, Paris, Gallimard, 1974, p. 26.

112. Jean-Paul Corsetti, op. cit., p. 298.

113. Helena Petrovna Blavatsky, *La Clef de la théosophie,* Paris, Éditions Adyar, 1976, p. 125. (Trad. de l'anglais par H. de Neufville. Éd. orig. *The Key to Theosophy,* Londres, 1889).

CHAPITRE 6

1. *Le Monde* du 23-24 juillet 1967.

2. Donald Menzel, *UFO's — The Modern Myth,* dans *UFO's A Scientific Debate,* édité par C. Sagan et T. Page, 1972, Cornell University, p. 177.

3. Maurice Chatelain, *Nos ancêtres venus du cosmos,* Paris, Robert Laffont, 1975, p. 44.

4. *La Bible de Jérusalem,* Paris, Les Éditions du Cerf, Nouvelle édition 1988, p. 1305.

5. Jacques Bergier et Georges Gallet, *Le Livre des anciens astronautes,* Paris, Albin Michel, 1977, p. 189.

6. Jacques Vallée, *UFO Chronicles of the Soviet Union. A Cosmic Samizdat,* New York, Ballantine Books, 1992, p. 168.

7. Jean-Bruno Renard, *Les Extraterrestres,* Paris, Les Éditions du Cerf, 1988, p. 28.

8. Desmond Leslie et George Adamski, *Les Soucoupes volantes ont atterri,* Paris, J'ai Lu, 1971, p. 5. (Trad. de l'anglais. Éd. orig. *Flying Saucers Have Landed,* 1953).

9. Ronald Story, *The Space Gods Revealed,* Book Club Associates London, édition 1977, p. 5.

10. Brinsley Le Poer Trench, *Le Peuple du ciel,* Paris, J'ai Lu, 1972, p. 23. (Trad. de l'anglais. Éd. orig. *The Sky People,* 1960).

11. Peter Kolosimo, *Archéologie spatiale,* Paris, Albin Michel, 1971, p. 32. (Trad. de l'italien par S. de Vergennes. Éd. orig. *Non è terrestre,* Milano, Sugar Editore, 1969).

12. Ibid., p. 33.

13. Martin Gardner, *The New Age. Notes of a Fringe Watcher,* New York, Prometheus Books, 1988, pp. 123 à 128.

14. Jacques Bergier et Georges Gallet, op. cit., p. 202.

15. Martin Gardner, *Fads and Fallacies in The Name of Science,* New York, Dover Publications, 1952 et 1957, p. 28 et suivantes.

16. Zecharia Sitchin, *La Douzième Planète,* Paris, Souffles S.A., 1988, p. 265 (Trad. de l'américain. Éd. orig. *The Twelfth Planet,* 1976).

17. Ibid., p. 250.

18. Philippe Faure, *Les Anges,* Paris, Les Éditions du Cerf, 1988, p. 104.

19. Jean-Bruno Renard, op. cit., p. 30.

20. Robert Ellwood, *UFO's and the Bible : A Review of the Literature.* Appendice de R. Story, *The Space Gods Revealed,* op. cit., pp. 121 à 125.

21. Antoine Faivre, *Accès de l'ésotérisme occidental,* Paris, Gallimard, 1986, p. 41.

22. Mircea Eliade, *Images et symboles,* Paris, Gallimard, 1952 et 1980, pp. 34-35.

23. Alain Woodrow, *Sainteté et pathologie, Le Monde* du 21-22 mars 1976, p. 17

24. Claude Yvon, *Saints ovnis, priez pour nous !, Le Télégramme de l'Ouest* du 16 avril 1975.

25. Barry Downing, *ET Contact : The Religious Dimension,* dans *MUFON 1990 International UFO Symposium Proceedings,* Mutual UFO Network Inc., Seguin, Texas, p. 47.

26. Ibid., p. 55.

27. Barry Downing, *UFO's : Four Questions for Theological Seminaries,* dans *MUFON 1988 International UFO Symposium Proceedings,* Mutual UFO Network Inc., Seguin, Texas, p. 47.

28. G. Cope Schellhorn, *Extraterrestrials in Biblical Prophecy,* Madison, Wisconsin, Horus House Press, 1991, p. 375.

29. Jean-Marie Van Cangh, *Trois rencontres de Dieu dans l'Ancien Testament,* dans *La Mystique* (Éd. par J.-M. Van Cangh), Paris, Desclée, 1988, p. 45.

30. Louis Pauwels et Jacques Bergier, *Le Matin des magiciens,* Paris, Gallimard, 1960, pp. 352-353.
31. Ibid., p. 355.
32. Ibid., p. 358.
33. Ibid., pp. 372 à 374.
34. Jean Robin, *Les Objets volants non identifiés ou la grande parodie,* Paris, Guy Trédaniel Éditeur, 1979, pp. 104 et 132.
35. Salvador Freixedo, *Visionaries, Mystics and Contactees,* First IllumiNet Press Edition, Avondale Estates, GA, 1992, p. 160. (Trad. de l'espagnol. *Visionarios, Misticos y Contactos Extraterrestres*).
36. John Mack, Préface au livre de D. Jacobs, *Secret Life,* New York, Simon & Schuster, 1992, p. 13.
36 *bis*. John Mack, *Abduction. Human Encounters with Aliens,* New York, Charles Scribner's Sons, 1994, p. 422.
37. Ed Conroy, *Report on Communion. The Facts Behind The Most Controversial True Story of Our Time,* New York, Avon books, 1990, pp. 157-158.
38. Whitley Strieber, *Communion,* Paris, J'ai Lu, 1988, page de remerciements. (Trad. de l'américain. Éd. orig. *Communion. Encounters with The Unknown,* Wilson & Neff Inc., 1987, Acknowledgments page).
39. Philip Klass, *UFO-Abductions. A Dangerous Game,* Buffalo, New York, Prometheus Books 1988, p. 138.
40. Ed Conroy, op. cit., p. 26.
41. Whitley Strieber, *Transformation. The Breakthrough,* Wilson & Neff, 1988, Beech Tree Books — William Morrow, New York, p. 201. (Édition française, J'ai Lu, 1989).
42. Whitley Strieber, *Communion,* op. cit., p. 28. (Éd. orig., p. 29).
43. Whitley Strieber, *Transformation,* op. cit., p. 111.
44. Whitley Strieber, Communion, op. cit., texte orig., pp. 83 et 107.
45. Florentino Garcia-Martinez, *Vision d'Amran,* dans *Les Traditions apocalyptiques à Qumrân,* dans *Apocalypses et voyages dans l'au-delà,* éd. par Claude Kappler, Paris, Les Éditions du Cerf, 1987, p. 216.
46. Whitley Strieber, *Communion,* op. cit., éd. orig., p. 276 ; trad. p. 319.
47. Raymond Fowler, *The Watchers. The Secret Design Behind UFO Abduction.* New York, Bantam Books, 1990, p. 4.
48. Ibid., p. 203.
49. Ibid., p. 373.
50. Allen Hynek, Préface au livre de Raymond Fowler, *The Andreasson Affair,* Englewood Cliffs, N.J., Prentice Hall, 1979, pp. 8-9. Cité dans *The Watchers,* p. 354.
51. Edith Fiore, *Encounters,* op. cit., p. 144.
52. Ibid., p. 155.
53. Hilary Evans, *Gods. Spirits. Cosmic Guardians. A Comparative Study of The Encounter Experience,* The Aquarian Press, Wellingborough, Northamptonshire, 1987, pp. 116 à 118. Voir aussi Martin Gardner, *The New Age,* op. cit., p. 256.

54. Martin Gardner, *The New Age,* op. cit., p. 195.

55. Jon Klimo, *Les Médiateurs de l'invisible,* Paris, Robert Laffont, 1991, p 52. (Trad. de l'américain. Éd. orig. *Channeling,* 1987).

56 Ibid., p. 174.

57. Scott Rogo, *Miracles. A Scientific Exploration of Wondrous Phenomena,* Contemporary Books, Chicago, 1983 ; The Aquarian Press, 1991, p. 311.

58. Kenneth Ring, *The Omega Project. Near-Death Experiences, UFO Encounters, and Mind at Large.* New York, William Morrow, 1992, p. 12.

59. John Mack, *The UFO Abduction Phenomenon : What Might It Mean For The Human Future?* Dans *MUFON 1993 International Symposium Proceedings,* MUFON, Seguin, Texas, pp. 211-212.

60. Rupert Sheldrake, Terence McKenna, Ralph Abraham, *Trialogues aux confins de l'Occident,* Éditions St Michel, Saint-Michel-de-Boulogne, F 07200, 1993, p. 155. (Trad. de l'américain. Éd. orig. *Trialogues at The Edge of The West,* Bear and Company, Santa Fé, 1992).

61. Jacques Vallée, *Autres dimensions,* Paris, R. Laffont, 1988, p. 308. (Trad. de l'américain. *Dimensions. A Casebook of Alien Contact,* New York, 1988).

62. John Keel, *The Cosmic Question,* Granada Publishing, 1978, p. 67. (Première publication en 1976 sous le titre *The Eighth Tower).*

63. John Keel, *Disneyland of The Gods. An Investigation Into Psychic Phenomena and The Outer Limits of Human Perception,* New York, Amok Press, 1988, p. 174.

64. Jacques Vallée, *Autres dimensions,* op. cit., p. 240.

65. Jacques Vallée, *Révélations. Contact avec un autre monde ou manipulation humaine?,* Paris, Robert Laffont, 1991, p. 282. (Trad. de l'américain par Janine Vallée. *Revelations. Alien Contact and Human Deception,* New York, Ballantine Books, 1991).

66. Pierre Guérin, *Le Debunking nouveau est arrivé,* dans la revue *Lumières dans la nuit* N° 309, février 1992. (B.P. 3, 77123, Le Vaudoué).

67. John Keel, *The Cosmic Question,* op. cit., pp. 119 à 121.

68. Ibid., p. 16.

69. Jacques Vallée, *Autres dimensions,* op. cit., p. 67 et suivantes.

70. Whitley Strieber, Préface au livre de R. Fowler, *The Watchers,* op. cit., pp. X-XI.

71. Jean Sider, dans la revue *Lumières dans la nuit* N° 319, août 1993, p. 41.

72. Gilbert Durand, article *Archétypes et mythes,* dans *Mythes et croyances du monde entier,* sous la dir. de A. Akoun. Tome 5, *Le Monde occidental moderne,* Paris, Lidis-Brepols, 1985, p. 433 et suivantes.

73. Hilary Evans, *Gods. Spirits. Cosmic Guardians,* op. cit., p. 265.

74. Ibid., p. 269.

75. Bertrand Méheust, *En soucoupes volantes. Vers une ethnologie des récits d'enlèvements,* Paris, Éditions Imago, 1992. (Nouvelle édition de *Soucoupes volantes et folklore,* Paris, Mercure de France, 1985), préface de la nouvelle édition, pp. IV-V.

76. Ibid., p. XVI.
77. Bertrand Méheust, op. cit., p. 57.
78. Ibid., p. 59.
79. Ibid., p. 76.
80. Thierry Pinvidic. *OVNI. Vers une anthropologie d'un mythe contemporain,* Éditions Heimdal, 1993.
81. Whitley Strieber, *Communion,* op. cit., p. 298. (Éd. orig., p. 259).
82. Sven Ortoli et Jean-Pierre Pharabod, *Le Cantique des quantiques,* Paris, Éditions de la Découverte, 1984, p. 7
83. Robert Morris, *Aux confins de la science,* Paris, First, 1991. Préface de B. d'Espagnat, p. 10. (Trad. de l'américain. Éd. orig. *The Edges of Science,* Prentice Hall, New York, 1990).
84. Sven Ortoli et Jean-Pierre Pharabod, op. cit., p. 76.
85. Ibid., p. 94.
86. Ibid., p. 97.
87. Ibid., p. 99.
88. Ibid., p. 99.
89. Brenda Dunne et Robert Jahn, *Aux frontières du paranormal,* Paris, Éditions du Rocher, 1991, p. 202. (trad. de l'américain. Éd. orig. *Margins of Reality,* 1987).
90. Jacques Demaret, *Univers. Les Théories de la cosmologie contemporaine,* Aix-en-Provence, Éditions Le Mail, 1991, p. 42.
91. Abdus Salam, *La Grande Unification. Vers une théorie des forces fondamentales,* Paris, Seuil, 1991, pp. 29-30. (Trad. de l'anglais. Éd. orig. *Unification of Fundamental Forces,* New York, Cambridge University Press, 1990).
92. Robert Morris, op. cit., p. 168.
93. Ibid., p. 170.
94. Ibid., p. 172.
95. Marc Lachièze-Rey, *La Masse cachée dans l'Univers,* dans *Les Particules et l'Univers,* sous la dir. de Jean Audouze, Paul Musset et Michel Paty, Paris, PUF, 1990, p. 240. Voir aussi la revue anglaise *Nature,* vol. 314, 4 avril 1985.
96. Robert Morris, op. cit., p. 205.
97. Ibid., p. 207.
98. Michel Cassé, entretiens dans *Libération* du 22 septembre 1993, sur son livre *Du vide et de la création,* Paris, Odile Jacob, 1993.
99. Jacqes Vallée, *Révélations,* op. cit., p. 283.
100. Robert Wood, *L'Hypothèse extraterrestre n'est pas si mauvaise que ça,* dans la revue *Lumières dans la nuit,* N° 312, novembre 1991, p. 7. (Trad. de l'américain. Éd. orig. *Journal of Scientific Exploration,* Vol. 5, N° 1, Pergamon Press).
101. Pierre Guérin, *Comment je vois les ovnis,* dans la revue *Lumières dans la nuit,* N° 307, janvier 1991, p. 13.
102 Robert Wood, op. cit., p. 10.
103. Revue *Mystères,* N° 1, mai 1993.
104. Michael Swords, Ph. D., *Modern Biology and The Extraterrestrial Hypothesis,*

dans *MUFON 1991 International UFO Symposium Proceedings,* Mutual UFO Network Inc., Seguin, Texas, pp. 51 à 78.

105. David Jacobs, *Secret Life,* op. cit., p. 315.

106. Raymond Fowler, *The Watchers,* op. cit., p. 221 et suivantes.

107. Ibid., p. 213.

108. John Mack, *Abduction,* op. cit., p. 104.

109. Ibid., pp. 323-324.

110. Sean Casteel, *Whitley Strieber Breaks His Silence,* dans le *MUFON UFO Journal,* septembre 1993, N° 305, p. 10.

111. Gordon Creighton, *The Search for The Cosmic Brothers. Mosjoen : An Early Norvegian CE-III Case,* dans *Flying Saucer Review,* vol. 34, n° 2, juin 1989.

112. Richard Thompson, *Alien Identities. Ancient Insights into Modern UFO Phenomena,* San Diego, Govardhan Hill Publishing, 1993.

113. Ibid., pp. 286, 326, 355, 358, 379 à 383.

114. Ibid., pp. 216-217.

TABLE DES MATIÈRES

CHEZ LE MÊME ÉDITEUR

ROMANS

Paul Guth.
Quarante contre un.
119 F.

Yves Jacob.
Soleils gris.
109 F.

Philippe de Baleine.
Seigneur pourquoi m'as-tu abandonné ?
109 F.

Denise François.
L'Auberge du grand balcon.
119 F.
Les Révoltés de Montfaucon.
129 F.

Pierre Lance.
Le Premier Président.
140 F.

HUMOUR-HISTOIRES DRÔLES

Richard Balducci.
Le Café des veuves.
119 F.

Laurence Boccolini.
Scènes de mariages.
89 F.

Thierry Crosson en collaboration avec Jean-Christophe Florentin.
Le Guide de l'emmerdeur au travail.
99 F.
Le Guide de l'emmerdeur en vacances.
99 F.

Jean-Christophe Florentin.
Guide con et inutile pour briller en société.
99 F.

Jean-Marc Richard.
Dictionnaire des expressions paillardes et libertines de la littérature française.
129 F.

Laurent Delaloye.
Quelle planète !
99 F.

AVENTURES-RÉCITS VÉCUS-TÉMOIGNAGES-DOCUMENTS

Philippe de Baleine.
Nouveau voyage sur le petit train de la brousse.
95 F.
Voyage espiègle et romanesque sur le petit train du Congo.
109 F.

Le Petıt Train des cacahuètes.
119 F.

Michel Bagnaud.
Profession inventeur de trésors.
99 F.

Joe Galland.
Torpeurs.
99 F.

Patrice Franceschi.
Chasseur d'horizons.
275 F. (Album relié).

Francis Cucchi.
La Route du pavot.
119 F.

Jean-Pierre Imbrohoris.
Démences meurtrières.
99 F.

Jean-Louis Degaudenzi.
Les Enfants de la haine.
99 F.

Guy Doly-Linaudière.
L'Imposture algérienne.
99 F.

Anne Montel-Girod.
Itinéraire d'un amour.
85 F.

Gérard de Villiers.
Mes carnets de grand reporter.
99 F.

Jean-Noël Liaut.
Modèles et mannequins (1945-1965).
129 F.

Jean Bruno.
Lettre aux assassins du football.
90 F.

Muriel Canovy.
Sous l'emprise du démon.
109 F.

Docteur Pierrick Hordé.
Nouvelles Histoires incroyables de la médecine.
109 F.

Noël Riley Fitch.
Erotique Anaïs Nin.
169 F.

ÉSOTÉRISMF

Julia Pancrazı, Mme De Soria.
La Voyance en héritage.
109 F.

Richard Balducci.
La Vie fabuleuse de Nostradamus.
119 F.

Vlaicu Ionescu, Marie-Thérèse de Brosses.
Les Dernières Victoires de Nostradamus.
119 F.

Elisabeth et Jean-Claude Zana.
Les Stars racontent l'étrange.
109 F.

RELIGIONS-SPIRITUALITÉ

Nicolas Pigasse.
Croient-ils tous au même dieu ?
110 F.

Lino Sardos Albertini.
L'Au-delà existe.
119 F.
Au-delà de la foi.
119 F.
Indices et preuves de l'existence de l'Au-delà.
119 F.

Pierre Jovanovic.
Enquête sur l'existence des anges gardiens.
129 F.

Jackie Landreaux-Valabrègue.
Les Scientifiques à la recherche de Dieu.
119 F.

Dante Vacchi, Anne Vuylsteke.
Les Jésuites en liberté.
320 F. (Album relié).

John J. McNeill.
Les Exclus de l'Église.
119 F.

Jean-Claude Duluc.
Anthologie des miracles et des mystifications à travers 50 siècles de spiritualité.
119 F.

Betty J. Eadie.
Dans les bras de la lumière.
99 F.

GUIDES PRATIQUES-SANTÉ

Docteur Marc B. Ganem.
La Sexualité du couple pendant la grossesse.
99 F.

Docteur David Elia, docteur Jacques Waynberg.
Guide pratique de la vie du couple.
189 F. (Album relié).

Jean-Claude Duluc.
Docteur est-ce une erreur ?
99 F.

Jean-Louis Degaudenzi.
Le Secret de votre groupe sanguin.
99 F.

Janet L. Wolfe.
Monsieur a sa migraine.
109 F.

Docteur Claude Chauchard, Véronique Blocquaux, Jacques Chenu.
Retraité ? Moi, jamais !
109 F.

Jacques de Schryver.
La Revanche du cancre.
119 F.

Betty de Brouhan, Yvan Katz.
Guide Smoby à l'usage des familles.
99 F.

Xavier Maniguet.
Naufragés. Comment survivre en mer.
99 F.

BEAUX LIVRES (DIVERS)

Roger Thérond, Jean-Charles Tacchella.
Les Années éblouissantes. Le cinéma qu'on aime : 1945-1952.
295 F.

Stars, les Incontournables.
275 F.

Miguel Alcala.
Le Flamenco et les gitans.
175 F.

Johnny Hallyday.
Le Dernier Rebelle.
175 F.

Gilles Lhote.
Le Cuir des héros.
199 F.
Cow-boys des nuages.
220 F.
La Légende Harley-Davidson.
240 F.

MUSIQUE (DIVERS)

Opéras, les Incontournables.
249 F. (Album relié).

Rock'n'roll, les Incontournables.
249 F. (Album relié).

Jazz, les Incontournables.
249 F.(Album relié).

Les Années Jazz Magazine : 40 ans de passion.
420 F. (Album relié).

Geoffrey Smith.
Stéphane Grappelli.
115 F.

Luigi Viva.
Pat Metheny.
149 F.

Jim Haskins.
Ella Fitzgerald.
119 F.

Albert Murray.
Good Morning Blues, Count Basie.
149 F.

Herman Leonard.
L'Œil du jazz.
270 F. (Album relié).

Fabrice Zammarchi.
Sidney Bechet.
249 F. (Album relié).

ART

Edouard Jaguer.
Richard Oelze.
199 F.

Jean Toulet.
Georges Leroux.
199 F.

José Pierre.
Guy Johnson.
195 F.
L'Aventure surréaliste autour d'André Breton.
230 F.

Jacques Baron.
Anthologie plastique du surréalisme.
380 F.

Didier Semin.
Victor Brauner.
950 F.

Alain Sayag.
Hans Bellmer, photographe.
178 F.

Paul Brach.
John Kacere.
279 F.

Pour recevoir notre catalogue directement chez vous,
il vous suffit de nous envoyer 4,40 F en timbres
(France métropolitaine uniquement)
6 F pour les DOM-TOM
à
Editions Filipacchi-Société SONODIP,
Immeuble Oméga
10, rue Thierry Le Luron
92300 Levallois-Perret
sans omettre de bien préciser vos nom et adresse
en lettres majuscules de préférence.

Cet ouvrage
a été composé
par l'Imprimerie BUSSIÈRE
et imprimé
sur presse CAMERON
dans les ateliers de la S.E.P.C.
à Saint-Amand-Montrond (Cher)
en novembre 1994

Couverture :
Photomontage à partir
d'un tableau de Gustave Moreau :
Les Anges de Sodome
(X.D.R.)

N° d'éditeur : 1312. N° d'impression : 2497.
Dépôt légal : novembre 1994.

Imprimé en France

ISBN : 2 85018 246 X